中国慈善税收操作指引

CHINA CHARITY TAX OPERATIONAL GUIDELINES

安秀梅　田　婧　等编著

中国财经出版传媒集团
经济科学出版社
Economic Science Press

图书在版编目（CIP）数据

中国慈善税收操作指引/安秀梅等编著．—北京：经济科学出版社，2021.5
ISBN 978 - 7 - 5218 - 2540 - 4

Ⅰ．①中⋯　Ⅱ．①安⋯　Ⅲ．①慈善事业 - 税收管理 - 研究 - 中国　Ⅳ．①D632.1②F812.423

中国版本图书馆 CIP 数据核字（2021）第 085050 号

责任编辑：杨　洋　赵　岩　卢玥丞
责任校对：蒋子明
责任印制：范　艳　张佳裕

中国慈善税收操作指引
安秀梅　田　婧　等编著
经济科学出版社出版、发行　新华书店经销
社址：北京市海淀区阜成路甲 28 号　邮编：100142
总编部电话：010 - 88191217　发行部电话：010 - 88191522
网址：www.esp.com.cn
电子邮箱：esp@esp.com.cn
天猫网店：经济科学出版社旗舰店
网址：http://jjkxcbs.tmall.com
北京季蜂印刷有限公司印装
787×1092　16 开　26 印张　630000 字
2021 年 6 月第 1 版　2021 年 6 月第 1 次印刷
ISBN 978 - 7 - 5218 - 2540 - 4　定价：98.00 元
（图书出现印装问题，本社负责调换。电话：010 - 88191510）
（版权所有　侵权必究　打击盗版　举报热线：010 - 88191661
QQ：2242791300　营销中心电话：010 - 88191537
电子邮箱：dbts@esp.com.cn）

《中国慈善税收操作指引》编委会

主编：安秀梅

执行主编：田　婧

审稿组（按姓氏笔画排序）：
任　宇　辛　甫　李春秀

统稿组（按姓氏笔画排序）：
马天昊　田　涌　郑　伟　赵卫刚

编写组（按姓氏笔画排序）：
马天昊　马惠玲　王书红　史玉峰　田　婧　安秀梅
匡冀南　阮晶琦　孙　彤　孙　洋　李春秀　陈怡心
何　杨　何国科　杨　光　杨后鲁　郑　伟　季亨卡
周　琼　赵卫刚　唐凤美　郭　素　郭小华　秦楚丹
梁红星　康　锋　谢　进　蔡　昌　谭红波　魏　巍

协同组（按姓氏笔画排序）：
陈怡心　武玲玲　秦楚丹

序 一

党的十九届四中全会首次明确提出"重视发挥第三次分配作用，发展慈善等社会公益事业"，五中全会重申"发挥第三次分配作用，发展慈善事业，改善收入和财富分配格局"。这一方面从根本上确立了慈善事业在我国国民经济和社会发展中的地位，另一方面也对公益慈善行业的规范发展提出了新的要求。慈善事业是利国利民的伟大事业，是我国社会多层次社会保障体系的重要组成部分，是社会救助制度和社会保障制度的有益补充，是实现社会财富第三次分配的重要工具，其倡导的慈爱、友善、互助、善行等核心价值也是社会主义核心价值观的重要体现，在纾难济困、促进社会和谐发展中发挥着特殊的作用，是推动国家治理体系与治理能力现代化建设中不可或缺的重要力量。

我国自2008年，尤其是党的十八大以来，公益慈善行业整体发展迅速，这得益于国家出台的各项宏观政策，特别是国家陆续出台了旨在推动慈善事业发展的税收政策，对激发和带动社会力量从事慈善事业，减少政府财政压力，发挥了积极的作用。美中不足的是，由于税收政策的专业性很强，很多从事慈善事业的同志还不能清楚地理解和正确的运用这些政策，这在一定程度上影响了捐赠人的信心和动力，使人们的善举难以持续，制约了慈善事业的健康发展。

不断完善和贯彻执行好国家各项慈善税收政策，既是国家治理能力和治理水平现代化的迫切要求，也是政府、社会组织和捐赠人等公益慈善事业多元主体的共同责任。中央财经大学政信研究院慈善税收研究中心，主动担当起了宣传解读国家有关慈善税收政策，服务公益慈善事业各相关主体和各税收活动环节实践的使命，编撰出版这本《中国慈善税收操作指引》，满足了行业的迫切需要，填补了这个领域的空白。

该书从我国税收政策和公益慈善事业的宏观高度，系统介绍了我国慈善税收政策的历史演变和现行政策的情况，诠释了国家从税收角度鼓励和规范公益慈善事业的根本宗旨；同时，一方面从受捐者的角度，认真梳理了基金会、社会团体和社会服务机构等慈善行业的收支业务场景，对其适用的税收政策进行了专业性解读；另一方面从捐赠人角度，对"双高"人群、企业、家族及社会公众等不同群体的慈善情怀和税收政策的运用进行了精到的分析，全面、系统、专业地解答了制约我国公益慈善事业发展的税收痛点问题，为慈善行业各类主体准确应用慈善税收政策提供了权威性指导。

是为序。

国家税务总局原副局长

2021 年 4 月 20 日

序 二

党的十九大报告中，习近平总书记郑重宣布，"中国特色社会主义进入了新时代，这是我国发展新的历史方位。"随着我国经济社会不断发展，我国社会主要矛盾已经转化为人民日益增长的美好生活需要和不平衡不充分的发展之间的矛盾，我国经济已由高速增长阶段转向高质量发展阶段，正处在转变发展方式、优化经济结构、转换增长动力的攻关期。中国特色社会主义进入新时代，我国社会组织工作也站到了新的历史起点上，具备了在新时代更好发挥作用的实践基础和制度基础。更好地发挥社会组织在新时代新使命新征程中的重要作用，必须把高质量发展作为社会组织改革发展的指引。

我国自改革开放以来，公益慈善行业得到了快速发展，已经拥有基金会8000多家，社会组织多达80多万家，成为社会救助制度和社会保障制度的重要补充，成为调节社会财富分配的重要工具，在纾难济困、保障公民生活权益、促进社会和谐发展、推动国家治理体系与治理能力现代化建设中发挥了积极作用。但不能忽视的是，慈善行业还缺乏良性发展的基础合规能力，专业性、合规性和透明度亟待提高，治理能力和可持续发展的能力有待提高。究其原因，既包括慈善组织自身存在的结构失衡、自身建设能力较弱和专业人才匮乏等突出问题，也包括法律法规滞后以及人们对社会组织的模糊认识等外部因素，其中，对国家慈善税收政策的理解和执行不到位成为制约慈善组织发展的一大痛点。

中央财经大学政信研究院慈善税收研究中心主导编撰的《中国慈善税收操作指引》，全面介绍了我国现行的慈善税收政策，并从慈善受捐者的角度，认真梳理了基金会、社会团体和社会服务机构等慈善组织的收支业务场景，对其适用的税收政策进行了专业性解读；从捐赠人的角度，对"双高"人群、企业、家族及社会公众等不同群体的慈善情怀和税收政策的运用进行了精到的分析，为慈善事业各类主体准确理解和应用慈善税收政策提供了权威性指导。作为本书的主编，安秀梅教授是社会组织和公益慈善领域知名专家，长期受聘为国家民政部社会组织咨询专家与评估专家，她也是社会组织管理的探索者与实践者，对我国社会组织与公益慈善事业改革发展作出了杰出贡献。

本书的出版，为公益慈善界的决策者、管理者、从业人员、社会广大捐赠人以及税务机关一线工作人员提供了一本全面、系统、准确地理解和运用国家财税政策的工具书，必定对褒扬中国特色慈善文化，推动公益慈善事业的持续健康发展发挥重要作用。

是为序。

民政部社会组织管理局副局长、一级巡视员

2021 年 4 月 22 日

序 三

党的十九大和《中华人民共和国慈善法》将慈善事业纳入国家社会救助和社会治理体系,开辟了中国慈善事业高质量发展的新时代。以社会组织为主要载体的现代慈善,既是国家治理现代化的内在需求,也是国家治理体系与治理能力现代化建设的重要内容。现代国家治理体系的建设需要建立政府与社会的双强机制,在国家宏观调控指导下发展以人为本的、专业性的社会慈善服务组织,实现中国社会的现代化重构。

慈善捐赠作为第三次分配的重要手段,对缩小贫富差距,维护社会稳定具有重要意义。近几年来,中国的慈善事业蓬勃发展,社会捐赠总额逐年增加。但与慈善事业比较成熟的国家相比仍存在较大差距。究其原因,慈善捐赠税收政策的不完善是一个重要原因。因此,研究分析中国慈善捐赠的税收政策,对促进慈善事业的高质量发展具有重要意义。

中央财经大学政信研究院慈善税收研究中心是中国第一家以慈善公益领域税收学术研究、决策咨询、学科培育、人才培养、社会服务、文化传承为主要职能的开放性公共研究机构和研究新型财富价值分配的专业智库。由中央财经大学政信研究院慈善税收研究中心主导、全国慈善领域一线顶级专家和国家税收管理部门权威专家共同参与编撰的《中国慈善税收操作指引》,从捐赠者和受捐者的双重角度,认真全面梳理了各类慈善组织的收支业务特点,对其适用的税收政策进行了专业性解读,对不同群体的慈善税收政策的运用进行了独到的分析,为慈善事业各类主体准确理解和应用慈善税收政策提供了权威性指导。相信本书的出版,一定能为国家税务部门了解公益慈善组织的具体业务、公益金融领域和慈善公益领域的决策管理者和广大捐赠人更全面、更深入地了解慈善公益领域的财税政策应用，推动"以税促善，扬善兴邦"良好社会氛围的形成，实现国家治理体系和慈善税收体系的理论研究、实践探索与制度创新发挥积极的推动作用。

是为序。

中央财经大学副校长

马海涛

2021 年 5 月 1 日

编者说明

经过 30 多位公益慈善和税收领域专家学者长达一年多的艰辛努力,这本《中国慈善税收操作指引》终于杀青,可以跟大家见面了。这是中央财经大学政信研究院慈善税收研究中心为中国公益慈善行业提供的第一份见面礼,也是中国首部系统梳理和解读中国慈善领域涉税政策的著作,是为捐赠人(自然人和法人)、捐赠接收方(以社会组织或者非营利组织为主),以及作为政策管理者的税务部门和金融机构的公益金融部门编写的一本全面、系统、权威的介绍和解读公益慈善行业税收政策操作的工具书。

21 世纪特别是 2008 年以来,在我国党和政府的高度重视、社会各界的积极参与下,中国慈善事业快速发展,在弘扬社会主义核心价值观、均衡社会财富分配、促进社会和谐发展等方面,发挥着越来越重要的积极和特殊作用,已经成为推动国家治理体系与治理能力现代化建设不可或缺的重要力量。

多年来,为推动中国慈善事业的发展,国家陆续出台了一系列税收政策,对引导和助力社会力量投入慈善事业发挥了积极作用。美中不足的是,由于税收政策的专业性很强,很多从事和参与慈善事业的同志还不能清楚地理解和正确地运用现行涉税政策,这在一定程度上影响了慈善事业发展的进程。

有鉴于此,中央财经大学政信研究院慈善税收研究中心践行公益使命,主导编撰出版了《中国慈善税收操作指引》。该书举"以税促善,扬善兴邦"之理念,旨在贯彻国家治理顶层方略,助推慈善事业发展,宣传慈善涉税政策法规,提升公益生态能力。

为突出本书的准确性、实用性、系统性和权威性,满足社会各方需求,编写中重点关注了以下三点:

一是由中国头部慈善组织的负责人和国家税务机关的政策专家担纲编撰,确保本书的准确性和权威性。本书在编撰过程中,广泛吸纳学者高见,集合精英智慧,为了确保权威性,专门邀请 30 多位中国头部慈善组织的一线领导人和国家税务总局的政策专家参与本书的编写和书稿的审核。编撰伊始，为了搭好全书的框架结构，先后组织了十几场线上线下专题研讨会。为了系统梳理慈善行业的业务场景，对多个业态组织开展了线上问卷调查，获取了大量一手资料。编撰过程中，作者们利用多个微信群，认真讨论写作过程中遇到的各种疑惑，及时征求专家意见和指导。初稿形成后，专门成立了统稿组和审稿组，邀请慈善行业和税务部门的权威专家对全书进行了五次统稿，经过反复研讨、补充和完善，最终完成了本书的写作编撰，确保了业务场景的全面性和税收政策运用的准确性和权威性。

二是力求全覆盖描述和解析各类慈善组织的业务场景和涉税政策，确保本书的全面性和系统性。全书共4篇18章44节，前2篇6章19节，作为全书概论体系，指导和服务于后续章节，主要阐述我国慈善历史起源、进程与发展现状和我国慈善税收沿革、演变与慈善涉税现行税制。后2篇12章25节为该书编写重点，分别按"五大要素"，层层叙述现阶段我国各类慈善社会组织、不同类型捐赠人涉税政策应用。即对慈善社会组织中的各类基金会、社会团体和社会服务机构的收入和支出业务场景所涉税收操作和对捐赠方中的高收入、高净值人群、企业、家族和社会公众的慈善行为及其税收政策应用进行了详细解读。结构清晰，逻辑分明，一目了然。

三是采用"一节一码+微信公众号"模式，确保本书的可读性和实用性。鉴于现行税制不可能对某一领域、某一行业作出单一系统的涉税规定，针对目前慈善社会组织发展较快、类别多样的实际，该书创新编撰方式，对于慈善行业相同业务情形的涉税事务，选择具有代表性的业态作为典型样板重点解读，其他同类情形参照前文，避免了赘述。对于慈善特殊活动与场景的涉税要点，设置专栏，专题介绍，深入叙述。同时，对于慈善社会组织具体办税程序及图表使用，采用"一节一码+微信公众号"模式，便于读者下载使用图表的同时，也将通过关注公众号"善税行"及时了解最新的申报表等图表，持续、高效地为广大读者提供便捷服务。

本书是集体智慧的结晶。首先特别感谢国家税务总局原副局长程法光，民政部社会组织管理局副局长、一级巡视员廖鸿，中央财经大学副校长马海涛三位领导百忙之中欣然为本书作序，给予我们极大地鞭策和鼓舞。

感谢国家税务总局所得税司企业所得税处调研员任宇、中国著名慈善学者辛甫、浙江敦和慈善基金会综合管理部总监李春秀，他们的权威指导和鼎力支持，让我们增强了克服困难的坚定信心，增添了确保完成编撰任务的底气和勇气。

感谢马天昊、田涌、郑伟、赵卫刚四位统稿老师的倾心付出；感谢秦楚丹、武玲玲、陈怡心三位同志在负责制图和索引整理、问卷设计、书籍相关资料上传公众号、联络作者等日常事务上默默付出的努力。

本书编写人员如下：第一章慈善与税收，安秀梅（中央财经大学政信研究院院长、教授、博导）、田婧；第二篇中国社会组织涉税制度简述（第二章至第六章），田婧（中央财经大学政信研究院慈善税收研究中心执行主任）；第七章基金会涉税概述，李春秀（浙江敦和慈善基金会综合管理部总监）、唐凤美（中国扶贫基金会财务总监）、陈怡心；第八章家族基金会税收操作指引，郭素（宁夏燕宝基金会执行秘书长）、孙洋（中汇税务师事务所高级合伙人）；第九章高校教育基金会税收操作指引，魏巍（中央财经大学教育基金会基金事业部主任）；第十章企业基金会税收操作指引，匡冀南（深圳国际公益学院教授）、季亨卡（中伦律师事务所合伙人）；第十一章个人基金会税收操作指引，史玉峰（北京中简律师事务所合伙人）、谢进（北京舜益咨询公司总监）、周琼（北京舜益顾问）；第十二章社区基金会税收操作指引，史玉峰、何国科（北京市致诚社会组织矛盾协调处研究中心执行主任）；第十三章社会团体税收操作指引，马天昊（中国西部人才开发基金会副秘书长兼办公室主任）、王书红（海南中翰红日诚税务师事务所创始人）；第十四章社会服务机构税收操作指引，王书红、阮晶琦（腾讯公司财经线经理）、谭红波（中国基金会发展论坛副秘书长）；第十五章高收入、高净值人群慈善与税收政策应用，何杨（中央财经大学财税学院副院长、教授、博导）、郑伟（新加坡AFG慈善顾问公司董事）；第十六章企业慈善与税收政策应用，蔡昌（中央财经大学财税学院教授、博导）、匡冀南；第十七章家族慈善与税收政策应用，郑伟、赵卫刚（北京立信永安咨询有限公司合伙人）；第十八章社会公众慈善与税收政策应用，孙彤（国家税务总局个人所得税税改组成员）、杨光（新浪微公益总监）。专栏一《互联网慈善募捐的涉税解读》，田婧；专栏二《股权捐赠双方涉税要点》，孙洋；专栏三《如何确认非货币资产捐赠的入账价值》，郭小华（工蚁坊创始人）、田婧；专栏四《"捐赠"与"赞助"的合规要点及涉税处理差异》，季亨卡；专栏五《个人将房地产用于公益性捐赠的税务事项分析》和专栏六《社会组织及其相关的人力资源涉税要点》，史玉峰；专栏七《境外慈善捐赠物资的税收优惠政策详解》，康锋（湖北慈善总会秘书长）；专栏八《非营利性养老中心、艺术馆和博物馆等社会服务机构涉税要点》，陈怡心（人大财政学博士在读）；专栏九《境外非政府组织在华代表机构税收操作解读》，季亨卡、马惠玲（乐施会资深项目审计师）；专栏十《我国"慈善信托"模式介绍及涉税分析》，田婧；专栏十一《"走出去"和"一带一路"建设中有关国家与地区对捐赠的税收规定简介》，梁红星（中国国际商会"一带一路"税务研究组副组长）；专栏十二《坎普拉德（宜家创始人）慈善战略与税收规划》，杨后鲁（普华永道苏黎世办公室超高净值客户税务咨询负责人）；附录，秦楚丹（中央财经大学慈善税收研究中心学术助理）。

本书调研过程中，得到了中国妇女发展基金会、友成企业家扶贫基金会、内蒙古老牛慈善基金会、北京贝壳公益基金会、成都市武侯社区发展基金会、贵州省人口健康基金会、团中央中国青年创业就业基金会"阳光行动·益起安心"公益计划团队等大力支持；在收集资料的过程中，得到了北京师范大学中国公益研究院院长王振耀、北京师范大学社会公益研究中心主任陶传进、中国信托业协会首席经济学家蔡概还、中国老龄产业协会常务理事胡卓尔、北京韩美林基金会顾问王培等多位专家们的指导，以及吕宙、杨维东、李延雷、陈红涛、臧立秋、高皓、丁天雨、庞维邦、张展斌、何丽萍、杨佐锋、李济舟、徐浙英、贾生平、熊红霞、邓富友、宁凤勤、黄浠鸣、叶龙、彭茂琳、雷蕾、甘立强、张品等同志们的大力帮助，在此一并表示感谢。

本书的出版得到了中国财经出版传媒集团经济科学出版社的大力支持，感谢柳敏副社长和杨洋编辑提供的中肯意见和付出的巨大心血。

由于本书内容涉及的跨界跨业态场景颇广，所涉政策也处于调整完善之中，加之编撰时间较紧，水平有限，不当和疏漏之处敬请广大读者鉴谅并不吝赐教。

欢迎读者来信交流，敬请关注本书的微信公众号：善税行。

安秀梅　田　婧
2021 年 6 月于北京

目 录

第一篇
中国慈善税收概述

第一章　慈善与税收 ……………………………………………… 3
第一节　中国慈善事业发展概述 …………………………………… 3
第二节　中国慈善税收发展概述 …………………………………… 12

第二篇
中国社会组织涉税制度简述

第二章　社会组织的涉税制度 …………………………………… 21
第一节　增值税 ……………………………………………………… 21
第二节　企业所得税 ………………………………………………… 39
第三节　个人所得税 ………………………………………………… 60
第四节　附加税费与财产行为税 …………………………………… 79

第三章　社会组织的纳税申报 …………………………………… 93
第一节　各税种纳税申报期限 ……………………………………… 93
第二节　增值税纳税申报 …………………………………………… 93
第三节　企业所得税纳税申报 ……………………………………… 102
第四节　个人所得税纳税申报 ……………………………………… 114

第四章　社会组织的涉税票据与凭证管理 ... 125
- 第一节　增值税发票的开具管理 ... 125
- 第二节　增值税进项抵扣凭证管理 ... 134
- 第三节　企业所得税税前扣除凭证管理 ... 142

第五章　与社会组织相关的税收优惠管理 ... 155
- 第一节　社会组织的税收优惠资格管理 ... 155
- 第二节　捐赠方的税收优惠及税前扣除申报 ... 169
- 第三节　受益人的税收优惠 ... 180

第六章　社会组织的涉税风险管理 ... 186
- 第一节　实施全流程涉税风险管理 ... 186
- 第二节　社会组织常见涉税风险点和注意事项 ... 187
- 第三节　税收征管及纳税争议处理 ... 191

第三篇
社会组织的税收政策应用

第七章　基金会涉税概述 ... 197
- 第一节　基金会的定义和价值 ... 197
- 第二节　基金会业务活动分析 ... 200
- 专栏一——互联网慈善募捐的涉税解读 ... 222

第八章　家族基金会税收操作指引 ... 225
- 第一节　家族基金会的定义与价值 ... 225
- 第二节　家族基金会业务及涉税实务 ... 226
- 专栏二——股权捐赠双方涉税要点 ... 229

第九章　高校教育基金会税收操作指引 ... 238
- 第一节　高校教育基金会的定义与价值 ... 238
- 第二节　高校教育基金会业务及涉税实务 ... 239
- 专栏三——如何确认非货币资产捐赠的入账价值 ... 246

第十章　企业基金会税收操作指引 ·········· 251
第一节　企业基金会的定义与价值 ·········· 251
第二节　企业基金会业务及涉税实务 ·········· 253
专栏四——"捐赠"与"赞助"的合规要点及涉税处理差异 ·········· 259

第十一章　个人基金会税收操作指引 ·········· 262
第一节　个人基金会的定义与价值 ·········· 262
第二节　个人基金会业务及涉税实务 ·········· 263
专栏五——个人将房地产用于公益性捐赠的税务事项分析 ·········· 271

第十二章　社区基金会税收操作指引 ·········· 279
第一节　社区基金会的定义与价值 ·········· 279
第二节　社区基金会业务及涉税实务 ·········· 281
专栏六——社会组织及其相关的人力资源涉税要点 ·········· 283

第十三章　社会团体税收操作指引 ·········· 291
第一节　社会团体的定义与价值 ·········· 291
第二节　社会团体业务及涉税实务 ·········· 293
专栏七——境外慈善捐赠物资的税收优惠政策详解 ·········· 297

第十四章　社会服务机构税收操作指引 ·········· 302
第一节　社会服务机构的定义与价值 ·········· 302
第二节　社会服务机构业务及涉税实务 ·········· 303
专栏八——非营利性养老中心、艺术馆和博物馆等社会服务
　　　　　机构涉税要点 ·········· 306
专栏九——境外非政府组织在华代表机构税收操作解读 ·········· 312

第四篇
捐赠方涉税政策应用

第十五章　高收入、高净值人群慈善与税收政策应用 ·········· 317
第一节　当代中国高收入、高净值人群慈善概述 ·········· 317
第二节　"双高"人群的慈善税收政策应用 ·········· 319
专栏十一——我国"慈善信托"模式介绍及涉税分析 ·········· 328

第十六章　企业慈善与税收政策应用 ·········· 337
第一节　企业战略慈善概述 ·········· 337
第二节　企业慈善的税收政策应用 ·········· 339
专栏十一——"走出去"和"一带一路"建设中有关国家与地区
对捐赠的税收规定简介 ·········· 345

第十七章　家族慈善与税收政策应用 ·········· 350
第一节　家族财富传承与管理 ·········· 350
第二节　家族慈善基金与家族传承 ·········· 352
第三节　家族慈善税收政策应用 ·········· 354
专栏十二——坎普拉德（宜家创始人）慈善战略与税收规划 ·········· 361

第十八章　社会公众慈善与税收政策应用 ·········· 367
第一节　社会公众的慈善形式 ·········· 367
第二节　社会公众慈善捐赠的税收政策应用 ·········· 368

附录
政策索引

一、慈善税收相关法律法规 ·········· 375
二、慈善相关法律法规 ·········· 381
三、附表 ·········· 385

需要详细查看或下载本书中的政策法规及表格等资料的读者朋友，请关注中央财经大学慈善税收研究中心"善税行"公众号，进行查阅或下载。

第一篇
中国慈善税收概述

我国慈善文明源远流长，党的十九届四中、五中全会强调，重视发挥第三次分配作用，发展慈善事业，改善收入和财富分配格局。为了促进慈善事业的发展，本篇分别就中国慈善事业本质、发展历程、特征与新模式、现状与挑战，以及中国慈善税收的产生、演变与现状进行系统阐述。

第一章
慈善与税收

第一节 中国慈善事业发展概述

一、慈善的定义和本质

（一）慈善的定义

在中国文化语境中，"慈善"是一个合成词，"慈""善"起初是分开使用的，《大方便佛报恩经·慈品第七》中所载可能是"慈善"最早的合成词例①。许慎在《说文解字》中解释道："慈，爱也""上爱下曰慈"，指长辈对幼者的爱；"善"的本义是"吉祥、美好"，后引申为和善、亲善、友好。《汉语大词典》中将"慈善"解释为慈爱、善良、仁慈、富有同情心②。近代人给慈善下的定义是：怀有仁爱之心谓之慈，广行济困之举谓之善，慈善是仁德与善行的统一。2016年3月通过的《中华人民共和国慈善法》指出，慈善不仅包括对贫困、孤老、残疾、突发灾害的捐赠，还包括对教育、科学、体育、医疗、环境保护等公益事业的助力③。在英文中，"慈善"最初翻译为"charity"，多指短期的救济与援助，解决暂时的食物、住所、医疗等需要。到了1967年，《国际社科百科全书》正式以"philanthropy"一词替代之。"philanthropy"一词源于古希腊，有"善心""博爱"之意，它更注重对生活质量的改善，着眼社区的长期发展，从而达到独立自主的状态。

由此可见，无论是在东方还是西方，无论"慈善"有怎样的起源与演变过程，"慈善"一词都有着同样的内涵。一是狭义的慈善，指对他人提供的无偿帮助和救济的行为；二是广义的慈善，指为促进社会进步、提高社会整体福利水平而做出贡献。

（二）慈善的本质

慈善从本质上来说属于道德范畴，它出于社会成员自主的、自愿的、不图回报地去帮助他人。郑功成认为，当代慈善事业具有以下六个本质特征④。

（1）社会公众间的善爱之心是伦理基础。由于慈善的本质特征是自愿甚至自发的，属于道德范畴，不能靠国家强制力来实施，因此社会公众的善爱之心对于慈善事业发展起着至关重要的作用。如果社会成员普遍缺乏善爱之心，缺乏对弱者的同情与爱护，那慈善也无从谈起。

---

① 王文涛. "慈善"语源考 [J]. 中国人民大学学报，2014(1).
② 罗竹风. 汉语大词典（普及本）[M]. 上海：上海辞书出版社，2012：561.
③ 《中华人民共和国慈善法》第一章第三条 [S]. 2016.
④ 郑功成. 当代中国慈善事业 [M]. 北京：人民出版社，2010：1.

(2) 收入差距的存在是社会基础。社会成员之间存在收入差距、贫富差距是慈善事业得以存续的前提条件。如果社会成员都处于同一收入水平，经济实力相当，慈善也不会产生。因为同样贫困的社会成员无力帮助他人，而同样富裕的社会成员也不需要他人的帮助。

(3) 社会捐赠是经济基础。虽然来自于政府的财政援助可以维护慈善事业的发展，但社会各界的自发捐赠才是慈善事业生存与发展的经济基础。国内外慈善事业的发展实践都证明了这一规律：慈善事业要想健康、持续发展，就需要社会成员甘心乐意奉献，并且捐献资金或实物可以维持慈善组织的稳定正常运转。

(4) 民营公益机构是组织基础。政府适度的支持引导与监管对于慈善事业的发展是必不可少的，慈善组织的具体运作过程中也应避免政府的过度干预。

(5) 捐献者的意愿是实施基础。正因为社会捐赠是慈善事业生存与发展的经济基础，因此慈善资金的使用在不违背法律法规及不违反公序良俗的情况下，一定要尊重捐献者的意愿，将慈善资金用于捐赠者指定的项目。

(6) 社会公众广泛参与是发展基础。慈善从来不是富人的慈善，也不是少数人的慈善，只有社会公众广泛参与，才能形成一种有利于慈善事业发展的社会氛围，从而进一步为慈善事业的发展培育更加广泛和深厚的经济基础。

二、中国慈善事业发展历程

(一) 中国古代的慈善事业

我国的慈善思想和慈善活动源远流长。早在先秦时期就有了社会慈善活动及其思想的萌芽，为以后历代慈善事业的兴起和发展起到了奠基的作用，影响深远。其中，春秋时期陶朱公范蠡，三次散尽家财给父老知己和贫穷之人，而后重新创业致富，因此被后世尊为最会聚财的财神，也被誉为中国最懂散财之道的慈善家[①]。

到了两汉时期，由于自然灾害的频发以及统治者的重视与鼓励，慈善事业取得一定发展，尤其是医疗救济与恤幼养老方面，官方和民间的医疗救济慈善行为已经常见于史册，政府给贫民生子者在育婴期间一定的资助，颁布"养老令"，要求人们尊老敬老。

魏晋南北朝是我国慈善史上一个重要的发展时期，多种慈善创新纷纷面世。不仅有专门用于灾荒救济的"义仓"，还有专门收容贫病者的慈善机构——六疾馆，以及专门赡恤孤老的机构——独孤园。佛教慈善活动在当时也开始兴起和盛行。

隋唐时期由于经济文化繁荣，政治社会稳定，统治阶级为了巩固其封建统治，对广大民众普施恩惠，此时期我国的慈善事业得到了很大的发展。发端于魏晋南北朝的"义仓"在隋唐时期非常兴盛，制度也趋于完备。同样，佛教慈善事业也有了新的变化和发展。到了盛唐时期，民间私人赈济的慈善活动也开始涌现。中后唐时期，民间社会的慈善活动开始突破地缘和血缘的限制，救济范围不断扩大。

---

① 中国古代的慈善家 [J]. 人民周刊, 2016 (21): 72-73.

到了宋朝时期,由于统治者奉行以文立国的政治理念,因此宋朝的官方慈善事业比较发达。宋朝中央政府设置了一系列的慈善机构,其规模之大、设施之全、内容之广,在中国封建社会时期可谓首屈一指。此外,宋朝时期民间慈善事业也取得了较大发展,许多官绅出私资,购置田产,设义庄,赈济和安抚穷人。

到了明清时期,统治者都较为重视慈善,不但恢复和发展了前朝的一些官办慈善机构,而且创设了一些新的官办慈善机构。此时的民间慈善活动也很是兴盛,不仅在数量上大大增加,而且功能也比较齐全,基本上涵盖了社会福利中所需要救济的方方面面,成为在官方之外兴办慈善事业的又一重要力量。

(二) 中国现代慈善事业的发展

近代以来,由于政治、经济、文化等多方面都发生了大的变革,我国慈善事业发展几经波折。

1. 初创阶段

清末民初,我国现代慈善事业开始萌芽,以张謇为代表的一批近代民族企业家们,在实业兴国的同时,还开始捐资举办社会公益慈善事业,造福桑梓。而以熊希龄为代表的一些政治家,在离开政坛之后,也捐出家财创办慈善机构,通过开展公益慈善事业为社会继续做贡献。

民国时期的慈善事业快速发展。由于战乱与自然灾害频发,百姓生活困苦,而政府由于庞大的军费开支自顾不暇,更不用说救济百姓。于是大量的社会慈善组织应运而生,承担起了救济的工作。南京国民政府对包括慈善组织在内的社会团体进行管理和规范,还出台了慈善事业税收减免措施,这也是我国历史上首次以立法的形式用税收优惠来鼓励慈善。据国民党中央社会部1946年底的统计,全国29个省区市共有救济机构3045个,其中私立的有1011个,约占33%。1948年全国有4172个救济机构,其中私立的有1969个,占47%。[①] 同时,以卢作孚、陈嘉庚为代表的一大批爱国企业家,捐献出巨额财富,开展包括支持国家抗战,开办现代教育等公益慈善事业。

2. 停滞阶段

新中国成立初期,由于连年战争,国家工业、农业生产遭到严重破坏,全国各地百废待兴,基础建设成为第一要务。我国各地的慈善机构和慈善团体大都因为缺乏善款、无人管理等原因而处于瘫痪状态或面临解散。1950~1953年,党和政府对全国的慈善机构和慈善团体进行了调整与改旧工作,慈善事业由政府完全包办,民间慈善事业的独立地位被否定,走的是一条慈善福利国家化的道路。但这一期间,慈善捐赠并未中断,在全国上下支持抗美援朝的大潮中,甚至还可以看到捐款购买飞机的壮举。但后来由于政治、经济、文化等多方面的影响,慈善事业一度被视作资产阶级的"糖衣炮弹"而遭到否定,新中国的慈善事业一度中断了三十年之久。

(三) 恢复阶段

1978年改革开放后,"解放思想,实事求是"思想路线的确立、极左思潮的澄清、拨乱反

---

① 添地. 中国近代的慈善事业 [J]. 中国减灾, 2005 (11): 20-21.

正工作的开展、政治空气的和缓、改革开放的全面展开和经济的快速发展使得慈善事业得到初步恢复，慈善组织在政府有意识地引导与培育下逐渐回归。从1980年开始，陆续出现了一系列慈善组织。1981年4月，中国第一家基金会浙江妇女儿童基金会成立，同年7月，中国儿童少年基金会成立，这是中国首个现代意义的全国性公益慈善团体。1985年爱德基金会成立，1988年中国妇女发展基金会成立，1989年中国青少年发展基金会和中国扶贫基金会相继成立，1989年中国慈善事业史上最知名的公益项目——"希望工程"应运而生，这标志着我国的慈善事业走上了新的发展阶段。

（四）快速发展阶段

1994年，中华慈善总会在北京成立，这是新中国成立以来第一个以慈善为名的全国性的慈善组织。随后，全国各地的慈善会类型的机构如雨后春笋般渐渐涌现，到2000年，我国已有26个省级慈善总会，以及各级慈善组织306个。除了总量上的增加，一些专业性的慈善组织也开始出现。宗教慈善组织、慈善教育机构、慈善医疗部门、民间环保组织等开始崭露头角，这些不同类型的慈善组织的建立，有力推动了我国慈善事业的快速发展。

1999年，我国出台了第一部鼓励支持公益慈善捐赠的法律——《中华人民共和国公益事业捐赠法》。2004年，"私有财产不受侵犯"写入宪法，奠定了慈善捐赠的最高法理基础。同年，《基金会管理条例》出台，在公募基金会外，中国私人基金会、家族基金会、企业基金会等非公募基金会开始兴起。同年8月，《民间非营利组织会计制度》等政策法规出台，而记录我国慈善家的第一个"中国慈善家排行榜"诞生。2008年，汶川地震引发全民捐款，当年全国捐赠总额超过1000亿元。从此，中国公益慈善事业步入真正的快车道。

2016年3月16日，第十二届全国人民代表大会第四次会议通过了《中华人民共和国慈善法》（以下简称《慈善法》），这是中国第一部具有基础性、综合性的慈善法律，开启了中国慈善的法治时代。据中国慈善联合会统计，2019年，中国内地（不包括港澳台地区）慈善捐赠总量达到1509亿元。据民政部慈善中国网站统计，截至2020年末，全国各级民政部门共认定和登记慈善组织9849家，其中具有公开募捐资格的有3318家。

三、中国慈善的多元治理

慈善事业涉及政府、慈善组织、捐赠者、受助者等多方相关者，其健康持续发展同样需要多方主体的相互配合，以形成共募资源、共担责任的"共建、共治、共享"格局。慈善治理既需要政府发挥统筹全局、监管、协调各方的职能作用，更要依靠政府、慈善组织、捐赠者、受助者、企业、媒体等之间的相互合作，实行资源和信息的交换以及优势互补，相互制约，形成政府监管、民间运作、行业自律、社会监督的多元治理模式。

（一）政府——治理的主导

政府在慈善事业的发展和治理中发挥着极其重要的主导作用。所谓主导，就是政府把慈善事业的发展作为自身的责任和义务，纳入社会建设发展的总体布局，依据慈善法律，制定慈善事业发展的行政法规和具体政策，提供相应的资金支持，并对慈善组织机构进行有效的监管。此外，政府还是协调慈善各方主体进行沟通合作的"桥梁"。也就是说，没有政府作用职能的有效发挥，慈善事业的治理也不可能实现。

（二）慈善组织——治理的重要"主体"和"客体"

慈善组织在慈善事业的多元治理中，既是"主体"也是"客体"。"主体"是指慈善组织遵守《慈善法》，在政府的主导下充分发挥自身的积极能动性，独立自主地开展资金募集，开展慈善项目的实施和运作，打造自身的社会公信力，成为慈善事业发展的主体力量。"客体"是指慈善组织也是各种制度机制、监督机制、激励机制等运行的着力点。慈善事业多元治理的目的之一就是对慈善组织进行引导、监督、激励以使其发挥更大的社会作用，从这个层面上来说，慈善组织也是被管理的对象。

（三）社会——治理的重要参与者

慈善事业的健康发展除了要依靠政府、慈善组织的自身努力，还离不开新闻媒体、企业等社会各界和社会公众等第三方力量的参与，它们与政府、慈善组织共同构成了慈善事业多元治理的完备体系。社会领域的主体主要与政府以及慈善组织合作，优势互补，并通过自身慈善意识的培养，促进形成良好的社会慈善氛围，为慈善治理提供良好的社会环境。

四、社会财富配置新趋势

2019 年 10 月，瑞信研究院发布最新一期《全球财富报告》（以下简称《报告》）。《报告》显示，2018～2019 年，全球财富总值增长至 360 万亿美元，同比增长了 2.6%。其中，中国家庭财富总值为 63.8 万亿美元，较 2000 年增长了 17.2 倍，增速超过多数其他国家的 3 倍。值得一提的是，中国新增 15.8 万名百万富翁，总数达到 450 万。虽仍远低于美国，但中国在"全球富裕人口"数量上首次超越了美国。

2019 年 11 月，胡润研究院发布了《2019 胡润财富报告》（以下简称《报告》），揭示了目前大中华区拥有 600 万元资产的"富裕家庭"和千万人民币资产以上的"富豪家庭"的数量和地域分布情况。《报告》显示，截至 2018 年 12 月 31 日，大中华区拥有 600 万元资产的"富裕家庭"数量已经达到 494 万户，同比增长 1.2%；拥有千万资产的"高净值家庭"数量达到 198 万户；拥有亿元资产的"超高净值家庭"数量达到 12.7 万户；拥有 3000 万美元的"国际超高净值家庭"数量达到 8.4 万户。《报告》还显示，大中华区拥有 600 万元资产的"富裕家庭"总财富达 128 万亿元，是大中华区全年 GDP 的 1.3 倍。这 128 万亿元中，拥有亿元人民币资产的"超高净值家庭"总财富为 77 万亿元，占比 60%，拥有 3000 万美元资产的"国际超高净值家庭"总财富为 72 万亿元，占比 56%。这 128 万亿元的总财富中，预计有 17 万亿元将在 10 年内传承给下一代，39 万亿元将在 20 年内传承给下一代，60 万亿元将在 30 年内传承给下一代。

近年来，随着我国"高净值家庭""超高净值家庭"日益增多，家族财富传承的意识愈发强烈，财富观念也日趋成熟，越来越多的高净值人群出于家庭财富保护、风险隔离和管理的目的选择家族信托。与此同时，高净值人群的慈善需求也在保持高速增长。这些高净值人群不仅注重传承自己家族的创业精神，同时更注重对后代人生观价值观的塑造，在财富传承过程中传承整个家族的慈善精神。因此，许多高净值人士设立信托并不是单一模式设立，有些人会把慈善元素嵌入到家族信托中，在财富传承的同时实现公益目的，即"家族信托＋慈善信托"结合模式，这是一种混合式的慈善信托。

随着2016年9月1日《中华人民共和国慈善法》正式实施，各项法规和规章逐步出台并趋向规范，高净值人群更有意愿投资慈善信托。据中国慈善联合会发布的《2020年慈善信托发展研究报告》（以下简称《报告》）显示，2020年，中国新增慈善信托257单，财产规模约3.90亿元，累计备案慈善信托537单，财产规模约33.19亿元。《报告》认为，随着慈善信托的发展，越来越多的社会公众了解、参与慈善信托，并根据自己的需求创新发展慈善信托。这也是目前我国社会财富配置的一种新趋势。

当前社会环境下，激发民间慈善的积极性和活力，动用社会力量开展慈善活动，帮助政府完成部分社会治理的内容，是我们慈善事业发展的重要内容。慈善信托在推动我国慈善事业发展中发挥了积极作用。但目前我国慈善信托的发展还面临两大阻碍：首先是信托财产登记制度仍然欠缺，其次是针对慈善信托的税收优惠政策欠缺，不利于对社会力量的充分利用。因此，政府还需通过完善慈善信托税收优惠制度，为慈善信托涉税操作指明方向，以及构建监管制度来引导社会财富流向慈善信托领域，助力慈善信托更好更快的发展。

五、互联网引领慈善新模式

中国慈善事业的飞速发展，离不开科技的助力。

2019年是世界互联网诞生50周年和中国全面接入国际互联网25周年。中国已经成为全球互联网发展最活跃、应用场景最丰富的国家之一。中国互联网络信息中心（CNNIC）发布的第45次《中国互联网络发展状况统计报告》显示，截至2020年3月，我国网民规模为9.04亿人，互联网普及率达64.5%，超过全球的平均水平。而互联网的迅速发展，也使传统慈善事业的运作模式发生了深刻变革，"互联网＋慈善"的模式悄然兴起，并迅速成为慈善事业的重要推动力量。

传递慈善公益之声，鼓励人人参与公益，是互联网慈善的显著特征。2019年，民政部依据《慈善法》指定的20家互联网募捐信息平台，公开募捐汇集的慈善捐赠超过54亿元，同比增长68%。

互联网慈善之所以能够迅速兴起并成为慈善事业的重要助力，一方面是因为互联网慈善降低了慈善的准入门槛，将慈善从富人、权力机构，通过互联网聚少成多的功能，转变为平民慈善、人人公益。2020年度"腾讯99公益日"数据显示，这场由腾讯公益联合数千家社会组织、知名企业、明星名人、爱心媒体共同发起的年度全民公益活动，自9月7日至9月9日三天，共计5780万人次、数千家公益机构、超10000家爱心企业参与，共筹善款30.44亿元，创下中国公益新纪录[①]。

---

① 中国慈善联合会：《2019年度中国慈善捐助报告》。

另一方面是互联网慈善项目内容与参与形式的多样性，也使得社会公众可以轻松、自由地投身慈善，如冰桶挑战、人工耳蜗、帮宝贝战胜先心病、为贫困女性送保障、为贫困地区孩子捐书等。近年来，互联网慈善项目覆盖人群越来越广，项目内容更加多样。捐赠形式也由传统的捐钱、捐物扩展成捐步数、捐能量等轻松有趣的形式。

民政部于2017年9月4日开通了全国慈善信息公开平台"慈善中国"。该平台作为全国统一的慈善信息公开平台，能够使慈善组织面向社会公开慈善信息。

六、中国慈善事业的现状与挑战

改革开放以来，中国的慈善事业随着经济的不断增长和改革开放的不断深化而快速发展，经历初创、探索、爆发、跨越发展的四个阶段，如今呈现出多元力量融合创新的势头，并随着社会转型与政府管理的规范化逐步走向新的发展高潮。第一，社会捐赠稳定在千亿元，捐赠形式愈发多样；第二，社会组织发展很快，全国社会组织数量达到90万家，基金会超过8400家；第三，志愿者人数不断增加，全国各类志愿者总数超过1.5亿人；第四，慈善行业支持性机构不断涌现，出现了一批学术研究、人才培训、品牌传播、法律咨询、财会税务等方面的第三方支持机构，丰富了行业生态链条；第五，《慈善法》等一系列配套法律法规的陆续推出，包括行业信用体系建设，建成了以法律和行政法规为骨干、以政府规章和规范性文件为补充的社会组织法规政策体系，推动了慈善事业规范发展。

从社会服务层面来看，慈善的领域由较为单一的扶贫助弱向着包括教育科技文化卫生体育环保等更高领域的价值层面拓展，由以往的临灾救险、临难相扶向着更为全面、完善的社会慈善体系进步；从创新社会治理角度来看，慈善组织将成为党的领导下的国家治理体系中非常重要的组成部分，特别是在社会治理方面，将推动政府治理和社会调节、居民自治的、良性互动的现代治理体系的实现，慈善将在引领中国社会发展的大格局中起到不可估量的作用；从对外交往的角度来看，慈善组织将承担"加强各国民间交流合作、促进民心相通"的重要使命；从民族振兴的角度来看，慈善在对国家价值观的塑造、对中华文明及社会人的心灵产生全面而深刻的影响，最终，中国慈善将上升为慈善文化体系的层面，成为中国以至世界文明史的一个重要组成部分。

改革开放之后，国家对于慈善事业管理的思维不断转变，由最初把慈善作为一种政府管理的工具严加管控，逐步转变为认同慈善价值并减少行政干预的思路。慈善事业最初是作为社会保障体系的工具和补充。党的十六届四中全会明确提出了全面构建和谐社会这一长期发展目标，需要"健全社会保险、社会救助、社会福利和慈善事业相衔接的社会保障体系"；党的十七大报告指出："要以慈善事业为补充，加快完善社会保障体系。"

党的十八大报告将慈善事业与社会救助体系、社会福利制度和优抚安置工作放到同一层面论述，提升了慈善事业的地位，慈善组织将成为创新社会治理体制的重要力量。党的十八大提出"加快形成科学有效的社会治理体制，确保社会既充满活力又和谐有序"。创新社会治理体制，就是要激发社会活力，鼓励和支持社会力量参与社会治理，改革社会组织管理制度，从而改进社会治理方式。《慈善法》明确了大慈善的概念与范围，规范了慈善参与者的权益与义务，为慈善事业的全面发展奠定了法治基础。

党的十九大为慈善事业发展指明了方向，赋予了慈善事业在全面建成小康社会和基本实现现代化过程中的使命与责任，对慈善事业发展又有了新的期待。在全面深化改革，创新社会治理的趋势下，慈善事业担负的不仅仅是对社会保障体制的补充，而且成为参与社会治理、提供公共服务、引领企业履行社会责任、传承弘扬优秀文化、扩大和促进对外交往、促进社会和谐的重要力量。

党的十九届四中全会通过的《中共中央关于坚持和完善中国特色社会主义制度、推进国家治理体系和治理能力现代化若干重大问题的决定》指出，"重视发挥第三次分配作用，发展慈善等社会公益事业"。党中央首次明确以第三次分配为收入分配制度体系的重要组成，确立了慈善等公益事业在我国经济和社会发展中的重要地位，继《慈善法》2016年颁布后进一步释放出新时代党和国家大力发展公益慈善事业、对收入分配格局进行调整的重大信号，成为建设更有优势的分配制度、开创中国特色公益慈善道路、走向社会主义共同富裕的战略指引。

党的十九届五中全会进一步为慈善事业明确了定位和作用，"发挥第三次分配作用，发展慈善事业，改善收入和财富分配格局"为"十四五"期间我国慈善事业发展捐赠的方向。

改革开放四十年来，我国现代慈善事业取得了快速发展，在平衡地区差异、减少贫富差距，补充社会保障体系，参与社会治理、参与精神文明建设，促进教育、科学、文化、卫生、体育、环保等领域发挥了不可小觑的作用，慈善事业在中国特色社会主义建设中的重要性日益凸显。

但总体来看，我国慈善事业还处于初级阶段，与党中央"重视发挥第三次分配作用"相差甚远。目前，我国慈善资源需要引导、慈善行为需要规范、行业基础需要夯实，特别是慈善事业发展的顶层设计需要进一步明确，才能更好地培育、呵护、引导、规范慈善行业，让慈善事业在新时期有更大的作为。

（一）慈善捐赠潜力还需要充分激发

我国慈善捐赠量虽稳定增长，但是与中国的经济发展水平和巨大的人口基数相比还是太少。2019年，全年接收国内外款物捐赠共计1509.44亿元，仅占当年国内生产总值（GDP）的0.15%，人均捐赠107.81元。而同期美国慈善捐赠总额为美国共捐赠了约4496.4亿美元，约3.18万亿元人民币，占美国当年GDP的2.1%。我国的社会捐赠仍然以企业为主，占到总额的70%左右，来自公众的小额捐赠还有巨大潜力尚未充分挖掘[①]。此外，除了现金捐赠以外，慈善信托、股权捐赠、不动产捐赠、知识产权捐赠等新型捐赠方式还比较小，主要是因为缺乏激励政策，民众慈善意识不足、动力不强，阻碍了慈善资源的进一步扩大。

（二）互联网捐赠快速发展更需制度设计

中国互联网的快速发展，为慈善事业的发展提供了巨大契机。随着互联网、大数据等信息

---

① 中国慈善联合会：《2019年度中国慈善捐助报告》。

技术的迅猛发展,"互联网+慈善"已经成为公益慈善事业新的重要增长点。互联网公司以及慈善组织通过在各自的网络应用中加入手机端捐赠通道,可以直接将账户中的零钱、红包、消费返券甚至走路计步、运动量等转化为慈善捐赠,让互联网捐赠无所不在。但是互联网在扩大慈善影响力的同时,也对慈善透明、慈善监管提出了更高要求。近两年来,慈善网络募捐发生的"罗尔事件""同一天生日"等热点问题,也让众多网友对慈善捐赠产生质疑,让参与捐赠的网友感到受伤,善心难免透支,真正需要帮助的人也会被"误伤"。

(三) 慈善服务供给严重不足需要政策扶持

在中国慈善行业价值体系中,企业和资助型基金会是慈善资源的供给方,大量的社会服务机构和项目型基金会是慈善资源的递送方,也是直接面对受益群体的慈善服务递送者。这些机构的数量、领域、专业性直接决定了慈善事业是否体现出社会价值,是否被群众认可。目前,上海、广州、成都、南京、深圳等多个城市已经开始大力培育社区慈善组织,也形成了很多优秀经验,但整体上看,基层公益慈善类和社区服务类社会组织的数量偏少、活跃度偏低、专业服务能力较弱,难以满足庞大而复杂的慈善需求,需要政府部门高度重视,在注册登记,培养孵化、购买服务等方面加大政策扶持力度。

(四) 行业基础设施亟待完善

慈善行业的健康发展需要强有力的行业支持体系。这个支持体系包括政策制度、理论研究、数据统计、行业自律机制、信息化建设、行业发展战略规划、慈善人才队伍建设、慈善标准化、慈善行业智库等,慈善行业发展对支持系统有巨大需求。在理论研究方面,来自西方的思想体系和实践方法成为主流,没有形成中西理论融合、行业普遍认同、易于普及推广的中国特色慈善理论,行业没有共识,造成各说各话,难以形成合力;在行业信息化方面,慈善组织在办公信息化、项目信息化和信息透明化等方面远远落后于其他行业,导致工作效率低、工作成本高、信息披露不规范等问题;在行业自律方面,全国各地慈善行业性组织数量少,行业标准化建设、行业调查机制、投诉举报机制等也还停留在探索阶段,行业组织的自律作用尚未完全发挥。这些基础设施的缺乏,经常导致慈善行业出现问题,引发社会关注甚至质疑,影响慈善事业的社会公信力,也对政府信誉造成不良影响。

目前,公众可以通过"中国社会组织政务服务平台"和"中国社会组织动态"微信公众号,随时查询全国各地依法登记的社会组织名单,核查其合法身份。

(五) 行业人才匮乏需要建立良性生态

人才是慈善行业发展的关键。目前,慈善组织的专业管理人才、筹款人才、项目运作人才都非常匮乏。慈善行业从业人员的薪资福利水平,直接影响慈善组织的免税资质,而较低的工资水平,又难以吸引和留住社会优秀的人才。现有的慈善人才培养制度还没有形成体系,慈善人才的待遇问题、户口问题、职称问题、继续教育问题都没有有效解决,导致跨行业人才难以进入,行业人才流失严重;中央党校、国家行政学院等部门也从未对慈善组织开放,慈善从业者政治素养和宏观视野难以提高,导致慈善组织呈现圈子化趋势,大局观不强、责任担当弱,不利于慈善事业发展。

综上所述，慈善事业发展需要加强系统观念，统筹政策、税收、文化、慈善组织、慈善捐赠、慈善教育、人才培养等各个方面，凝聚起多方参与慈善事业的强大合力。尤其是慈善资源需要引导，慈善行为需要规范，行业基础需要夯实，特别是慈善事业发展的顶层设计需要进一步明确，才能更好地培育、呵护、引导、规范慈善行业，让慈善事业在新时期有更大的作为。

第二节　中国慈善税收发展概述

我国对社会组织登记制度实行双重管理，2016年8月中共中央办公厅、国务院办公厅出台《关于改革社会组织管理制度促进社会组织健康有序发展的意见》明确提出，稳妥推进直接登记，对国家重点培育、优先发展的"行业协会商会类、科技类、公益慈善类、城乡社区服务类社会组织"实行直接登记，但这一制度目前在全国尚未全面推广实施，大部分社会组织的登记仍然根据《基金会管理条例》《社会团体管理条例》和《社会服务机构登记管理条例》，实行双重管理：第一，取得业务主管单位同意设立的文件；第二，向民政部门申请登记。

《民间非营利组织会计制度》（以下简称《民非会计制度》），《民非会计制度》适用于在中华人民共和国境内依法设立的符合本制度规定特征的民间非营利组织。贯穿全书的"公益性社会组织"（以下简称"社会组织"）与"民间非营利组织""公益性社会团体"内涵近似，在涉税处理地位上基本相同，适用于"非营利组织"的有关财税制度规定。

一、中国慈善事业涉税相关法律主体简述

随着慈善事业的不断发展和日趋完善，《慈善法》推出和民政部门机构变更，当下关于"公益组织"的多种表述问题也会逐步统一。在此简单介绍和分析下有关"公益组织"的法律概念和涉税内涵。

（一）公益性社会组织

近年来，财税等有关慈善领域的政策法规多使用这一概念。不同时期的表述，内涵实则大同小异。

比如《关于进一步明确公益性社会组织申领公益事业捐赠票据有关问题的通知》中的表述为"在民政部门依法登记，并从事公益事业的社会团体、基金会和民办非企业单位（以下简称公益性社会组织）"。

而财政部、国家税务总局《关于公益慈善事业捐赠个人所得税政策的公告》和《关于公益性捐赠税前扣除有关事项的公告》中的表述都为"本公告第一条所称公益性社会组织，包括依法设立或登记并按规定条件和程序取得公益性捐赠税前扣除资格的慈善组织、其他社会组织和群众团体。"

(二) 非营利组织

这一表述也十分常见。如《民间非营利组织会计制度》(以下简称《民非制度》) 中的表述为"依照国家法律、行政法规登记的社会团体、基金会、民办非企业单位和寺院、宫观、清真寺、教堂等";根据财政部关于印发《〈民间非营利组织会计制度〉若干问题的解释》的通知精神,具备《民非制度》第二条第二款所列三项特征的非营利性民办学校、医疗机构等社会服务机构,境外非政府组织在中国境内依法登记设立的代表机构也明确了属于非营利组织这一范畴。

财政部、国家税务总局《关于非营利组织免税资格认定管理有关问题的通知》中的表述则是"依据本通知认定的符合条件的非营利组织,必须同时满足以下条件:(一) 依照国家有关法律法规设立或登记的事业单位、社会团体、基金会、社会服务机构、宗教活动场所、宗教院校以及财政部、税务总局认定的其他非营利组织……"非营利组织包括依照国家法律、行政法规设立或登记的社会团体、基金会、社会服务机构、宗教活动场所、宗教院校和境外非政府组织代表机构等。

其中,符合条件的非营利组织这一概念的出现是因为不是所有的非营利组织都可以享受企业所得税在免税收入范围内的税收优惠,必须要符合税法规定的非营利组织的 9 项前提条件,并经财政、税务部门认定资格后才可享受,因此有了这样一个"符合条件的非营利组织"的法律概念。

(三) 公益性社会团体

公益性社会团体是指注册在中华人民共和国境内,以发展公益事业为宗旨、且不以营利为目的,并经确定为具有接受捐赠税前扣除资格的基金会、慈善组织等公益性社会团体。

(四) 公益性单位

这一表述出现在《公益事业捐赠票据使用管理暂行办法》中,即"本办法所称的公益事业捐赠票据(以下简称'捐赠票据'),是指各级人民政府及其部门、公益性事业单位、公益性社会团体及其他公益性组织(以下简称'公益性单位')"。

(五) 慈善组织

慈善组织是依法成立、符合《慈善法》规定,以面向社会开展慈善活动为宗旨的公益性社会组织。这一概念来源于《慈善法》,基金会、社会团体(不是群众团体)、社会服务机构都可以申请为慈善组织,2016 年 8 月 31 日出台了《慈善组织认定办法》。成功申请为慈善性质的公益性社会组织,符合税收法律法规规定条件的,依照税法规定享受税收优惠,不仅如此,还直接关系到公开募捐资格申请、公益事业捐赠统一票据领用与政府购买服务等一系列问题。

(六) 公益性群众团体

根据财政部、国家税务总局《关于通过公益性群众团体的公益性捐赠税前扣除有关事项的公告》精神,"公益性群众团体,包括依照《社会团体登记管理条例》规定不需进行社团登记的人民团体以及经国务院批准免予登记的社会团体,且按规定条件和程序已经取得公益性捐赠税前扣除资格。"

(七) 人民团体

人民团体指经国务院授权的政府部门批准设立或登记备案,并由国家拨付行政事业经费的各种社会团体。中央机构编制管理部门直接管理机构编制的21个群众团体机关分别是:中华全国总工会、中国共产主义青年团中央委员会、中华全国妇女联合会、中国文学艺术界联合会、中国作家协会、中国科学技术协会、中华全国归国华侨联合会、中国法学会、中国人民对外友好协会、中华全国新闻工作者协会、中华全国台湾同胞联谊会、中国国际贸易促进委员会、中国残疾人联合会、中国红十字会总会、中国人民外交学会、宋庆龄基金会、黄埔军校同学会、欧美同学会、中国职工思想政治工作研究会、中华职业教育社、中华全国工商业联合会。上述机构不同于社会团体,但也属于公益性社会组织。

(八) 群众团体

群众团体指围绕党的中心工作,开展群众性工作的组织,如工会、共青团、妇联等。

(九) 非营利法人

非营利法人为公益目的或者其他非营利目的成立,不向出资人、设立人或者会员分配所取得利润,包括事业单位、社会团体、基金会和社会服务机构等。这一概念来源于《民法典》,属于法人机构的一种,分为事业单位法人、社会团体法人、捐助法人三类。其中社会团体法人方面,具备法人条件,基于会员共同意愿,为公益目的或者会员共同利益等非营利目的设立的社会团体,经依法登记成立,取得社会团体法人资格;依法不需要办理法人登记的,从成立之日起,具有社会团体法人资格。捐助法人包含两类不同的机构,一类是具备法人条件,为公益目的以捐助财产设立的基金会、社会服务机构等,经依法登记,取得捐助法人资格;另一类是依法设立的宗教活动场所,具备法人条件的,可以申请法人登记,取得捐助法人资格。法律、行政法规对宗教活动场所另有规定的,依照其规定。

(十) 特别法人

特别法人这一概念同样来源于《民法典》,属于法人机构的一种,包括机关、农村集体经济组织、城镇农村的合作经济组织以及基层群众性自治组织等。

(十一) 志愿服务组织

志愿服务组织是以开展志愿服务为宗旨的非营利性社会组织。(参见中共中央宣传部、中央文明办、民政部、教育部、财政部、全国总工会、共青团中央、全国妇联印发《关于支持和发展志愿服务组织的意见》)

二、改革开放以来慈善税收的演变

1949年新中国成立至1978年改革开放,我国税法本身不够完善,对国有企业以上缴利润为主,不征收企业所得税。1973 年税制改革,将工商企业原来缴纳的各种税,除保留工商所得税外,统一简并为一种"工商税",并在全国范围内实施。此时,人民群众收入较低,国家遇到灾难时,主要依靠政府力量和人民群众自力更生渡过难关,公益慈善事业基本属于空白,在此情况下,不可能建立针对慈善事业的税收政策,也谈不上慈善税收体系之说。

1978~1993 年,是我国税制逐步完善的时期。受党的十一届三中全会改革东风的推动,为适应社会主义商品经济发展,为适应中外人员、资金、技术、市场的交流,我国逐步认识到向西方学习,对外开放起到了重要和积极的作用。我国税制也进行了较大调整,初步建立和完善相关税收制度,主要表现在:一是对原来工商统一税进行改革,开展增值税试点,实现产品税、增值税、营业税并存的流转税格局,保证财政收入的筹集能力。二是对国有企业实行两步利改税,由原来上缴利润改为征收企业所得税。同时为理顺国家和企业分配关系,我国企业所得税区分为国有企业所得税、集体企业所得税、私营企业所得税、外商投资企业所得税、中外合作企业和外国企业所得税等,每个所得税的税基计算方法不同,但总体差异不大,税率相差较多,如国有、集体企业适用超额累进税率,最高税率达到 55%,外资企业则与国际接轨,税率为 33%(30% 的税率 +3% 地方所得税附加)。1991 年 7 月,我国将两个外资企业所得税法合并,形成外商投资企业和外国企业所得税法,主要适应外商投资企业和外国企业在中国境内的机构、场所。三是建立了"三税合一"的个人所得税制。1980 年,全国人民代表大会通过了《中华人民共和国个人所得税法》,起征点定为 800 元,当时人民群众收入水平较低,大多数达不到征税标准。此后,针对国内人员,国务院出台了《中华人民共和国个人收入调节税暂行条例》,起征点定为 400 元;针对个体工商户,国务院出台了《个体工商户个人所得税计税办法》,基本建立了个人所得税的相关税收制度。此外,国家还出台了一些对个人收入进行调节的税种,如奖金税。2018 年个人所得税改革,第一次真正建立了综合与分类相结合的税制体系。四是国务院公布了《中华人民共和国税收征收管理暂行条例》,这是我国税收征管法的前身。总体而言,这一阶段的税法体系也处于建设之中,还没能对公益捐赠等慈善事业有过多的税收规定。

1994~2008 年,我国对企业和个人发生的公益捐赠支出允许按规定比例进行税前扣除,但扣除比例较低。1994 年是我国的税制改革年,一是完善了流转税体系,取消产品税,对货物等有形动产、工业加工服务等征收增值税,对劳务服务、转让无形资产、不动产征收营业税,在增值税、营业税分不同领域进行调节的基础上,选择部分特殊消费品征收消费税;二是将国有企业所得税、集体企业所得税、私营企业所得税合并为适用于内资企业的《中华人民共和国企业所得税暂行条例》;三是建立统一的个人所得税制,将上述三部个人所得税法规合并为统一的个人所得税法,实行分类税制,这一税制一直执行到 2018 年底。

总体上说,对公益捐赠支出主要体现在两方面:地方税收对公益捐赠支出以及基金会基本没有专门的优惠规定。这一阶段,企业所得税有关公益捐赠扣除的比例较低,外资企业公益捐赠支出的扣除比例为应纳税所得额的 3%,内资企业公益捐赠支出的扣除比例为应纳税所得额 1.5%;个人所得税扣除比例为应纳税所得额的 30% 个人公益捐赠支出可以在全年的综合所得中扣除。个人捐赠涉及到个人所得税全额扣除政策也十分明确。

2009 年至今，我国慈善税收规定逐步完善，表现在：一是提高了公益捐赠支出在企业所得税前的扣除比例，并允许在以后三年内结转扣除。2008 年企业所得税改革，统一了内外资企业所得税法，大大提高了公益捐赠支出的扣除比例。新企业所得税法（即 2008 年 1 月 1 日起施行的《中华人民共和国企业所得税法》，以下简称"企业所得税法"）第九条规定，企业发生的公益性捐赠支出，在年度利润总额 12% 以内的部分，准予在计算应纳税所得额时扣除。2016 年全国人大通过了《中华人民共和国慈善法》，该法律规定企业捐赠支出当年扣除不完的，可以结转三年扣除，这对税收政策是一个较大突破。为此，企业所得税法和企业所得税法实施条例进行了相应修改，与《慈善法》保持一致，2018 年后，企业所得税法的第九条修改为：企业发生的公益性捐赠支出在年度利润总额 12% 以内的部分准予在计算应纳税所得额时扣除；超过年度利润总额 12% 的部分准予结转以后三年内在计算应纳税所得额时扣除。财政部、国家税务总局对三年结转扣除进行宽松解释，即企业当年捐赠支出超过会计利润 12% 的部分结转以后三年扣除在以后年度中在会计利润 12% 限额内先扣除上一年度未扣完的部分之后再扣除本年的捐赠支出，这很好地保护了企业的税收权益。二是创设非营利组织概念对取得非营利组织免税资格的社会组织取得的部分收入免征企业所得税。按照 1994 年内资企业所得税条例：对公益性社会组织比照事业单位、社会团体、民办非企业单位征收企业所得税，仅对其中的财政拨款收入免税，但其他收入不免税。实际上很多基金会、公益社会组织当时也未真正纳入税收管理。因此，各方面反响不大；2008 年修订的企业所得税法借鉴国际通行做法创设了非营利组织的概念，对于经财政、税务部门认定为非营利组织免税资格的，其取得的捐赠收入、会费收入、不征税收入和免税收入的存款利息收入等均免征企业所得税。这样既能够保证大量从事公益慈善事业的社会组织纳入税务管理，同时，其企业所得税负又较低，便于其有效开展社会公益事业。三是在"营改增"中明确了有关纳税人无偿提供服务、无形资产、不动产的具体政策。根据财政部、国家税务总局《关于全面推开营业税改征增值税试点的通知》附件 1《营业税改征增值税试点实施办法》第十四条规定，下列情形视同销售服务、无形资产或者不动产：

（一）单位或者个体工商户向其他单位或者个人无偿提供服务，但用于公益事业或者以社会公众为对象的除外。

（二）单位或者个人向其他单位或者个人无偿转让无形资产或者不动产，但用于公益事业或者以社会公众为对象的除外。

（三）财政部和国家税务总局规定的其他情形。

个人所得税改革全面加大了个人捐赠税前扣除力度。2018 年个人所得税改革的一个重要亮点是建立综合与分类相结合的税制体系。个人原来按月计算税款、按月扣除捐赠支出存在"多捐少扣"问题。建立综合税制后把工资薪金、劳务报酬、稿酬、特许使用费四项所得合并，以年度为时间期限进行合并计税，同时捐赠支出也按全年度的应纳税所得额为基数计算扣除，彻底缓解了以前分类税制存在的"多捐少扣"问题。另外，个人发生捐赠可以优先在当月的股息红利所得、财产转让所得、财产租赁所得、偶然所得 4 项所得中扣除，扣除不完的可以结转到综合所得、经营所得中扣除在税收政策上打通了各项所得之间的扣除机制，有效保护个人捐赠行为。此外，对于个人捐赠不能及时取得公益事业捐赠统一票据的可以在 90 天内拿票，依然享受优惠政策。对于单位统一组织的小额捐赠不要求按每一捐赠人开具票据，由公益社会组织开一张大票即可，附以相关捐赠明细，即可作为个人扣除的依据。另外，急事特办应对新冠病毒感染肺炎的捐赠允许在企业所得税、个人所得税前全额扣除，而且允许单位和个人向承担新冠肺炎定点防治医院直接捐赠也允许全额扣除允许直捐全额扣除，是税法史无前例对特殊紧急事项的特殊规定，对全国人民抗击疫情、复工复产、稳定民心起到重要作用。可以说，经过十几年来税收对公益慈善捐赠的政策支持和调整，我国慈善税收规定正在逐步趋于成熟、完善。

三、中国现行慈善税收征管概述

社会组织的主管部门是民政部门（企业的主管部门是工商部门），境外非政府组织代表机构的主管部门是公安部门，都遵循财政部门的《民非会计制度》。我国目前对社会组织并没有单独的纳税申报、管理、评估、稽查等管理体系。

（一）备案类日常税务事项

在"放管服"大背景下，除了企业所得税免税资格和慈善组织捐赠税前扣除资格以外，社会组织的税收征管也多以自行申报和留存备查的管理制度为主。即社会组织自行判断其是否符合税收优惠政策规定的条件，凡享受企业所得税优惠的，自行填报纳税申报表即可享受优惠，妥善保管留存备查资料，目前需要附送相关纸质资料的情形很少。非营利组织并非"天生"即有免税资格，办理税务登记是获取税收优惠的基础和前提。非营利组织与工商企业一样，都需要正常申报和依法缴纳各种税费。非营利组织的登记证书由民政部门受理申请，发放标注统一社会信用代码的非营利组织（社会团体、基金会、民办非企业单位）法人登记证，在"三证合一"规定下，自动赋予其税务登记证的全部功能。税务机关根据"放管服"改革要求，将原税务登记改为信息报告，非营利组织"三证合一"后，发生涉税事项可以直接到税务机关办税大厅或通过网上电子税务局办理相关业务，依法享受税收优惠。非营利组织依法取得非营利组织免税资格后，可以享受企业所得税免税优惠。[①]

依法登记是非营利组织的法定义务，这里不仅需要民政部门的登记，还包括税务登记，"三证合一"是近年兴起的新型登记方式。此前有些非营利组织只办理民政部门登记，由于不开具税务发票，未办理税务登记；或仅办理个人所得税申报，未做企业所得税申报。这种情况导致非营利组织常年未纳入税收管理，存在较大税收风险。

（二）社会组织纳税管理

按照《民间非营利组织会计制度》进行核算的社会组织，仍应全面执行我国现有各类税收政策，包括税收法律法规、部门规章、地方性法规、规范性文件等各类法律性文件，涵盖税收实体法体系和税收程序法体系。

---

① 2016 年《国家税务总局关于明确社会组织等纳税人使用统一社会信用代码及办理税务登记有关问题的通知》。

我国实行以流转税和所得税为双主体的税制结构，现行有效税种 18 个，根据征税对象可以划分为以下五类（参考分类）：

第一，商品（货物）与劳务税类，包括增值税、消费税、关税。

第二，所得税类，包括企业所得税、个人所得税。

第三，财产与行为税类，包括房产税、土地增值税、车船税、契税、印花税。

第四，资源税和环境保护税：资源税、城镇土地使用税、耕地占用税、环境保护税。

第五，特定目的税，包括城市维护建设税、车辆购置税、烟叶税、船舶吨税。

社会组织除适用一般性税收政策规定外，鉴于社会组织及其业务运营的特殊性，国家出台了部分针对社会组织和捐赠人的税收政策，如非营利组织免税资格、公益性社会组织和公益性群众团体的捐赠税前扣除资格等特殊规定。

税务机关主要依据《中华人民共和国税收征收管理法》及其实施细则对社会组织实施税收征管，包括税务登记、账簿凭证管理、纳税申报、税款征收、税务检查、法律责任等。社会组织除适用税收征管法规以外，还需适用财税部门规章和规范性文件等征管制度。

目前，我国慈善事业还处在初级发展阶段，社会组织更要重视税收政策的学习和操作，通过加强财税政策的学习研究，提高执行和应用税收政策的确定性，进一步加强与税务机关的沟通交流，对涉税争议事项多沟通多协调，掌握税务机关的具体政策和征管操作口径。加强风险的预先防范。出现税收争议后要及时进行风险应对，如申请听证、提出税务行政复议、提起税务行政诉讼等。

本书旨在为社会组织、税务管理人员提供社会组织纳税工作的框架性和业务性操作指南，促进社会组织纳税实践的规范性，指导社会组织用活、用好税收优惠，降低社会组织纳税风险，增加社会组织的价值。社会组织纳税管理主要包括税务会计核算、纳税申报管理、税收优惠管理、涉税票据凭证管理、跨地区和跨境经营汇总纳税管理、纳税风险管理、纳税人权益保护等。

第二篇
中国社会组织涉税制度简述

社会组织依法取得法人资格,并成为实体,遵从于国家相关各项税收制度。非营利组织包括社会组织。本篇系统阐述了现行社会组织的涉税制度,即实体性政策法规与程序性政策法规,以及相关性法规。

第二章
社会组织的涉税制度

第一节 增值税

一、基本规定

增值税是以生产销售商品和劳务、销售不动产、转让金融商品等应税行为在流转过程中产生的增值额作为征税对象而征收的流转税。

（一）纳税人

增值税的纳税义务人包括在中华人民共和国境内销售货物或者提供加工、修理修配劳务以及进口货物、销售服务、无形资产或者不动产的单位和个人。单位指的是企业、行政单位、事业单位、军事单位、社会团体及其他单位，包括公益性社会组织（以下简称"社会组织"）在内的非营利法人。

增值税的纳税人按年应税销售额大小、会计核算水平，以及固定的经营场所等条件认定纳税人资格，分为一般纳税人和小规模纳税人。这两类纳税人在税款计算、适用税率（征收率）、管理办法上有所不同。对一般纳税人实行一般计税方法，对小规模纳税人采取简易计税方法。社会组织已认定为一般纳税人，如连续12个月（按月申报）或连续4个季度（按季申报）应征增值税销售额未超过500万元的可选择转登为小规模纳税人纳税；社会组织如果是小规模纳税人、会计核算准确、有固定的生产经营场所，能够提供准确税务资料，可以申请成为一般纳税人。具体认定标准如表2-1所示。

表2-1　　　　　　　　　　纳税人认定标准对比

纳税人类型	行业	认定标准	
		年应税销售额	其他标准
一般纳税人	从事货物生产销售或提供加工、修理修配劳务（生产企业）	超过500万元	会计核算健全
	从事货物批发零售的纳税人（商业企业）		
	销售服务、不动产和无形资产		
小规模纳税人	从事货物生产销售或提供加工修理、修配劳务（生产企业）	500万元以下（含本数）	无
	从事货物批发零售的纳税人（商业企业）		
	销售服务、不动产和无形资产		

(二) 征税范围

增值税的征税范围以及不缴纳增值税的特殊项目如表 2-2 和表 2-3 所示。

表 2-2　　　　　　　　　　　　　　增值税的征税范围

增值税的一般征税范围	基本规定
1. 销售或者进口的货物	货物，是指有形动产，包括电力、热力和气体在内； 销售货物，是指有偿转让货物的所有权
2. 提供劳务	劳务，是指纳税人有偿提供的加工、修理修配劳务。 加工，是指受托加工货物，即委托方提供原料及主要材料，受托方按照委托方的要求，制造货物并收取加工费的业务。 修理修配，是指受托对损伤和丧失功能的货物进行修复，使其恢复原状和功能的业务。 提示：单位或者个体工商户聘用的员工为本单位或者雇主提供劳务，不包括在内
3. 销售服务	(1) 交通运输服务，是指利用运输工具将货物或者旅客送达目的地，使其空间位置得到转移的业务活动。包括陆路运输服务、水路运输服务、航空运输服务和管道运输服务。 提示 1：出租车公司向使用本公司自有出租车的出租车司机收取的管理费用，按照"陆路运输服务"缴纳增值税。 提示 2：水路运输的程租、期租业务，属于水路运输服务；航空运输的湿租业务，属于航空运输服务。 提示 3：无运输工具承运业务，按照交通运输服务缴纳增值税； 无运输工具承运业务，是指经营者以承运人身份与托运人签订运输服务合同，收取运费并承担承运人责任，然后委托实际承运人完成运输服务的经营活动。 提示 4：自 2018 年 1 月 1 日起，纳税人已售票但客户逾期未消费取得的运输逾期票证收入，按照交通运输服务缴纳增值税。 提示 5：自 2019 年 10 月 1 日起，在运输工具舱位承包业务中，发包方以其向承包方收取的全部价款和价外费用为销售额，按照"交通运输服务"缴纳增值税。承包方以其向托运人收取的全部价款和价外费用为销售额，按照交通运输服务缴纳增值税（新增）
	(2) 邮政服务，是指中国邮政集团公司及其所属邮政企业提供邮件寄递、邮政汇总和机要通信等邮政基本服务的业务活动。包括邮政普遍服务、邮政特殊服务和其他邮政服务
	(3) 电信服务，是指利用有线、无线的电磁系统或者光电系统等各种通信网络资源，提供语音通话服务，传达、发射、接收或者应用图像、短信等电子数据和信息的业务活动。包括基础电信服务和增值电信服务。 提示：卫星电视信号落地转接服务，按照"增值电信服务"计算缴纳增值税
	(4) 建筑服务，是指各类建筑物、构筑物及其附属设施的建造、修缮、装饰，线路、管道、设备、设施等的安装以及其他工程作业的业务活动。包括工程服务、安装服务、修缮服务、装饰服务和其他建筑服务。 提示 1：有形动产修理属于加工修理修配劳务；建筑物、构筑物的修补、加固、养护、改善属于建筑服务中的修缮服务。 提示 2：物业服务企业为业主提供的装修服务，按照建筑服务缴纳增值税。 提示 3：钻井（打井）、拆除建筑物或者构筑物、平整土地、园林绿化、疏浚（不包括航道疏浚）、建筑物平移、搭脚手架、爆破、矿山穿孔、表面附着物（包括岩层、土层、沙层等）剥离和清理等工程作业属于其他建筑服务。 提示 4：纳税人将建筑施工设备出租给他人使用并配备操作人员的，按照建筑服务缴纳增值税

续表

增值税的一般征税范围	基本规定
3. 销售服务	(5) 金融服务，是指经营金融保险的业务活动，包括贷款服务、直接收费金融服务、保险服务和金融商品转让。 提示1：各种占用、拆借资金取得的收入，包括金融商品持有期间（含到期）利息（保本收益、报酬、资本占用费、补偿金等）收入，信用卡透支利息收入，买入返售金融商品利息收入、融资融券收取的利息收入，以及融资性售后回租、押汇、罚息、票据贴现、转贷等业务取得的利息及利息性质的收入，按照"贷款服务"缴纳增值税。 提示2：以货币资金投资收取的固定利润或者保底利润，按照"贷款服务"缴纳增值税。 提示3：金融商品持有期间（含到期）取得的非保本收益，不属于利息或利息性质的收入，不征收增值税。 提示4：纳税人转让因同时实施股权分置改革和重大资产重组而首次公开发行股票并上市形成的限售股，以及上市首日至解禁日期间由上述股份孳生的送、转股，以该上市公司股票上市首日开盘价为买入价，按照"金融商品转让"缴纳增值税（新增）。 提示5：存款利息、被保险人获得的保险赔付，不征收增值税
	(6) 现代服务，是指围绕制造业、文化产业、现代物流产业等提供技术性、知识性服务的业务活动。包括研发和技术服务、信息技术服务、文化创意服务、物流辅助服务、租赁服务、鉴证咨询服务、广播影视服务、商务辅助服务和其他现代服务。 提示1：广告服务包括广告代理和广告的发布、播映、宣传、展示等。 提示2：宾馆、旅馆、旅社、度假村和其他经营性住宿场所提供会议场地及配套服务的活动，按照"会议展览服务"缴纳增值税。 提示3：将建筑物、构筑物等不动产或者飞机、车辆等有形动产的广告位出租给其他单位或者个人用于发布广告，按照"经营租赁服务"缴纳增值税。 提示4：车辆停放服务、道路通行服务（包括过路费、过桥费、过闸费等），按照"不动产经营租赁服务"缴纳增值税。 提示5：水路运输的光租业务、航空运输的干租业务属于经营租赁。 提示6：翻译服务和市场调查服务，按照"咨询服务"缴纳增值税。 提示7：企业管理服务、经纪代理服务、人力资源服务、安全保护服务，都属于商务辅助服务。 提示8：拍卖行受托拍卖取得的手续费或佣金收入，按照"经纪代理服务"缴纳增值税。 提示9：货运客运场站服务、打捞救助服务、装卸搬运服务、仓储服务和收派服务属于物流辅助服务。 提示10：纳税人为客户办理退票而向客户收取的退票费、手续费等收入，按照"其他现代服务"缴纳增值税。 提示11：纳税人对安装运行后的机器设备提供的维护保养服务，按照"其他现代服务"缴纳增值税
	(7) 生活服务，是指为满足城乡居民日常生活需求提供的各类服务活动，包括文化体育服务、教育医疗服务、旅游娱乐服务、餐饮住宿服务、居民日常服务和其他生活服务。 提示1：提供餐饮服务的纳税人销售的外卖食品，按照"餐饮服务"缴纳增值税。 提示2：纳税人在游览场所经营索道、摆渡车、电瓶车、游船等取得的收入，按照"文化体育服务"缴纳增值税。 提示3：纳税人提供植物养护服务，按照"其他生活服务"缴纳增值税
4. 销售无形资产	销售无形资产是指转让无形资产所有权或者使用权的业务活动。无形资产，是指不具有实物形态，但能带来经济利益的资产，包括技术、商标、著作权、商誉、自然资源使用权和其他权益性无形资产。 提示1：其他权益性无形资产，包括基础设施资产经营权、公共事业特许权、配额、经营权（包括特许经营权、连锁经营权、其他经营权）、经销权、分销权、代理权、会员权、席位权、网络游戏虚拟道具、域名、名称权、肖像权、冠名权、转会费等。 提示2：纳税人通过省级土地行政主管部门设立的交易平台转让补充耕地指标，按照"销售无形资产"缴纳增值税，税率为6%

续表

增值税的一般征税范围	基本规定
5. 销售不动产	销售不动产是指转让不动产所有权的业务活动。不动产，是指不能移动或者移动后会引起性质、形状改变的财产，包括建筑物、构筑物等。 提示：转让建筑物有限产权或者永久使用权的，转让在建的建筑物或者构筑物所有权的，以及在转让建筑物或者构筑物时一并转让其所占土地的使用权的，按照"销售不动产"缴纳增值税

表2-3　　　　　　　　　　不缴纳增值税的特殊项目

属于征税范围的特殊项目	不缴纳增值税的特殊项目
（1）经营罚没物品（未上缴财政的）收入，照章征收增值税。 （2）航空公司已售票单位提供航空运输服务取得的逾期票证收入，按照"航空运输服务"缴纳增值税。 （3）药品生产企业销售自产创新药的销售额，并向购买方收取的全部价款和价外费用。 （4）单用途卡售卡方因发行或者销售单用途卡并办理相关资金收付结算业务取得的手续费、结算费、服务费、管理费等收入，应按照现行规定缴纳增值税	（1）视罚没物品收入归属确定征税与否，凡作为罚没收入如数上缴财政的，不予征税。 （2）纳税人取得的中央财政补贴收入，不属于增值税的应税收入。 （3）融资性售后回租业务中，承租方出售资产的行为不属于增值税的征税范围。 （4）药品生产企业在销售自产创新药后，提供给患者后续免费使用的相同创新药，不属于增值税视同销售范围。 （5）根据国家指令无偿提供的铁路运输服务、航空运输服务属于用于公益事业的服务，不征收增值税。 （6）存款利息不征收增值税。 （7）被保险人获得的保险赔付不征收增值税。 （8）房地产主管部门或者其指定机构、公积金管理中心、开发企业以及物品管理单位代收的住宅专项维修资金，不征收增值税。 （9）纳税人在资产重组过程中，通过合并、分立、出售、置换等方式，将全部或部分实物资产以及与相关联的债权、负债和劳动力一并转让给其他单位和个人，不属于增值税的征税范围。 （10）单用途卡发卡企业或者售卡企业销售仅限于在本企业、本企业所属集团或者同一品牌特许经营体系内兑付货物或者服务的作为预付凭证的单用途卡，或者接受单用途卡持卡人充值取得的预收资金，不缴纳增值税

（三）税率和征收率（见表2-4）

表2-4　　　　　　　　　　增值税税率和征收率

	增值税项目	税率
一般纳税人	销售或者进口货物（另有列举的货物除外）；销售劳务	13%
	销售或者进口： 1. 粮食等农产品、食用植物油、食用盐； 2. 自来水、暖气、冷气、热水、煤气、石油液化气、天然气、二甲醚、沼气、居民用煤炭制品； 3. 图书、报纸、杂志、音像制品、电子出版物； 4. 饲料、化肥、农药、农机、农膜； 5. 国务院规定的其他货物	9%
	购进农产品进项税额扣除率	扣除率
一般纳税人	对增值税一般纳税人购进农产品，原适用10%扣除率的，扣除率调整为9%	9%
	对增值税一般纳税人购进用于生产或者委托加工13%税率货物的农产品，按照10%扣除率计算进项税额	10%

续表

	营改增项目	税率
一般纳税人	交通运输服务	9%
	邮政服务	9%
	基础电信服务	9%
	增值电信服务	6%
	建筑服务	9%
	销售不动产	9%
	金融服务	6%
	研发技术服务	6%
	信息技术服务	6%
	文化创意服务	6%
	物流辅助服务	6%
	鉴证咨询服务	6%
	广播影视服务	6%
	商务辅助服务	6%
	其他现代服务	6%
	有形动产租赁服务	13%
	不动产租赁服务	9%
	文化体育服务	6%
	教育医疗服务	6%
	旅游娱乐服务	6%
	餐饮住宿服务	6%
	居民日常服务	6%
	其他生活服务	6%
	转让技术、商标、著作权、商誉、自然资源和其他权益性无形资产使用权或所有权	6%
	转让土地使用权	9%
	项目	征收率
小规模纳税人以及允许适用简易计税方式计税的一般纳税人	小规模纳税人销售货物或者加工、修理修配劳务，销售应税服务（除另有规定外）、无形资产；一般纳税人发生按规定适用或者可以选择适用简易计税方法计税的特定应税行为，但适用5%征收率的除外	3%
	销售不动产；符合条件的经营租赁不动产（土地使用权）；转让营改增前取得的土地使用权；房地产开发企业销售、出租自行开发的房地产老项目；符合条件的不动产融资租赁；选择差额纳税的劳务派遣、安全保护服务；一般纳税人提供人力资源外包服务	5%
	个人出租住房，按照5%的征收率减按1.5%计算应纳税额	5%减按1.5%

续表

项目		征收率
小规模纳税人以及允许适用简易计税方式计税的一般纳税人	纳税人销售旧货；小规模纳税人（不含其他个人）以及符合规定情形的一般纳税人销售自己使用过的固定资产，可依3%征收率减按2%征收增值税	3%减按2%

二、销 售 额

（一）销售额及价外费用

销售额，指纳税人发生应税行为取得的全部价款和价外费用，财政部和国家税务总局另有规定的除外。价外费用，是指价外收取的各种性质的收费，但不包括以下项目：

（1）代为收取并符合财政部、国家税务总局于2016年公布的《营业税改征增值税试点实施办法》第十条规定的政府性基金或者行政事业性收费。

（2）以委托方名义开具发票代委托方收取的款项。近年来，我国慈善生态越来越丰富，如逐渐热门起来的慈善晚宴和行业会议等慈善业务活动。社会组织应按照有关法律法规要求，做好不同业务的分别核算工作，将不同业务的销售额区分开来，依照税法规定，申报纳税。

（二）兼营行为

纳税人兼营销售货物、加工修理修配劳务、服务、无形资产或者不动产适用不同税率或者征收率的，应当分别核算适用不同税率或者征收率的销售额，未分别核算销售额的，按照以下方法适用税率或者征收率：

（1）兼有不同税率的销售货物、加工修理修配劳务、服务、无形资产或者不动产，从高适用税率；

（2）兼有不同征收率的销售货物、加工修理修配劳务、服务、无形资产或者不动产，从高适用征收率；

（3）兼有不同税率和征收率的销售货物、加工修理修配劳务、服务、无形资产或者不动产，从高适用税率。

（4）纳税人兼营免税、减税项目的，应当分别核算免税、减税项目的销售额，未分别核算的，不得免税、减税。

（三）混合销售

一项销售行为如果既涉及销售货物又涉及提供原营业税条件下的服务活动，为混合销售行为。混合销售属于企业正常的经营活动，税法规定混合销售概念，主要目的是简化税收核算和具体征管。总的方法是：对于从事货物的生产、批发或者零售的单位和个体工商户，这些单位原本是增值税纳税人，在同一笔业务中同时发生原营业税条件下的服务等业务，对这种混合销售行为，统一按照销售货物缴纳增值税；其他单位和个体工商户以提供原营业税应税行为为主，在同一笔业务中同时发生销售货物等混合销售行为，按照销售服务缴纳增值税。上述从事货物的生产、批发或者零售的单位和个体工商户，包括以从事货物的生产、批发或者零售为主，并兼营销售服务的单位和个体工商户。需要说明，混合销售与兼营行为的主要区别是：混合销售是在同一笔业务中同时涉及销售货物或劳务服务，税法通过创设混合销售概念，将这一笔业务中的销售货物、提供劳务统一按货物或者劳务服务征税；而兼营业务是指纳税人既从事销售货物，又提供劳务服务，并需要纳税人在会计核算上、在业务范围内能够进行有效区分。

（四）视同销售及视同提供应税服务的规定

（1）单位或者个体工商户的下列行为，视同销售货物：

①将货物交付其他单位或者个人代销；

②销售代销货物；

③设有两个以上机构并实行统一核算的纳税人，将货物从一个机构移送其他机构用于销售，但相关机构设在同一县（市）的除外；

④将自产或者委托加工的货物用于非增值税应税项目；

⑤将自产、委托加工的货物用于集体福利或者个人消费；

⑥将自产、委托加工或者购进的货物作为投资，提供给其他单位或者个体工商户；

⑦将自产、委托加工或者购进的货物分配给股东或者投资者；

⑧将自产、委托加工或者购进的货物无偿赠送其他单位或者个人。

（2）下列情形视同销售服务、无形资产或者不动产：

①单位或者个体工商户向其他单位或者个人无偿提供服务，但用于公益事业或者以社会公众为对象的除外；

②单位或者个人向其他单位或者个人无偿转让无形资产或者不动产，但用于公益事业或者以社会公众为对象的除外；

③财政部和国家税务总局规定的其他情形。

三、计税方法

增值税的计税方法，包括一般计税方法、简易计税方法和扣缴计税方法。社会组织主要涉及一般计税方法、简易计税两种计税方法，如图2-1和表2-5所示。

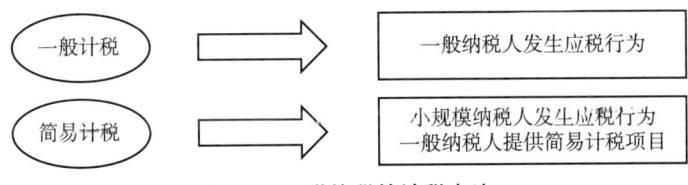

图2-1 增值税的计税方法

表 2-5　　　　　　　　　　　增值税的计税方法

增值税的计税方法	应纳税额	销售额计算	进项税额抵扣
一般计税方法	应纳税额 = 当期销项税额 - 当期进项税额	销售额 = 含税销售额 ÷ (1 + 税率) 如按不含税价格定价，不需要还原计算	当期销项税额可以抵扣进项税额
简易计税方法	应纳税额 = 销售额 × 征收率	销售额 = 含税销售额 ÷ (1 + 征收率) 如按不含税价格定价，不需要还原计算	不抵扣进项税额

注：（1）年应税销售额超过小规模纳税人标准的其他个人，按小规模纳税人纳税，非企业性单位、不经常发生应税行为的企业，以及年应税销售额超过规定标准但不经常提供应税服务的单位和个体工商户可选择按小规模纳税人纳税。（2）小规模纳税人会计核算健全，能够提供准确税务资料的，可以向主管税务机关申请一般纳税人资格认定。（3）除国家税务总局另有规定外，纳税人一经认定为一般纳税人后，不得转为小规模纳税人。

国家税务总局《关于小规模纳税人免征增值税政策有关征管问题的公告》中第五条规定，转登记日前连续 12 个月（以 1 个月为 1 个纳税期）或者连续 4 个季度（以 1 个季度为 1 个纳税期）累计销售额未超过 500 万元的一般纳税人，在 2019 年 12 月 31 日前，可选择转登记为小规模纳税人。

（一）增值税一般计税方法

一般纳税人发生应税行为适用一般计税方法，应纳税额计算公式如下：

$$应纳税额 = 当期销项税额 - 当期进项税额$$

$$销售额 = 含税销售额 ÷ (1 + 税率)$$

如按不含税价格定价，不需要还原计算。

其中，当期销项税额小于当期进项税额不足抵扣时，其不足部分可以结转下期继续抵扣，作为留抵税额。

一般计税方法当期应纳增值税税额 = 当期销项税额 -（当期进项税额 - 进项转出）- 留抵税额 + 简易征收税额实纳税额 = 应纳税额 - 抵减税额

（二）增值税简易计税方法

小规模纳税人销售货物、提供应税劳务和应税服务，一般纳税人的特殊销售和提供特定应税服务，均可适用简易计税方法计算公式如下：

$$应纳税额 = 销售额 × 征收率$$

$$销售额 = 含增值税销售额（即交易价）÷ (1 + 征收率)$$

（按照销售额和增值税征收率计算的增值税额，不得抵扣进项税额）。

其中，销售额为不含税销售额，征收率 3%。小规模纳税人销售额未超过规定限额的免征增值税，该项优惠政策主要适用于增值税小规模纳税人（包括：企业和非企业单位、个体工商户、其他个人），也包括社会组织，但不适用于一般纳税人。纳税人免征增值税的收入，不得开具增值税专用发票，但可以开具增值税普通发票。

具体规定是，小规模纳税人发生增值税应税销售行为，合计月销售额未超过 15 万元（以

1个季度为1个纳税期的,季度销售额未超过45万元)的,免征增值税。

小规模纳税人发生增值税应税销售行为,合计月销售额超过15万元,但扣除本期发生的销售不动产的销售额后未超过15万元的,其销售货物、劳务、服务、无形资产取得的销售额免征增值税。

为进一步支持小微企业发展,财政部、国家税务总局近日联合发布《关于明确增值税小规模纳税人免征增值税政策的公告》中明确,自2021年4月1日至2022年12月31日,对月销售额15万元以下(含本数)的增值税小规模纳税人,免征增值税。为方便纳税人准确理解、精准享受相关政策,国家税务总局同步发布《关于小规模纳税人免征增值税征管问题的公告》,就有关问题进行解读。

四、增值税会计及核算内容

社会组织应当按照《民间非营利组织会计制度》、关于印发《〈民间非营利组织会计制度〉若干问题的解释的通知》等文件的要求,在"应交税金"(一级科目)下设置"应交增值税""未交增值税""预交增值税""待抵扣进项税额""待认证进项税额""待转销项税额""增值税留抵税额""简易计税""转让金融商品应交增值税""代扣代交增值税"等(二级科目共十个),三级科目视社会组织自身所涉及相关经济业务选择设置。其中,"增值税检查调整"科目核算社会组织经税务、财政、审计部门检查后而调整的增值税情况。检查后应调增应纳税额的数额,在贷方蓝字登记;检查后应调减应纳税额的数额,在借方蓝字登记。

五、增值税销税业务管理

(一)销项税额

一般纳税人应纳税额等于销项税额减去进项税额,增值税计算是一根"链条"。就增值税而言,对销售方在销售货物、销售服务时,除了向购买方收取价款外,还同时收取销项税额;对于购买方,该"销项税额"即为"进项税额"。因此,销项税额是指增值税纳税人发生应税销售和应税劳务时,按照销售额与规定税率计算,在增值税专用发票上列示,向购买方收取增值税税额。由于增值税是"价外税",税金不是计税销售额的组成部分,因此销项税额的计算依据是不含增值税的销售额,也就是不含税收入,企业计算销项税额时,需要把含税销售额中的"税额"分离出来。具体计算公式如下:

$$销项税额 = 销售额(不含税) \times 税率$$

销项税额需要纳税人按规定自行计算。上述公式中销售额可以分为四类:一般销售方式下的销售额;特殊销售方式下的销售额;按差额确定的销售额;视同发生应税销售行为的销售额。

由于社会组织一般很少从事营利性的经营活动,接受的捐赠物资一般会很快转交资助受益人,有时候接收的紧急物资不易保存、保管、运输的,有可能变现处理,将变现资金用于慈善事业,但这一变卖过程属于应税行为。社会组织接受捐赠后,有些资金在短期内不能立即使用,有可能进行一些保值增值的投资理财活动。另外,社会组织一般不会主动开展经营性活动,但在其履行章程规定的业务活动中,有可能接受政府购买服务,主要是有一定技术含量的咨询服务、课题研究、沟通协调等相关工作,按照市场规则取得收入,应按规定缴纳增值税。当然,此类服务类收入的收益,也会用于社会组织的运营支出或公益性支出。

在涉及增值税方面,不区分社会组织是否为非营利组织,只要发生增值税应税行为就要缴税,未发生应税行为的不缴税。

(二) 社会组织销项业务适用税目、税率及下游抵扣情况明细 (见表2-6)

表2-6　　　　社会组织销项业务适用税目、税率及下游抵扣情况明细

销项业务	适用税目	适用税率	下游抵扣情况
债权投资	贷款服务	6%/免税	不可抵扣
金融商品转让	金融商品转让	6%	不可抵扣
不动产租赁服务	不动产租赁服务	9%(一般征收)/5%(简易征收)	可抵扣
销售不动产	销售不动产	9%(一般征收)/5%(简易征收)	可抵扣
销售自用固定资产	销售货物	13%/3%减按2%征收	不可抵扣
代扣代缴税款手续费	经纪代理服务	6%	不适用
提供咨询、技术、培训及服务	提供服务	6%	可抵扣
慈善活动业务		6%	不可抵扣
销售货物或视同销售			可抵扣

(三) 增值税进项业务管理

进项税额,是指纳税人购进货物、劳务、服务、无形资产或者不动产,支付或者负担的增值税税额。社会组织如果是小规模纳税人,进项税额不得抵扣;如果是一般纳税人,符合条件的进项税可以抵扣。此处符合条件是指,社会组织取得的进项税金用于增值税应税项目,包括其购置固定资产、不动产、专利技术等,只要有1%用于应税项目,这些资产的进项税额就可以抵扣;对于购置资产全部用于免征增值税项目、非增值税项目、个人消费项目、职工福利等方面的,其进项税额不得抵扣。用于社会组织机构的日常运营管理的支出,如取得了增值税专用发票,一般满足抵扣条件的,进项税额均可以抵扣(见表2-7)。

表2-7　　　　　　　　进项税抵扣的不同情形

购进项目	专用于简易计税方法计税项目、集体福利或者个人消费	兼用于一般计税方法计税项目、简易计税方法计税项目、免征增值税项目、集体福利或者个人消费
固定资产、无形资产(其他权益性无形资产除外)、不动产	进项税不可抵扣	进项税可以全部抵扣
租入固定资产、不动产		
原材料、低值易耗品、包装物和其他		进项税按照销售额分摊抵扣
其他权益性无形资产	进项税可以全部抵扣	

（四）可以抵扣的进项税额（见表 2-8）

表 2-8　　　　　　　　　　进项税的抵扣凭证及适用情况

扣税凭证	适用情况	备注
（1）增值税专用发票	境内采购货物和接受应税劳务、服务，购买无形资产、不动产	由境内供货方或提供方、转让方开具，抑或由其主管税务机关代开
（2）机动车销售统一发票	购买机动车	由境内机动车零售业务的从事者开具，或由主管税务机关代开
（3）农产品收购发票	收购免税农产品	收购方开具
（4）农产品销售发票	收购免税农产品	销售方开具，或由其主管税务机关代开
（5）海关进口增值税专用缴款书	进口货物	报关地海关开具
（6）完税凭证	从境外单位或者个人购进、服务、无形资产或不动产	自税务机关或者扣缴义务人取得的解缴税款的完税凭证
（7）收费公路通行费增值税电子普通发票	（1）支付高速公路通行费 （2）支付一级、二级公路通行费	销售方开具
（8）增值税电子普通发票	购进国内旅客运输服务	销售方开具

现行政策对购买农产品进项税额的抵扣作了特殊规定，农业生产者自产的农产品免征增值税（见表 2-9）。也就是说，纳税人购买农产品再加工产品是没有进项税额的，在此情形下，按增值税"不征不扣"原则，势必导致以农产品为原料的企业税负较重。同时，由于农产品的供应方一般不具备开具增值税专用发票的条件，允许收购方自行开具票据，实践中存在造假现象。为此，现行规定对农产品抵扣进行了特殊处理：一是计算抵扣购进农产品的进项税额的一般规定——购进计算折扣法；二是购进方没有取得增值税专用发票、海关进口增值税专用缴款书，但可以自行计算进项税额抵扣的情况——购进农产品，按照农产品收购发票或者销售发票上注明的农产品买价和规定的扣除率计算进项税额抵扣。上述规定是农产品抵扣进项税额的规定，大多数社会组织涉及的农产品购进、交易的情形较少。

表 2-9　　　　　　　　　　农产品的进项税抵扣

项目	销售方情况		购买方抵扣规则（2019 年 4 月 1 日后）			
	销售方性质	征免情况	扣税依据的票据	抵扣公式的"买价"	一般抵扣率	货物使用基本税率的扣除率
农业生产者销售自产农产品	一般纳税人和小规模纳税人	免税	农产品销售发票或收购发票	发票注明的买价	9%	10%
批发、零售农产品（肉、蛋、菜）享受免税的			不论有无发票，均不得计算抵扣进项税			

续表

项目	销售方情况		购买方抵扣规则（2019年4月1日后）			
	销售方性质	征免情况	扣税依据的票据	抵扣公式的"买价"	一般扣税率	货物使用基本税率的扣除率
批发、零售农产品未享受免税的	一般纳税人	3%征收率	增值税专用发票	增值税专用发票注明的金额	9%	10%
	小规模纳税人	小规模纳税人				
销售粮食和大豆	对承担粮食住房的国有粮食购销企业	免税				

1. 凭票抵扣

凭票抵扣即按照取得票据上注明的税额进行抵扣。

从销售方或提供方取得的增值税专用发票（含税控机动车销售统一发票）上注明的增值税税额；从海关取得的海关进口增值税专用缴款书上注明的增值税税额；从境外单位或者个人购进服务、无形资产或者不动产，为税务机关或者扣缴义务人取得的解缴税款的完税凭证上注明的增值税额。

2. 计算抵扣

根据财政部、国家税务总局、海关总署《关于深化增值税改革有关政策的公告》的相关规定，一般纳税人自2019年4月1日之后取得符合表2-10中所列条件的客运运输发票可以计算抵扣。

表2-10　　　　　　　《关于深化增值税改革有关政策的公告》文件相关规定

政策文号	取得的票据类型	进项税额	不得计算抵扣的情形
财政部、税务总局、海关总署公告2019年第39号《关于深化增值税改革有关政策的公告》	增值税专用发票、增值税电子普通发票	为发票上注明的税额	1. 国外运输服务不得计算抵扣；2. 民航发展基金为不征税收入，不作为计算抵扣的基数；3. 专门用于福利、招待和免税项目活动的出差客票不得计算抵扣；4. 未注明旅客身份信息的出租车车票、公交车票不得计算抵扣
	注明旅客身份信息的航空运输电子客票行程单	进项税额 =（票价 + 燃油附加费）÷（1 + 9%）× 9%	
	注明旅客身份信息的铁路车票	进项税额 = 票面金额 ÷（1 + 9%）× 9%	
	注明旅客身份信息的公路、水路等其他客票	进项税额 = 票面金额 ÷（1 + 3%）× 3%	

(五) 不得抵扣进项的业务

社会组织发生的业务及管理费用，根据财政部、国家税务总局《关于全面推开营业税改征增值税试点的通知》及财政部、国家税务总局、海关总署发布的《关于深化增值税改革有关政策的公告》的规定，除下列项目的进项税额不得从销项税额中抵扣外，其他均可抵扣。

第一，用于简易计税方法计税项目、免征增值税项目、集体福利或者个人消费的购进货物、加工修理修配劳务、服务、无形资产和不动产。其中涉及的固定资产、无形资产、不动产，仅指专用于上述项目的固定资产、无形资产（不包括其他权益性无形资产）、不动产。纳税人的交际应酬消费属于个人消费。

第二，非正常损失的购进货物，以及相关的加工修理修配劳务和交通运输服务。

第三，非正常损失的在产品、产成品所耗用的购进货物（不包括固定资产）、加工修理修配劳务和交通运输服务。

第四，非正常损失的不动产，以及该不动产所耗用的购进货物、设计服务和建筑服务。

第五，非正常损失的不动产在建工程所耗用的购进货物、设计服务和建筑服务。纳税人新建、改建、扩建、修缮、装饰不动产，均属于不动产在建工程。

第六，购进的贷款服务、餐饮服务、居民日常服务和娱乐服务。纳税人接受贷款服务向贷款方支付的与该笔贷款直接相关的投融资顾问费、手续费、咨询费等费用，其进项税额不得从销项税额中抵扣。

第七，财政部和国家税务总局规定的其他情形。

上述第四、第五项所称货物，是指构成不动产实体的材料和设备，包括建筑装饰材料和给排水、采暖、卫生、通风、照明、通信、煤气、消防、中央空调、电梯、电气、智能化楼宇设备及配套设施。

根据上述规定，在业务及管理费用中的职工福利费、餐饮费、业务招待费等项目对应的进项税金不可抵扣。

此外，在社会组织的业务及管理费用中，如固定资产的折旧费、无形资产的摊销费、长期待摊费等由之前的采购支出摊销形成，在采购支出时已经抵扣进项税，因此，在计提折旧及摊销时不再涉及进项税的抵扣问题。

进项税额已经抵扣后改变用途，应从进项税额中转出；纳税人取得的增值税扣税凭证不符合法律、行政法规或者国家税务总局有关规定的，其进项税额不得从销项税额中抵扣（见表 2-11）。

表 2-11　　　　　　　　　　　　不得抵扣进项税额的情况

不得抵扣的进项税额	备注
用于简易计税方法的计税项目、免征增值税项目、集体福利或者个人消费的购进货物、劳务、服务、无形资产和不动产	(1) 其中涉及的固定资产、无形资产、不动产，仅指专用于上述项目的固定资产、无形资产、不动产； (2) 个人消费包括交际应酬消费（不包括其他权益性无形资产）

续表

不得抵扣的进项税额	备注
非正常损失的购进货物及相关的加工修理修配劳务和交通运输服务	非正常损失，是指因管理不善造成货物被盗、丢失、霉烂变质，以及因违反法律法规造成货物或者不动产被依法没收、销毁、拆除的情形
非正常损失的在产品、产成品所耗用的购进货物（不包括固定资产）、加工修理修配劳务和交通运输服务	
非正常损失的不动产和不动产在建工程，以及该不动产所耗用的购进货物、设计服务和建筑服务	
购进的贷款服务、餐饮服务（不含住宿）、居民日常服务和娱乐服务	

在上述情形中，社会组织可能会涉及如下几种情况：公益项目活动执行过程中取得的进项税额，属于非增值税应税项目，无论是否取得增值税专用发票，均不得抵扣进项税；用于集体福利或者个人消费的购进货物、服务、无形资产、不动产和金融商品对应的进项税额，其中涉及的固定资产、无形资产和不动产，仅指专用于上述项目的固定资产、无形资产（不包括其他权益性无形资产）和不动产；非正常损失项目对应的进项税额。

六、增值税慈善税收优惠

社会组织活动与行为并非不会产生增值税，判断依据是其从事的活动是否属于应税交易，对于社会组织接受捐赠、慈善公益活动支出等行为不属于应税范围，不征增值税；对于社会组织提供的应税服务、资产处置、出租资产等应税行为，属于增值税的征税范围。由于增值税优惠政策较多，本书只收录与慈善领域有关的税收优惠政策。

（一）免征增值税

（1）社会团体会费。

社会团体，是指依照国家有关法律法规设立或登记并取得《社会团体法人登记证书》的非营利法人。社会团体会费，是指社会团体在国家法律法规、政策许可的范围内，依照社团章程规定，收取的个人会员、单位会员和团体会员的会费。社会团体可以依据章程规定的业务范围、工作成本等因素，合理制定会费标准。会费是社会团体维持其机构运作的主要收入来源。会费标准额度应当明确，不得具有浮动性，收取的会费，免征增值税。

财政部、国家税务总局《关于租入固定资产进项税额抵扣等增值税政策的通知》第八条的规定，自2016年5月1日起，社会团体收取的会费，免征增值税。

（2）直接用于科学研究、科学试验和教学的进口仪器、设备（强调"直接"为研究、试验、教学而进口）。

外国政府、国际组织无偿援助的进口物资和设备（不包含"外国企业"和"外籍个人"）；由残疾人的组织直接进口供残疾人专用的物品。

（3）对扶贫捐赠免征增值税。

自 2019 年 1 月 1 日至 2022 年 12 月 31 日止，单位或者个体工商户将自产、委托加工或购买的货物通过公益性社会组织、县级以上人民政府及其组成部门和直属机构，或直接无偿捐赠给目标脱贫地区的单位和个人，免征增值税。在政策执行期限内，目标脱贫地区实现脱贫的，可继续适用上述政策。

（4）专项民生服务。

托儿所、幼儿园提供的保育和教育服务；养老机构提供的养老服务；残疾人福利机构提供的育养服务；婚姻介绍服务；殡葬服务；医疗机构提供的医疗服务。医疗机构接受其他医疗机构委托，按照不高于地（市）级以上价格主管部门会同同级卫生主管部门及其他相关部门制定的医疗服务指导价格（包括政府指导价和按照规定由供需双方协商确定的价格等），提供《全国医疗服务价格项目规范》所列的各项服务，自 2019 年 2 月 1 日至 2020 年 12 月 31 日止，免征增值税；家政服务企业由员工制家政服务员提供家政服务取得的收入免征增值税。

（5）符合规定的教育服务。

从事学历教育的学校提供的教育服务；政府举办的从事学历教育的高等、中等和初等学校（不含下属单位），举办进修班、培训班取得的全部归该学校所有的收入。政府举办的职业学校设立的主要为在校学生提供实习场所，并由学校出资自办、由学校负责经营管理、经营收入归学校所有的企业，从事《销售服务、无形资产或者不动产注释》中"现代服务"（不含融资租赁服务、广告服务和其他现代服务）、"生活服务"（不含文化体育服务、其他生活服务和桑拿、氧吧）业务活动取得的收入；境外教育机构与境内从事学历教育的学校开展中外合作办学，提供学历教育服务取得的收入免征增值税。社会组织一般不直接从事教育活动。

（6）特殊群体提供的应税服务。

残疾人员本人为社会提供的服务；学生勤工俭学提供的服务。

（7）文化和科普类服务。

纪念馆、博物馆、文化馆、文物保护单位管理机构、美术馆、展览馆、书画院、图书馆在自己的场所提供文化体育服务取得的第一道门票收入；寺院、宫观、清真寺和教堂举办文化、宗教活动的门票收入。

其中，国有公益性收藏单位以从事永久收藏、展示和研究等公益性活动为目的，以接受境外捐赠、归还、追索和购买等方式进口的藏品，免征进口关税和进口环节增值税。本规定所称国有公益性收藏单位，是指：国家有关部门和省、自治区、直辖市、计划单列市相关部门所属的国有公益性图书馆、博物馆、纪念馆及美术馆（以下简称"省级以上国有公益性收藏单位"）。

（8）其他利息收入。

国家助学贷款。

（9）与奥运会有关的赞助、服务收入。

对赞助企业及参与赞助的下属机构，根据赞助协议以及无赞助协议向北京冬奥组委免费提供的与北京 2022 年冬奥会、冬残奥会、测试赛有关的服务，免征增值税。

纳税人发生应税销售行为同时适用免税和零税率规定的，纳税人可以选择适用免税或者零税率。

（10）对杭州亚运会组委会（以下简称"组委会"）。

组委会取得的电视转播权销售分成收入、赞助计划分成收入（货物和资金）；对组委会市场开发计划取得的国内外赞助收入、转让无形资产（如标志）特许权收入、宣传推广费收入、销售门票收入及所发收费卡收入；对组委会取得的与中国集邮总公司合作发行纪念邮票收入、与中国人民银行合作发行纪念币收入；对组委会取得的来源于广播、因特网、电视等媒体收入；对组委会按亚洲奥林匹克理事会、亚洲残疾人奥林匹克委员会（以下简称"亚奥委会"）核定价格收取的运动员食宿费及提供有关服务取得的收入；对组委会赛后出让资产取得的收入；对企业根据赞助协议向组委会免费提供的与杭州亚运会有关的服务（免税清单由组委会报财政部、税务总局确定），免征增值税。对组委会为举办运动会进口的亚奥委会或国际单项体育组织指定的，国内不能生产或性能不能满足需要的直接用于运动会比赛的消耗品，免征进口环节增值税。①

（二）不征增值税项目

非经营性活动或非经营性收入——各党派、共青团、工会、妇联、中科协、青联、台联、侨联收取党费、团费、会费以及政府间国际组织收取会费，属于非经营活动，不征收增值税。

根据国家税务总局《关于中央财政补贴增值税有关问题的公告》规定，纳税人取得的中央财政补贴，不属于增值税应税收入、不征收增值税。

（三）不属于增值税征税范围

公益事业捐赠是指自然人、法人或者其他组织自愿无偿向依法成立的公益性社会组织、公益性事业单位捐赠财产，用于公益事业，这有别于增值税征税范围中的"有偿"行为，不属于增值税征税范围。实操中最常见的就是社会组织接受现金捐赠，将现金转交给第三方受益人，这一过程中不涉及货物和服务提供，不属于增值税征税范围。此外，社会组织接受捐赠物资，属于社会组织未提供应税行为而取得的收入，不属于增值税征税范围。

《中华人民共和国增值税暂行条例》第一条，在中华人民共和国境内销售货物或者加工修理修配劳务（以下简称"劳务"），销售服务、无形资产、不动产以及进口货物的单位和个人，为增值税的纳税人，应依照本条例缴纳增值税。社会组织接收捐赠收入不属于增值税的应税行为。

不同捐赠对应的计价方式不同。

公益性社会团体和县级以上人民政府及其组成部门和直属机构接受的捐赠收入形式是货币资金（包括外币），按实际收到的金额填写开具捐赠票据，外币按照接收当日的外汇牌价换算为本币金额。

---

① 参见财政部、国家税务总局、海关总署《关于杭州 2022 年亚运会和亚残运会税收政策的公告》。

在接受实物捐赠、金融资产类捐赠、权益类资产捐赠、服务或劳务类捐赠等非货币资产捐赠，接受捐赠的非货币性资产，以其公允价值计算，并按其公允价值填写开具捐赠票据。

捐赠方捐赠时，应当提供注明捐赠非货币性资产公允价值的证明，如果不能提供上述证明，公益性社会团体和县级以上人民政府及其组成部门和直属机构不得向其开具公益性捐赠票据，或者开具的票据中不得标注金额。其中：接受实物捐赠、金融资产类捐赠时，按其公允价值确认；接受权益类资产捐赠时，按其账面成本价确认；接受服务或劳务类捐赠时，不确认捐赠收入，只在备查账中登记。

民政部《关于规范基金会行为的若干规定（试行）》，对如何确定非货币资产公允价值进一步作出明确规定，基金会接受非现金捐赠，应当按照以下方法确定入账价值：捐赠人提供了发票、报关单等凭据的，以相关凭据作为确认入账价值的依据；捐赠方不能提供凭据的，应当以其他确认捐赠财产的证明作为确认入账价值的依据；捐赠人提供的凭据或其他能够确认受赠资产价值的证明上标明的金额与受赠资产公允价值相差较大的，以其公允价值作为入账价值。也就是说，捐赠人捐赠固定资产、股权、无形资产、文物文化资产，以具有合法资质的第三方机构的评估值作为确认入账价值的依据。无法评估或经评估无法确认价格的，基金会不得计入捐赠收入，不得开具捐赠票据，应当另外造册登记。

（四）比照享受的税收优惠

国家对其他民生领域的项目有退税扣减增值税的税收优惠，社会组织如符合条件，也可以享受。

1. 安置残疾人就业可享受安置残疾人增值税即征即退优惠政策

安置残疾人单位既符合促进残疾人就业增值税优惠政策条件，又符合其他增值税优惠政策的条件，可同时享受多项增值税优惠政策，但年度申请退还增值税总额不得超过本年度内应纳增值税总额。

纳税人本期应退增值税额按以下公式计算：

$$本期应退增值税额 = 本期所含月份每月应退增值税额之和$$

$$月应退增值税额 = 纳税人本月安置残疾人员人数 \times 本月月最低工资标准的4倍$$

月最低工资标准，是指纳税人所在区县（含县级市、旗）适用的经省（含自治区、直辖市、计划单列市）人民政府批准的月最低工资标准。

纳税人新安置的残疾人从签订劳动合同并缴纳社会保险的次月起计算，其他职工从录用的次月起计算；安置的残疾人和其他职工人数减少的，从减少当月计算。

2. 退役士兵创业就业可享受一次扣减增值税及附加优惠政策

对商贸企业、服务型企业、劳动就业服务企业中的加工型企业扣缴社区服务加工性质的小型企业实体，在新增加的备注中，与当年新招用自主就业退役士兵，与其签订1年以上期限劳动合同并依法缴纳社会保险费的，自签订劳动合同并缴纳社会保险当月起，在3年内按实际招用人数予以定额依次扣减增值税、城市维护建设税、教育费附加、地方教育附加和企业所得税优惠。定额标准为每人每年4000元，最高可上浮50%，各省、自治区、直辖市人民政府可根据本地区实际情况在此幅度内确定具体定额标准。

(五) 应税收入的项目

社会组织开展经营性活动所取得的收入为应税收入，需依法缴纳增值税。社会组织最常见的应税收入是政府购买服务收入，由政府根据合同约定向其支付费用而获取的收入。政府购买服务收入属于增值税的征税范围。实务中，政府部门向社会组织购买服务的预算中含有这一税收成本，不会让社会组织实际承担该税负。

另外，社会组织有以下行为视同销售：将货物交付其他单位或者个人代销（慈善拍卖）；销售代销货物（义卖）；将自产或者委托加工的货物用于非增值税应税项目；将自产、委托加工的货物用于集体福利或者个人消费；将自产、委托加工或者购进的货物作为投资，提供给其他单位或者个体工商户；将自产、委托加工或者购进的货物无偿赠送其他单位或者个人；财政部、国家税务总局规定的其他情形。

单位或者个体工商户向其他单位或者个人无偿提供服务，但用于公益事业或者以社会公众为对象的除外；单位或者个人向其他单位或者个人无偿转让无形资产或者不动产，但用于公益事业或者以社会公众为对象的除外。

近年来，一些经济发达城市出现了银发族房产捐赠潮，社会组织将捐赠而来的房产再次转让，用于助老等公益事业十分常见。房产是典型的不动产，一般纳税人转让其 2016 年 4 月 30 日前取得的不动产，可以选择适用简易计税方法计税，也可以选择适用一般计税方法计税，计税规则归纳如表 2-12 和表 2-13 所示。

表 2-12　　　　　　　　　一般纳税人计税规则（2016 年 4 月 30 日前）

来源	税率或征收率、预征率	计税依据与预缴依据
直接购买、接受捐赠、接受投资入股以及抵债	选择适用简易计税方法计税的，按照 5% 的征收率向不动产所在地主管税务机关预缴税款，向机构所在地主管税务机关申报纳税	以取得的全部价款和价外费用，扣除不动产购置原价或者取得不动产时的作价后的余额为销售额。【归纳】差价征收率（5%）计税、属地差价征收率（5%）预缴
	选择适用一般计税方法计税的，按照 5% 的预征率向不动产所在地主管税务机关预缴税款，向机构所在地主管税务机关申报纳税（销售不动产税率为 9%）	以取得的全部价款和价外费用为销售额计算应纳税额；以取得的全部价款和价外费用扣除不动产购置原价或者取得不动产时的作价后的余额按照 5% 的预征率预缴。【归纳】全价税率（9%）计销项、属地差价预征率（5%）预缴
自建	选择适用简易计税方法计税的，按照 5% 的征收率向不动产所在地主管税务机关预缴税款，向机构所在地主管税务机关申报纳税	以取得的全部价款和价外费用为销售额。【归纳】全价征收率（5%）计税、属地全价征收率（5%）预缴
	选择适用一般计税方法计税的，按照 5% 的预征率向不动产所在地主管税务机关预缴税款，向机构所在地主管税务机关申报纳税	以取得的全部价款和价外费用为销售额计算应纳税额；以取得的全部价款和价外费用按照 5% 的预征率预缴。【归纳】全价税率（9%）计销项、属地全价预征率（5%）预缴

表2-13　　　　　　　一般纳税人计税规则（2016年5月1日后）

来源	税率或预征率	计税依据或预缴依据
直接购买、接受捐赠、接受投资入股以及抵债	按照5%的预征率向不动产所在地主管税务机关预缴税款，向机构所在地主管税务机关申报纳税（销售不动产税率为9%）	以取得的全部价款和价外费用为销售额计算应纳税额；以取得的全部价款和价外费用扣除不动产购置原价或者取得不动产时的作价后的余额，按照5%的预征率预缴。 【归纳】全价税率（9%）计销项、属地差价预征率（5%）预缴
自建	按照5%的预征率，向不动产所在地主管税务机关预缴税款，向机构所在地主管税务机关申报纳税	以取得的全部价款和价外费用为销售额计算应纳税额；以取得的全部价款和价外费用按照5%的预征率预缴。 【归纳】全价税率（9%）计销项、属地全价预征率（5%）预缴

七、注意事项

社会组织办理一般纳税人手续，其接受现金不征税，用现金购买物资取得进项税额的增值税专用发票确认进项税金，将物资用于向受益人捐赠，按照规定视同销售，确认销项税额。社会组织视同销售的价格等于其购买物资的价格，这样，进项税额等于销项税额，应纳税额为0。社会组织作为小规模纳税人的，其接受现金、物资捐赠均不征税，但其将物资赠送第三方受益人，这个环节如视同销售，应依法缴纳增值税。

纳税人自办理税务登记至认定为一般纳税人期间，未取得生产经营收入，未按照销售额和征收率简易计算应纳税额申报缴纳增值税的，其在此期间取得的增值税扣税凭证，可以在认定为一般纳税人后抵扣进项税额。

纳税人当月有增值税留抵税额，又有欠税的，可办理增值税留抵顶欠税业务；纳税人如果有多缴税金，又存在欠税，可办理抵缴欠税业务。

纳税人申报增值税时，应一并申报城市维护建设税、教育费附加、地方教育附加。

非企业性单位中的一般纳税人提供的研发和技术服务、信息技术服务、鉴证咨询服务，以及销售技术、著作权等无形资产，可以选择简易计税方法按照3%征收率计算缴纳增值税。

第二节　企业所得税

一、基本规定

企业所得税是对我国境内的企业和其他取得收入的组织的生产经营所得和其他所得征收的一种税。

（一）纳税人

在中华人民共和国境内的企业和其他取得收入的组织为企业所得税的纳税人，依照《中华人民共和国企业所得税法》(以下简称《企业所得税法》)的规定缴纳企业所得税。企业分为居民企业和非居民企业。企业所得税以企业和其他取得收入的组织为纳税人，非营利组织包括社会组织，也属于企业所得税纳税人，应依法办理税务登记。

居民企业是指依法在中国境内成立，或者依照外国（地区）法律成立但实际管理机构在中国境内的企业。按照该规定，外国企业、外商投资企业在中国境内成立的子公司属于居民企业。居民企业应当就其来源于中国境内、境外的所得缴纳企业所得税，企业所得税税率为25%。

非居民企业，是指依照外国（地区）法律成立且实际管理机构不在中国境内，但在中国境内设立机构、场所的，或者在中国境内未设立机构、场所，但有来源于中国境内所得的企业。非居民企业在中国境内设立机构、场所的，如外国企业、外商投资企业在中国境内成立的分公司、办事处、不具备法人资格的生产基地、研发中心等，即属于在中国境内设立机构、场所，应当就其所设机构、场所取得的来源于中国境内的所得，以及发生在中国境外但与其所设机构、场所有实际联系的所得，主要是这些机构、场所从境外取得利息、特许权使用费、财产转让所得等，应在中国境内缴纳企业所得税，按照税收协定有关营业利润条款的精神，此类非居民企业视同一个境内独立企业在境内缴税，其适用税率为25%。非居民企业在中国境内未设立机构、场所的，或者虽设立机构、场所但取得的所得与其所设机构、场所没有实际联系的，就其来源于中国境内的所得缴纳企业所得税，适用所得税税率为20%。根据《中华人民共和国企业所得税法实施条例》(以下简称《企业所得税法实施条例》)，该项所得减按10%的税率征收企业所得税。境外在华公益组织办事处属于"非居民企业"类别，对于不从事营利性活动的，一般不征收企业所得税。

通常我们说"非营利组织免税资格"，其实该资格仅惠及企业所得税，其他税种无此概念，也并不是取得该资格后就都不缴税，这是一项降低社会组织税负成本的重要资格。没有这一资格的社会组织，其所有收入一律不得享有免税待遇。社会组织必须依法办理税务登记，纳入税收管理，成为企业所得税纳税人，才有可能向省级财政、税务部门申请认定"非营利组织"免税资格，从而对其取得的捐赠等收入免税，与之对应的成本费用依然可以扣除，税负较轻。社会组织在获得免税资格的基础上，才有可能拿到公益性捐赠税前扣除资格，企业和个人向其捐赠才能税前扣除，从而大大提高社会组织的募集善款能力。

（二）应纳税所得额

由于企业所得税的纳税主体是企业，社会组织也按照相关规定处理，为方便表达，本书在企业所得税章节中，仍采用"企业"表述有关所得税处理问题。应纳税所得额是企业所得税的计税依据。应纳税所得额是企业每一个纳税年度的收入总额，减除不征税收入、免税收入、各项扣除，以及允许弥补的以前年度亏损后的余额。只有真实准确地核算企业的应纳税所得额，才能更准确地计税。

税法对应纳税所得额进行了专门规定，在计算应纳税所得额时，如出现税收与会计差异现象应遵从税法规定。

1. 直接计算法的应纳税所得额计算公式

应纳税所得额 = 收入总额 − 不征税收入 − 免税收入 − 各项扣除 − 允许弥补的以前年度亏损

需要说明的是，本章节有关企业应纳税所得额的计算，是假定社会组织取得非营利组织免税资格。直接计算法是按照税法应纳税所得额的核算逻辑展示应纳税所得额的计算流程，便于读者更好地理解税法。在实务操作中，包括现行企业所得税纳税申报表，是按照对会计利润纳税调整的方法计算应纳税所得额的，也就是下面即将阐述的间接计算法。

2. 间接计算法的应纳税所得额计算公式

$$应纳税所得额 = 会计利润 \pm 纳税调整项目金额$$

企业以货币形式和非货币形式从各种来源中取得的收入，即为收入总额。税法采取收入总额的概念，就是要保证所有收入都要纳入税收调节范围，如以净额申报，就会给纳税人留下"跑冒滴漏"的空间。货币形式的收入包括：现金、存款、应收账款、应收票据、准备持有至到期的债券投资，以及债务豁免等。非货币形式收入包括：固定资产、生物资产、无形资产、股权投资、存货、不准备持有至到期的债券投资、劳务以及有关权益等。企业以非货币形式取得的收入，应当按照公允价值确定收入额，公允价值即按照市场价格确定的价值。

（三）企业所得税的纳税调整项目

企业所得税以利润表中的利润为起点，将会计准则与税法的差异，进行调整增加或者调整减少，调整项目主要在两个方面，一是收入类，二是成本费用类。所调项目有的是暂时性差异，有的是永久性差异。收入端存在税法与会计核算不一致问题，如收入金额、收入项目、收入时间存在差异，还有税收优惠问题，如前述国债利息、居民企业之间的股息收入、铁路债券利息收入、非营利组织的捐赠收入均有减免税政策，在纳税申报表中，对"税会"差异通过纳税调整表 A105000 进行调整（见第三章后延伸阅读 9《A105000 纳税调整项目明细表》），对税收优惠政策通过税收优惠的表格进行调整，以此在申报中区分税收优惠和"税会"差异。从成本费用端看，对企业实际的生产成本项目纳税调整较少，对财务费用、管理费用、销售费用等"三项期间费用"的调整较多。主要原因是，生产成本多为企业生产产品、提供服务客观上必须发生的成本，期间费用很多是企业可以控制的因素，税法对此规定扣除标准，以此体现税收政策调整。

1. 主要纳税调增项目汇总（见表 2–14）

表 2–14　　　　　　　　　　　　　　主要纳税调增项目

项目		扣除标准
限额扣除	职工福利费	≤工资薪金总额的 14%
	工会经费	≤工资薪金总额的 2%
	职工教育经费（可结转以后年度扣除）	≤工资薪金总额的 8%
	补充养老保险费	≤工资薪金总额的 5%
	补充医疗保险	≤工资薪金总额的 5%
	非金融企业向非金融企业借款的利息支出（关联方）	≤按照金融企业同期同类贷款利率计算的数额；且符合债资比例（2∶1 或 5∶1）的要求

续表

项目		扣除标准
限额扣除	业务招待费	标准：按照发生额的60%扣除。 限度：≤当年销售（营业）收入的5‰，按照标准和限度孰低扣除
	广告费和业务宣传费（可结转以后扣除）	≤当年销售（营业）收入的15%（或30%）
	公益性捐赠支出（可结转以后3个纳税年度扣除）	≤年度利润总额的12%
	手续费及佣金支出（保险企业可结转）	≤当年全部保费收入扣除退保金等后余额的18%
	其他企业	≤协议或合同确认的收入金额的5%
视同销售	会计准则规定不作为销售收入，但税法规定计入销售收入，若企业所得税视同销售的，要确认视同销售收入和视同销售成本。如：将自产货物对外捐赠	
不得扣除	向投资者支付的股息红利等权益性投资收益款项	
	可抵扣的增值税（不在收入和成本费用中，不影响损益）；企业所得税税款	
	税收滞纳金，罚金、罚款和被没收财物的损失	
	企业发生与生产经营活动无关的各种非广告性质的赞助支出	
	未经核定的准备金支出	
	超标的公益性捐赠支出（当年不得扣除）	
	企业之间支付的管理费，企业内营业机构之间支付的租金、特许权使用费，非银行企业内营业机构之间支付的利息	
	企业以现金等非转账形式向非个人代理支付的手续费及佣金	
	烟草企业的烟草广告费和业务宣传费支出	

表2-14中保险企业佣金、手续费已改为当年全部保费收入扣除退保金等后余额的18%，当年扣除不完的部分，结转以后年度扣除。

2. 主要纳税调减项目汇总（见表2-15）

表2-15　　　　　　　　主要纳税调减项目汇总

项目	相关规定
不征税收入	财政拨款
	依法收取并纳入财政管理的行政事业性收费、政府性基金
	由国务院财政、税务主管部门规定专项用途并经国务院批准的财政性资金
免税收入	国债利息收入；地方政府债券利息收入
	符合条件的股息、红利等权益性投资收益（来自居民企业）
	在中国境内设立机构、场所的非居民企业从居民企业取得与该机构、场所有实际联系的股息、红利等权益性投资收益
	符合条件的非营利组织的收入（非营利组织的非营利收入）

续表

项目		相关规定
亏损弥补		企业某一纳税年度发生的亏损可以用下一年度的所得弥补，下一年度的所得不足弥补的，可以逐年延续弥补，但最长不得超过5年（高新技术企业或科技型中小企业，最长不得超过10年）
加计扣除	残疾人员工资、安置残疾人员及国家鼓励安置的其他就业人员所支付的工资	加计扣除实际发生额的100%
	开发新技术、新产品、新工艺发生的研究开发费用	未形成无形资产，按研究开发费用的75%
		形成无形资产，按无形资产成本的175%
税收优惠	农、林、牧、渔业项目	部分所得免税；部分所得减半征税
	符合条件的技术转让所得	所得≤500万元的部分，免税所得大于500万元的部分，减半征税
	采取股权投资方式投资于未上市的中小高新技术企业2年以上——抵扣应纳税所得额	投资额的70%在股权持有满2年的当年，当年不足抵扣的，可结转以后年度抵扣应纳税所得额
	综合利用资源——减计收入	减按90%计入收入总额
	从事国家重点扶持的公共基础设施项目与符合条件的环境保护、节能节水项目	自项目取得第一笔生产经营收入所属纳税年度起——三免三减半
	目录内的环境保护、节能节水、安全生产等专用设备	投资额的10%可以从企业当年的应纳税额中抵免。上述专用设备在5年内转让出租的，应停止享受优惠，并补缴已经抵免的企业所得税税款
	加速折旧——固定资产	缩短折旧年限；采取加速折旧方法（双倍余额递减法、年数总和法）

（四）应纳税额

企业每一纳税年度的收入总额，减去不征税收入、免税收入、各项扣除以及允许弥补的以前年度亏损后的余额，为应纳税所得额。应纳税所得额乘以适用税率，减除税收优惠的规定减免和抵免税额后的余额，为应纳税额。计算公式如下：

$$应纳税额 = 应纳税所得额 \times 适用税率 - 减免税额 - 抵免税额$$

应纳税所得额的计算，以权责发生制为原则。属于当期的收入和费用，不论款项是否收付，均作为当期的收入和费用；不属于当期的收入和费用，即使款项已经在当期收付，均不作为当期的收入和费用。《企业所得税法实施条例》和国务院财政、税务主管部门另有规定的除外。

在计算应纳税所得额时，企业财务会计处理办法与税收法律、行政法规的规定不一致的，应当依照税收法律、行政法规的规定执行。

(五) 税收优惠

企业所得税税收优惠是国家对某一部分特定企业和课税对象给予减轻或免除税收负担的一种措施。税法规定的企业所得税的税收优惠方式包括免税、减税、加计扣除、加速折旧、减计收入、税额抵税等（见表2-16）。

现行企业所得税优惠政策较多，除此之外，获得免税资格的社会组织的下列收入为企业所得税的免税收入：

(1) 接受其他单位或者个人捐赠的收入；

(2) 除《企业所得税法》第七条规定的财政拨款之外的其他政府补贴收入，但不包括政府购买服务取得的收入；

(3) 按照省级以上民政、财政部门规定收取的会费；

(4) 不征税收入和免税收入孳生的银行存款利息收入；

(5) 财政部、国家税务总局规定的其他收入。

表2-16　　　　　　　　　　　　税收优惠的种类

优惠种类		具体规定
税基式减免优惠	三免三减半	从事国家重点扶持的公共基础设施项目投资经营的所得	自项目取得第一笔生产经营收入所属年度起，第1年至第3年免征企业所得税，第4年至第6年减半征收企业所得税的优惠政策
	两免三减半	西部地区的列举行业，符合规定的可享受"两免三减半"优惠
	减计收入	企业综合利用资源，生产符合国家产业政策规定的产品所取得的收入，在计算应纳税所得额时，减按90%计入收入总额。 对企业投资者持有2019~2025年发行的铁路债权取得利息收入，减半征收企业所得税。 对小型微利企业年应纳税所得额不超过100万元的部分，在《财政部　税务总局关于实施小微企业普惠性税收减免政策的通知》第二条规定的优惠政策基础上，再减半征收企业所得税（税收期限为2021年1月1日至2022年12月31日）
	加速折旧	企业的固定资产由于技术进步等原因，确需加速折旧的，可以缩短折旧年限或者采取加速折旧方法
	加计扣除	安置残疾人员支付的工资（加计100%扣除）
税率式减免优惠	减按低税率	(1) 符合条件的小型微利企业，减按20%的税率征收企业所得税。2019年1月1日至2021年12月31日，对小型微利企业年应纳税所得额不超过100万元的部分，减按25%计入应纳税所得额，按20%的税率缴纳企业所得税；对应纳税所得额超过100万元但不超过300万元的部分，减按50%计入应纳税所得额，按20%的税率缴纳企业所得税。 (2) 对设在西部地区的国家鼓励类企业，在2011年1月1日至2020年12月31日期间，减按15%的税率征收企业所得税
税额式减免优惠	减征或者免税	民族自治地方的自治机关对本民族自治地方的企业应缴纳的企业所得税中属于地方分享的部分，可以决定减征或者免征。自治州、自治县决定减征或者免征的，须报省、自治区、直辖市人民政府批准

（六）源泉扣缴

对在中国境内未设立机构、场所的，或者虽设立机构、场所但取得的所得与其所设机构、场所没有实际联系的非居民企业，如境外社会组织取得来源于中国境内的所得应缴纳企业所得税，实行源泉扣缴，以支付人为扣缴义务人。税款由扣缴义务人在每次支付或者到期应支付时，从支付或者到期应支付的款项中扣缴。

（七）征收管理

企业所得税的征收管理主要依据《企业所得税法》《中华人民共和国税收征收管理法》以及相关法规、规章等规定。

1. 纳税地点

在中国境内设立机构、场所的非居民企业取得其来源于中国境内的所得，以及发生在中国境外但与其所设机构、场所有实际联系的所得，以机构、场所所在地为纳税地点。非居民企业在中国境内设立两个或者两个以上机构、场所，符合国务院税务主管部门规定条件的，可以选择由其主要机构、场所汇总缴纳企业所得税。

（1）除税收法律、行政法规另有规定外，居民企业以企业登记注册地为纳税地点；但登记注册地在境外的，以实际管理机构所在地为纳税地点。

（2）居民企业在中国境内设立不具有法人资格的营业机构的，应当汇总计算并缴纳企业所得税。

（3）除国务院另有规定外，企业之间不得合并缴纳企业所得税。

2. 纳税期限

企业所得税按年计征，分月或分季预缴，年终汇算清缴，多退少补，自年度终了之日起5个月内，汇算清缴。

企业在年度中间终止经营活动的，应当自实际经营中止之日起60日内，向税务机关办理当期企业所得税汇算清缴。

3. 跨地区经营汇总纳税企业所得税征收管理

统一计算，分级管理，就地预缴，汇总清算，财政调库。

根据规定，居民企业及其总分支机构统一计算应纳税所得额，在汇总纳税时，在总机构所在地按照应纳税所得额的50%乘以适用税率，计算税款，在总机构所在地缴纳；对于另外50%应纳税所得额，按照以省为单位的二级分支机构，按照各分支机构的营业收入、职业薪酬、资产总额等三因素划分各分支机构的应纳税所得额，计算各二级分支机构的应纳税额，在分支机构所在地缴纳，并办理预缴和汇算清缴。

在中国境内未设立机构、场所的，或者虽设立机构、场所但取得的所得与其所设机构、场所没有实际联系的非居民企业，取得的来源于中国境内的所得，以扣缴义务人所在地为纳税地点。

4. 关于核定征收

对于企业不能提供完整、准确的收入及成本、费用凭证，不能正确计算应纳税所得额的，由税务机关核定其应纳税所得额。

税务机关采用下列方法核定征收企业所得税：

（1）参照当地同类行业或者类似行业中经营规模和收入水平相近的纳税人的税负水平核定；（2）按照应税收入额或成本费用支出额核定；（3）按照耗用的原材料、燃料、动力等推算或测算核定；（4）按照其他合理方法核定。

若采用上述所列一种方法不足以正确核定应纳税所得额或应纳税额的，可以同时采用两种以上的方法核定。

采用应税所得率方式核定征收企业所得税的，应纳所得税额计算公式如下：

$$应纳所得税额 = 应纳税所得额 \times 适用税率$$

$$应纳税所得额 = 应税收入额 \times 应税所得率$$

或：应纳税所得额 = 成本（费用）支出额/(1 - 应税所得率) × 应税所得率

实行应税所得率方式核定征收企业所得税的纳税人，经营多种业务的，无论其经营项目是否单独核算，均由税务机关根据其主营项目确定适用的应税所得率。

需要说明的是，核定征税是在传统税收管理条件下不得已而为之的一种粗糙管理方式，实践中往往核定的税额较低，反而激励纳税人故意不健全财务核算，有些甚至利用核定征税税负较低的优势，对外虚开发票，导致税收流失。随着"金税工程"、发票电子化改革的不断深入，核定征税方式将逐渐减少。

二、收　　入

（一）收入确认原则

根据《企业所得税法实施条例》的规定，收入包括货币形式的收入和非货币形式的收入。其中，货币形式包括现金、存款、应收账款、应收票据、准备持有至到期的债券投资以及债务的豁免等；非货币形式包括固定资产、生物资产、无形资产、股权投资、存货、不准备持有至到期的债券投资、劳务以及有关权益等。以非货币形式取得的收入，应当按照公允价值确定收入额，即按照市场价格确定的价值确定收入额。

企业应纳税所得额的计算，以权责发生制为原则。会计核算与企业所得税法关于收入确认的原则基本一致，一般情况下企业会计确认的收入即为税法确认的收入。但是，基于税收法规的某些特殊规定，在确认收入上存在"税会"差异的，应按照税法的规定对会计确认的收入进行调整，准确计算应纳税所得额。

（二）收入总额

收入总额是指企业取得的所有收入。对社会组织而言，主要收入是捐赠收入、部分资产处置收入、财政拨款收入、某些劳务服务收入、财产保值增值业务产生的投资收益和少量其他收入等。

企业每一纳税年度的收入总额，减除不征税收入、免税收入、各项扣除以及允许弥补的以前年度亏损后的余额,为应纳税所得额(见图2-2)。

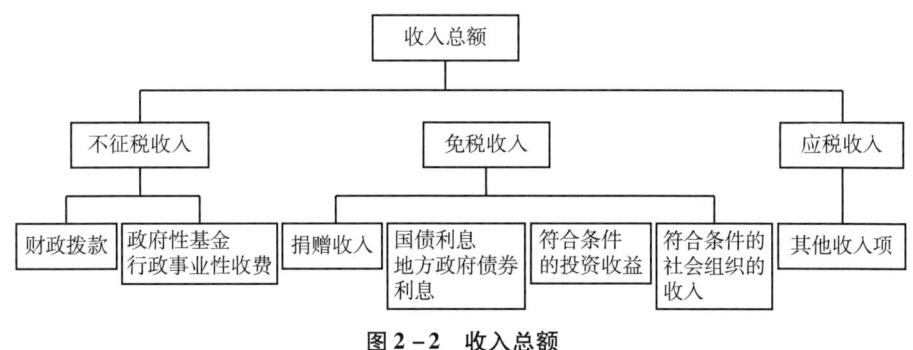

图 2-2 收入总额

(三) 不征税收入

不征税收入是相对于应税收入而言的,主要指财政拨款、行政事业性收费、政府性基金等,不是因营利性活动带来的经济利益。不征税收入与免税收入不同,后者是一项税收优惠,免税收入对应的成本费用可以税前扣除,不征税收入用于支出所形成的成本费用不得税前扣除。对企业而言,严格界定各类收入类型,正确区分"免税收入""不征税收入""应税收入"极为重要。既要避免将应税收入混为免税收入或不征税收入,造成漏税而引发风险;也要避免误将免税收入或不征税收入计入"应税收入",造成多缴税款,增加税收负担。

根据《中华人民共和国企业所得税法》第七条"收入总额中的下列收入为不征税收入:(一)财政拨款;(二)依法收取并纳入财政管理的行政事业性收费、政府性基金;(三)国务院规定的其他不征税收入。"不征税收入用于支出所形成的费用或者财产,不得扣除或者计算对应的折旧、摊销扣除。

社会组织取得的不征税收入,主要指财政拨款、行政事业性收费、政府性基金等,这与企业取得不征税收入的规定相同。

财政部、国家税务总局《关于专项用途财政性资金企业所得税处理问题的通知》中规定:企业从县级以上各级人民政府财政部门及其他部门取得的应计入收入总额的财政性资金,凡同时符合以下条件的,可以作为不征税收入,在计算应纳税所得额时从收入总额中减除:企业能够提供规定资金专项用途的资金拨付文件;财政部门或其他拨付资金的政府部门对该资金有专门的资金管理办法或具体管理要求;企业对该资金以及以该资金发生的支出单独进行核算,财务要按资金项目名称设置专门科目核算收入与支出,支出可以按预算中的费用项目设置明细科目核算。

根据《中华人民共和国企业所得税法实施条例》第二十八条规定,上述不征税收入用于支出所形成的费用,不得在计算应纳税所得额时扣除;用于支出所形成的资产,其计算的折旧、摊销不得在计算应纳税所得额时扣除。企业将符合条件的财政性资金作不征税收入处理后,在5年(60个月)内未发生支出且未缴回财政部门或其他拨付资金的政府部门的部分,应计入取得该资金第6年的应税收入总额;计入应税收入总额的财政性资金发生的支出,允许在计算应纳税所得额时扣除。

1. 财政拨款

财政拨款指各级人民政府财政部门或相关政府部门对纳入预算管理的事业单位、社会团体等组织拨付的财政资金，但国务院以及国务院财政、税务主管部门另有规定的除外。

符合财政拨款需要具备三个条件：（1）拨款主体为各级政府财政等部门；（2）拨款对象为纳入预算管理的事业单位、社会团体等组织；（3）拨款为财政资金。《民非制度》第五十八条第五款规定，"政府补助收入是指社会组织接受政府拨款或者政府机构给予的补助而取得的收入。"

2. 依法收取并纳入财政管理的行政事业性收费、政府性基金

行政事业性收费，是指依照法律法规等规定，按照规定程序批准，在实施社会公共管理，以及在向公民、法人或者其他组织提供特定公共服务过程中，向特定对象收取并纳入财政管理的费用。

政府性基金，是指企业依照法律、行政法规等有关规定，代政府收取的具有专项用途的财政资金。

（四）免税收入

社会组织的下列收入为免税收入：（1）接受其他单位或者个人捐赠的收入；（2）除《企业所得税法》第七条规定的财政拨款之外的其他政府补贴收入，但不包括政府购买服务取得的收入；（3）按照省级以上民政、财政部门规定收取的会费；（4）不征税收入和免税收入孳生的银行存款利息收入；（5）财政部、国家税务总局规定的其他收入。社会组织企业所得税免税收入的依据是《关于非营利组织企业所得税免税收入问题的通知》。

《中华人民共和国企业所得税法》第二十六条规定，企业对居民企业直接投资取得的股息、红利等权益性投资收益为免税收入。

社会组织可享受以下企业所得税的优惠政策，根据《国家税务总局关于实施小型微利企业普惠性所得税减免政策有关问题的公告》规定：自 2019 年 1 月 1 日至 2021 年 12 月 31 日止，对小型微利企业年应纳税所得额不超过 100 万元的部分，减按 25% 计入应纳税所得额，按 20% 的税率缴纳企业所得税；对年应纳税所得额超过 100 万元但不超过 300 万元的部分，减按 50% 计入应纳税所得额，按 20% 的税率缴纳企业所得税。根据《关于养老、托育、家政等社区家庭服务业税费优惠政策的公告》规定，提供社区养老、托育、家政服务取得的收入，在计算应纳税所得额时，减按 90% 计入收入总额。

（五）应税收入

根据税法规定，社会组织的营利性收入属于应税收入，不在企业所得税免税收入范围之列。

1. 政府购买服务

政府购买服务，是指通过发挥市场机制，把政府直接提供的一部分公共服务事项以及政府履职所需服务事项，按照一定方式和程序，交由具备条件的社会力量和事业单位承担，并由政府根据合同约定支付费用。涉及企业所得税方面，应依据《关于非营利组织企业所得税免税收入问题的通知》规定，非营利组织除财政拨款（财政拨款为不征税收入）以外的其他政府补助收入为免税收入，但不包括因政府购买服务取得的收入。社会组织取得政府购买服务收入，应并入单位年度收入计算缴纳企业所得税。

2. 视同销售收入

根据《企业所得税法实施条例》第二十五条规定，企业发生非货币性资产交换，以及将货物、财产、劳务用于捐赠、偿债、赞助、集资、广告、样品、职工福利或者利润分配等用途的，应当视同销售货物、转让财产或者提供劳务，但国务院财政、税务主管部门另有规定的除外。按照以上规定，企业将货物、财产、劳务用于捐赠应缴纳企业所得税，由于捐赠过程中对货物、财产和劳务没有以货币进行计价，应当按照公允价值确定其收入，计算应纳税额。

但是，上述企业将货物、财产、劳务用于捐赠视同销售货物、转让财产和提供劳务的情形比较复杂，有些特殊情况下可能不宜视同销售货物、转让财产和提供劳务。所以，《企业所得税法实施条例》明确提出的和国务院财政、税务主管部门另有规定的除外。

根据财政部、国家税务总局《关于公益性捐赠支出企业所得税税前结转扣除有关政策的通知》规定：企业通过依法取得公益性捐赠税前扣除资格的公益性社会组织，或者县级（含县级）以上人民政府及其组成部门和直属机构，用于慈善活动、公益事业的捐赠支出，在年度利润总额12%以内的部分，准予在计算应纳税所得额时扣除；超过年度利润总额（年度利润总额，是指企业依照国家统一会计制度的规定计算的大于零的数额）12%的部分，准予结转以后三年内在计算应纳税所得额时扣除。

企业当年发生及以前年度结转的公益性捐赠支出，准予在当年税前扣除的部分，不能超过企业当年年度利润总额的12%。

企业发生的公益性捐赠支出未在当年税前扣除的部分，准予向以后年度结转扣除，但结转年限自捐赠发生年度的次年起计算，最长不得超过三年。

企业在对公益性捐赠支出计算扣除时，应先扣除以前年度结转的捐赠支出，再扣除当年发生的捐赠支出。

根据《慈善法》规定，自然人、法人和其他组织捐赠财产用于慈善活动的，依法享受税收优惠。公益性捐赠，是指企业通过公益性社会团体或者县级以上人民政府及其部门，用于《中华人民共和国公益事业捐赠法》规定的公益事业的捐赠。除此之外的捐赠即为非公益性捐赠。

公益性捐赠有以下基本规定：

（1）捐赠接受单位应符合要求。符合要求的捐赠接受单位包括：获得公益性捐赠税前扣除资格的公益性社会团体、公益性群众团体、县级以上人民政府及其组成部门和直属机构。

（2）用于公益事业。救助灾害、救济贫困、扶助残疾人等困难的社会群体和个人的活动；教育、科学、文化、卫生、体育事业；环境保护、社会公共设施建设；促进社会发展和进步的其他社会公共和福利事业。

（3）取得公益性捐赠票据。对于通过社会组织发生的公益性捐赠支出，企业应取得省级以上（含省级）财政部门印制并加盖接受捐赠单位印章的公益性捐赠票据，或加盖接受捐赠单位印章的《非税收入一般缴款书》收据联，方可按规定进行税前扣除。

（4）计算方法。以"会计利润"乘以税法规定的扣除比例（12%），计算出公益性捐赠的扣除限额，确定允许税前扣除的公益性捐赠数额。

实际发生的公益性捐赠支出≥公益性捐赠的扣除限额，允许税前扣除的公益性捐赠数额＝公益性捐赠的限额扣除；

实际发生的公益性捐赠支出＜公益性捐赠的扣除限额，允许税前扣除的公益性捐赠数额＝实际发生的公益性捐赠。

自2016年9月1日起，超过年度利润总额12%的部分，准予结转以后三年内在计算应纳税额时扣除。

（5）注意事项。企业发生公益性捐赠时，需注意所在省（区、市）地区公布的获得公益性捐赠税前扣除资格的公益性社会组织和公益性群众团体名单及名单所属年度。

企业将货币资金、实物等资产直接捐赠给个人或单位，不属于公益性捐赠的范围，应视为赞助支出，不能在税前扣除。

三、费　用

（一）扣除确认原则

社会组织实际发生与取得收入有关的、合理的支出，包括成本、费用、税金、损失和其他支出，准予在计算应纳税所得额时扣除。社会组织的费用按照其功能分为业务活动成本、管理费用、筹资费用和其他费用等。所谓合理支出，是指慈善业务活动符合公益事业捐赠法明确的公益事业，应计入资产成本或当期损益的必要与正常的支出。社会组织支出应区分为收益性支出和资本性支出。收益性支出在发生当期直接扣除，资本性支出不得在发生当期直接扣除，应按税法规定分期在税前扣除或计入有关资产成本。社会组织的"合理支出"就涉及企业所得税而言，也就是现行税收政策法规确认允许税前扣除的支出，没有确认的不允许税前扣除。

与企业等其他营利机构一样，社会组织发生支出，应当取得真实、合法的税前扣除凭证，作为计算应纳税所得额扣除相关支出的凭据。税前扣除凭证，是指企业在计算企业所得税应纳税所得额时，证明与取得收入有关的、合理的实际发生的支出，并据以税前扣除的各类凭证。无税前扣除凭证或有与支出无关联的税前扣除凭证，不作为税前扣除的凭据。对于某些特殊情形，如物业公司向业主收取的代付水电费，可以凭总的电费票据和分割单作为扣除依据；对社会组织向个人采购500元以下的小额零星货物、服务的交易，个人不能开具发票的，可以凭非现金支付、收据等作为扣除凭据。当然，社会组织将现金、物资向扶贫济困对象的个人直接赠与，属于社会组织的正常支出，受赠人在此情况下不可能向社会组织开具发票，但社会组织对此应建立签收制度，在相关凭证或收款、收物表格中签字，若相关赠与活动有其他机构，如村镇（街道）或基层组织相关人员一并参与并签字作为旁证，据此可以税前扣除。

《企业所得税税前扣除凭证管理办法》第八条列举了合规的税前扣除凭证（详见本书第四

章第三节）。

根据《企业所得税法实施条例》规定，在计算应纳税所得额时，社会组织不可扣除项目包含：企业所得税税款；税收滞纳金、罚金、罚款和被没收财物的损失；赞助支出；与取得收入无关的其他支出。

（二）业务活动成本

业务活动成本是指社会组织为了实现其业务活动目标、开展其项目活动或者提供服务所发生的费用。社会组织的业务活动支出包括慈善活动支出和其他活动支出。其中，慈善活动支出是指基于公益宗旨，在章程规定的业务范围内开展慈善活动，向受益人捐赠财产或提供无偿服务时发生的下列费用：直接或委托其他组织资助给受益人的款物，即公益项目资助支出；为提供慈善服务、实施慈善项目发生的人员报酬、志愿者补贴和保险，使用房屋、设备、物资发生的相关费用，为实施慈善项目发生的差旅、物流、交通、会议、培训、审计、评估等费用，即公益项目执行支出。

社会组织在发生一项费用时，应首先区分这项费用是为慈善活动发生，还是为非慈善活动发生，或者是为行政管理发生。分清费用的业务实质再分别计入"慈善活动支出""其他业务活动成本"或者"管理费用"。社会组织的财务人员要依据《民间非营利组织会计制度》核算要求做到慈善活动支出与其他业务活动支出分别设置会计科目、分别核算；慈善活动支出按各个慈善活动分别核算。

社会组织在年度信息披露或申请免税资格时，都要求对慈善活动分活动项目列示支出情况，这就要求社会组织同时从事多个慈善活动时，应根据《民间非营利组织会计制度》规定，对慈善活动支出按慈善项目分开核算，在账面上清晰反映每一项慈善活动的支出情况。很多社会组织没有对慈善活动分开核算，而是全部计入业务活动成本科目，在信息披露或免税申请材料时，再去人为分拆成本填报，导致上报材料信息与财务账面信息不一致，存在极大的信息披露不实风险。

另外，按照《慈善法》规定，根据公开募捐资格和社会组织类型不同，对选择成为慈善组织的社会组织提出了更高的要求。其慈善活动支出和年度管理费用的要求也不一样，有如下四种情形。

1. 慈善组织中具有公开募捐资格的基金会

慈善组织中具有公开募捐资格的基金会年度慈善活动支出不得低于上年总收入的70%；年度管理费用不得高于当年总支出的10%。

这里的总收入应为慈善组织当年取得的全部收入，即业务活动成本表中的"收入总额"，包含捐赠收入、会费收入、提供服务收入、商品销售收入、政府补助收入、投资收益、利息收入和其他收入。

2. 慈善组织中不具有公开募捐资格的基金会

慈善组织中不具有公开募捐资格的基金会，年度慈善活动支出和年度管理费用按照以下标准执行：

（1）上年末净资产高于6000万元（含本数）人民币的，年度慈善活动支出不得低于上年末净资产的6%；年度管理费用不得高于当年总支出的12%；

（2）上年末净资产低于6000万元高于800万元（含本数）人民币的，年度慈善活动支出不得低于上年末净资产的6%；年度管理费用不得高于当年总支出的13%；

（3）上年末净资产低于800万元高于400万元（含本数）人民币的，年度慈善活动支出不得低于上年末净资产的7%；年度管理费用不得高于当年总支出的15%；

（4）上年末净资产低于400万元人民币的，年度慈善活动支出不得低于上年末净资产的8%；年度管理费用不得高于当年总支出的20%。

3. 慈善组织中具有公开募捐资格的社会团体和社会服务机构

慈善组织中具有公开募捐资格的社会团体和社会服务机构年度慈善活动支出不得低于上年总收入的70%；年度管理费用不得高于当年总支出13%。

4. 慈善组织中不具有公开募捐资格的社会团体和社会服务机构

慈善组织中不具有公开募捐资格的社会团体和社会服务机构，年度慈善活动支出和年度管理费用按照以下标准执行：

（1）上年末净资产高于1000万元（含本数）人民币的，年度慈善活动支出不得低于上年末净资产的6%；年度管理费用不得高于当年总支出的13%；

（2）上年末净资产低于1000万元高于500万元（含本数）人民币的，年度慈善活动支出不得低于上年末净资产的7%；年度管理费用不得高于当年总支出的14%；

（3）上年末净资产低于500万元高于100万元（含本数）人民币的，年度慈善活动支出不得低于上年末净资产的8%；年度管理费用不得高于当年总支出的15%；

（4）上年末净资产低于100万元人民币的，年度慈善活动支出不得低于上年末净资产的8%且不得低于上年总收入的50%；年度管理费用不得高于当年总支出的20%。

民政部、财政部、国家税务总局印发《关于慈善组织开展慈善活动年度支出和管理费用的规定》中第八条规定，慈善组织的年度慈善活动支出和年度管理费用标准，如表2-17所示。

表2-17　　　　慈善组织中不具有公开募捐资格的基金会的
年度慈善活动支出和年度管理费用标准

上年末净资产额	慈善活动支出	年度管理费用
X≥6000万元	≥上年末净资产的6%	≤当年总支出的12%
800万元≤X<6000万元	≥上年末净资产的6%	≤当年总支出的13%
400万元≤X<800万元	≥上年末净资产的7%	≤当年总支出的15%
X<400万元	≥上年末净资产的8%	≤当年总支出的20%

注：X表示上年末净资产。

根据《关于慈善组织开展慈善活动年度支出和管理费用的规定》第十五条"慈善组织慈善活动支出或者管理费用违反本规定要求的，由民政部门依法给予行政处罚并通报财政、税务等有关部门。"根据财政部、国家税务总局《关于非营利组织免税资格认定管理有关问题的通知》第五项"有关部门在日常管理过程中，发现非营利组织享受优惠年度不符合本通知规定的免税条件的，应提请核准该非营利组织免税资格的财政、税务部门，由其进行复核。核准非营利组织免税资格的财政、税务部门根据本通知规定的管理权限，对非营利组织的免税优惠资格进行复核，复核不合格的，相应年度不得享受税收优惠政策。"根据以上规定，超过以上标准的支出仍可全额扣除，但会影响纳税人的免税资格，也会影响公益性捐赠税前扣除资格的评定。如果超标，民政可能会通报给财政、税务部门，经复核不再符合免税资格的条件，则当年不得享受免税政策。

有些社会组织的慈善活动支出和年度管理费用超过标准，是因为在核算人员管理费用时，不区分项目人员和行政管理人员，全部计入慈善活动支出或管理费用，导致虚增慈善活动支出或管理费用超标。因此，失去免税资格，失去公益性捐赠税前扣除资格，给社会组织带来损失，是极不划算的。

（三）管理费用

管理费用是指社会组织为组织和管理其业务活动所发生的各项费用，即：理事会等决策机构的工作经费；行政管理人员的工资、奖金、住房公积金、住房补贴、社会保障费；办公费、水电费、邮电费、物业管理费、差旅费、折旧费、修理费、租赁费、无形资产摊销费、资产盘亏损失、资产减值损失、因预计负债所产生的损失、聘请中介机构费等。

管理费用中的合理支出可以税前扣除，超过规定扣除标准的支出不得税前扣除。

（四）筹资费用

筹资费用是指社会组织为筹集捐赠资金所发生的相关费用，已计入成本的有关费用除外。现行税收政策对筹资费用未作限制性规定，只要是实际发生，且取得合规票据的，原则上允许税前扣除。

对于年度内未取得合规票据的，在企业所得税季度预缴时可以暂先扣除，但需于次年5月31日汇算清缴期结束前取得相关合规票据，否则本年度应纳税所得额将要调增；对于以前年度应当取得而未取得发票等扣除凭证，且相应年度未税前扣除的，在以后年度取得合规发票等外部凭证，或者按照《企业所得税扣除凭证管理办法》第十七条规定，提供可以证实其支出真实性的相关资料后，相应支出可以追补至该支出发生年度税前扣除，但追补年限不得超过五年。

（五）其他费用

其他费用是指社会组织发生的、无法归属到上述业务活动成本、管理费用或者筹资费用中的费用，包括固定资产处置净损失、无形资产处置净损失等。

四、资　　产

社会组织的资产，根据是否受时间限制和用途限制，可分为限定性资产和非限定性资产。时间限制，是指捐赠方/委托方或者国家有关法律、行政法规要求，社会组织在收到资产后的某一时期或某一特定日期之后才能使用该项资产；用途限制，是指捐赠方/委托方或者国家有关法律、行政法规要求，社会组织将收到的资产用于某一特定的用途。如果资产或者资产的经济利益（如资产的投资收益和利息等）的使用和处置受到捐赠方/委托方或者国家有关法律、行政法规所设置的时间限制或用途限制，则由此形成的净资产即为限定性净资产。社会组织净资产中除限定性净资产之外的其他净资产为非限定性资产，这一划分方法是社会组织行业管理的需要，两者在涉税上并无差异，本书不作展开。

社会组织的资产主要包括：货币、股权投资、固定资产（动产、不动产、文物文化资产等）、无形资产（土地使用权、专利权等）等，涉税处理一般以历史成本为计税依据。本书仅就长期股权投资、固定资产等常见或易错点做展开阐述。

（一）长期股权投资

企业的长期股权投资是指社会组织持有时间准备超过 1 年（不含 1 年）的各种股权性质的投资，包括长期股票投资和其他长期股权投资。

社会组织如果有委托贷款或者委托投资（包括委托理财），且作为长期股权投资核算的，应当在本科目下单设明细科目核算。

长期股权投资应当区别不同情况，分别采用成本法或者权益法核算。如果社会组织对被投资单位没有控制、共同控制和重大影响，长期股权投资应当采用成本法进行核算；如果社会组织对被投资单位具有控制、共同控制或重大影响，长期股权投资应当采用权益法进行核算，对于控股的子公司按成本法核算。当然从社会组织行业管理来说，一般不允许社会组织成为控股股东，这与其公益性要求不符。对于因接受股权捐赠形成的表决权、分红权与股权比例不一致的长期股权投资，社会组织应当根据《民间非营利组织会计制度》第二十七条的规定，并结合经济业务实质判断是否对被投资单位具有控制、共同控制或重大影响关系。不同会计核算方法下的涉税处理不同（详见专栏二）。

（二）固定资产

固定资产是指社会组织为生产产品、提供劳务、出租或者经营管理而持有的、使用时间超过 12 个月的非货币资产，包括房屋、建筑物、机器、机械、运输工具以及其他与生产经营活动有关的设备、器具、工具等。固定资产是指同时具有以下特征的有形资产：为行政管理、提供服务、生产商品或者出租目的而持有的；预计使用年限超过 1 年；单位价值较高。

另外，财政部《关于印发〈《民间非营利组织会计制度》若干问题的解释〉的通知》中规定，"民间非营利组织取得的存款利息"属于《民非制度》第三十五条规定的"为购建固定资产而发生的专门借款"产生且在"允许资本化的期间内"的，应当冲减在建工程成本；除此以外的存款利息应当计入其他收入。也就是说"为购建固定资产而发生的专门借款"产生且在"允许资本化的期间内"的贷款利息是进固定资产成本。

1. 固定资产的计税基础

企业按照规定计算的固定资产折旧准予扣除。

外购的固定资产，以购买价款和支付的相关税费以及直接归属于使该资产达到预定用途发生的其他支出为计税基础。

自行建造的固定资产,以竣工结算前发生的支出为计税基础。

融资租入的固定资产,以租赁合同约定的付款总额和承租人在签订租赁合同过程中发生的相关费用为计税基础。租赁合同未约定付款总额的,以该资产的公允价值和承租人在签订租赁合同过程中发生的相关费用为计税基础。

盘盈的固定资产,以同类固定资产的重置完全价值为计税基础。通过捐赠、投资、非货币性资产交换、债务重组等方式取得的固定资产,以该资产的公允价值和支付的相关税费为计税基础。

固定资产,除已足额提取折旧的固定资产和租入的固定资产以外的其他固定资产,以改建过程中发生的改建支出增加计税基础。

固定资产在取得时,应当按照取得时的实际成本入账。取得时的实际成本包括买价、包装费、运输费、缴纳的有关税金等相关费用,以及为使固定资产达到预定可使用状态前所必要的支出。具体如下:

(1) 外购的固定资产,按照实际支付的买价、相关税费以及为使固定资产达到预定可使用状态前发生的可直接归属于该固定资产的其他支出(如运输费、安装费、装卸费等),借记本科目,贷记"银行存款""应付账款"等科目。

如果以一笔款项购入多项没有单独标价的固定资产,按照各项固定资产公允价值的比例对总成本进行分配,分别确定各项固定资产的入账价值。

(2) 自行建造的固定资产,按照建造该项固定资产达到预定可使用状态前所发生的全部支出,借记本科目,贷记"在建工程"科目。

(3) 融资租入的固定资产,按照租赁协议或者合同确定的价款、运输费、途中保险费、安装调试费以及融资租入固定资产达到预定可使用状态前发生的借款费用等,借记本科目"融资租入固定资产"明细科目,贷记"长期应付款"科目。

(4) 接受捐赠的固定资产,按照所确定的成本,借记本科目,贷记"捐赠收入"科目。对于社会组织接收捐赠的存货、固定资产等非现金资产,应当按照《民非制度》第十六条的规定确定其入账价值;对于以公允价值作为其入账价值的非现金资产,社会组织应当按照《民非制度》第十七条所规定的顺序确定公允价值;"市场价格"一般指取得资产当日捐赠方自产物资的出厂价、捐赠方所销售物资的销售价、政府指导价、知名大型电商平台同类或者类似商品价格等;"合理的计价方法"包括由第三方机构进行估价等(详见专栏三)。

2. 固定资产折旧的范围

计提折旧的固定资产有:房屋建筑物;在用的机器设备、食品仪表、运输车辆、工具器具;季节性停用及修理停用的设备;以经营租赁方式租出的固定资产和以融资租赁式租入的固定资产。

不计提折旧的固定资产有:已提足折旧仍继续适用的固定资产;以前年度已经估价单独入账的土地;提前报废的固定资产;以经营租赁方式租入的固定资产和以融资租赁方式租出的固定资产。

3. 固定资产的折旧方法

企业应当自固定资产投入使用月份的次月起计算折旧；停止使用的固定资产，应当自停止使用月份的次月起停止计算折旧。

企业应当根据固定资产的性质和使用情况，合理确定固定资产的预计净残值。固定资产的预计净残值一经确定，不得变更。

固定资产按照直线法计算的折旧，准予扣除。

企业对房屋、建筑物固定资产在未足额提取折旧前进行改扩建的，如属于推倒重置，该资产原值减除提取折旧后的净值，应并入重置后的固定资产计税成本，并在该固定资产投入使用后的次月起，按照税法规定的折旧年限，一并计提折旧；如属于提升功能、增加面积的，该固定资产的改扩建支出，并入该固定资产计税基础，并从改扩建完工投入使用后的次月起，重新按税法规定的该固定资产折旧年限计提折旧，如该改扩建后的固定资产尚可使用的年限低于税法规定的最低年限，可以按尚可使用的年限计提折旧。

4. 固定资产折旧的企业所得税处理

根据国家税务总局《关于企业所得税应纳税所得额若干问题的公告》规定，固定资产折旧的企业所得税处理如下：企业固定资产会计折旧年限如果短于税法规定的最低折旧年限，其按会计折旧年限计提的折旧高于按税法规定的最低折旧年限计提的折旧部分，应调增当期应纳税所得额；企业固定资产会计折旧年限已期满且会计折旧已提足，但税法规定的最低折旧年限尚未到期且税收折旧尚未足额扣除，其未足额扣除的部分准予在剩余的税收折旧年限继续按规定扣除。

企业固定资产会计折旧年限如果长于税法规定的最低折旧年限，其折旧应按会计折旧年限计算扣除，税法另有规定除外。

企业按会计规定提取的固定资产减值准备，不得税前扣除，其折旧仍按税法确定的固定资产计税基础计算扣除。

企业按税法规定实行加速折旧的，其按加速折旧办法计算的折旧额可全额在税前扣除。

5. 一次性税前扣除政策

根据《关于设备器具扣除有关企业所得税政策执行问题的公告》规定，企业在2018年1月1日至2020年12月31日期间新购进的设备、器具，单位价值不超过500万元的，允许一次性计入当期成本费用，在计算应纳税所得额时扣除，不再分年度计算折旧。

设备、器具，是指除房屋、建筑物以外的固定资产。固定资产在投入使用月份的次月所属年度一次性税前扣除。

（三）无形资产

无形资产是指企业长期使用但没有实物形态的资产，包括专利权、商标权、著作权、土地使用权、非专利技术、商誉等。无形资产按照以下方法确定计税基础：外购的无形资产，以购买价款和支付的相关税费以及直接归属于使该资产达到预定用途发生的其他支出为计税基础。

自行开发的无形资产，以开发过程中该资产符合资本化条件后至达到预定用途前发生的支出为计税基础。通过捐赠、投资、非货币性资产交换等方式取得的无形资产，以该资产的公允价值和支付的相关税费为计税基础。

（四）长期待摊费用

长期待摊费用是指企业发生的应在一个年度以上或几个年度进行摊销的费用。在计算应纳税所得额时，企业发生的下列支出作为长期待摊费用，按照规定摊销的，准予扣除。

（1）已足额提取折旧的固定资产的改建支出；

（2）租入固定资产的改建支出；

（3）固定资产的大修理支出；

（4）其他应当作为长期待摊费用的支出。

企业的固定资产修理支出可在发生当期直接扣除。企业的固定资产改良支出，如果有关固定资产尚未提足折旧，可增加固定资产价值；如有关固定资产已提足折旧，可作为长期待摊费用，在规定的期间内平均摊销。

（五）投资资产

投资资产是指企业对外进行权益性投资和债权性投资而形成的资产。投资资产的成本投资资产按以下方法确定投资成本。

（1）通过支付现金方式取得的投资资产，以购买价款为成本；

（2）通过支付现金以外的方式取得的投资资产，以该资产的公允价值和支付的相关税费为成本。

企业对外投资期间，投资资产的成本在计算应纳税所得额时不得扣除，企业在转让或者处置投资资产时，投资资产的成本准予扣除。

（六）存货

存货是指企业持有以备出售的产品或者商品、处在生产过程中的在产品、在生产或者提供劳务过程中耗用的材料和物料等。存货按照以下方法确定成本。

（1）通过支付现金方式取得的存货，以购买价款和支付的相关税费为成本；

（2）通过支付现金以外的方式取得的存货，以该存货的公允价值和支付的相关税费为成本。

企业使用或者销售的存货的成本计算方法，可以在先进先出法、加权平均法、个别计价法中选用一种，计价方法一经选用，不得随意变更。助困助残的社会组织在开展绘画、剪纸等慈善活动和保护非物质文化遗产的公益项目的文化类陈列品时出现的公益衍生品，就属于存货。

五、特别纳税调整

企业与其关联方之间的业务往来，不符合独立交易原则而减少企业或者其关联方应纳税收入或者所得额的，税务机关有权按照合理方法进行调整。就社会组织而言，由于社会组织的公益性天然属性，一般关联方较少，即使有关联方，也主要以公益活动为主，否则社会组织实施其他不具有合理商业目的的安排而减少其应税收入或者应税所得额的，税务机关将依照规定作出纳税调整，需要补征税款的，应当补征税款，并按照规定加收滞纳金。

《慈善法》和《基金会管理条例》都对关联方交易作出了原则性的规定。

社会组织与其关联方共同开发、受让无形资产，或者共同提供、接受劳务发生的成本，在计算应纳税所得额时应当按照独立交易原则进行分摊。

《慈善法》第十四条规定，慈善组织的发起人、主要捐赠人以及管理人员，不得利用其关联关系损害慈善组织、受益人的利益和社会公共利益。上述人员与慈善组织发生交易行为的，不得参与慈善组织有关该交易行为的决策，有关交易情况应当向社会公开。

《基金会管理条例》第二十三条规定，基金会理事遇有个人利益与基金会利益关联时，不得参与相关事宜的决策，基金会理事、监事及近亲属不得与其所在的基金会有任何交易行为。监事和未在基金会担任专职工作的理事不得从基金会获取报酬。

（一）关联方

根据所称关联方①，是指一方控制、共同控制另一方或对另一方产生影响，以及两方或两方以上同受一方控制、共同控制或重大影响的相关各方。以下各方构成社会组织的关联方：

（1）该社会组织的设立人及其所属企业集团的其他成员单位。

（2）该社会组织控制、共同控制产生重大影响的企业。

（3）该社会组织设立的其他社会组织。

（4）由该社会组织的设立人及其所属企业集团的其他成员单位共同控制产生重大影响的企业。

（5）由该社会组织的设立人及其所属企业集团的其他成员单位设立的其他社会组织。

（6）该社会组织的关键管理人员及与其关系密切的家庭成员。关键管理人员，是指有权力并负责计划、指挥和控制社会组织活动的人员。与关键管理人员关系密切的家庭成员，是指在处理与该组织的交易时可能影响该个人或受该个人影响的家庭成员。关键管理人员一般包括：社会组织负责人、理事、监事、分支（代表）机构负责人等。

（7）该社会组织的关键管理人员或与其关系密切的家庭成员控制、共同控制或施加重大影响的企业。

（8）该社会组织的关键管理人员或与其关系密切的家庭成员设立的其他社会组织。

此外，以面向社会开展慈善活动为宗旨的社会组织（包括社会团体、基金会、社会服务机构等），与《慈善法》所规定的主要捐赠人也构成关联方。

（二）关联方交易

关联方交易是指关联方之间转移资源、劳务或义务的行为，而不论是否收取价款。关联方交易的类型通常包括以下各项：

（1）购买或销售商品及其他资产；

（2）提供或接受劳务；

（3）提供或接受捐赠；

（4）提供资金；

---

① 参见财政部关于印发《〈民间非营利组织会计制度〉若干问题的解释》的通知。

（5）租赁；

（6）代理；

（7）许可协议；

（8）代表社会组织或由社会组织代表另一方进行债务结算；

（9）关键管理人员薪酬。

（三）关联方交易管理

一年一度的机构审计，是提高社会组织的财务管理和会计工作水平、增强年度检查监管效果、确保社会组织公开信息真实、准确、完整的重要手段。本书从审计监督的角度提出关注事项，以把控关联方交易行为，对社会组织规范管理提供一定借鉴意义。

（1）重点关注异常、大额等关联交易事项。

（2）社会组织的法定代表人及对社会组织有重大影响或控制的个人是否有投资兴办的经济实体。

民政部2012年9月27日发布的《关于规范社会团体开展合作活动若干问题的规定》第八条，社会团体不得将自身开展的经营服务性活动转包或者委托与社会团体负责人、分支机构负责人有直接利益关系的个人或者组织实施。

（3）关联方之间的交易是否真实，作价是否公允，有无通过关联方之间交易变相从事营利活动、规避税收行为，或通过非货币性捐赠，虚增捐赠资产和捐赠收入，以符合登记机关对年检的相关规定。民政部印发《关于规范社会团体开展合作活动若干问题的规定》第九条，社会团体和所举办的经济实体之间发生经济往来，应当按照等价交换的原则收取价款、支付费用。

（4）向社会组织捐赠本企业产品的应重点关注以下事项：

①公益项目是否已列入年度预算并经理事会讨论通过；

②关注受赠的产品是否已实际确认，是否已向捐赠方开具了公益事业捐赠统一票据；若受赠财产未经基金会验收确认，由捐赠人直接转移给受助人或者其他第三方的，或指定受益人，不得作为基金会的捐赠收入，不得开具公益事业捐赠统一票据；

③关注受赠产品的登记、保管及捐赠支出信息，受赠方或第三方是否签收确认并开具了合法接收公益事业捐赠统一票据，以确保接受捐赠资产的安全、完整及支出行为真实有效；

④关注受赠产品的入账价值是否公允。捐赠人提供了发票、报关单等凭据的，应当以相关凭据作为确认入账价值的依据；捐赠人未能提供凭据或捐赠人提供的凭据，或其他能够确认受赠资产价值的证明上标明的金额与受赠资产公允价值相差较大的，应当以具有合法资质的第三方机构的评估作为确认入账价值的依据。无法评估或经评估无法确认价格的，基金会不得计入捐赠收入，不得开具公益事业捐赠统一票据，应当另外造册登记；

⑤其他需要关注的事项。如：产品的保质期、产品质量认证证明或产品合格证等。

（5）超标准缴纳会费的：

①会费收入是否已列入年度预算并经会员大会（或会员代表大会）讨论通过；

②关注会费收入的确认是否恰当；

③关注并分析超标部分会费收入对社会团体总收入及会费收入的影响；

④关注业务活动的开展是否与公司章程规定的宗旨相符，会费收入是否用于开展会员活动及正常行政办公支出；重点关注出国（境）经费、车辆购置及运行费、业务招待费、培训费、会议费等与政府"三公经费"有关的费用支出金额和支出标准；

⑤关注有无以会费名义，为会员单位消化、转移利润，规避税收和政府监管的行为。

（6）关联方以租赁形式向企业提供车辆、办公及业务活动场所的：

①关注租金支出是否纳入年度预算并经理事会（会员大会、会员代表大会）讨论通过；

②关注使用车辆的数量、办公及业务活动场所的规模是否与企业的业务规模、人员规模相匹配，相关支出是否与相关收入相匹配；

③关注租金的作价依据是否公允，有无变相向关联方输送利益或支付报酬的情形；

④是否取得了租金支出的合法票据，支付给个人的租金，是否依法履行了个人收入所得税代扣代缴手续。

（7）关注关联方直接或间接占用企业资金的情形。企业的财产及其他收入受法律保护，任何单位和个人不得私分、侵占、挪用。

民政部2012年7月10日发布的《关于规范基金会行为的若干规定（试行）》第二项第（五）条规定，基金会不得向个人、企业直接提供与公益活动无关的借款。

（8）关联方及关联方交易的相关内部控制制度是否完善，决策机制是否健全。

目前，我国社会组织关联方及关联交易的管理方面存在隐患，企业借公益慈善之名开展敛财行为，个别社会组织不明就里盲目合作站台和某种意义上的"背书"，损害了慈善事业在公众心中的形象，破坏了社会组织自身的公信力。因此，某种意义上说，完善的内控体系建设及健全的决策机构是预防关联方舞弊，保证关联交易合法、公允的重要保证。社会组织应该重视内控制度的健全及有效性、关联交易事项的议事决策机制、审批权限等内部牵制措施，关注重大交易事项是否符合民主决策程序。

第三节　个人所得税

一、基本规定

2019年，我国进行了个人所得税发展史上一次重要的税制改革，将原分类税制按月按次征税，改为综合与分类相结合的税制模式，将工资薪金所得、劳务报酬所得、稿酬所得、特许权使用费所得4项所得作为综合所得，减除费用6万元以及专项扣除、专项附加扣除、依法确定的其他扣除和符合条件的公益慈善事业捐赠（以下简称"捐赠"）后，实行按月预扣预缴，并于次年3月1日至6月30日办理综合所得年度汇算清缴的办法。此次改革调整了税率表、提高了费用扣除标准、增设了教育、医疗、养老、住房等6项专项附加扣除,大大降低了中低收入者的税负。个体工商户、个人独资企业投资人和合伙企业的合伙人继续实行按年计税,按月或按季预征,年度终了后汇算清缴,与改革前没有变化;财产租赁所得、财产转让所得、利息股息红利所得、偶然所得4项所得继续实行按月按次征税,与改革前没有变化。

(一) 纳税人

个人所得税以取得应税所得的个人为纳税人,以支付个人应税所得的单位或者个人为扣缴义务人(本书所表述的个人或者居民个人,均为个人所得税纳税人)。个人所得税纳税人包括居民纳税人和非居民纳税人,居民纳税人包括在中国境内有住所的个人,以及在中国境内无住所,但在一个纳税年度内在中国境内累计居住满183天的个人,居民个人应就其全部所得缴纳个人所得税;对于无住所个人(主要指外国人)在中国境内一个纳税年度内居住时间不满183天,以及未在中国境内但从中国境内取得应税所得的个人,属于非居民个人,非居民个人应就来源于中国境内所得缴纳个人所得税。具体如表2-18所示。

表2-18　　　　　　　　　居民个人与非居民个人的纳税区别

纳税人类别	承担的纳税义务	判定标准
居民个人	负有无限纳税义务,其取得的应纳税所得,无论是来源于中国境内还是中国境外任何地方,都要在中国缴纳个人所得税	住所标准和居住时间标准只要具备一个就成为居民个人: (1) 住所标准:"在中国境内有住所"是指因户籍、家庭、经济利益关系而在中国境内习惯性居住; (2) 居住时间标准:"无住所而一个纳税年度内在中国境内居住累计满183天"是指在一个纳税年度(公历1月1日至12月31日止)内,在中国境内居住累计满183天
非居民个人	承担有限纳税义务,只就其来源于中国境内的所得,向中国缴纳个人所得税	非居民个人的判定标准是以下两条必须同时满足: (1) 在中国境内无住所; (2) 在中国境内不居住或在一个纳税年度内在境内居住累计不满183天(公历1月1日至12月31日止)

在实际税收管理中,中国公民一般都有居民身份证,纳税人有中国公民身份号码的,以中国公民身份号码为纳税人识别号。扣缴义务人应当按照国家规定办理全员全额扣缴申报,并向纳税人提供其个人所得和已扣缴税款等信息。没有中国公民身份号码的,以其护照等其他证件的号码,由税务机关赋予纳税人识别号。

(二) 个人应税所得范围

个人所得税为正列举,下列各项个人所得,应当缴纳个人所得税:工资、薪金所得;劳务报酬所得;稿酬所得;特许权使用费所得;经营所得;利息、股息、红利所得;财产租赁所得;财产转让所得;偶然所得。

社会组织向个人支付款项,是个人所得税的代扣代缴义务人,应依法履行代扣代缴义务。对社会组织向本单位雇员支付工资等、对外单位人员为社会组织提供劳务服务而支付款项,按照劳务服务以及本单位某些支出项目,以及社会组织向个人支付稿酬、特许权使用费都应扣缴个人所得税。

社会组织一般主要雇用本国人员，对非居民个人所得税代扣代缴涉及较少，本书不再介绍非居民纳税人的涉税内容。

（三）税率

个人所得税税率：综合所得，适用3%~45%的超额累进税率（见表2-19）；经营所得，适用5%~35%的超额累进税率；由于社会组织的代扣代缴义务中，不涉及经营所得，所以本书仅列出经营所得的税率表，不做展开（见表2-20）。利息、股息、红利所得，财产租赁所得，财产转让所得和偶然所得，适用比例税率，税率为20%。

表2-19　　　　　　　　　个人所得税税率表一（综合所得适用）

级数	全年应纳税所得额	税率（%）	速算扣除数
1	不超过36000元的	3	0
2	超过36000元至144000元的部分	10	2520
3	超过144000元至300000元的部分	20	16920
4	超过300000元至420000元的部分	25	31920
5	超过420000元至660000元的部分	30	52920
6	超过660000元至960000元的部分	35	85920
7	超过960000元的部分	45	181920

注：①本表所称全年应纳税所得额是指居民个人取得综合所得以每一纳税年度收入额减除费用六万元以及专项扣除、专项附加扣除和依法确定的其他扣除后的余额；②非居民个人取得工资、薪金所得、劳务报酬所得、稿酬所得和特许权使用费所得，依照本表按月换算后计算应纳税额。

表2-20　　　　　　　　　个人所得税税率表二（经营所得适用）

级数	全年应纳税所得额	税率（%）
1	不超过30000元的	5
2	超过30000元至90000元的部分	10
3	超过90000元至300000元的部分	20
4	超过300000元至500000元的部分	30
5	超过500000元的部分	35

注：本表所称全年应纳税所得额是指依照本法第六条的规定，以每一纳税年度的收入总额减除成本、费用以及损失后的余额。

（四）应纳税所得额的计算

个人所得税的应纳税所得额不等同于收入。《中华人民共和国个人所得税税法》规定，对纳税义务人的征税方法主要有三种。

一是按年计征，按月、按季预扣预缴税款，年终汇算清缴。如经营所得，居民个人取得的综合所得（包括工资薪金所得、劳务报酬所得、稿酬所得、特许权使用费所得）。

二是按月计征，如对非居民个人取得的工资、薪金所得。

三是按次计征，如利息、股息、红利所得，财产租赁所得，财产转让所得，偶然所得，非居民个人取得的劳务报酬所得、稿酬所得、特许权使用费所得等（见表2-21）。

表2-21　　　　　　　　　　　　个人所得中"次"的规定

"次"的分类	具体情形	"次"的规定
一次为一次	劳务报酬所得、稿酬所得、特许权使用费所得，属于一次性收入的	以取得该项收入为一次
	利息、股息、红利所得	以支付利息、股息、红利时取得的收入为一次
	偶然所得	以每次取得该项收入为一次
一月为一次	一次性劳务报酬收入以分月支付方式取得的	以一个月内取得的收入为一次
	劳务报酬所得、稿酬所得、特许权使用费所得，属于同一项目连续性收入的	
	财产租赁所得	

税法中的收入主要指毛收入，收入额是毛收入中扣除一定比例的费用，如劳务报酬、稿酬、特许权使用费均扣除一定比例后作为收入额。之后，再从收入额中对基本减除费用（6万元/年）、专项扣除（三险一金）、专项附加扣除、慈善捐赠等支出进行扣除，不同征税项目有着不同的费用减除规定，以此计算应纳税所得额（见表2-22）。

表2-22　　　　　　　　　　　　应纳税所得额的计算

征税项目	所得类别及计征方式	
工资、薪金所得，劳务报酬所得，稿酬所得，特许权使用费所得	居民个人取得的该四项所得称为综合所得，按纳税年度合并计算个人所得税	非居民个人取得该四项所得，按月（工资薪金）或者按次（劳务报酬、稿酬、特许权使用费）分项计算个人所得税，不做年度合并
经营所得		按年度计税
利息、股息、红利所得	属于分类所得	按次计税
财产租赁所得		
财产转让所得		
偶然所得		

二、综合所得

居民个人的综合所得，以每一纳税年度的收入额减去费用6万元以及专项扣除、专项附加扣除和依法确定的其他扣除后的余额，为应纳税所得额（见表2-23）。

表2-23　　　　　　　　　　　　综合所得的计税方式

综合所得包含项目	应纳税所得额		计税公式
	计入综合所得的收入额	扣除项目	
工资、薪金所得	全额计入收入额	（1）基本减除费用6万元； （2）专项扣除； （3）专项附加扣除； （4）依法确定的其他扣除	全年应纳税额 = ∑（每一级数的全年应纳税所得额 × 对应级数的适用税率） =（全年收入额 - 60000元 - 专项扣除 - 享受的专项附加扣除 - 享受的其他扣除）× 适用税率 - 速算扣除数
劳务报酬所得	收入额是实际取得劳务报酬、特许权使用费收入的80%		
特许权使用费所得			
稿酬所得	收入额是实际取得稿酬收入的56%（80%×70%）		

（一）工资、薪金所得

1. 定义

工资、薪金所得，是指个人因任职或者受雇取得的工资、薪金、奖金、年终加薪、劳动分红、津贴、补贴以及与任职或者受雇有关的其他所得。扣缴义务人向居民个人支付工资、薪金所得时，应当按照累计预扣法计算预扣税款，并按月办理扣缴申报，年度终了，居民个人根据情况办理汇算清缴。

2. 具体计算方法

对工资薪金所得，采取累计预扣法预扣预缴税款。累计预扣法，是指扣缴义务人在一个纳税年度内预扣预缴税款时，以纳税人在本单位截至当前月份工资、薪金所得累计收入减除累计免税收入、累计减除费用、累计专项扣除、累计专项附加扣除和累计依法确定的其他扣除后的余额为累计预扣预缴应纳税所得额，适用居民个人工资、薪金所得预扣税率表，计算截至本年当月累计应预扣预缴税额，再减除累计减免税额和累计已预扣预缴税额，其余额为本期应预扣预缴税额。余额为负值时，不缴税，也暂不退税。纳税年度终了后余额仍为负值时，由纳税人办理综合所得年度汇算清缴，税款多退少补。

累计预扣法的具体计算公式如下：

本期应预扣预缴税额 =（累计预扣预缴应纳税所得额 × 预扣率 - 速算扣除数）- 累计减免税额 - 累计已预扣预缴税额

累计预扣预缴应纳税所得额 = 累计收入 - 累计免税收入 - 累计减除费用 - 累计专项扣除 - 累计专项附加扣除 - 累计依法确定的其他扣除

其中：累计减除费用，按照5000元/月乘以纳税人当年截至本月在本单位的任职受雇月份数计算。

居民个人向扣缴义务人提供有关信息并依法要求办理专项附加扣除的，扣缴义务人应当按照规定在按月预扣预缴税款时予以扣除，不得拒绝。年度预扣预缴税额与年度应纳税额不一致的，由居民个人于次年3月1日至6月30日向主管税务机关办理综合所得年度汇算清缴，税款多退少补。

居民个人取得除全年一次性奖金以外的其他各种名目奖金，如半年奖、季度奖、加班奖、先进奖、考勤奖等，一律与当月工资薪金收入合并，用工单位需按税法规定代扣代缴其个人所得税。

社会组织接受大中专院校的实习学生，预扣预缴税款时可以比照工资薪金所得项目预扣税款，即可以在按月扣税时减去5000元再计算税款，但汇算清缴时，实习生仍需按照"劳务报酬所得项目"进行汇缴。

（二）劳务报酬所得

1. 定义

劳务报酬所得，指个人从事劳务取得的所得，包括从事设计、装潢、安装、制图、化验、测试、医疗、法律、会计、咨询、讲学、翻译、审稿、书画、雕刻、影视、录音、录像、演出、表演、广告、展览、技术服务、介绍服务、经纪服务、代办服务以及其他劳务取得的所得。

社会组织向个人支付劳务报酬所得，应按规定代扣代缴个人所得税。社会组织对外支付的律师费、咨询费等费用，如果支付对象是单位，如律师事务所等类似的企业，不代扣个人所得税；如果直接支付给对方的个人，需要按照劳务报酬所得扣缴个人所得税，按次或者按月预扣预缴税款。

2. 具体计税方式（见表2-24）

表2-24　　　　　　　　　　劳务报酬所得的计税方式

要点	规则
预扣预缴应纳税所得额的计算	每次收入不超过4000元的： 预扣预缴应纳税所得额 = 每次收入 - 800； 每次收入4000元以上的： 预扣预缴应纳税所得额 = 每次收入 × (1 - 20%)
关于"次"的规定	(1) 属于一次性收入的，以取得该项收入为一次； (2) 属于同一项目连续性收入的，以一个月内取得的收入为一次
预扣率	劳务报酬所得有三档预扣率： 居民个人一次取得劳务报酬，预扣预缴应纳税所得额不超过20000元，预扣率为20%；超过20000元至50000元的部分，预扣率为30%；超过50000元的部分，预扣率为40%
预扣预缴税额计算公式	按次计税 (1) 每次收入不超过4000元的： 预扣预缴税额 = 预扣预缴应纳税所得额 × 预扣率 = (每次收入 - 800) × 20%； (2) 每次收入4000元以上但预扣预缴应纳税所得额不超过20000元的： 预扣预缴税额 = 预扣预缴应纳税所得额 × 预扣率 = 每次收入 × (1 - 20%) × 20%； (3) 每次收入的预扣预缴应纳税所得额超过20000元的： 预扣预缴税额 = 预扣预缴应纳税所得额 × 预扣率 - 速算扣除数 = 每次收入 × (1 - 20%) × 预扣率 - 速算扣除数
汇算清缴规定	居民个人办理年度综合所得汇算清缴时，应当依法计算稿酬所得的收入额，并入年度综合所得计算应纳税额，税款多退少补

社会组织的劳务报酬收入大都是"一般劳务报酬、其他非连续劳务"（区别于保险营销员、证券经纪人取得佣金收入的劳务报酬），其税率表如表2-25所示。

表2-25　　　　　　　　　个人所得税预扣率表二
（居民个人劳务报酬所得预扣预缴适用）

级数	预扣预缴应纳税所得额	预扣率（%）	速算扣除数
1	不超过20000元的	20	0
2	超过20000元至50000元的部分	30	2000
3	超过50000元的部分	40	7000

以每次收入额为预扣预缴应纳税所得额，按照上述的税率表计算应预扣预缴税额。收入额的确定分两种情形，具体如表2-26所示。

表2-26　　　　　　　　　收入额确定情形

	收入	收入额
劳务报酬	每次收入不超过4000元	收入-800
	每次收入4000元以上的	收入×(1-20%)

收入额在预扣预缴环节算法有差异，但作为综合所得的劳务报酬，在个税汇算清缴时，都是按照收入的80%计算。有一种特殊情况需要注意，正在接受全日制学历教育的学生因实习取得劳务报酬所得的，扣缴义务人预扣预缴个税时，可按照《国家税务总局关于发布〈个人所得税扣缴申报管理办法（试行）〉的公告》（2018年第61号）规定的累计预扣法计算并预扣预缴税款（政策出处：国家税务总局《关于完善调整部分纳税人个人所得税预扣预缴方法的公告》）

某社会组织2020年7月招聘了一个全日制大学生小王实习开展农村支教，实习工资3000，按劳务报酬代扣个税。需要给小王预缴的个税是多少呢？

收入额=3000-800=220元

那么7月的累计收入额=2200元

应预扣预缴税额=（累计收入额-累计减除费用）×预扣率-速算扣除数-累计减免税额-累计已预扣预缴税额=2200-5000=-2800元

所以小王没有个税，不需要预缴，但社会组织仍需办理小王的个税申报。

（三）稿酬所得

1. 定义

稿酬所得，是指个人因其作品以图书、报刊等形式出版、发表而取得的所得。作者去世后，财产继承人取得的遗作稿酬，亦按稿酬所得项目征收个人所得税。如果某人在某社会组织的刊物、报纸和网站等发表作品，社会组织也必须代扣代缴其个人所得税。

2. 计税方式（见表 2-27）

表 2-27　　　　　　　　　　稿酬所得的具体计税方式

要点	规则
预扣预缴应纳税所得额的计算	每次收入不超过 4000 元的，预扣预缴应纳税所得额 =（每次收入 - 800）×70%； 每次收入 4000 元以上的，预扣预缴应纳税所得额 = 每次收入 ×（1 - 20%）×70%。 【注意】两人或两人以上合写一本书，按照每人取得的稿酬，各自分别计算应纳个人所得税税额
关于"次"的规定	（1）属于一次性收入的，以取得该项收入为一次； （2）属于同一项目连续性收入的，以一个月内取得的收入为一次
预扣率	20%
预扣预缴税额计算公式	按次计税 （1）每次收入不超过 4000 元的，预扣预缴税额 = 预扣预缴应纳税所得额 × 预扣率 =（每次收入 - 800）×70% × 20%； （2）每次收入 4000 元以上的，预扣预缴税额 = 预扣预缴应纳税所得额 × 预扣率 = 每次收入 ×（1 - 20%）×70% × 20%
汇算清缴规定	居民个人办理年度综合所得汇算清缴时，应当依法计算稿酬所得的收入额，并入年度综合所得计算应纳税额，税款多退少补

（四）特许使用费所得

1. 定义

特许权使用费所得，是指个人提供专利权、商标权、著作权、非专利技术，以及其他特许权的使用权取得的所得。提供著作权的使用权取得的所得，不包括稿酬所得。

2. 计税方式（见表 2-28）

表 2-28　　　　　　　　　　特许使用费所得的具体计税方式

要点	规则
预扣预缴应纳税所得额的计算	每次收入不超过 4000 元的，预扣预缴应纳税所得额 = 每次收入 - 800；每次收入 4000 元以上的，预扣预缴应纳税所得额 = 每次收入 ×（1 - 20%）。 【注意】特许权使用费所得没有减计收入额的规定
关于"次"的规定	（1）属于一次性收入的，以取得该项收入为一次； （2）属于同一项目连续性收入的，以一个月内取得的收入为一次
预扣率	20%

要点	规则
预扣预缴税额计算公式	（1）每次收入不超过 4000 元的，预扣预缴税额 = 预扣预缴应纳税所得额 × 预扣率 =（每次收入 - 800）× 20%； （2）每次收入 4000 元以上的，预扣预缴税额 = 预扣预缴应纳税所得额 × 预扣率 = 每次收入 ×（1 - 20%）× 20%
汇算清缴规定	居民个人办理年度综合所得汇算清缴时，应当依法计算特许权使用费所得的收入额，并入年度综合所得计算应纳税额，税款多退少补

三、代扣代缴偶然所得

（一）定义

偶然所得，是指个人得奖、中奖、中彩以及其他偶然性质的所得。偶然所得在实际工作中，主要指中奖、中彩收入，财政部、国家税务总局明确了一些偶然所得项目，主要包括：房屋产权所有人将房屋产权无偿赠与他人的，受赠人因无偿受赠房屋取得的受赠收入；社会组织在业务宣传、捐赠人答谢或筹款晚宴等活动中，随机向本单位以外的个人赠送的礼品（包括网络红包），社会组织在年会、座谈会、庆典以及其他活动中向本单位以外的个人赠送的礼品。社会组织在开展慈善公益活动中，可能会涉及对个人的奖励或者资助，依照现行政策，社会组织需要按照"偶然所得"为受益人代扣代缴个人所得税。

（二）计税方式（见表 2-29）

表 2-29　　　　　　　　　偶然所得的具体计税方式

要点	规则
应纳税所得额的计算	偶然所得以每次收入额为应纳税所得额
关于"次"的规定	以每次取得该项收入为一次
适用税率	偶然所得适用 20% 的比例税率
应纳税额计算公式	应纳税额 = 应纳税所得额 × 适用税率 = 每次收入额 × 20%
其他规定	（1）个人取得单张有奖发票奖金所得不超过 800 元（含 800 元）的，暂免征收个人所得税；个人取得单张有奖发票奖金所得超过 800 元的，应全额按照"偶然所得"项目征收个人所得税。 （2）企业向个人支付的不竞争款项，按照"偶然所得"项目计算缴纳个人所得税，税款由资产购买方企业在向资产出售方企业自然人股东支付不竞争款项时代扣代缴。 （3）企业对累积消费达到一定额度的顾客，给予额外抽奖机会，个人的获奖所得，按照"偶然所得"项目，全额适用 20% 的税率缴纳个人所得税

四、各类福利性补贴

本书通过各地"12366 网站"等各种途径整理了各省区市通信费、采暖费、差旅费等标准，按当地省级政府确定的标准在计算个人所得税时予以扣除，仅供参考①。

以公务用车、通信补贴为例。个人因通信制度改革而取得的通信补贴收入，扣除一定标准的公务费用后，按照"工资、薪金"所得项目计征个人所得税。按月发放的，并入当月"工资、薪金"所得计征个人所得税；不按月发放的，在个人所得税建立综合与分类税制后，可以不再分解到所属月份计税，直接并入发放当月工资薪金所得后计征个人所得税。之后，由个人于次年进行汇算清缴，多退少补。

公务费用的扣除标准，由省税务局根据纳税人通信费用的实际发生情况调查测算，报经省级人民政府批准后确定，并报国家税务总局备案②。

（一）全年一次性奖金

1. 定义

居民个人取得全年一次性奖金，在 2021 年 12 月 31 日前，可以选择并入当年综合所得计算纳税，也可选择不并入当年综合所得。

2. 计税方式

纳税人取得的全年一次性奖金，选择不并入当年综合所得的，按以下计税办法，由扣缴义务人发放时代扣代缴：

（1）先将居民个人取得的全年一次性奖金，除以 12 个月，按其商数依照按月换算后的综合所得税率表确定适用税率和速算扣除数；

（2）将居民个人取得的全年一次性奖金，按确定的适用税率和速算扣除数计算征税。计算公式如下：

$$应纳税额 = 居民个人取得的全年一次性奖金收入 \times 适用税率 - 速算扣除数$$

（二）离职补偿金

1. 定义

离职补偿金是单位与员工解除劳动关系支付的一次性补偿收入。

2. 计税方式

个人与用人单位解除劳动关系取得一次性补偿收入（包括用人单位发放的经济补偿金、生活补助费和其他补助费），在当地上一年职工平均工资 3 倍数额以内的部分，免征个人所得税；超过 3 倍数额的部分，不并入当年综合所得，单独适用综合所得税率表，计算纳税。

五、代扣代缴减除费用及各项扣除

年度汇算清缴时，居民个人取得综合所得，以每年收入额减除费用 6 万元以及专项扣除、专项附加扣除、依法确定的其他扣除和符合条件的公益慈善事业捐赠（以下简称"捐赠"）后的余额，为应纳税所得额（见表 2-30）。

---

① 因字数限制，具体情况请扫描本章最后延伸阅读公众号二维码查询已有省区市的执行口径。

② 本书整理的各省市通信费、采暖费、差旅费等标准，仅供参考。

表 2-30　　　　　　　　　　代扣代缴及各项扣除具体规定

费用扣除方法及项目		具体扣除内容	适用所得项目
可以扣除费用	定额扣除　基本减除费用	60000 元/年	(1) 居民个人综合所得； (2) 取得经营所得的个人没有综合所得的
	专项扣除	基本养老保险、基本医疗保险、失业保险等社会保险费及住房公积金	
	专项附加扣除	子女教育、继续教育、大病医疗、住房贷款利息或者住房租金、赡养老人等支出	
	依法确定的其他扣除	符合国家规定的企业年金、职业年金、符合国家规定的商业健康保险、税收递延型商业养老保险的支出、符合条件的公益慈善事业捐赠	
	定率扣除 20%	减除 20% 的余额为收入额	财产租赁所得
	定额（800 元）或定率（20%）	每次收入不超过 4000 元的，减除费用 800 元；4000 元以上的，减除 20% 的费用	劳务报酬所得、稿酬所得、特许权使用费所得。稿酬所得的收入额减按 70% 计算，即在减除 20% 的基础上减按 70%
	核定扣除	减除成本、费用以及损失	经营所得
		减除财产原值和合理费用	财产转让所得
除另有规定外，不再扣除费用			利息、股息、红利所得和偶然所得

本书仅就社会组织涉及的必须履行代扣代缴义务的涉税业务进行展开。

（一）减除费用

居民个人每一纳税年度减除的费用限额为 6 万元。

（二）专项扣除

专项扣除是指居民个人按照国家规定的范围和标准缴纳的基本养老保险、基本医疗保险、失业保险等社会保险费和住房公积金等。

（三）专项附加扣除

专项附加扣除，包括子女教育、继续教育、大病医疗、住房贷款利息或者住房租金、赡养老人等支出，具体范围、标准和实施步骤由国务院确定，并报全国人民代表大会常务委员会备案（见表 2-31）。

依法确定的其他扣除，包括个人缴纳符合国家规定的企业年金、职业年金，个人购买符合国家规定的商业健康保险、税收递延型商业养老保险的支出，以及国务院规定可以扣除的其他项目。

专项扣除、专项附加扣除和依法确定的其他扣除，以居民个人一个纳税年度的应纳税所得额为限额，一个纳税年度扣除不完的，不结转以后年度扣除。

表 2-31 专项附加扣除

专项附加扣除项目	扣除主体	包含的支出信息	不包含的支出范围	扣除标准	报送信息	留存备查资料
子女教育	法定监护人，包括生父母、继父母、养父母以及父母之外的担任未成年人的法定监护人的其他人	(1) 年满三周岁的子女接受学前教育；(2) 子女的境内和境外全日制学历教育，高中阶段教育和中高等学历教育；(3) 拥有义务教育学籍的特殊教育（如聋哑学校）	(1) 不满三周岁子女的教育；(2) 子女的境内外非学历教育；(3) 在职研究生教育；(4) 进入博士后工作站期间	每个子女每月1000元的标准定额扣除	填报配偶及子女的姓名、身份证件类型及号码、子女当前受教育阶段及起止时间，子女就读学校以及本人与配偶之间扣除分配比例等信息	子女在境外接受教育的，应当留存境外学校录取通知书、留学签证等境外教育佐证资料
继续教育	本人	个人接受境内本科及以下学历（学位）继续教育（参与学籍认可证书的国民教育，现代远程教育、广播电视大学等非全日制学历教育）；(2) 纳税人接受人社部发布的国家职业资格目录中所列的国家职业资格证书的（如焊工、救生员、游泳等）技能人员职业资格继续教育；(3) 纳税人接受人社部发布的国家职业资格目录所列的（如中国注册会计师、税务师等）专业技术人员职业资格继续教育	(1) 境外继续教育；(2) 境外颁发的技能证书；(3) 境内人社部目录之外的国家职业资格证书和证书；(4) 同一学历（学位）扣除期限超过四年（48个月）的继续教育支出；(5) 同一纳税人，在同一纳税年度可以同时接受一个学历（学位）继续教育。不能享受多个学历（学位）继续教育或多个职业资格继续教育	纳税人在中国境内接受学历（学位）继续教育的支出，在学历（学位）教育期间按照每月400元定额扣除。纳税人接受技能人员职业资格继续教育、专业技术人员职业资格继续教育的支出，在取得相关证书的当年，按照3600元定额扣除	(1) 接受学历（学位）继续教育的，应当填报教育起止时间、教育阶段等信息。(2) 接受技能人员职业资格继续教育、专业技术人员职业资格继续教育的，应当填报证书名称、证书编号、发证机关、发证（批准）时间等信息	纳税人接受技能人员职业资格继续教育、专业技术人员职业资格继续教育的，留存职业资格相关证书等资料

续表

专项附加扣除项目	扣除主体	包含的支出信息	不包含的支出范围	扣除标准	报送信息	留存备查资料
住房贷款利息	未婚者本人已婚，夫妻双方约定由其中一方扣除的，婚前各自购房的，婚后可以选择其中一套购买的住房，由购买方按扣除标准的100%扣除，也可以由夫妻双方对各自购买的住房分别扣除50%	本人或者配偶购买的中国境内住房，贷款来源为商业银行或者住房公积金的首套住房的贷款利息支出	(1) 购买中国境外住房；(2) 父母贷款、子女的购房，但产权登记为子女的购房；(3) 商业银行之外的贷款银行的贷款利息；(4) 与首套住房贷款利息不相符的；(5) 享受首套住房贷款利息扣除后的再次购房；(6) 贷款购房当年享受过住房专项附加扣除的	纳税人本人或者配偶单独或者共同使用商业银行个人住房贷款或者住房公积金个人住房贷款为本人或者其配偶购买中国境内住房，发生的首套住房贷款利息支出，在实际发生贷款利息的年度，按照每月1000元的标准定额扣除，扣除期限最长不超过240个月。纳税人只能享受一次首套住房贷款的利息扣除	填报住房权属信息、住房坐落地址、贷款方式、贷款银行、贷款合同编号、贷款期限、首次还款日期等信息，纳税人有配偶的，填写配偶姓名、身份证件类型及号码	住房贷款合同、贷款还款支出凭证及资料
住房租金	住房租赁合同的承租人，具体为：未婚本人扣除；已婚且夫妻双方主要工作城市相同的，由承租人本人扣除；已婚且夫妻双方主要工作城市不同的，分别扣除	在主要工作城市没有自有住房而发生的住房租赁合同签订住房租金支出	(1) 在主要工作城市有自有住房（取得自有住房产权证或购买自有住房时的契税完税证明）；(2) 不支付租金或借住房；(3) 纳税人及其配偶在一个纳税年度内享受住房贷款利息专项附加扣除的	(1) 直辖市、省会（首府）城市、计划单列市以及国务院确定的其他城市，扣除标准为每月1500元；(2) 除第一项所列城市外，市辖区户籍人口超过100万的城市扣除标准为每月1100元；市辖区户籍人口不超过100万元的城市，扣除标准为每月800元	填报主要工作城市、住房租赁地址、出租方类型及出租人姓名及身份证件类型和号码或者出租方单位名称及纳税人识别号（社会统一信用代码）、租赁起止时间信息，填写配偶姓名、身份证件类型及号码	住房租赁合同或协议等资料

续表

专项附加扣除项目	扣除主体	包含的支出信息	不包含的支出范围	扣除标准	报送信息	留存备查资料
赡养老人	被赡养人中一位或多位年满60岁；被赡养人是祖父母、外祖父母、祖父母的子女均已去世		赡养的其他关系人（如岳父母、公婆等）	(1) 纳税人为独生子女的，按照每月2000元的标准定额扣除；(2) 纳税人为非独生子女的，由其兄弟姐妹分摊每月2000元的扣除标准，每人分摊的额度不能超过每月1000元。可以由赡养人指定分摊，约定或者指定分摊的须签订书面分摊协议，指定分摊优于约定分摊。约定分摊方式和额度在一个纳税年度内不能变更	填报纳税人是否为独生子女、月扣除金额、被赡养人姓名及身份证件类型和号码、与纳税人的关系；共同赡养人的需填报分摊方式、共同赡养人姓名及身份证件类型和号码等信息	约定或指定分摊的书面分摊协议等资料
大病医疗	本人或配偶、未成年子女选择父母一方	纳税人或配偶、未成年子女分别在一个纳税年度内医保目录范围内医药费用个人自付部分累计超过15000元的部分（在80000元限额内据实扣除）	(1) 医保目录范围内的医药费支出；(2) 医保目录范围内未超过大病医疗支出"起扣线"（15000元）的部分；(3) 纳税人父母的医药费支出	纳税人或配偶、未成年子女分别在一个纳税年度内医保目录内的自付部分累计超过15000元的部分（在80000元限额内据实扣除）	填报患者姓名、身份证件类型及号码、与纳税人关系、与基本医保相关的医药费用总金额、医保目录范围内个人负担的自付金额等信息	大病患者医药服务收费及医保报销相关票据原件或复印件，或者医疗保障部门出具的纳税年度医药费用清单等资料

(四) 符合条件的公益慈善事业捐赠

需要说明的是，公益慈善捐赠的扣除，未列入个人所得税法的其他扣除项目内，公益捐赠支出是在此项目之外的扣除。公益慈善捐赠是国家的一种财富再分配，称为国民收入的"第三次分配"，为鼓励慈善捐赠事业发展，国家给予了相应税收优惠。为保护捐赠人的税收利益，纳税人在捐赠前一定要了解清楚捐赠渠道，保证捐赠支出能够税前扣除，实现"智慧慈善"。

根据财政部、国家税务总局《关于公益慈善事业捐赠个人所得税政策的公告》，企业员工、非营利组织员工，发生符合条件的公益性捐赠，也按照规定进行税前扣除，以此抵减部分应纳税额。特别是2020年新冠肺炎疫情暴发后，国家立即出台了公益捐赠扣除政策，社会组织的员工也按照财政部、国家税务总局《关于支持新型冠状病毒感染的肺炎疫情防控有关捐赠税收政策的公告》《财政部　国家税务总局关于支持新型冠状病毒感染的肺炎疫情防控有关个人所得税政策的公告》规定，对其捐赠在税前扣除（见表2-32）。

表2-32　财政部、国家税务总局《关于公益慈善事业捐赠个人所得税政策的公告》相关规定

公益慈善事业捐赠	具体规定
捐赠渠道	个人通过中华人民共和国境内公益性社会组织、县级以上人民政府及其部门等国家机关，向教育、扶贫、济困等公益慈善事业的捐赠（以下简称"公益捐赠"），发生的公益捐赠支出，可以按照个人所得税法有关规定在计算应纳税所得额时扣除。 境内公益性社会组织，包括依法设立或登记并按规定条件和程序取得公益性捐赠税前扣除资格的慈善组织，其他社会组织和群众团体
捐赠扣除比例	一般规定： (1) 捐赠额未超过纳税人申报的应纳税所得额的部分，可以从其应纳税所得额中扣除，超过部分不得扣除； (2) 个人捐赠住房作为廉租住房、公租房，符合税收法律法规规定的，对其公益性捐赠支出未超过其申报的应纳税所得额30%的部分，准予从其应纳税所得额中扣除。 特殊规定：国务院规定对公益慈善事业捐赠实行全额税前扣除的，从其规定
多项捐赠的扣除次序确定	个人同时发生按30%扣除和全额扣除的公益捐赠支出，自行选择扣除次序
捐赠支出金额的确定	(1) 捐赠货币性资产的，按照实际捐赠金额确定； (2) 捐赠股权房产的，按照个人持有股权、房产的财产原值确定； (3) 捐赠处股权房产以外的其他非货币性资产的，按照非货币性资产的市场价格确定
捐赠票据的取得与提供	(1) 公益捐赠票据的开具与取得：公益性社会组织、国家机关在接受个人捐赠时，应当按照规定开具票据；个人索取捐赠票据的，应予以开具。个人发生公益捐赠时不能及时取得捐赠票据的，可以暂时凭公益捐赠银行支付凭证扣除，并向扣缴义务人提供公益捐赠银行支付凭证复印件。个人应在捐赠之日起90日内向扣缴义务人补充提供捐赠票据，如果个人未按规定提供捐赠票据的，扣缴义务人应在30日内向主管税务机关报告。机关、企事业单位统一组织员工开展公益捐赠的，纳税人可以凭汇总开具的捐赠票据和员工明细单扣除。 (2) 预扣预缴、代扣代缴税款时捐赠票据的提供：个人通过扣缴义务人享受公益捐赠扣除政策，应当告知扣缴义务人符合条件可扣除的公益捐赠支出金额，并提供捐赠票据的复印件，其中捐赠股权、房产的还应出示财产原值证明，扣缴义务人应当按照规定在预扣预缴、代扣代缴税款时予以扣除，并将公益捐赠扣除金额告知纳税人

取得工资薪金所得的，可以选择在预扣预缴时扣除，也可以选择在年度汇算清缴时扣除。选择在预扣预缴时扣除的，应按照累计预扣法计算扣除限额，其捐赠当月的扣除限额为截至当月累计应纳税所得额的30%（全额扣除的从其规定）。

个人希望通过扣缴义务人享受公益捐赠扣除政策，应当告知扣缴义务人符合条件可扣除的公益捐赠支出金额，并提供公益事业捐赠统一票据的复印件，其中捐赠为房产的，除了提供公益事业捐赠统一票据，还应出示财产原值证明（由第三方资产评估机构出具），扣缴义务人应当按照规定在预扣预缴、代扣代缴税款时予以扣除，并将公益捐赠扣除金额告知纳税人；个人发生公益捐赠时，不能及时取得公益事业捐赠统一票据的，可以暂时凭捐赠的银行或第三方支付凭证扣除，并向扣缴义务人提供捐赠的支付凭证复印件，个人应在捐赠之日起90日内向扣缴义务人补充提供公益事业捐赠统一票据，如果个人未按规定提供公益事业捐赠统一票据的，扣缴义务人应在30日内向主管税务机关报告；机关、企事业单位统一组织员工开展公益捐赠的，纳税人可以依据汇总开具的公益事业捐赠统一票据和员工明细单扣除。

六、慈善领域的税收优惠政策

（一）免税收入

（1）省级人民政府、国务院部委和中国人民解放军以上单位，以及外国组织、国际组织颁发的科学、教育、技术、文化、卫生、体育、环境保护等方面的奖金，慈善领域的个人作出杰出成就，取得省部级奖金，可以免征个人所得税。

（2）依照有关法律规定应予免税的各国驻华使馆、领事馆的外交代表、领事官员和其他人员的所得。

（3）按照国家统一规定发给的补贴、津贴。

（4）福利费（生活补助费）、抚恤金、救济金（生活困难补助费）。

（5）保险赔款。

（6）军人的转业费、复员费、退役金。

（7）按照国家统一规定发给干部、职工的安家费、退职费、基本养老金或者退休费、离休费，慈善领域的个人离退休后，取得的此类收入免征个人所得税。

（8）个人按照省级以上人民政府规定的比例缴纳的住房公积金、医疗保险金、基本养老保险金、失业保险金，允许在个人应纳税所得额中扣除，免予征收个人所得税。

（9）个人举报、协查各种违法、犯罪行为而获得的奖金。

（10）个人办理代扣代缴税款手续，按规定取得的扣缴手续费。

（11）个人转让自用并且是家庭唯一的生活用房取得的所得。

（12）符合地方政府规定条件的城镇住房保障家庭从地方政府领取的住房租赁补贴，免征个人所得税。

（13）生育妇女按照县级以上人民政府根据国家有关规定制定的生育保险办法，取得的生育津贴、生育医疗费或其他属于生育保险性质的津贴、补贴，免征个人所得税。

（14）对受北京冬奥组委邀请的，在北京 2022 年冬奥会、冬残奥会、测试赛期间临时来华，从事奥运相关工作的外籍顾问以及裁判员等外籍技术官员取得的由北京冬奥组委、测试赛赛事组委会支付的劳务报酬免征个人所得税。

对于参赛运动员因北京 2022 年冬奥会、冬残奥会、测试赛比赛获得的奖金和其他奖赏收入，按现行税收法律法规的有关规定征免应缴纳的个人所得税。

（15）独生子女补贴、托儿补助费、差旅费津贴、误餐补助。

（16）凡符合规定条件的外籍专家取得的工资、薪金所得可免征个人所得税。

（17）个人取得的下列中奖所得，暂免征收个人所得税：

①单张有奖发票奖金所得不超过 800 元（含 800 元）的，暂免征收个人所得税；个人取得单张有奖发票奖金所得超过 800 元的，应全额按照个人所得税法规定的"偶然所得"科目征收个人所得税。

②购买社会福利有奖募捐奖券、体育彩票一次中奖收入不超过 10000 元的暂免征收个人所得税；对一次中奖收入超过 10000 元的，应按税法规定全额征税。

（18）误餐补助，是指按财政部门规定，个人因公在城区、郊区工作，不能在工作单位或返回就餐，确实需要在外就餐的，根据实际误餐顿数，按规定的标准领取的误餐费。一些单位以误餐补助名义发给职工的补贴、津贴，应当并入当月工资、薪金所得计征个人所得税。

（19）对工伤职工及其近亲属按照《工伤保险条例》规定取得的工伤保险待遇，免征个人所得税。

（20）符合条件的见义勇为者的奖金或奖品，经主管税务机关核准，免征个人所得税。

（二）减征收入

有下列情形之一的，可减征个人所得税，具体幅度和期限，由省、自治区、直辖市人民政府规定，并报同级人大常委会备案。

（1）残疾、孤老人员和烈属的所得。

（2）因自然灾害遭受重大损失的。

（3）国务院可以规定其他减税情形，报全国人民代表大会常务委员会备案。

七、纳 税 调 整

有下列情形之一的，税务机关有权按照合理方法进行纳税调整：

（1）个人与其关联方之间的业务往来不符合独立交易原则而减少本人，或者其关联方应纳税额，且无正当理由。

（2）居民个人控制的，或者居民个人和居民企业共同控制的设立在实际税负明显偏低的国家（地区）的企业，无合理经营需要，对应当归属于居民个人的利润不作分配或者减少分配。

（3）个人实施其他不具有合理商业目的的安排而获取不当税收利益。

税务机关依照上述规定情形作出纳税调整，需要补征税款的，应当补征税款，并依法加征滞纳金。

八、常见问题处理

(一) 关于工资、薪金所得与劳务报酬所得的区分问题

工资、薪金所得属于非独立个人劳务活动,是指个人在机关、团体、学校、部队、企事业单位及其他组织中任职、受雇取得报酬;劳务报酬所得是个人独立从事各种技艺、提供各项劳务取得的报酬。

两者主要区别在于,前者存在雇用与被雇用关系,后者则不存在这种关系。个人兼职收入按照"劳务报酬所得"项目缴纳个人所得税。个人从任职受雇单位取得的所得属于工资、薪金所得;个人独立从事非法雇用劳务活动取得的所得属于劳务报酬所得,对于个人担任社会组织董事、监事取得的收入,按劳务报酬所得征税;但个人如果同时在关联企业之间,既有工资收入,又有担任董事、监事等取得劳务报酬的,应统一作为工资薪金所得计税(见表2-33)。

表2-33　　　　　　　　工资、薪金所得与劳务报酬所得的区别

项目		征税项目
现任董事、监事取得的董事费、监事费。 提示:适用于个人担任公司董事、监事,且不在公司任职、受雇的情形		劳务报酬所得
现任董事、监事取得的董事费、监事费。 提示:适用于个人在公司(包括关联公司)任职、受雇,同时兼任董事、监事的情形		工资、薪金所得
在商品营销活动中,企业和单位对营销业绩突出的非雇员以培训班、研讨会、工作考察等名义组织旅游活动,通过免收差旅费、旅游费对个人实行的营销业绩奖励(包括实物、有价证券等),应根据所发生费用的全额并入营销人员当期的劳务收入	营销人员 为非雇员	劳务报酬所得
	营销人员 为雇员	工资、薪金所得

(二) 如何辨析稿酬所得、劳务报酬所得和工资、薪金所得

纳税人将其作品以图书、报刊形式出版、发表取得的所得,按照"稿酬所得"征税;未出版发表而从外单位取得的报酬按照"劳务报酬所得"征税。

任职、受雇于报纸、杂志等单位的记者、编辑等专业人员,因在本单位的报纸、杂志上发表作品而取得的所得,属于因任职、受雇而取得的所得,应与其当月工资收入合并,按"工资、薪金所得"项目征收个人所得税。除上述专业人员以外,其他人员在本单位的报纸、杂志上发表作品取得的所得,按"稿酬所得"项目征收个人所得税。

出版社或报纸、杂志内部的专业审稿人员的审稿收入属于工资、薪金所得;外聘审稿人员的审稿报酬属于劳务报酬所得。

作者将自己的文字作品手稿原件或复印件拍卖取得的所得,按照"特许权使用费所得"项目缴纳个人所得税。个人拍卖别人的作品手稿或个人拍卖除文字作品手稿原件及复印件外的

其他财产，按照"财产转让所得"项目缴纳个人所得税。

（三）特许权使用费所得、稿酬所得和财产转让所得的异同

提供著作权的使用权取得的所得（不包括稿酬所得）属于特许权使用费所得。对于作者将自己的文字作品手稿原件或复印件公开拍卖（竞价）取得的所得，属于提供著作权的使用权所得，应按"特许权使用费所得"项目缴纳个人所得税。特许权使用费所得的突出特征是提供专利权、商标权、著作权、非专利技术等的使用权的所得。

预扣预缴减除费用：预扣预缴税款时，劳务报酬所得、稿酬所得、特许权使用费所得每次收入不超过4000元的，减除费用按800元计算；每次收入4000元以上的，减除费用按收入的20%计算。

预扣预缴应纳税所得额：劳务报酬所得、稿酬所得、特许权使用费所得，以每次收入额为预扣预缴应纳税所得额，计算应预扣预缴税额。

劳务报酬所得、稿酬所得、特许权使用费所得以收入减除费用后的余额为收入额；这三种收入都是按次计征的，年终并入综合所得汇算清缴。如何准确划分"次"，决定着扣缴义务人扣缴税款的数额，对规范劳务报酬、稿酬、特许权使用费所得的预扣税款是十分重要的。劳务报酬所得、稿酬所得、特许权使用费所得，属于一次性收入的，以取得该项收入计为一次；属于同一项目连续性收入的，以一个月内取得的收入计为一次。

其中，稿酬所得的收入额，定额扣减800元/定率扣减20%，之后再减按70%计算，相当于对毛收入的56%计税（即80%×70%）。

（四）开展活动赠送礼品有关个人所得税问题的处理（见表2-34）

表2-34　　　　　　　开展活动赠送礼品有关个人所得税问题的处理

征免规定	具体表现
不征税的三种情况	企业在销售商品（产品）和提供服务过程中向个人赠送礼品，属于下列情形之一的，不征收个人所得税： （1）企业通过价格折扣、折让方式向个人销售商品（产品）和提供服务； （2）企业向个人销售商品（产品）和提供服务的同时给予赠品，如通信企业对个人购买手机赠话费、入网费，或者购话费赠手机等； （3）企业对累积消费达到一定额度的个人按消费积分反馈礼品； （4）企业赠送的具有价格折扣或折让性质的消费券、代金券。 【解释】不征税的三种情况都是与企业销售直接挂钩的礼品赠送
征税的三种情况	企业向个人赠送礼品，属于下列情形之一的，取得该项所得的个人应依法按照"偶然所得"缴纳个人所得税，全额适用20%的税率，税款由赠送礼品的企业代扣代缴 （1）企业在业务宣传、广告等活动中，随机向本单位以外的个人赠送礼品（包括网络红包），对个人取得的礼品所得； （2）企业在年会、座谈会、庆典以及其他活动中向本单位以外的个人赠送礼品（包括网络红包），对个人取得的礼品所得； （3）企业对累积消费达到一定额度的顾客，给予额外抽奖机会，个人的获奖所得。 【解释】征税的三种情况中，赠送礼品与销售不直接挂钩，带有随机的特点。 企业赠送的礼品是自产产品（服务）的，按该产品（服务）的市场销售价格确定个人的应税所得；是外购商品（服务）的，按该商品（服务）的实际购置价格确定个人的应税所得

第四节 附加税费与财产行为税

一、城市维护建设税、教育费附加以及地方教育附加

（一）定义及纳税义务人

城市维护建设税是为了加强城市的维护建设，扩大和稳定城市维护建设资金的来源，对缴纳增值税、消费税的单位和个人征收的一种税收，征收对象如表2-35所示。

表2-35 城市维护建设税的征收对象

纳税人	销售额	增值税	城建税	教育费附加	地方教育附加
小规模纳税人	月销售额≤15万元（季度销售额≤45万元）	免征			
一般纳税人	月销售额≤10万元（季度销售额≤30万元）	征收		免征	

城市维护建设税由纳税人自行申报缴纳，对于增值税、消费税履行扣缴义务的单位和个人，在扣缴增值税、消费税的同时扣缴城市维护建设税。

教育费附加和地方教育附加是为加快发展教育事业，扩大地方教育经费的资金来源，对缴纳增值税、消费税的单位和个人征收的一种非税收入。

（二）计税方式

城市维护建设税以纳税人依法实际缴纳的增值税、消费税税额为计税依据。根据纳税人所在地不同，设置了三档地区差别比例税率：纳税人所在地在市区的，税率为7%；纳税人所在地在县城、镇的，税率为5%；纳税人不在市区、县城或镇的，税率为1%。教育费附加按照纳税人实际缴纳的增值税、消费税的3%缴纳，地方教育附加按照纳税人实际缴纳的增值税、消费税的2%缴纳，公式如下：

$$应纳税额 = 实际缴纳的（消费税、增值税）税额 \times 适用税率$$

城市维护建设税的计税依据应当扣除期末留抵退税退还的增值税税额。

（三）社会组织的相关税收优惠

社会组织在城市维护建设税、教育费附加方面没有专门优惠政策。对于社会组织接受的捐赠收入，免征增值税，也就不用缴纳城市维护建设税、教育费附加和地方教育附加。

二、契　税

（一）定义及纳税义务人

契税是以不动产所有权发生转移变动时向产权承受人征收的一种税，征税范围包括国有土地使用权的出让、土地使用权转让及房屋的买卖、赠与、交换。在中华人民共和国境内通过各种方式转移土地、房屋权属，承受的单位和个人为契税的纳税人（见表2-36）。

表2-36　　　　　　　　　　征收契税的具体情形

具体情形	基本含义	特点
国有土地使用权出让	国家以土地所有者的身份将土地使用权在一定年限内让与土地使用者，并由土地使用者向国家支付土地出让金的行为	土地买卖的一级市场
土地使用权的转让	土地使用者通过出让等形式取得土地使用权后，将土地使用权出售、交换、赠与等再转让的行为（不包括农村集体土地承包经营权的转移）	土地买卖的二级市场

（二）计税方式（见表2-37）

表2-37　　　　　　　　　　契税的计税方式

征税对象	纳税人	计税依据（不含增值税）	税率	计税公式
国有土地使用权出让	受让方	成交价格。提示：国有土地使用权出让，受让者应向国家缴纳土地出让金，以承受人为取得土地使用权而支付的全部经济利益为依据计算缴纳契税。不得因减免土地出让金而减免契税	3%～5%的幅度税率，各省、自治区、直辖市人民政府按本地区的实际情况在幅度内确定，并报财政部和国家税务总局备案	应纳税额＝计税依据×税率
土地使用权出售	受让方			
房屋买卖	买方			
土地使用权赠与、房屋赠与	受赠方	征收机关参照市场价核定		
土地使用权交换、房屋交换	付出差价方	等价交换免征契税；不等价交换，依交换价格差额征税		

（三）社会组织的相关税收优惠

现行契税政策，对社会组织有专门的免税规定。

《中华人民共和国契税法》第六条规定，国家机关、事业单位、社会团体、军事单位承受土地、房屋权属用于办公、教学、医疗、科研和军事设施的；非营利性的学校、医疗机构、社会福利机构承受土地、房屋权属用于办公、教学、医疗、科研、养老、救助；免征契税。

企业事业组织、社会团体及其他社会组织和公民个人，经县级以上人民政府教育行政主管部门或劳动行政主管部门批准并核发《社会力量办学许可证》，利用非国家财政性教育经费面向社会举办的教育机构,其承受的土地、房屋权属用于教学的,免征契税。①

承受房屋、土地用于提供社区养老、托育、家政服务的,免征契税。

三、印 花 税

(一) 定义及纳税义务人

印花税是对经济活动和经济交往中书立、领受具有法律效力的凭证的行为所征收的一种税。印花税的纳税人包括在中国境内书立、领受规定的经济凭证的企业、行政单位、事业单位、军事单位、社会团体、其他单位、个体工商户和其他个人。对纳税人以电子形式签订的各类应税凭证按规定征收印花税。

印花税有13个税目,包括10个经济类合同:购销合同、加工承揽合同、建设工程勘察设计合同、建筑安装工程承包合同、财产租赁合同、货物运输合同、仓储保管合同、借款合同、财产保险合同、技术合同。除此之外对产权转移书据,营业账簿,权利、许可证照征税。

社会组织接受个人无偿捐赠的不动产,所签订的"个人无偿赠与不动产登记表"按照"产权转移书据"税目缴纳印花税(见表2-38)。

表2-38　　　　　　　　　　　印花税的征税对象

类别	行为	适用税目
专利类	转让专利权、专利实施许可	产权转移书据
	专利申请权转让	技术合同
非专利类	转让专有技术使用权	产权转移书据
	非专利技术转让	技术合同

(二) 计税方式

应纳税额计税方式如下:

$$应纳税额 = 应税凭证计税金额(或应税凭证件数) \times 适用税率$$

印花税计税依据如表2-39所示。

表2-39　　　　　　　　　印花税的计税依据及税目税率表

税目	计税依据	税率
借款合同	借款金额	0.5‰
购销合同	购销金额	3‰
建筑安装工程承包合同	承包金额	
技术合同	合同所载的价款、报酬或使用费的余额	

---

① 此处内容为1997年7月7日国务院发布的《中华人民共和国契税暂行条例》,2021年9月1日起《中华人民共和国契税法》开始生效,该条例同时废止。因此该项规定自2021年9月1日起失效。

续表

税目	计税依据	税率
加工承揽合同	（1）受托方提供原材料的加工、定作合同，凡在合同中分别记载原材料金额和加工费金额的，原材料金额和加工费金额分别按照购销合同和加工承揽合同计税贴花，未分别记载的，应就全部金额按照加工承揽合同计税贴花； （2）委托方提供原料或主要材料，受托方只提供辅助材料的加工合同，按照合同中规定的受托方收取的加工费收入和提供的辅助材料金额之和依照加工承揽合同计税贴花；对委托方提供的主要材料或原料金额不计税贴花	5‰
建设工程勘察设计合同	收取的费用	
货物运输合同	运输费金额，但不包括所运货物的金额、装卸费用和保险费用等	
产权转移书据	所载金额	
财产租赁合同	租赁金额，如果经计算，税额超过1角不足1元的，按1元贴花	
仓储保管合同	收取的仓储保管费用	1‰
财产保险合同	投保金额，不包括所保财产的金额	
营业账簿	记载资金的账簿的计税依据为"实收资本"与"资本公积"两项合计金额	5‰
	其他账簿按件计税	每件5元
权利、许可证照	按件计税	每件5元

（三）社会组织的相关税收优惠

现行印花税政策，对社会组织没有专门的减免税规定。但如社会组织符合以下条件的，按以下规定享受优惠政策：

《中华人民共和国印花税暂行条例》第四条规定，财产所有人将财产赠给政府、社会福利单位、学校所立的书据免征印花税。此处的社会福利单位，是指抚养孤老伤残的社会福利单位。

此前，汶川、芦山地震等特殊灾害发生时，国家单独发布附期限的减免税文件，对财产所有人将财产（物品）直接捐赠或通过公益性社会团体、县级以上人民政府及其部门捐赠给受灾地区或受灾居民所书立的产权转移书据，免征印花税。

对杭州2022年亚运会和亚残运会方面的税收优惠政策有：组委会使用的营业账簿和签订的各类合同等应税凭证，免征组委会应缴纳的印花税；对财产所有人将财产（物品）捐赠给组委会所书立的产权转移书据，免征印花税。

四、房产税和城镇土地使用税

（一）定义及纳税义务人

房产税是以房屋为征税对象，按房屋的计税余值或租金收入为计税依据，向产权所有人征收的一种财产税。房产税的应税房产主要包括：自建房产；购买的营业用房；将抵债房产转固定资产的；对外出租的房产；已签订合同，虽未办理产权过户手续的，但已投入使用的房产（见表2-40）。对出租房产、租赁双方签订的租赁合同约定有免收租金期限的，免收租金期间由产权所有人按照房产原值缴纳房产税。无租使用其他单位房产的应税单位和个人，依据房产余值代缴房产税。

表 2-40 房产税征税对象

要素		规定
纳税人	基本规定	房产税的纳税义务人是指征税范围内的房屋产权所有人。具体包括经营管理单位、集体单位和个人、房产承典人、房产代管人或使用人
	具体规定	（1）产权属于国家所有的，由经营管理单位纳税；产权属于集体和个人所有的，由集体单位和个人纳税。 （2）产权出典的，由承典人纳税。 （3）产权所有人、承典人不在房屋所在地，或产权未确定及租典纠纷未解决的，由房屋代管人或使用人纳税。 （4）纳税单位和个人无租使用房管部门、免税单位、纳税单位的房产，由使用人代为缴纳房产税
征税范围		（1）征税对象范围：房产税的征税对象是房产，即有屋面和围护结构（有墙或两边有柱），能够遮风避雨，可供人们在其中生产、学习、工作、娱乐、居住或储藏物资的场所。 提示：房产不等于建筑物。判断某一建筑物是否征收房产税要用房产的特征来衡量。如加油站罩棚、露天游泳池都不属于房产，不征收房产税。 （2）开征区域范围：房产税的征税范围包括城市、县城、建制镇和工矿区。 提示：城市、县城、建制镇和工矿区以外的农村未纳入房产税的征税范围

城镇土地使用税是以开征范围内的土地为征税对象，以实际占用的土地面积为计税标准，按规定税额对使用土地的单位和个人征收的一种财产税。单位包括国有企业、集体企业、私营企业、股份制企业、外商投资企业、外国企业以及其他企业和事业单位、社会团体、国家机关、军队以及其他单位；个人，包括个体工商户以及其他个人。城镇土地使用上的应税土地包括以下几种：购买的营业用房土地；将抵债转为自有的土地；购买、抵入虽未办理产权，但已投入使用的土地等。

城镇土地使用税的纳税义务人有以下四种：

一是由拥有土地使用权的单位或个人缴纳；二是拥有土地使用权的纳税人不在土地所在地的，由代管人或实际使用人纳税；三是土地使用权未确定或权属纠纷未解决的，由实际使用人纳税；四是土地使用权共有的，由共有各方分别纳税，土地使用权共有的各方，应按其实际使用的土地面积占总面积的比例，分别计算缴纳土地使用税。

(二) 计税方式

1. 房产税计税方式（见表 2 – 41）

表 2 – 41　　　　　　　　　　　　房产税的计税方式

计税方式	计税依据	税率	计税公式
从价计征	1. 按照房产原值一次减除 10% ~ 30% （损耗截止）后的余值； 2. 房产原值以会计账簿记录为基础，但无论会计上如何核算，房产原值均应包含地价，包括为取得土地使用权支付的价款、开发土地发生的成本费用等； 3. 独立的地下建筑物在进行 10% ~ 30% 的扣除前先对房产的原值进行确定： （1）地下建筑物为工业用途的，以房屋原价的 50% ~ 60% 作为应税房产原值； （2）地下建筑物为商业及其他用途的，以房屋原价的 70% ~ 80% 作为应税房产原值； 4. 10% ~ 30% 的具体扣除比例由省、自治区、直辖市人民政府确定	年税率 1.2%	应纳税额 = 应税房产原值 ×（1 - 原值减除比例）× 1.2% 提示： 1. 按照上述公式计算出的是年税额； 2. "应税房产原值"涉及独立地下建筑物时需要进行折扣计算； 3. "原值减除比例"不论地上建物还是地下建筑物都需要在计税时运用； 4. 房产原值包含地价
从租计征	1. 租金收入（包括货币收入、实物收入和其他收入，不包括增值税）； 2. 以劳务或其他形式为报酬抵付房租收入的，按当地捅了你房屋租金水平确定； 3. 出租的地下建筑，按出租地上房屋建筑的有关规定计税	12%（或 4%）	应纳税额 = 租金收入 × 12%（或 4%）

2. 城镇土地使用税计税方式（见表 2 – 42）

表 2 – 42　　　　　　　　　　　城镇土地使用税的计税方式

要素	基本规定	详细规定
税率	城镇土地使用税采用定额税率	每平方米土地的城镇土地使用税年税额标准规定如下：（1）大城市 1.5 ~ 30 元；（2）中等城市 1.2 ~ 24 元；（3）小城市 0.9 ~ 18 元；（4）县城、建制镇、工矿区 0.6 ~ 12 元。 每个幅度税额的差距规定为 20 倍。经省、自治区、直辖市人民政府批准经济落后地区城镇土地使用税的适用税额标准可适当降低，但降低额不得超过上述规定最低税额标准的 30%。经济发达地区的适用税率标准可以适当提高，但须报财政部批准
计税依据	城镇土地使用税以纳税义务人实际占用的土地面积作为计税依据	纳税义务人实际占用的土地面积按下列方法确定： （1）凡由省、自治区、直辖市人民政府确定的单位组织测定土地面积的，以测定的面积为准； （2）尚未组织测量，但纳税人持有政府部门核发的土地使用证书的，以证书确认的土地面积为准； （3）尚未核发土地使用证书的，应由纳税人据实申报土地面积，据以纳税，等到核发土地使用证以后再作调整； （4）对在城镇土地使用税征税范围内单独建造的地下建筑用地，按规定征收城镇土地使用税。其中，已取得地下土地使用权证的，按土地使用权证确认的土地面积计算应征税款；未取得地下土地使用权证或地下土地使用权证上未标明土地面积的，按地下建筑垂直投影面积计算应征税款。 （对上述地下建筑用地暂按应征税款的 50% 征收城镇土地使用税）

续表

要素	基本规定	详细规定
税额计算	全年应纳税额=实际占用应税土地面积（平方米）×适用税率	按照规定的单位年税额乘以纳税人实际占用的应税土地面积计算出来的应纳税额是年税额，城镇土地使用税规定的纳税期限是按年计算、分期缴纳，所以在计算应缴纳的税额时，要注意计算缴纳的是年税额还是季度税额，或者月税额
纳税期限	城镇土地使用税实行按年计算、分期缴纳的征收办法，具体纳税期限由省、自治区、直辖市人民政府确定	

（三）社会组织的相关税收优惠

社会组织符合下列条件的，可以按规定减免房产税、城镇土地使用税。

（1）《中华人民共和国房产税暂行条例》和《中华人民共和国城镇土地使用税暂行条例》规定，免征房产税和城镇土地使用税的情形包括：国家机关、人民团体、军队自用的房产和土地；由国家财政部门拨付事业经费的单位自用的房产和土地；宗教寺庙、公园、名胜古迹自用的房产和土地。

（2）对企业办的各类学校、托儿所、幼儿园自用的房产、土地，免征房产税、城镇土地使用税（见财政部、国家税务总局《关于教育税收政策的通知》）；

（3）自2016年1月1日至2018年12月31日，对高校学生公寓免征房产税（财政部、国家税务总局《关于继续执行高校学生公寓和食堂有关税收政策的通知》）；非营利性科研机构自用的房产和土地，免征房产税和城镇土地使用税（见财政部、国家税务总局《关于非营利性科研机构税收政策的通知》）；

（4）老年服务机构自用的房产和土地，暂免征收房产税和城镇土地使用税。老年服务机构是指专门为老年人提供生活照料、文化、护理、健身等多方面服务的福利性、非营利性的机构，主要包括：老年社会福利院、敬老院（养老院）、老年服务中心、老年公寓（含老年护理院、康复中心、托老所）等（见财政部、国家税务总局《关于对老年服务机构有关税收政策问题的通知》）。

（5）为社区提供养老、托育、家政等服务的机构自有或其通过承租、无偿使用等方式取得并用于提供社区养老、托育、家政服务的房产、土地，免征房产税、城镇土地使用税（见财政部、国家税务总局、国家发展改革委、民政部、商务部、卫生健康委《关于养老、托育、家政等社区家庭服务业税费优惠政策的公告》）；

（6）非营利性医疗机构、疾病控制机构和妇幼保健机构等卫生机构自用的土地房产免征房产税、城镇土地使用税；

（7）免税单位的自用房产、土地，是指这些单位本身的办公用房、公务用房和生活用房；免税单位出租的房产、土地以及非本身业务用的生产、营业用的房产、土地不属于免税范围。

如企业办的学校、医院、托儿所、幼儿园作为免税单位，其房产、土地的自用部分可以免税，但必须与企业其他用地明确区分；如宗教机构举行宗教仪式用地和宗教人员生活用地免税，供公共参观游览用地和管理办公用地免征房产税和土地使用税，但附设的影剧院、茶社、饮食部、照相馆等经营用地及出租的房产、土地，应征房产税和土地使用税。

纳税单位与免税单位共同使用的房屋，按各自使用的部分划分，分别征收或免征房产税（见表2-43）。

表2-43　　　　　　　　不同情况下城镇土地使用税规则

	拥有人	使用人	纳税人
无偿使用土地	纳税单位	免税单位	免税
	免税单位	纳税单位	纳税单位（使用人）
有偿使用	纳税单位	免税单位	纳税单位（拥有人）
	免税单位	纳税单位	免税单位（拥有人）

五、土地增值税

（一）定义及纳税义务人

土地增值税是指转让国有土地使用权、地上的建筑物及其附着物（以下简称"转让不动产"）并取得收入的单位和个人，以转让收入减除法定扣除项目金额后的增值额为计税依据向国家缴纳的一种税，不包括以继承、赠与方式无偿转让房地产的行为。社会组织接收不动产捐赠后，如进行再转让，就涉及土地增值税。如果无此行为，不涉及该税种。

（二）计税方式

土地增值税按照纳税人转让房地产所取得的增值额和税率计算征收。纳税人转让房地产所取得的收入，包括货币收入、实物收入和其他收入。

土地增值税的计算公式如下：

$$土地增值税 = 增值额 \times 适用税率 - 扣除项目金额 \times 速算扣除系数$$

《中华人民共和国土地增值税暂行条例》第六条规定，计算增值额的扣除项目包括：取得土地使用权所支付的金额；开发土地的成本、费用；新建房及配套设施的成本、费用，或者旧房及建筑物的评估价格；与转让房地产有关的税金；财政部规定的其他扣除项目。第七条规定，土地增值税实行四级超率累进税率：增值额未超过扣除项目金额50%的部分，税率为30%，速算扣除系数为0；增值额超过扣除项目金额50%未超过100%的部分，税率为40%，速算扣除系数为5%；增值额超过扣除项目金额100%未超过200%的部分，税率为50%，速算扣除系数为15%；增值额超过扣除项目金额200%的部分，税率为60%，速算扣除系数为35%。

每级"增值额未超过扣除项目金额"的比例，均包括本比例数。

社会组织接受的捐赠房地产多为旧房，社会组织往往需要将房地产变现后用于公益事业，对于旧房的转让，其转让收入为实际交易的价格，其扣除额凡不能取得评估价格，但能有捐赠人提供购置发票的，按照发票上标明价款从购买年度起至转让年度止以每年加计5%计算扣除金额。对于无法提供购置发票的，则应委托房地产评估机构对该旧房进行评估，评估为现有市场价值后,按照成新率折算扣除额,再按照上述规定的税率表和转让收入计算应缴纳的土地增值税[①]。

(三) 社会组织转让房地产涉及的税收优惠

对企事业单位、社会团体以及其他组织转让旧房作为公共租赁住房房源,且增值额未超过扣除项目金额20%的,免征土地增值税。(见财政部、国家税务总局《关于公共租赁住房税收优惠政策的通知》)。

企事业单位、社会团体以及其他组织转让旧房作为改造安置住房房源且增值额未超过扣除项目金额20%的,免征土地增值税。(见财政部、国家税务总局《关于棚户区改造有关税收政策的通知》)。

对杭州2022年亚运会和亚残运会组委会赛后出让资产取得的收入,免征土地增值税。

六、关　税

(一) 定义及纳税义务人

关税是指进出口商品经过一国关境时,由海关向进出口商所征收的一种流转税。关税的纳税人包括进口货物的收货人、出口货物的发货人、进出境物品的所有人和推定所有人(携带人、收件人、寄件人或托运人等)。

(二) 计税方式

关税完税价格是指货物的关税计税价格。《中华人民共和国海关法》规定,进出口货物的完税价格,由海关以该货物的成交价格为基础审查确定。成交价格不能确定时,完税价格由海关估定。

从价计税应纳税额公式如下:

$$关税税额 = 应税进(出)口货物数量 \times 单位完税价格 \times 税率$$

从量计税应纳税额公式如下:

$$关税税额 = 应税进(出)口货物数量 \times 单位货物税额$$

复合计税应纳税额公式如下:

关税税额 = 应税进(出)口货物数量×单位货物税额 + 应税进(出)口货物数量×单位完税价格×税率

滑准税应纳税额公式如下:

$$关税税额 = 应税进(出)口货物数量 \times 单位完税价格 \times 滑准税税率$$

(三) 社会组织的相关税收优惠

财政部、海关总署、国家税务总局2015年12月联合发布《慈善捐赠物资免征进口税收暂

[①] 对于转让旧房及建筑物,既没有评估价格,又不能提供购房发票的,税务机关可以依据《征管法》第35条的规定,实行核定征收。

行办法》，对境外捐赠人无偿向受赠人捐赠的直接用于慈善事业的物资，免征进口关税和进口环节增值税。同时对受赠人进行了规定：

（1）国务院有关部门和各省、自治区、直辖市人民政府；

（2）中国红十字会总会、中华全国妇女联合会、中国残疾人联合会、中华慈善总会、中国初级卫生保健基金会、中国宋庆龄基金会和中国癌症基金会；

（3）经民政部或省级民政部门登记注册且被评定为5A级的以人道救助和发展慈善事业为宗旨的社会团体或基金会；民政部或省级民政部门负责出具证明有关社会团体或基金会符合本办法规定的受赠人条件的文件。

我国《中华人民共和国海关法》和《中华人民共和国进出口关税条例》明确规定，无商业价值的广告品和货样；外国政府、国际组织无偿赠送的物资等，可免征关税。

在法定减免税之外，国家按国际通行规则和我国实际情况，就科教用品、残疾人专用品、慈善捐赠物资等制定发布了特定或政策性减免税。

2016年，海关总署公告关于实施《慈善捐赠物资免征进口税的暂行办法》有关事项的公告和《关于社会团体和基金会办理进口慈善捐赠物资减免税手续有关问题的通知》相继出台，规定了减免税手续的办理程序。

进口捐赠物资的减免税手续纳入海关减免税管理手续，进口捐赠物资按国家规定居于配额、特定登记和进口许可证管理的商品的受赠人应当向有关部门申请配额，登记证明和进口许可证，进口地海关凭证验收。免税进口的捐赠物资属于海关监管货物，在海关监管年限内，未经海关审核同意，不得擅自转让、抵押、质押、移作他用或者进行其他处置（详见专栏七）。

对杭州2022年亚运会和亚残运会组委会为举办运动会进口的亚奥委会或国际单项体育组织指定的，国内不能生产或性能不能满足需要的直接用于运动会比赛的消耗品，免征关税。

七、车 船 税

（一）定义及纳税义务人

车船税是以车船为征税对象，向车船的所有人或管理人征收的一种财产税。车船税的纳税义务人是指在中华人民共和国境内的车辆、船舶（以下简称"车船"）的所有人或者管理人。

车辆，包括机动车辆和非机动车辆；船舶，包括机动船舶和非机动船舶。

（二）计税方式

购置的新车船，购置当年的应纳税额自纳税义务发生的当月起按月计算（见表2–44）。计算公式为：

$$应纳税额 = (年应纳税额 \div 12) \times 应纳税月份数$$

$$应纳税月份数 = 12 - 纳税义务发生时间（取月份）+ 1$$

表 2-44　　　　　　　　　　车船税的计税方式

税目		计税单位	年基准税额	备注
乘用车[按发动机气缸容量（排气量）分档]	1.0 升（含）以下的	每辆	60～360 元	核定载客人数 9 人（含）以下
	1.0 升以上至 1.6 升（含）的		300～540 元	
	1.6 升以上至 2.0 升（含）的		360～660 元	
	2.0 升以上至 2.5 升（含）的		660～1200 元	
	2.5 升以上至 3.0 升（含）的		1200～2400 元	
	3.0 升以上至 4.0 升（含）的		2400～3600 元	
	4.0 升以上的		3600～5400 元	
商用车	客车	每辆	480～1440 元	核定载客人数 9 人以上，包括电车
	货车	整备质量每吨	16～120 元	包括半挂牵引车、三轮汽车和低速载货汽车等
挂车		整备质量每吨	按照货车税额的 50%计算	
其他车辆	专用作业	整备质量每吨	16～120 元	不包括拖拉机
	轮式专用机械车		16～120 元	
摩托车		每辆	36～180 元	
轮船	机动船舶	净吨位每吨	3～6 元	拖船、非机动驳船分别按照机动船舶税额的 50%计算
	游艇	艇身长度每米	600～2000 元	

（三）社会组织的相关税收优惠

对疾病控制机构和妇幼保健等卫生机构和非营利性医疗机构自用的车船，免征车船税。（见财政部、国家税务总局《关于医疗卫生机构有关税收政策的通知》）

从 2000 年 10 月 1 日起，对老年服务机构自用的车船，免征车船税。（见财政部、国家税务总局《关于对老年服务机构有关税收政策问题的通知》）

依照法律规定应当予以免税的外国驻华使领馆、国际组织驻华代表机构及其有关人员的车船。

八、车辆购置税

（一）定义和纳税人

车辆购置税是对在中华人民共和国境内购置汽车、有轨电车、汽车挂车、排气量超过一百五十毫升的摩托车的购置者征收的一种税。

车辆购置税的纳税人是指在中华人民共和国境内购置汽车、有轨电车、汽车挂车、排气量超过一百五十毫升的摩托车的单位和个人。其中，购置是指以购买、进口、自产、受赠、获奖或者其他方式取得并自用应税车辆的行为（见表 2 – 45）。

表 2 – 45　　　　　　　　　　车辆购置税的征税对象

行为	增值税	消费税	车辆购置税
自产、进口小汽车（含中轻型商用客车）用于销售、捐赠、投资、偿债	√	√	×
自产、进口卡车、货车用于销售、捐赠、投资、偿债	√	×	×
进口小汽车（含中轻型商用客车）自用	√	√	√
进口卡车、货车、有轨电车、汽车挂车自用	√	×	√
购置、受赠、获奖、接受投资小汽车、卡车、货车、有轨电车、汽车挂车等车辆自用	×	×	√

（二）计税方式

车辆购置税实行从价定率、价外征收的方法计算应纳税额，应税车辆的价格即计税价格为车辆购置税的计税依据。车辆购置税计税依据如表 2 – 46 所示。

表 2 – 46　　　　　　　　　　车辆购置税的计税方式

应税行为	计税依据
购买自用应税车辆	《中华人民共和国车辆购置税法》实施后，纳税人购买自用应税车辆的计税价格，以纳税人购买应税车辆时取得发票上载明的价格确定。如果题目给出的是含增值税价格，则： 计税价格 = 实际支付给销售者的含增值税价款 ÷ (1 + 增值税税率或征收率)
进口自用应税车辆	组成计税价格 = 关税完税价格 + 关税 + 消费税 相关链接：进口自用应税车辆计征车辆购置税的计税依据，与进口方计算进口环节增值税的计税依据一致。要注意以下几个问题： 1. 纳税人应如实提供有关报关和完税证明资料，主管税务机关应按海关审查确认的有关进口车辆的完税证明资料组成计税价格计算应纳税额； 2. 纳税人进口应税车辆自用的，由进口自用方纳税，如果进口车辆用于销售、抵债、以物易物等方面，不属于进口自用应税车辆的行为，不征收车辆购置税； 3. 纳税人进口自用的应税车辆以组成计税价格为计税依据，也可以用以下公式计算： 组成计税价格 = (关税完税价格 + 关税) ÷ (1 – 消费税税率)。 还需注意，如果进口车辆是不属于消费税征税范围的卡车、货车等，则组成计税价格公式可简化为：组成计税价格 = 关税完税价格 + 关税
自产自用应税车辆	按照纳税人生产的同类应税车辆（即车辆配置序列号相同的车辆）的销售价格确定，不包括增值税税款。 没有同类应税车辆的销售价格的，按照组成计税价格确定。组成计税价格计算公式如下： 组成计税价格 = 成本 × (1 + 成本利润率) 属于应收消费税的应税车辆，其组成计税价格中应加计消费税税额。 上述公式中的成本利润率，由国家税务总局各省、自治区、直辖市和计划单列市税务局确定

应税行为	计税依据
其他方式取得自用应税车辆	纳税人以受赠、获奖或者其他方式取得自用应税车辆的计税价格，按照购置应税车辆时相关凭证载明的价格确定，不包括增值税税款；无法提供相关凭证的，参照同类应税车辆市场平均交易价格确定其计税价格。 原车辆所有人为车辆生产或销售企业，未开具机动车销售统一发票的，按照车辆生产或者销售同类应税车辆的销售价格确定应税车辆的计税价格。无同类应税车辆销售价格的，按照组成计税价格确定应税车辆的计税价格

（三）社会组织的相关税收优惠

对中国妇女发展基金会接受社会捐赠资金统一购置并捐赠给医疗机构的"母亲健康快车"项目的流动医疗车，免征车辆购置税。

九、消费税

（一）定义和纳税人

消费税是国家为体现消费政策，有选择的对生产、委托加工和进口的应税消费行为的流转额征收的一种税。消费税属于价内税，作为产品价格的一部分存在，其税款最终由消费者承担，是对特定的消费品和消费行为在特定的环节征收的一种间接税。现行消费税的征收范围主要包括烟、酒、鞭炮、焰火、高档化妆品、成品油、贵重首饰及珠宝玉石、高尔夫球及球具、高档手表、游艇、木制一次性筷子、实木地板、摩托车、小汽车等税目。

消费税的纳税人是我国境内生产、委托加工、零售和进口《中华人民共和国消费税暂行条例》规定的应税消费品的单位和个人。

（二）计税方式

消费税共设置了15个税目，在其中的3个税目下又设置了13个子目，列举了25个征税项目。实行比例税率的有21个，实行定额税率的有4个。共有13个档次的税率，最低3%，最高56%。

消费税实行从价定率、从量定额，或者从价定率和从量定额复合计税（以下简称"复合计税"）的办法计算应纳税额。应纳税额计算公式：

实行从价定率办法计算的应纳税额 = 销售额 × 比例税率

实行从量定额办法计算的应纳税额 = 销售数量 × 定额税率

实行复合计税办法计算的应纳税额 = 销售额 × 比例税率 + 销售数量 × 定额税率

纳税人销售的应税消费品，以人民币计算销售额。纳税人以人民币以外的货币结算销售额的，应当折合成人民币计算。

（三）社会组织的相关税收优惠

为贯彻落实科学发展观，弘扬和传承中外传统文化艺术，提高民族文化软实力，促进我国对文物和艺术品等进口藏品的收藏和保护事业的健康发展。国家规定国有公益性收藏单位以从事永久收藏、展示和研究等公益性活动为目的，以接受境外捐赠、归还、追索和购买等方式进口的藏品，免征进口关税和进口环节消费税。本规定所称国有公益性收藏单位，是指：国家有关部门和省、自治区、直辖市、计划单列市相关部门所属的国有公益性图书馆、博物馆、纪念馆及美术馆（以下简称省级以上国有公益性收藏单位）。

根据《国有公益性收藏单位进口藏品免税暂行规定》，这里所称的藏品，是指具有收藏价值的各种材质的器皿和器具、钱币、砖瓦、石刻、印章封泥、拓本（片）、碑帖、法帖、艺术品、工艺美术品、典图、文献、古籍善本、照片、邮品、邮驿用品、徽章、家具、服装、服饰、织绣品、皮毛、民族文物、古生物化石标本和其他物品。

符合规定的国有公益性收藏单位进口藏品，应持捐赠、归还、追索和购买等有效进口证明及海关规定的其他有关文件办理海关手续。免税进口藏品属于海关监管货物。

这类藏品应永久收藏，并仅用于非营利性展示和科学研究等公益性活动，不得转让、抵押、质押或出租。并应依照《中华人民共和国文物保护法》《中华人民共和国文物保护法实施条例》《博物馆管理办法》进行管理，建立藏品登记备案制度。

对杭州 2022 年亚运会和亚残运会组委会为举办运动会进口的亚奥委会或国际单项体育组织指定的，国内不能生产或性能不能满足需要的直接用于运动会比赛的消耗品，免征关税。

☞ **延伸阅读**

1. 部分省市防暑降温及劳保执行口径；
2. 部分省市差旅交通费执行口径；
3. 部分省市通信费执行口径。

第三章
社会组织的纳税申报

第一节 各税种纳税申报期限

根据《中华人民共和国税收征收管理法》规定,未按照规定的期限申报办理税务登记、变更或者注销登记的纳税人,由税务机关责令限期改正,可以处 2000 元以下的罚款;情节严重的,处 2000 元以上 10000 元以下的罚款。已按法律法规程序正式成立的社会组织应及时办理税务登记。纳税人享受减税、免税待遇的,在减税、免税期间应当按照规定办理纳税申报,填写申报表及其附表。

按月申报税款的,为月度终了之日起 15 日内申报税款;按季申报税款的,为季度终了之日起 15 日内申报税款,具体申报月份为 1 月、4 月、7 月、10 月;按半年申报税款的,为半年度终了之日起 15 日内申报税款,具体申报缴纳月份为 4 月、10 月。按照《中华人民共和国税收征管法》规定,纳税申报期限的最后一日是法定休假日的,以休假日期满的次日为期限的最后一日;在期限内连续 3 日以上法定休假日的,按休假日天数顺延。国家税务总局一般每年公布当年的申报纳税期限。2021 年各税种的申报期限是:

(1) 3 月、7 月、9 月、11 月、12 月申报纳税期限分别截至当月 15 日。

(2) 1 月 1 日至 3 日放假 3 天,1 月申报纳税期限顺延至 1 月 20 日。

(3) 2 月 11 日至 17 日放假 7 天,2 月申报纳税期限顺延至 2 月 23 日。

(4) 4 月 3 日至 5 日放假 3 天,4 月申报纳税期限顺延至 4 月 20 日。

(5) 5 月 1 日至 5 日放假 5 天,5 月申报纳税期限顺延至 5 月 21 日。

(6) 6 月 12 日至 14 日放假 3 天,6 月申报纳税期限顺延至 6 月 18 日。

(7) 8 月 15 日为星期日,8 月申报纳税期限顺延至 8 月 16 日。

(8) 10 月 1 日至 7 日放假 7 天,10 月申报纳税期限顺延至 10 月 26 日。

第二节 增值税纳税申报

大部分非营利组织都是小规模纳税人。增值税纳税人可通过办税服务厅(场所)、电子税务局申报端,填报《增值税纳税申报表(小规模纳税人适用)》及其附列资料,办理增值税小规模纳税申报;或填报《增值税纳税申报表(一般纳税人适用)》及其附列资料,办理增值税一般纳税人申报。

纳税人在年应税销售额超过规定标准的月份（或季度）的所属申报期结束后 15 日内办理认定一般纳税人相关手续；未按规定时限办理的，主管税务机关在规定时限结束后 5 日内制作《税务事项通知书》，告知纳税人应当在 5 日内向主管税务机关办理相关手续；逾期仍不办理的，次月起按销售额依照增值税税率计算应纳税额，不得抵扣进项税额，直至纳税人办理相关手续为止。

一、增值税申报流程

（一）增值税一般纳税人申报流程

一般纳税人办理增值税纳税申报，需要经过发票认证、纳税申报缴纳税款、抄报税等流程。

发票认证。增值税一般纳税人申报抵扣的增值税专用发票必须先进行认证，纳税人可持增值税专用发票的抵扣联在办税服务厅认证窗口认证，或进行远程认证（网上增值税专用发票认证）。

纳税申报。指纳税申报期内，纳税人无论有无销售额，均应将增值税纳税申报表等资料报送主管税务机关。纳税申报工作分上门申报和网上申报。目前我国绝大部分地区已经实行网上申报。

缴纳税款。增值税申报成功后，如需要向主管税务机关缴纳税款的，通过网上缴款或其他方式缴纳税款。

抄报税。指次月纳税申报期内，开票纳税人将当月所开具的增值税发票信息通过开票系统进行汇总抄报和远程清卡，完成抄报税；或直接由纳税人报税盘到主管税务机关税务大厅进行抄报税。

（二）增值税小规模纳税人申报流程

（1）登录电子税务局，如图 3-1 所示，进入【我要办税】。选择【税费申报及缴纳】，如图 3-2 所示。

图 3-1　电子税务局【我要办税】登录界面

(2) 选择应申报的报表,如图 3-2 所示。在【按期应申报】中,选择要申报的税种,点击【填写申报表】。

图 3-2 电子税务局【按期应申报】界面

注:①"按期应申报"里出现的待申报的申报表和财务报表都是纳税人当期需要申报和报送的。②若纳税人近期有税费种认定、纳税人资格、备案等发生变动,页面展现清册与实际所需不符的,需要点击页面的蓝色字体"重置申报清册",重新生成应申报清册。

(3) 填写增值税申报表及附列资料,如图 3-3 所示。

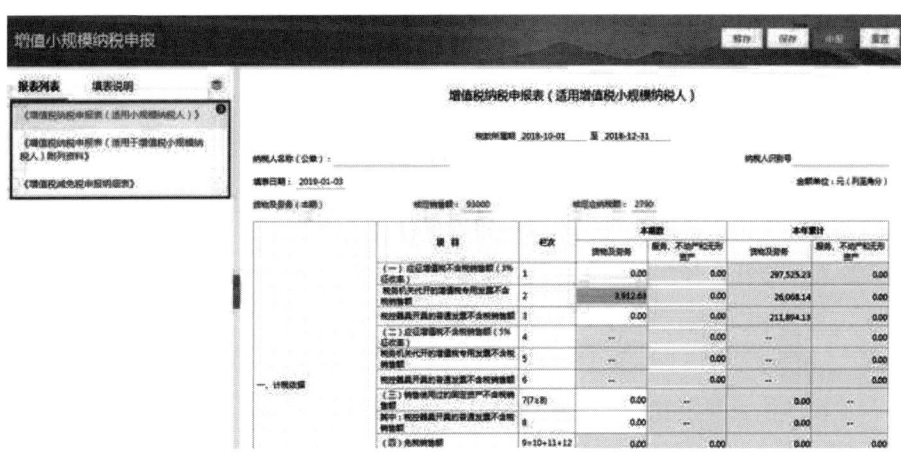

图 3-3 电子税务局【增值税纳税申报表(使用增值税小规模纳税人)】填写界面

注:①在选择申报表右上方标示的红色数字为警示信息,含义为该份申报表还存在的不能通过审核的错误数量。②申报表上方显示应申报的增值税类型,核定征收的个体工商户同时显示核定销售额和核定应纳税额。③因小规模纳税人不存在进项税额抵扣,所以在申报表主表中主要填写的就是五类销售额。

(4) 应税销售额的填报,如图 3-4 所示。

	项　目	栏次	本期数	
			货物及劳务	服务、不动产和无形资产
一、计税依据	（一）应征增值税不含税销售额（3%征收率）	1	0.00	0.00
	税务机关代开的增值税专用发票不含税销售额	2	0.00	0.00
	税控器具开具的普通发票不含税销售额	3	0.00	0.00
	（二）应征增值税不含税销售额（5%征收率）	4	--	0.00
	税务机关代开的增值税专用发票不含税销售额	5	--	0.00
	税控器具开具的普通发票不含税销售额	6	--	0.00
	（三）销售使用过的固定资产不含税销售额	7(7≥8)	0.00	--

图 3－4　应税销售额的填报界面

①第 1 栏“应征增值税不含税销售额（3% 征收率）”：差额征税纳税人发生适用 3% 征收率的应税行为且有扣除项目的，第 1 栏与当期《增值税纳税申报表（小规模纳税人适用）附列资料》第 8 栏数据一致。第 1 栏本期数≥第 2 栏＋第 3 栏本期数。

②第 2 栏“税务机关代开的增值税专用发票不含税销售额”：填写税务机关代开 3% 征收率的增值税专用发票及自行开具 3% 征收率的增值税专用发票不含税销售额合计。

③第 3 栏“税控器具开具的普通发票不含税销售额”：填写税控器具开具的货物及劳务、应税行为的普通发票金额换算的不含税销售额。

④第 4 栏“应征增值税不含税销售额（5% 征收率）”：差额征税纳税人发生适用 5% 征收率应税行为且有扣除项目的，本栏填写扣除后的不含税销售额，第 4 栏与当期《增值税纳税申报表（小规模纳税人适用）附列资料》第 16 栏数据一致。第 4 栏本期数≥第 5 栏＋第 6 栏本期数。

⑤第 5 栏“税务机关代开的增值税专用发票不含税销售额”：填写税务机关代开 5% 征收率的增值税专用发票及自行开具 5% 征收率的增值税专用发票不含税销售额合计。

⑥第 6 栏“税控器具开具的普通发票不含税销售额”：填写税控器具开具的发生应税行为的普通发票金额换算的不含税销售额。

⑦增值税专用发票销售额比对：税控抄报专用发票含税金额合计＋税务机关代开专用发票含税金额合计≤第 2 栏本期数 ×1.03＋第 5 栏 ×1.05。

⑧增值税普通发票销售额比对：税控抄报增值税普通发票含税金额合计＋税控抄报增值税通用机打发票含税金额合计＋税务机关代开普通发票含税金额合计≤第 3 栏本期数 ×1.03＋第 6 栏服务、不动产和无形资产本期数 ×1.05＋第 8 栏货物及劳务列本期数 ×1.03＋第 12 栏本期数＋第 14 栏本期数。

⑨差额征税纳税人专用发票、普通发票比对：《增值税纳税申报表（小规模纳税人适用）附列资料》第 6 栏或者第 14 栏不为 0 的，税控抄报专用发票含税金额合计＋税务机关代开专用发票含税金额合计＋税控抄报增值税普通发票含税金额合计＋税控抄报增值税通用机打发票含税金额合计＋税务机关代开普通发票含税金额合计≤第 2 栏本期数 ×1.03＋第 5 行服务、不动产和无形资产本期数 ×1.05＋第 3 栏本期数 1.03＋第 6 行服务、不动产和无形资产本期数 1.05＋第 8 行货物及劳务列本期数 ×1.03＋第 12 栏本期数＋第 14 栏本期数＋《增值税纳税申报表（小规模纳税人适用）附列资料》第 6 栏＋第 14 栏。

（5）免税销售额的填报，如图 3－5 所示。

（三）销售使用过的固定资产不含税销售额	7(7≥8)	0.00	--
其中：税控器具开具的普通发票不含税销售额	8	0.00	--
（四）免税销售额	9=10+11+12		0.00
其中：小微企业免税销售额	10	0.00	0.00
未达起征点销售额	11		0.00
其他免税销售额	12	0.00	0.00
（五）出口免税销售额	13(13≥14)	0.00	0.00
其中：税控器具开具的普通发票销售额	14	0.00	0.00
本期应纳税额	15	0.00	0.00

图 3－5 免税销售额的填报界面

①第 9 栏“免税销售额”：填写销售免征增值税的货物及劳务、应税行为的销售额，不包括出口免税销售额。

②第 10 栏“小微企业免税销售额”：填写符合小微企业免征增值税政策的免税销售额，不包括符合其他增值税免税政策的销售额。个体工商户和其他个人不填写本栏次。

③第 11 栏“未达起征点销售额”：填写个体工商户和其他个人未达起征点（含支持小微企业免征增值税政策）的免税销售额，不包括符合其他增值税免税政策的销售额。本栏次由个体工商户和其他个人填写。

④第 12 栏“其他免税销售额”：填写销售免征增值税的货物及劳务、应税行为的销售额，不包括符合小微企业免征增值税和未达起征点政策的免税销售额。填写该栏前应先填报《增值税减免税申报明细表》（见图 3－6），该栏免税销售额应为不含税销售额，《增值税减免税申报明细表》中“免税项目”第 1 列合计与该栏相等（见图 3－7）。

⑤第 17 栏和第 18 栏自动计算免税额，如图 3－8 所示。

⑥第 17 栏和第 19 栏自动计算免税额，如图 3－9 所示。

增值税减免税申报明细表

税款所属期 2018-04-01 至 2018-06-30

纳税人名称（公章）： 纳税人识别号：

填表日期： 2018-07-04 金额单位：元（列至角分

一、减税项目							
减税性质代码及名称	栏次	期初余额	本期发生额	本期应抵减税额	本期实际抵减税额	期末余额	操作
		1	2	3=1+2	4≤3	5=3-4	
合计		0.00	0.00	0.00	0.00	0.00	
	1	0.00	0.00	0.00	0.00	0.00	增加

二、免税项目							
免税性质代码及名称	栏次	免征增值税项目销售额	免税销售额扣除项目本期实际扣除金额	扣除后免税销售额	免税销售额对应的进项税额	免税额	操作
		1	2	3=1-2	4	5	
合 计		0.00	0.00	0.00	0.00	0.00	
出口免税		0.00	--	--	--	--	
其中：跨境服务		0.00	--	--	--	--	
请选择或者输入查询条件	1	0.00	0.00	0.00	0.00	0.00	增加

图 3－6 增值税减免税申报明细

图 3-7 自动计算免税额的填报界面（一）

图 3-8 自动计算免税额的填报界面（二）

图 3-9 自动计算免税额的填报界面（三）

二、增值税申报表

（一）一般纳税人增值税纳税申报主表及附表（见本章后延伸阅读二维码）

增值税一般纳税人增值税纳税申报主表及附表有：增值税纳税申报表（一般纳税人适用）；增值税纳税申报表附列资料（一）（本期销售情况明细）；增值税纳税申报表附列资料（二）（本期进项税额明细）；增值税纳税申报表附列资料（三）（服务、不动产和无形资产扣除项目明细）；增值税纳税申报表附列资料（四）（税额抵减情况表）；增值税减免税申报明细表（以下简称"减免税申报表"）。

（二）增值税小规模纳税人申报主表及附表（见本章后延伸阅读二维码）

三、增值税纳税申报表填报说明注意事项

（一）增值税一般纳税人填报说明

1. 增值税纳税申报表附列资料（一）（本期销售情况明细）销售情况的填写

纳税人当期（纳税义务发生时间的当期）取得的应税收入（属于增值税征税范围的收入），根据选择的增值税计税方法，适用不同的税率确定销售额和销项税额，按照项目及栏次，分别填写到对应的"开具增值税专用发票""开具其他发票""未开具发票"列中。

2. 增值税纳税申报表附列资料（二）（本期进项税额明细）抵扣进项税额的填写

本表主要用于纳税人申报抵扣的进项税额、进项税额转出额、待抵扣进项税额及其他有关进项税。财政部、国家税务总局、海关总署《关于深化增值税改革有关政策的公告》公布后对相应增值税申报表也进行了调整，调整后新老申报表相关数据衔接提示如下：

提示1：原增值税纳税申报表附列资料（五）第6栏"期末待抵扣不动产进项税额"的期末余额，可以结转填入附表二第8b栏"其他"；

提示2：新增第10栏"（四）本期用于抵扣的旅客运输服务扣税凭证"，反映按规定本期购进旅客运输服务，所取得的扣税凭证上注明或按规定计算的金额和税额。

进项税及进项税转出在增值税纳税申报表中的增值税纳税申报表附列资料（二）（本期进项税额明细）中申报。凭票抵扣的进项税额根据认证系统取数至下表（见附录*）的第2栏，计算抵扣的进项税额需要输入至第8b栏，注意不是第10栏，根据申报表"当期申报抵扣进项税额合计"栏的计算逻辑 $12 = 1 + 4 + 11$，如果填写在第10栏，则当期申报抵扣进项税额合计结果错误。

财产保值增值投资活动转让产生的投资收益在增值税纳税申报表附列资料（三）（服务、不动产和无形资产扣除项目明细）中的第4栏申报，按照赎回收到的全部金额计入价税合计额，按照理财产品的账面成本计入本期发生额，即本期应扣除金额，自动计算出增值税纳税申报表附列资料（一）（本期销售情况明细）中的第5栏数据。

3. 增值税纳税申报表附列资料（三）（服务、不动产和无形资产扣除项目明细）中申报数据的填写

有差额征税业务的纳税人需要填写增值税纳税申报表附列资料（一）（本期销售情况明细）中第12列至第14列和增值税纳税申报表附列资料（三）（服务、不动产和无形资产扣除项目明细）中（服务、不动产和无形资产扣除项目明细）。增值税纳税申报表附列资料（一）（本期销售情况明细）中第12列相应栏次的数值应等于增值税纳税申报表附列资料（三）（服务、不动产和无形资产扣除项目明细）中第5列相应栏次的数值。同时，有关差额征税的填写也要注意主表的"销售额"和"销项税额"栏次。

填写要点如下：

第1列"本期服务、不动产和无形资产价税合计额（免税销售额）"与服务、不动产和无形资产属于征税项目的，填写扣除之前的本期和无形资产价税合计额；纳税人销售服务、不动产和无形资产属于免抵退税或免税项目的，填写扣除之前的本期服务、不动产和无形资产免税销售额。本列各行次等于增值税纳税申报表附列资料（一）（本期销售情况明细）中第11列对应行次，其中本列第3行和第4行之和等于增值税纳税申报表附列资料（一）（本期销售情况明细）中第11列第5栏。

营业税改增值税纳税人，服务、不动产和无形资产按规定汇总计算缴纳增值税的分支机构，本列各行次之和等于增值税纳税申报表附列资料（一）（本期销售情况明细）中第11列第13a行和第13b行之和。

第2列"服务、不动产和无形资产扣除项目""期初余额"：填写服务、不动产和无形资产扣除项目上期期末结存的全额，试点实施之日的税款所属期填写"0"。本列各行次等于上期增值税纳税申报表附列资料（三）（服务、不动产和无形资产扣除项目明细）中第6列对应行次。

本列第4行"6%税率的金融商品转让项目""期初余额"年初首期填报时应填0。

增值税纳税申报表附列资料（二）（本期进项税额明细）中第12列。"服务、不动产和无形资产扣除项目本期实际扣除金额"应与增值税纳税申报表附列资料（三）（服务、不动产和无形资产扣除项目明细）中第5列"本期实际扣除金额"，按照纳税人差额征税业务适用的税率或征收率相对应。除增值税纳税申报表附列资料（一）（本期销售情况明细）中"6%税率"第12列对应增值税纳税申报表附列资料（三）（服务、不动产和无形资产扣除项目明细）中"6%税率的项目（不含金融商品转让）"和6%税率的金融商品转让项目外，其他税率、征收率都是——对应关系。

采用差额扣除功能开具发票的填写。纳税人当期有采用差额扣除功能开具发票的，在填写增值税纳税申报表附列资料（一）（本期销售情况明细）中时，第1列至第9列应按照"扣除前含税销售额÷（1+法定税率或征收率）"计算填写销售额栏次，按"销售额×法定税率或征收率"填写销项税额栏次，通过第12列填写扣除的金额，因此造成票表比不符的，人工清卡。

4. 增值税纳税申报表附列资料（四）（税额抵减情况表）中税额抵减情况的填写

社会组织增值税税额抵减项目涉及：增值税税控系统专用设备费及技术维护费、分支机构预征缴纳税款、销售不动产预征缴纳税款［纳税人销售与机构所在地不在同一县（市）的不动产］、出租不动产预征缴纳税款［纳税人出租与机构所在地不在同一县（市）的不动产］。

5. 减免税申报表的填写

"免税项目"由本期按照税收法律、法规及国家有关税收规定免征增值税的纳税人填写。

"免税性质代码及名称"根据国家税务总局最新发布的减免性质及分类表所列减免性质代码、项目名称填写。同时有多个免税项目的，应分别填写。"免税销售额对应的进项税额"按下列情况填写：纳税人兼营应税和免税项目的，按当期免税销售额对应的进项税额填写；纳税人本期销售收入全部为免税项目的，且当期取得合法扣税凭证的，按当期取得的合法扣税凭证证明或计算的进项税额填写；当期未取得合法扣税凭证的，纳税人可根据自行计算免税项目对应的进项税额；无法计算的，本栏次填"0"。

6. 提交适用15％加计抵减政策的声明

自2019年10月1日起，符合财政部、国家税务总局《关于明确生活性服务业增值税加计抵减政策的公告》规定，生活性服务业纳税人，可以按照当期可抵扣进项税额加计15％，抵减应纳税额。享受此项政策的纳税人，应在年度首次确认适用15％加计抵减政策时，通过电子税务局（或前往办税服务厅）提交《适用15％加计抵减政策的声明》。

7. 汇总纳税

按照税收法规及有关税收规定，固定业户的总分支机构不在一具（市），但在同一省（区、市）范围内的，经省（区、市）财政厅（局）、国家税务局审批同意，可以由总机构汇总向总机构所在地的主管税务机关申报缴纳增值税。省（区、市）财政厅（局）、税务局应将审批同意的结果上报财政部、国家税务总局备案。

（二）增值税小规模纳税人填报说明

（1）按固定期限纳税的小规模纳税人可以选择以1个月或1个季度为纳税期限，一经选择，一个会计年度内不得变更。

（2）增值税小规模纳税人缴纳增值税、消费税、文化事业建设费，以及随增值税、消费税附征的城市维护建设税、教育费附加、地方教育附加等税费，原则上实行按季申报。

（3）自2019年1月1日至2021年12月31日，对月销售额10万元以下［以1个季度为1个纳税期的，季度销售额30万元以下（含）］的增值税小规模纳税人，免征增值税。

（4）纳税人有多缴税金，又存在欠税，可办理抵缴欠税业务。

（5）自2019年1月1日起，增值税小规模纳税人按规定享受的增值税减征税额在《增值税减免税申报明细表》中反映，该表不包括仅享受月销售额不超过10万元［以1个季度为1个纳税期的，季度销售额30万元以下（含）］的免征增值税政策或未达起征点的增值税小规模纳税人。

第三节 企业所得税纳税申报

一、企业所得税预缴申报填报

(一) 月(季)度预缴纳税申报填报

季度申报时根据季度利润总额乘以税率,对利润总额中进行减免税、不征税收入、低税率等纳税调整,以其他项目统一在汇算清缴时调整(见图3-10)。

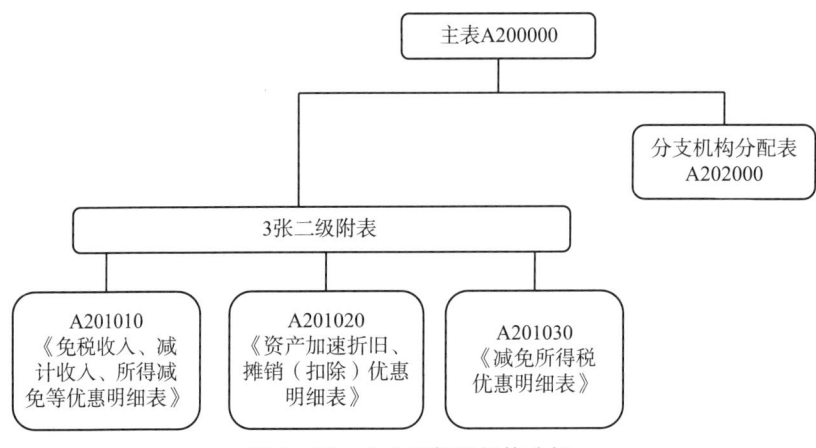

图3-10 企业所得税架构分析

(二) 月(季)度预缴纳税申报一般程序

实行查账征收方式申报企业所得税的社会组织,在季度终了之日起的15日内,填写《中华人民共和国企业所得税月(季)度预缴纳税申报表(A类)》和《不征税收入和税基类减免应纳税所得额明细表》按季度申报缴纳企业所得税(见图3-11)。

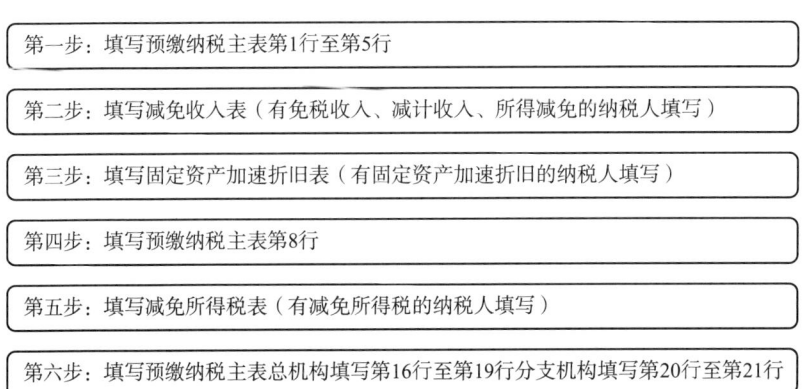

图3-11 月(季)度预缴纳税申报一般程序

（三）收入月（季）度预缴纳税申报填写说明

1. 填写栏次

非营利组织一般属于按实际利润额预缴税款，应填报第 1 行至第 16 行。其中：第 1 行至第 16 行的"本期金额"列，填报所属月（季）度第一日至最后一日的数据；第 1 行至第 16 行的"累计金额"列，填报所属年度 1 月 1 日至所属月（季）度最后一日的累计数额。

2. 第 1 行"营业收入"

填报按照《民间非营利组织会计制度》核算的收入合计。本行主要列示纳税人营业收入数额，不参与计算。即第 3 行"利润总额"不等于第 1 行"营业收入"减第 2 行"营业成本"。

3. 第 2 行"营业成本"

填报按照《民间非营利组织会计制度》核算的费用合计，扣除企业所得税金额，非营利组织一般将企业所得税费用计入其他费用科目，并且在填报时要记得扣除，很多非营利组织会疏忽这点。本行主要列示纳税人营业成本数额，不参与计算。

4. 第 3 行"利润总额"

按照《民间非营利组织会计制度》核算编制的《业务活动表》的净资产变动额（合计）填报。如本年度计提了企业所得税，则需调增计提的企业所得税，此时，本行数据与《业务活动表》净资产变动额（合计）不一致，差额为计提的企业所得税金额。同时，需要注意的是，净资产变动额应填写合计数，不能仅填写非限定净资产变动额。

5. 第 5 行"不征税收入"

填报属于税法规定的不征税收入、免税收入、减计收入、所得减免、报扣应纳税所得额等金额。本行通过《不征税收入和税基类减免应纳税所得额明细表》填报。

非营利组织取得捐赠收入、会费收入等免税收入（不包括营利性收入），应在《不征税收入和税基类减免应纳税所得额明细表》第 7 行填报，同时，与其他项目合并归入《预缴表》第 6 行"不征税收入和税基减免应纳税所得额"栏目。

6. 不征税收入的填报

第 2 行"一、不征税收入"：填报纳税人已计入当期损益但属于税法规定不征税的财政拨款、依法收取并纳入财政管理的行政事业性收费、政府性基金以及国务院规定的其他不征税收入。通过本节《免税收入月（季）度预缴纳税申报表》进行纳税调减季度预缴企业所得税时，社会组织应将已入当期损益的不征税收入填入《不征税收入和税基类减免应纳税所得额明细表》（见附件六《不征税收入和税基类减免应纳税所得额明细表》）第 2 行"一、不征税收入"栏。同时，与其他项目合并归入《预缴表》第 6 行"不征税收入和税基减免应纳税所得额"栏。

7. 免税收入的填报

季度预缴企业所得税时，免税收入应分别填入《月（季）度预缴纳税申报表》第 7 行"免税收入、减计收入、所得减免等优惠金额"栏和《免税收入、减计收入、所得减免等优惠明细表》第 8 行"（三）符合条件的非营利组织的收入免征企业所得税"：填报根据财政部、国家税务总局《关于非营利组织企业所得税免税收入问题的通知》，财政部、国家税务总局《关于非营利组织免税资格认定管理有关问题的通知》等相关税收政策规定，认定的符合条件的非营利组织，取得的捐赠收入等免税收入，但不包括从事营利性活动所取得的收入（见图 3－12）。

A200000 中华人民共和国企业所得税月（季）度预缴纳税申报表（A类）

税款所属期间： 年 月 日至 年 月 日

纳税人识别号（统一社会信用代码）：□□□□□□□□□□□□□□□□□□□□□□□□

纳税人名称： 金额单位：人民币元（列至角分）

优惠及附报事项有关信息									
项目	一季度		二季度		三季度		四季度		季度平均值
	季初	季末	季初	季末	季初	季末	季初	季末	
从业人数									
资产总额（万元）									
国家限制或禁止行业	□是□否				小型微利企业				□是□否
	附报事项名称								金额或选项
事项1	（填写特定事项名称）								
事项2	（填写特定事项名称）								

	预缴税款计算	本年累计
1	营业收入	
2	营业成本	
3	利润总额	
4	加：特定业务计算的应纳税所得额	
5	减：不征税收入	
6	减：资产加速折旧、摊销（扣除）调减额（填写 A201020）	
7	减：免税收入、减计收入、加计扣除（7.1+7.2+…）	
7.1	（填写优惠事项名称）	
7.2	（填写优惠事项名称）	
8	减：所得减免（8.1+8.2+…）	
8.1	（填写优惠事项名称）	
8.2	（填写优惠事项名称）	
9	减：弥补以前年度亏损	
10	实际利润额（3+4-5-6-7-8-9）\ 按照上一纳税年度应纳税所得额平均额确定的应纳税所得额	
11	税率（25%）	
12	应纳所得税额（10×11）	
13	减：减免所得税额（13.1+13.2+…）	
13.1	（填写优惠事项名称）	
13.2	（填写优惠事项名称）	
14	减：本年实际已缴纳所得税额	
15	减：特定业务预缴（征）所得税额	
16	本期应补（退）所得税额（12-13-14-15）\ 税务机关确定的本期应纳所得税额	

图 3－12 A200000《中华人民共和国企业所得税月（季）度预缴纳税申报表（A 类）》

8. 应税收入的填报

如社会组织投资企业分回的股息、红利，社会组织应将当期取得的股息红利收入分别填入《月（季）度预缴纳税申报表》第 6 行“免税收入、减计收入、所得减免等优惠金额”栏和《免税收入、减计收入及加计扣除优惠明细表》第 3 行“符合条件的居民企业之间的股息、红利等权益性投资收益免征企业所得税”栏。

二、企业所得税年度申报填报（汇算清缴）

（一）企业所得税年度申报表填报表单

纳税人在填报申报表之前，应仔细阅读表单的填报信息，并根据企业的涉税业务，选择

"是否填报"。选择"填报"的表单，在"□"内打"√"，并完成该表单内容的填报。未选择"填报"的表单，无须向税务机关报送。上述表单填写情况，直接与金税三期系统关联，对于未选择的报表，则无法填写（见表 3 - 1）。

表 3 - 1   企业所得税年度纳税申报表填报表单

表单编号	表单名称	是否填报
A000000	企业所得税年度纳税申报基础信息表	√
A100000	中华人民共和国企业所得税年度纳税申报表（A 类）	√
A101010	一般企业收入明细表	□
A101020	金融企业收入明细表	□
A102010	一般企业成本支出明细表	□
A102020	金融企业支出明细表	□
A103000	事业单位、民间非营利组织收入、支出明细表	□
A104000	期间费用明细表	□
A105000	纳税调整项目明细表	□
A105010	视同销售和房地产开发企业特定业务纳税调整明细表	□
A105020	未按权责发生制确认收入纳税调整明细表	□
A105030	投资收益纳税调整明细表	□
A105040	专项用途财政性资金纳税调整明细表	□
A105050	职工薪酬支出及纳税调整明细表	□
A105060	广告费和业务宣传费等跨年度纳税调整明细表	□
A105070	捐赠支出及纳税调整明细表	□
A105080	资产折旧、摊销及纳税调整明细表	□
A105090	资产损失税前扣除及纳税调整明细表	□
A105100	企业重组及递延纳税事项纳税调整明细表	□
A105110	政策性搬迁纳税调整明细表	□
A105120	贷款损失准备金及纳税调整明细表	□
A106000	企业所得税弥补亏损明细表	□
A201010	免税、减计收入及加计扣除优惠明细表	□
A107011	符合条件的居民企业之间的股息、红利等权益性投资收益优惠明细表	□
A107012	研发费用加计扣除优惠明细表	□
A107020	所得减免优惠明细表	□
A107030	抵扣应纳税所得额明细表	□
A107040	减免所得税优惠明细表	□
A107041	高新技术企业优惠情况及明细表	□

续表

表单编号	表单名称	是否填报
A107042	软件、集成电路企业优惠情况及明细表	☐
A107050	税额抵免优惠明细表	☐
A108000	境外所得税税收抵免明细表	☐
A108010	境外所得纳税调整后所得明细表	☐
A108020	境外分支机构弥补亏损明细表	☐
A108030	跨年度结转抵免境外所得税明细表	☐
A109000	跨地区经营汇总纳税企业年度分摊企业所得税明细表	☐
A109010	企业所得税汇总纳税分支机构所得税分配表	☐
说明：社会组织应当根据实际情况选择需要填报的表单		

企业所得税报表较多，限于篇幅，仅以附录形式一一列示。另外，每年国家出台新的税收政策后，国家税务总局均会对纳税申报表的部分栏次进行调整。

（二）申报主表与附表机构及填报顺序

1. 年度申报主表与附表结构

《中华人民共和国企业所得税年度纳税申报表》（A 类）（2020 年修订）共计 37 张表，表格主要结构如图 3-13 所示。

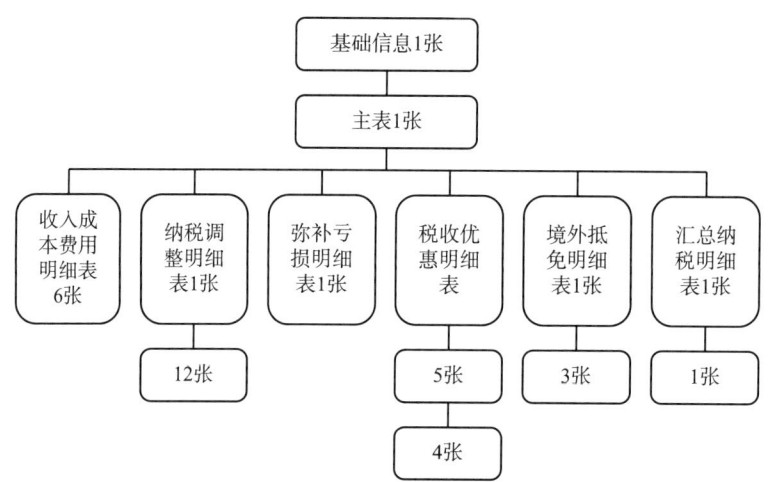

图 3-13　年度申报主表与附表结构

2. 年度纳税申报表填报顺序建议

第一步：填写表单；

第二步：基础信息表；

第三步：收入成本费用明细表（包括专项资金明细表）；

第四步：纳税调整项目明细表；

第五步：弥补亏损明细表；

第六步：税收优惠明细表；

第七步：税收抵免明细表；

第八步：数据汇总到主表；

第九步：汇总纳税明细表。

三、社会组织企业所得税年度申报表及简要填报说明

（一）《企业所得税年度纳税申报基础信息表》（见图 3-14）

A000000　　企业所得税年度纳税申报基础信息表

基本经营情况（必填项目）			
101 纳税申报企业类型（填写代码）		102 分支机构就地纳税比例（%）	
103 资产总额（填写平均值，单位：万元）		104 从业人数（填写平均值，单位：人）	
105 所属国民经济行业（填写代码）		106 从事国家限制或禁止行业	□是 □否
107 适用会计准则或会计制度（填写代码）		108 采用一般企业财务报表格式（2019年版）	□是 □否
109 小型微利企业	□是 □否	110 上市公司	是（□境内 □境外）□否
有关涉税事项情况（存在或者发生下列事项时必填）			
201 从事股权投资业务	□是	202 存在境外关联交易	□是
203 选择采用的境外所得抵免方式	□分国（地区）不分项　□不分国（地区）不分项		
204 有限合伙制创业投资企业的法人合伙人	□是	205 创业投资企业	□是
206 技术先进型服务企业类型（填写代码）		207 非营利组织	□是
208 软件、集成电路企业类型（填写代码）		209 集成电路生产项目类型	□130纳米 □65纳米

图 3-14　A000000 企业所得税年度纳税申报基础信息表

（二）《中华人民共和国企业所得税年度纳税申报表》（A 类）

企业所得税"汇算清缴"，是以会计利润为基础和起点，将财务会计处理结果与税收法律法规的差异进行纳税调整，将会计利润调整为应纳税所得额。在此过程中，不仅需要调整税收与会计差异，还需对免税收入、减计收入、所得项目减免等进行调整，计算出应纳税所得额后，按照适用税率计算年度应纳所得税额，减去税率类、税额类优惠后，计算出年度实际应纳税额（有境外所得的，还需进行税收抵免，社会组织此类情形较少），再与年度内各季度已预缴税额相比较后的差额，确定应补退税款，多退少补。计算公式如下（不考虑境外所得）（见图 3-15）：

行次	项目	金额
1	一、事业单位收入（2+3+4+5+6+7）	
2	（一）财政补助收入	
3	（二）事业收入	
4	（三）上级补助收入	
5	（四）附属单位上缴收入	
6	（五）经营收入	
7	（六）其他收入（8+9）	
8	其中：投资收益	
9	其他	
10	二、民间非营利组织收入（11+12+13+14+15+16+17）	
11	（一）接受捐赠收入	
12	（二）会费收入	
13	（三）提供劳务收入	
14	（四）商品销售收入	
15	（五）政府补助收入	
16	（六）投资收益	
17	（七）其他收入	
18	三、事业单位支出（19+20+21+22+23）	
19	（一）事业支出	
20	（二）上缴上级支出	
21	（三）对附属单位补助支出	
22	（四）经营支出	
23	（五）其他支出	
24	四、民间非营利组织支出（25+26+27+28）	
25	（一）业务活动成本	
26	（二）管理费用	
27	（三）筹资费用	
28	（四）其他费用	

图 3-15　A103000 事业单位、民间非营利组织收入、支出明细表

应纳税额=（会计报表利润总额+纳税调增－纳税调减－减免税收入及加计扣除额－所得减免－抵扣应纳税所得额－五年内可弥补亏损）×税率－减免所得税额－抵免所得税

汇算清缴应补税额=应纳税额－季度预缴税额

（三）免税收入的年度汇算清缴企业所得税的填报

实行查账征收的居民企业（包括境外注册中资控股居民企业）应当在年度终了后 5 个月内完成汇算清缴，在年度中间终止经营活动的应当在实际终止经营之日起 60 日内，依照税收法律等有关规定，计算应纳税所得额、应纳所得税额和本纳税年度应补（退）税额，向税务机关填报《A100000 中华人民共和国企业所得税年度纳税申报表（A 类）》（以下简称《申报表》）等有关资料，进行年度纳税申报。对于企业清算的，应当填写清算申报表（略）非营利组织应将当年符合条件的免税收入填入《A107010 免税、减计收入及加计扣除优惠明细表》（见第三

章后延伸阅读 7）第 4 行"（三）符合条件的非营利组织的收入"栏，并归入《申报表》第 1 行"免税、减计收入及加计扣除"栏（见图 3-16）。

A107010　　　　**免税、减计收入及加计扣除优惠明细表**

行次	项目	金额
1	一、免税收入（2+3+9+…+16）	
2	（一）国债利息收入免征企业所得税	
3	（二）符合条件的居民企业之间的股息、红利等权益性投资收益免征企业所得税（4+5+6+7+8）	
4	1.一般股息红利等权益性投资收益免征企业所得税（填写A107011）	
5	2.内地居民企业通过沪港通投资且连续持有H股满12个月取得的股息红利所得免征企业所得税（填写A107011）	
6	3.内地居民企业通过深港通投资且连续持有H股满12个月取得的股息红利所得免征企业所得税（填写A107011）	
7	4.居民企业持有创新企业CDR取得的股息红利所得免征企业所得税（填写A107011）	
8	5.符合条件的永续债利息收入免征企业所得税（填写A107011）	
9	（三）符合条件的非营利组织的收入免征企业所得税	
10	（四）中国清洁发展机制基金取得的收入免征企业所得税	
11	（五）投资者从证券投资基金分配中取得的收入免征企业所得税	
12	（六）取得的地方政府债券利息收入免征企业所得税	
13	（七）中国保险保障基金有限责任公司取得的保险保障基金等收入免征企业所得税	
14	（八）中国奥委会取得北京冬奥组委支付的收入免征企业所得税	
15	（九）中国残奥委会取得北京冬奥组委分期支付的收入免征企业所得税	
16	（十）其他	

图 3-16　A107010 免税、减计收入及加计扣除优惠明细表

注：当表 A000000"207 非营利组织"选择"是"时，本行可以填报，否则不得填报。

1. 接受捐赠款

取得非营利组织免税资格的社会组织在年终汇算清缴企业所得税时，应将年度内取得的符合条件的捐赠收入、会费收入等免税收入分别填入《申报表》第 17 行"免税、减计收入及加计扣除"栏和《A107010 免税、减计收入及加计扣除优惠明细表》第 6 行"（三）符合条件的非营利组织的收入免征企业所得税"栏。

捐赠款只在年度申报表《A201010 免税收入、减计收入、所得减免等优惠明细表及填报说明》中申报，日常无须申报。

一个纳税年度内首次预缴申报时，允许录入大于等于 0 的金额；非首次预缴申报时，自动带出上期预缴时企业申报数据，可以修改，录入金额应大于等于上期预缴企业申报数据。

2. 股息红利

取得股息红利收入的社会组织在年终企业所得税汇算清缴时，应将当年取得的股息、红利收入分别填入《申报表》第 17 行"免税、减计收入及加计扣除"栏和《A107010 免税、减计收入及加计扣除优惠明细表》第 3 行"（二）符合条件的居民企业之间的股息、红利等权益性

投资收益免征企业所得税"栏。股息、红利等权益性投资收益,除国务院财政、税务主管部门另有规定外,按照被投资方做出利润分配决定的日期确认收入的实现。

同时,还需填写《A107011 符合条件的居民企业之间的股息、红利等权益性投资收益优惠明细表》,具体填表说明如下:

第一,行次根据投资企业名称和投资性质填报,可以根据情况增加。

第二,第 8 行"合计":填报第 1＋2＋…＋7 行的第 17 列合计金额,若增行,根据增行后的情况合计。

第三,第 9 行"其中:股票投资—沪港通 H 股":填报第 1＋2＋…＋7 行中,"投资性质"列选择"(3)股票投资(沪港通 H 股投资)"的行次,第 17 列合计金额。

第四,第 10 行"股票投资—深港通 H 股":填报第 1＋2…＋7 行中,"投资性质"列选择"(4)股票投资(深港通 H 股投资)"的行次,第 17 列合计金额。

第五,第 1 列"被投资企业":填报被投资企业名称。

第六,第 2 列"被投资企业统一社会信用代码(纳税人识别号)":填报被投资企业工商等部门核发的纳税人统一社会信用代码。未取得统一社会信用代码的,填报税务机关核发的纳税人识别号。

第七,第 3 列"投资性质":按选项填报(1)直接投资、(2)股票投资(不含 H 股)、(3)股票投资(沪港通 H 股投资)、(4)股票投资(深港通 H 股投资)。

符合财政部、国家税务总局、证监会《关于沪港股票市场交易互联互通机制试点有关税收政策的通知》第一条第(四)项第 1 目规定,享受沪港通 H 股息红利免税政策的企业,选择"(3)股票投资(沪港通 H 股投资)"。

符合财政部、国家税务总局、证监会《关于深港股票市场交易互联互通机制试点有关税收政策的通知》第一条第(四)项第 1 目规定,享受深港通 H 股息红利免税政策的企业,选择"(4)股票投资(深港通 H 股投资)"。

第八,第 4 列"投资成本":填报纳税人投资于被投资企业的计税成本。

第九,第 5 列"投资比例":填报纳税人投资于被投资企业的股权比例。若购买公开发行股票的,此列可不填报。

第十,第 6 列"被投资企业做出利润分配或转股决定时间":填报被投资企业做出利润分配或转股决定的时间。

第十一,第 7 列"依决定归属于本公司的股息、红利等权益性投资收益金额":填报纳税人按照投资比例或者其他方法计算的,实际归属于本公司的股息、红利等权益性投资收益金额。若被投资企业将股权(票)溢价所形成的资本公积转为股本的,不作为投资方企业的股息、红利收入,投资方企业也不得增加该项长期投资的计税基础。

第十二,第 8 列"分得的被投资企业清算剩余资产":填报纳税人分得的被投资企业清算后的剩余资产。

第十三,第 9 列"被清算企业累计未分配利润和累计盈余公积应享有部分":填报被清算企业累计未分配利润和累计盈余公积中本企业应享有的金额。

第十四，第 10 列"应确认的股息所得"：填报第 7 列与第 8 列孰小值。

第十五，第 11 列"从被投资企业撤回或减少投资取得的资产"：填报纳税人从被投资企业撤回或减少投资时取得的资产。

第十六，第 12 列"减少投资比例"：填报纳税人撤回或减少的投资额占投资方在被投资企业持有总投资比例。

第十七，第 13 列"收回初始投资成本"：填报第 3 列乘以第 11 列的金额。

第十八，第 14 列"取得资产中超过收回初始投资成本部分"：填报第 11 列至第 13 列的余额。

第十九，第 15 列"撤回或减少投资应享有被投资企业累计未分配利润和累计盈余公积"：填报被投资企业累计未分配利润和累计盈余公积按减少实收资本比例计算的部分。

第二十，第 16 列"应确认的股息所得"：填报第 13 列与第 14 列孰小值。

第二十一，第 17 列"合计"：填报第 7 列加第 10 列加第 16 列的合计金额。

（四）不征税收入的年度汇算清缴企业所得税的填报

社会组织在年终汇算清缴时，应将不征税收入填入《纳税调整明细表》第 8 行"（七）不征税收入"调减金额栏。不征税收入与支出对应的申报表包括《A105000 纳税调整项目明细表》（以下简称《纳税调整表》）和《A105040 专项用途财政性资金纳税调整明细表》（以下简称《专项资金明细表》）。社会组织应先填写《专项资金明细表》，金税三期将数据自动带入《纳税调整表》中。

不征税收入对应费用应同时填入《纳税调整明细表》第 24 行"（十二）不征税收入用于支出形成的费用"调增金额栏。

提示：《纳税调整明细表》第 8 行有调减金额时，第 24 行原则上应有调增金额。年度内取得不征税收入未实际支出的除外。

1.《专项用途财政性资金纳税调整明细表》的填报

纳税人根据税法及财政部、国家税务总局《关于专项用途财政性资金企业所得税处理问题的通知》等规定，填报专项用途财政性资金会计处理、税法规定，以及纳税调整情况。其对不征税收入用于支出形成的费用进行调整，资本化支出，通过《A105080 资产折旧、摊销情况及纳税调整明细表》进行纳税调整。

实务中，不少社会组织认为政府给的资金属于不征税收入，也不用纳税申报。错误地将不征税收入、支出通过"其他应付款——××项目"科目核算，收入计入"其他应付款——××项目"科目贷方，支出计入"其他应付款——××项目"科目借方，资金花完了借贷相抵为零，如果没花完工资结余长期挂在"其他应付款——××项目"科目不做处理，或转入"净资产"等科目，造成社会组织向税务机关申报的收入和成本不完整，长期挂账资金五年后未转入应税收入计税的将形成税收风险。

另外，当跨期资金在取得资金 60 个月后还有余额的，应在年度汇算清缴时通过填报专项资金明细表转入应税收入。

（1）第 1 列"取得年度"：填报取得专项用途财政性资金的公历年度。第 5 行至第 1 行依次从第 6 行往前倒推，第 6 行为申报年度。

例如：申报年度（即汇算清缴年度）为 2015 年，从第 5 行到第 1 行依次为：2014 年、2013 年、2012 年、2011 年、2010 年。

（2）第 3 列"其中：符合不征税收入条件的财政性资金"：填报纳税人相应年度实际取得的符合不征税收入条件且已作不征税收入处理的财政性资金金额。

（3）第 4 列"其中：计入本年损益的金额"：填报第 3 列"其中：符合不征税收入条件的财政性资金"中，会计处理时计入本年（申报年度）损益的金额。本列第 7 行金额为《A105000 纳税调整项目明细表》第 9 行"其中：专项用途财政性资金"的第 4 列"调减金额"。

本列金额对应社会组织"政府补助收入"科目中的符合不征税收入条件的金额。因为该列第 7 行合计金额转入《纳税调整表》第 9 行第 4 列作纳税调减，所以只填写已确认收入部分的"不征税收入"。

（4）第 5 列至第 9 列"以前年度支出情况"：填报纳税人作为不征税收入处理的符合条件的财政性资金，在申报年度以前的 5 个纳税年度发生的支出金额。

（5）第 10 列"支出金额"：填报纳税人历年作为不征税收入处理的符合条件的财政性资金，在本年（申报年度）用于支出的金额。

（6）第 11 列"其中：费用化支出金额"：填报纳税人历年作为不征税收入处理的符合条件的财政性资金，在本年（申报年度）用于支出计入本年损益的费用金额，本列第 7 行金额为《A105000 纳税调整项目明细表》第 25 行"其中：专项用途财政性资金用于支出所形成的费用"的第 3 列"调增金额"，同本表第 4 列相同，只填写当年计入损益的支出部分，第 7 列合计金额转入《纳税调整表》第 25 行做费用的纳税调增。

（7）第 12 列"结余金额"：填报纳税人历年作为不征税收入处理的符合条件的财政性资金，减除历年累计支出（包括费用化支出和资本性支出）后尚未使用的不征税收入余额。

（8）第 13 列"其中：上缴财政金额"：填报第 12 列"结余金额"中向财政部门或其他拨付资金的政府部门缴回的金额。

（9）第 14 列"应计入本年应税收入金额"：填报企业以前年度取得财政性资金且已作为不征税收入处理后，在 5 年（60 个月）内未发生支出且未缴回财政部门或其他拨付资金的政府部门，应转入本年应税收入的金额。本列第 7 行金额为《纳税调整项目明细表》（A105000）第 9 行"其中：专项用途财政性资金"的第 3 列"调增金额"栏，本栏需要按资金项目统计历年收入与支出情况，建议编制不征税项目收支辅助账，反映项目起始时间、收入、支出、结余情况。

2.《纳税调整表》涉及不征税收入部分填写指南

（1）第 8 行"（七）不征税收入"：填报纳税人计入收入总额但属于税法规定不征税的财政拨款、依法收取并纳入财政管理的行政事业性收费以及政府性基金和国务院规定的其他不征税收入。第 3 列"调增金额"填报纳税人以前年度取得财政性资金且作为不征税收入处理，在 5 年（60 个月）内未发生支出且未缴回财政部门或其他拨付资金的政府部门，应计入应税收入额的金额；第 4 列"调减金额"填报符合税法规定不征税收入条件并作为不征税收入处理，且已计入当期损益的金额，填列当年取得的全部不征税收入部分（包含专项用途财政性资金）

的，具体调增调减处理与上文讲解的专项用途财政性资金相同。

（2）第9行"其中：专项用途财政性资金"：根据《A105070专项用途财政性资金纳税调整明细表》（以下简称"表A105070"）填报。第3列"调增金额"为表A105070第7行第14列金额；第4列"调减金额"为表A105070第7行第4列金额。

（3）第24行"（十二）不征税收入用于支出所形成的费用"：第3列"调增金额"填报符合条件的不征税收入用于支出所形成的计入当期损益的费用化支出金额。本行填列范围与《纳税调整表》第8行相同。

（4）第25行"其中：专项用途财政性资金用于支出所形成的费用"：根据表A105070填报。第3列"调增金额"为表A105070第7行第11列金额。

3. 《资产折旧、摊销情况及纳税调整明细表》的填写

《资产折旧、摊销情况及纳税调整明细表》涉及不征税收入部分的填写。

不征税收入对应的支出包含两个部分，一是用于支出形成费用部分；二是用于支出形成的资产提取的折旧、摊销部分。第二部分的折旧和摊销根据税法规定，不允许扣除，在所得税汇算清缴时通过填报《A105080资产折旧摊销情况及纳税调整明细表》进行纳税调整，其涉及不征税收入部分的填写有以下三点：

（1）第2列"本年折旧、摊销额"：填报纳税人会计核算的本年资产折旧、摊销额。该列金额包含不征税收入用于支出形成资产的折旧、摊销金额。本列第27行合计金额同时填入《纳税调整表》第31行第1列"账载金额"栏。

（2）第5列"税收折旧、摊销额"：填报纳税人按照税法一般规定计算的允许税前扣除的本年资产折旧、摊销额，不含加速折旧部分。对于不征税收入形成的资产，其折旧、摊销额不得税前扣除。第5行至第8行税收金额应剔除不征税收入所形成资产的折旧、摊销额。本列第2行合计金额与第6列（享受加速折旧政策的资产按税收一般规定计算的折旧、摊销额）第27行合计金额合并填入《纳税调整表》第31行第2列"税收金额"栏。

（3）第9列"纳税调整金额"：填报第2－5－6列的余额。本列的公式：

纳税调整金额＝本年折旧和摊销额－按税收一般规定计算的本年折旧和摊销额（已扣除不征税形成资产的折旧、摊销额）－本年加速折旧额

如果社会组织没有加速折旧，本列金额就等于不征税形成资产的折旧、摊销额。

本列第27行合计金额若大于等于0，则填入《纳税调整表》第31行第3列"调增金额栏"；若小于0，将绝对值填入《纳税调整表》第31行第4列"调减金额"栏。

（五）应税收入的年度汇算清缴企业所得税的填报

社会组织的应税收入也需要汇算清缴。例如，社会组织将暂时不用的存款委托专业机构投资理财，由此产生的理财利息收入属于投资收益就为应税收入。取得的国债利息收入，在年度申报表《A201010免税收入、减计收入、所得减免等优惠明细表及填报说明》中的行次1申报；从证券投资基金中取得的分红收益，在年度申报表《A201010免税收入、减计收入、所得减免等优惠明细表及填报说明》中的行次11申报。建议社会组织在会计科目"其他收入"科目下设置"应税利息"和"免税利息"。如果没有分开核算，根据税法，税务部门将对全部的

利息收入视同应税收入。

第四节 个人所得税纳税申报

一、易于混淆的涉税术语

社会组织向员工支付工资，员工是个人所得税纳税人，社会组织是个人所得税扣缴义务人。

工资所属期，即工资应发时间，员工为单位工作应得工资的所属月份，与劳动所属期一致。

工资发放时间，即工资实际发放时间，员工实际领取工资的日期，不一定和工资所属期相同。

税款所属期，纳税人应纳税款的时间应为实际支付工资时间，即工资发放时间。

扣缴申报时间，扣缴义务人履行代扣代缴义务的扣缴申报税款时间，为支付工资的次月15号前。

年度汇算仅对此次个人所得税改革纳入综合所得范围的工资薪金、劳务报酬、稿酬、特许权使用费等四项所得进行汇算，不包括经营所得、利息股息红利所得、财产租赁所得、财产转让所得和偶然所得。

二、个人所得税基础信息表填报及简要说明

个人所得税以向个人支付所得的单位或者个人为扣缴义务人。居民个人取得综合所得，按年计算个人所得税；有扣缴义务人的，由扣缴义务人按月或者按次预扣预缴税款。

《个人所得税基础信息表（A表）》由扣缴义务人填报。适用于扣缴义务人办理全员全额扣缴申报时，填报其支付所得的纳税人的基础信息。扣缴义务人首次向纳税人支付所得时，或者纳税人相关基础信息发生变化的，应当按照纳税人提供的纳税人识别号等基础信息，由扣缴义务人填报该表，并于次月扣缴申报时向税务机关报送。表中带"*"项目分为必填和条件必填，其余项目为选填；按照表格相关要素逐项填报；扣缴义务人可以通过个人所得税 App 扣缴端以电子申报方式报送税务机关。

三、个人所得税扣缴申报表填报及简要说明

扣缴义务人向居民个人支付工资、薪金所得时，应当按照累计预扣法计算预扣税款，并按月办理扣缴申报。扣缴义务人向居民个人支付劳务报酬所得（如志愿者课酬、培训师资等）、稿酬所得、特许权使用费所得时，应当按次或者按月预扣预缴税款。个人所得税全员全额扣缴申报的范围包括个人所得税法中除经营所得以外的各个所得项目。所得形式包括现金支付、汇

拨支付、转账支付和以有价证券、实物以及其他形式的支付。

（一）填报《个人所得税扣缴申报表》及其他相关资料进行预扣预缴申报

扣缴义务人每月或者每次预扣、代扣的税款，按要求填写表头项目和表内各栏相关数据，在次月 15 日内缴入国库，并向税务机关报送《个人所得税扣缴申报表》及其他相关资料。

（二）扣缴义务人注意事项

（1）享受子女教育、继续教育、住房贷款利息或者住房租金、赡养老人专项附加扣除的纳税人，自符合条件开始，可以向支付工资、薪金所得的扣缴义务人提供上述专项附加扣除有关信息，由扣缴义务人在预扣预缴税款时，按其在本单位本年可享受的累计扣除额办理扣除；也可以在次年 3 月 1 日至 6 月 30 日内，向汇缴地主管税务机关办理汇算清缴申报时扣除。居民个人向扣缴义务人提供有关信息并依法要求办理专项附加扣除的，扣缴义务人应当按照规定在工资、薪金所得按月预扣预缴税款时予以扣除，不得拒绝。

（2）纳税人同时从两处以上取得工资、薪金所得，并由扣缴义务人减除专项附加扣除的，对同一专项附加扣除项目，在一个纳税年度内只能选择从一处取得的所得中减除。

（3）支付工资、薪金所得的扣缴义务人应当于年度终了后两个月内，向纳税人提供其个人所得和已扣缴税款等信息。纳税人年度中间需要提供上述信息的，扣缴义务人应当提供。纳税人取得除工资、薪金所得以外的其他所得，扣缴义务人应当在扣缴税款后，及时向纳税人提供其个人所得和已扣缴税款等信息。在中国境内无住所又不居住，或者无住所而一个纳税年度内在中国境内居住累计不满 183 天的个人，为非居民个人（本书不对此做具体分析）。

（4）从申报内容看，包含了扣缴义务人支付所得（不论是否达到纳税标准）的所有个人的有关信息、支付所得数额、扣除事项和数额、扣缴税款的具体数额和总额以及其他相关涉税信息资料。

（5）纳税人需要享受税收协定待遇的，应当在取得应税所得时主动向扣缴义务人提出，并提交相关信息、资料，扣缴义务人代扣代缴税款时按照享受税收协定待遇有关办法办理。

（6）对扣缴义务人按照规定扣缴的税款，按年付给 2% 的手续费。不包括税务机关、司法机关等查补或者责令补扣的税款。

（7）扣缴义务人未将扣缴的税款解缴入库的，不影响纳税人按照规定申请退税，税务机关应当凭纳税人提供的有关资料办理退税。如扣缴义务人不按规定履行代扣代缴义务的，税务机关负责向纳税人追缴税款，但对扣缴义务人将依《中华人民共和国税收征收管理法》的规定处以应扣未扣税款 50% 以上 3 倍以下的罚款。

纳税人未按照规定的期限办理纳税申报和报送纳税资料的或者扣缴义务人未按照规定的期限向税务机关报送代扣代缴、代收代缴税款报告表和有关资料的，由税务机关责令限期改正，可以处 2000 元以下的罚款；视情节严重的将处 2000 元以上 10000 元以下的罚款。

四、个人所得税年度自行纳税申报表填报及说明

为保障个人所得税综合所得汇算清缴顺利实施、方便代扣代缴义务人和纳税人填报，将个

人所得税年度自行申报表分为了 A 表、B 表、简易版和问答版。其中，A 表适用于居民个人纳税年度内仅从中国境内取得工资薪金所得、劳务报酬所得、稿酬所得、特许权使用费所得（以下简称"综合所得"），按照税法规定进行个人所得税综合所得汇算清缴。年度内取得境外所得的，不适用 A 表。B 表适用于居民个人纳税境外所得，按照税法规定办理取得境外所得个人所得税自行电报表时应当一并附报境外所得个人所得税抵免明细表；如纳税人确定综合所得全年收入额不超过 6 万元且需要申请退税，可填报《个人所得税年度自行纳税申报表（简易版）》，只需确认已预缴税额、填写本人银行账号即可快捷申请退税；如不符合填报简易版申报表的条件，也不太了解所得税有关政策规定，纳税人可考虑选用《个人所得税年度自行纳税申报表（问答版）》（见表 3 – 2）。

表 3 – 2　　　　　　　　　个人所得税年度自行纳税申报表填报及说明

办理时间	纳税人办理 2019 年度汇算的时间为 2020 年 3 月 1 日至 6 月 30 日。在中国境内无住所的纳税人在 2020 年 3 月 1 日前离境的，可以在离境前办理年度汇算
办理方式	纳税人可自主选择下列办理方式： （1）自行办理年度汇算； （2）通过取得工资薪金或连续性取得劳务报酬所得的扣缴义务人代为办理。纳税人向扣缴义务人提出代办要求的，扣缴义务人应当代为办理，或者培训、辅导纳税人通过网上税务局（包括手机个人所得税 App）完成年度汇算申报和退（补）税。由扣缴义务人代为办理的，纳税人应在 2020 年 4 月 30 日前与扣缴义务人进行书面确认，补充提供其 2019 年度在本单位以外取得的综合所得收入、相关扣除、享受税收优惠等信息资料，并对所提交信息的真实性、准确性、完整性负责； （3）委托涉税专业服务机构或其他单位及个人（以下简称"受托人"）办理，受托人需与纳税人签订授权书。 提示：扣缴义务人或受托人为纳税人办理年度汇算后，应当及时将办理情况告知纳税人。纳税人发现申报信息存在错误的，可以要求扣缴义务人或半受托人办理更正申报，也可自行办理更正申报
接受年度汇算申报的税务机关	（1）纳税人自行办理或受托人为纳税人代为办理 2019 年度汇算的，向纳税人任职受雇单位所在地的主管税务机关申报；有两处及以上任职受雇单位的，可自主选择向其中一处单位所在地的主管税务机关申报。纳税人没有任职受雇单位的，向其户籍所在地或者经常居住地的主管税务机关申报； （2）扣缴义务人在年度汇算清内为纳税人办理年度汇算的，向扣缴义务人的主管税务机关申报
办理渠道	渠道 1：网络办税渠道办理。纳税人可优先通过网上税务局（包括手机个人所得税 App）办理年度汇算，税务机关将按规定为纳税人提供申报表预填服务； 渠道 2：通过邮寄方式或到办税服务厅办理。选择邮寄申报的，纳税人需要将申报表寄送至任职受雇单位（没有任职受雇单位的，为户籍或者经常居住地）所在省、自治区、直辖市、计划单列市税务局公告指定的税务机关
资料留存	纳税人以及代办年度汇算的扣缴义务人，需将年度汇算申报表以及与纳税人综合所得收入、扣除、已缴税额或税收优惠等相关资料，自年度汇算期结束之日起留存 5 年
年度汇算的退税、补税	纳税人申请年度汇算退税，应当提供其在中国境内开设的符合条件的银行账户，税务机关按规定审核后，按照国库管理有关规定，在接受年度汇算申报的税务机关所在地（即汇算清缴地）就地办理税款退库。 纳税人 2019 年度综合所得收入额不超过 6 万元且已预缴个人所得税的，税务机关在网上税务局（包括手机个人所得税 App）提供便捷退税功能，纳税人可以在 2020 年 3 月 1 日至 5 月 31 日期间，通过简易申报表办理年度汇算退税

五、代扣代缴个人所得税的操作流程

代扣代缴个人所得税的操作流程如图 3-17 所示。

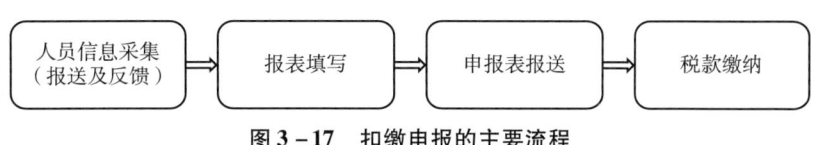

图 3-17　扣缴申报的主要流程

（一）办税管理（系统登录）

重点提示：实名办税制，若更换财务人员需及时到税务部门进行人员变更（见图 3-18）。

图 3-18　办税管理系统登录界面

（二）人员信息采集（重点提示：人员增加或减少及时更改）（见图3-19）

图3-19　人员信息采集界面

（三）专项附加扣除（重点提示：每月下载更新）（见图3-20）

图3-20　专项附加扣除界面

（四）综合所得预扣预缴申报（收入及减除填写）（见图3－21）

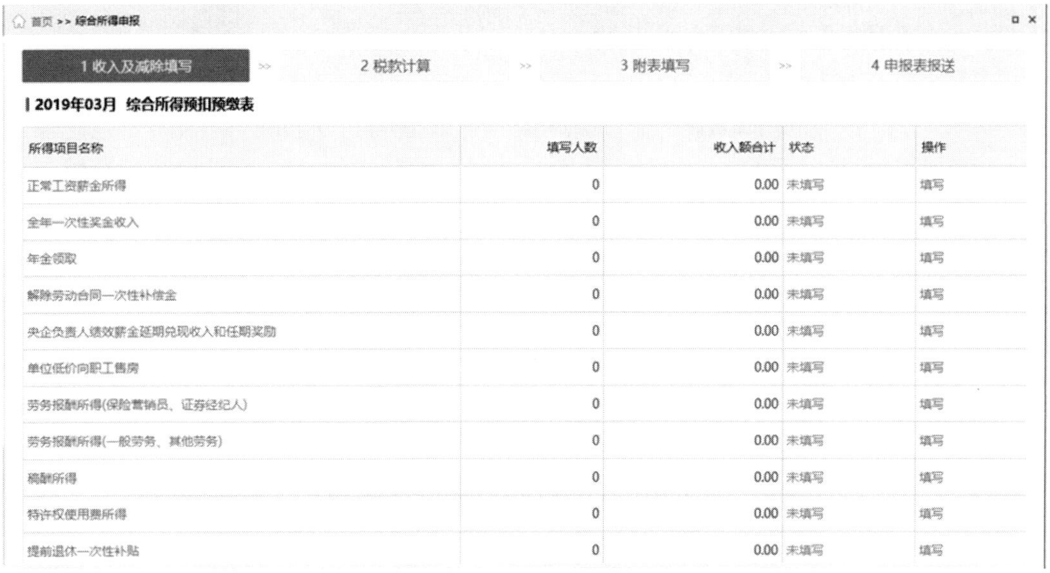

所得项目名称	填写人数	收入额合计	状态	操作
正常工资薪金所得	0	0.00	未填写	填写
全年一次性奖金收入	0	0.00	未填写	填写
年金领取	0	0.00	未填写	填写
解除劳动合同一次性补偿金	0	0.00	未填写	填写
央企负责人绩效薪金延期兑现收入和任期奖励	0	0.00	未填写	填写
单位低价向职工售房	0	0.00	未填写	填写
劳务报酬所得(保险营销员、证券经纪人)	0	0.00	未填写	填写
劳务报酬所得(一般劳务、其他劳务)	0	0.00	未填写	填写
稿酬所得	0	0.00	未填写	填写
特许权使用费所得	0	0.00	未填写	填写
提前退休一次性补贴	0	0.00	未填写	填写

图3－21　综合所得预扣预缴申报界面

1. “正常工资薪金所得”综合所得预扣预缴申报

进入“正常工资薪金所得”界面时，系统自动校验当前是否为“未申报”状态，如果是则弹出“为避免员工通过其他渠道采集的专项附加扣除信息发生未扣、漏扣的情况，建议通过【专项附加扣除信息采集】菜单进行【下载更新】后，再进行【税款计算】。如确实无须下载更新的，请忽略本提示。”的提示框”为避免员工通过其他渠道采集的专项附加扣除信息发生未扣、漏扣的情况，建议通过【专项附加扣除信息采集】菜单进行【下载更新】后，再进行【税款计算】。

（1）点击【添加】弹出“正常工资薪金所得新增”界面，进行单个数据录入（见图3－22）。

（2）点击【导入】→【模板下载】下载标准模板，录入数据后，点击【导入数据】→【标准模板导入】选择模板文件批量导入数据。

（3）点击【导入】→【导入数据】弹出的界面，若上月没有数据，则【复制上月当期数据】的单选内容置灰，且提示“暂无上月数据，无法复制”；上期有数据的，可正常选中【复制上月当期数据】项，点击【立即复制数据】则将上月的数据复制到本月所属期报表中。复制成功后若有员工涉及专项附加扣除的，需再点击【预填专项附加扣除】；如果该属期零工资的员工较多，也可以选择【生成零工资】，为全员生成零收入记录，生成后再手动对非零工资的员工进行修改。

2. “全年一次性奖金额”综合所得预扣预缴申报

填写当月发放的全年一次性奖金收入总额（见图3－23）。

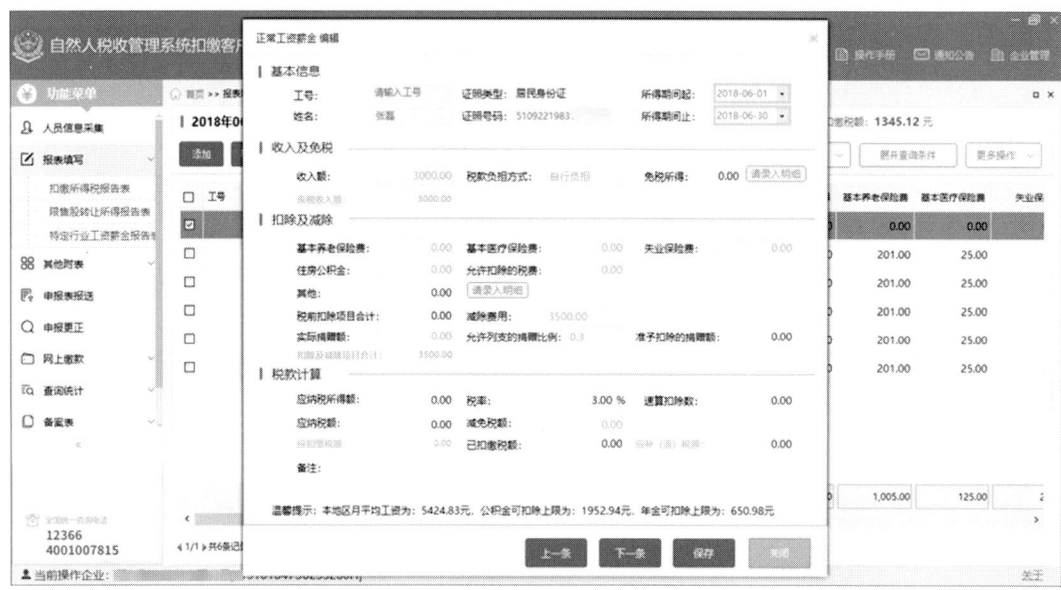

图 3-22　正常工资薪金所得新增界面

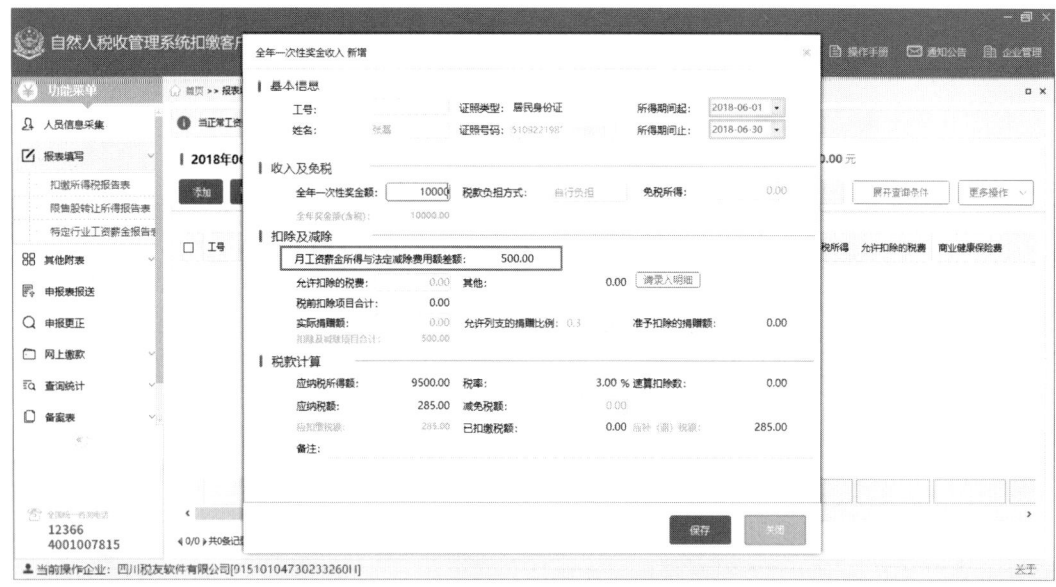

图 3-23　全年一次性资金收入新增界面

注意事项：

同一个纳税人一个纳税年度只能申报一次全年一次性奖金收入，如果系统检测到该纳税人已填写过，则切换所属月份再填写保存时会提示。

（1）综合所得预扣预缴申报：税款计算（见图 3-24）。

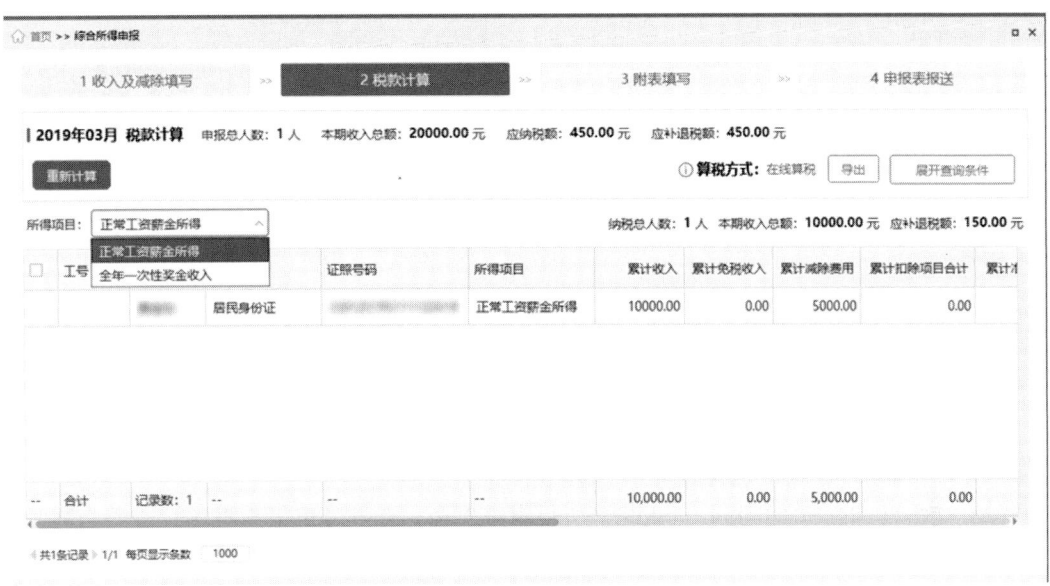

图 3-24　税款计算界面

(2) 综合所得预扣预缴申报：附表填写。

在收入及减除中填写了免税收入、减免税额、商业健康保险、税延养老保险和准予扣除的捐赠额情况下，需要在相应附表里面完善附表信息（见图 3-25）。

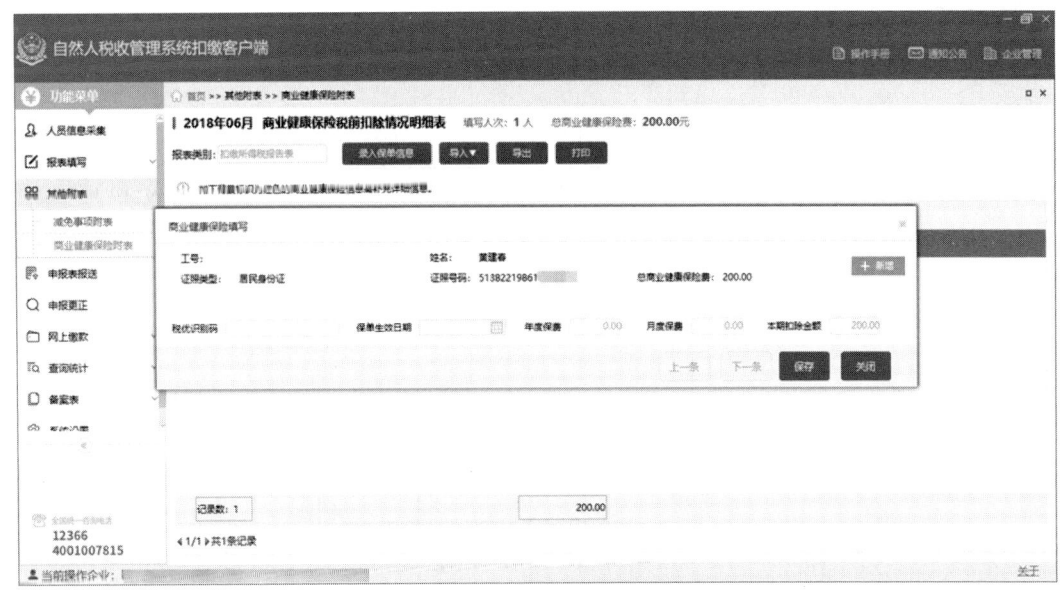

图 3-25　附表填写信息界面

(3) 综合所得预扣预缴申报：申报表报送（见图 3-26）。

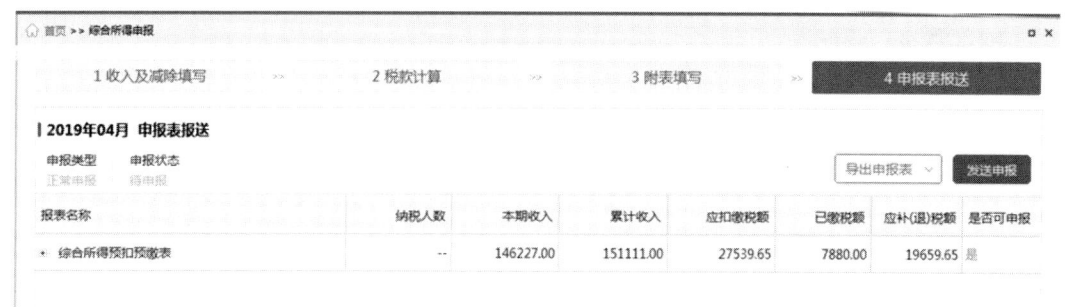

图 3-26 申报表报送界面

3. 申报辅助功能（申报更正）

（1）进入扣缴端，选择需要更正的"税款所属月份"。

（2）点击【综合所得申报】进入综合所得申报界面，点击【申报表报送】查看当前月份申报状态，只有申报类型为"正常申报"，申报状态为"申报成功"的情况下才允许启动更正申报。

（3）点击【更正申报】按钮，启动申报更正，系统提示往期错误更正申报成功后，需要对后续税款所属期的综合所得预扣预缴申报表进行逐月更正。

4. 退付手续费核对（见图 3-27）

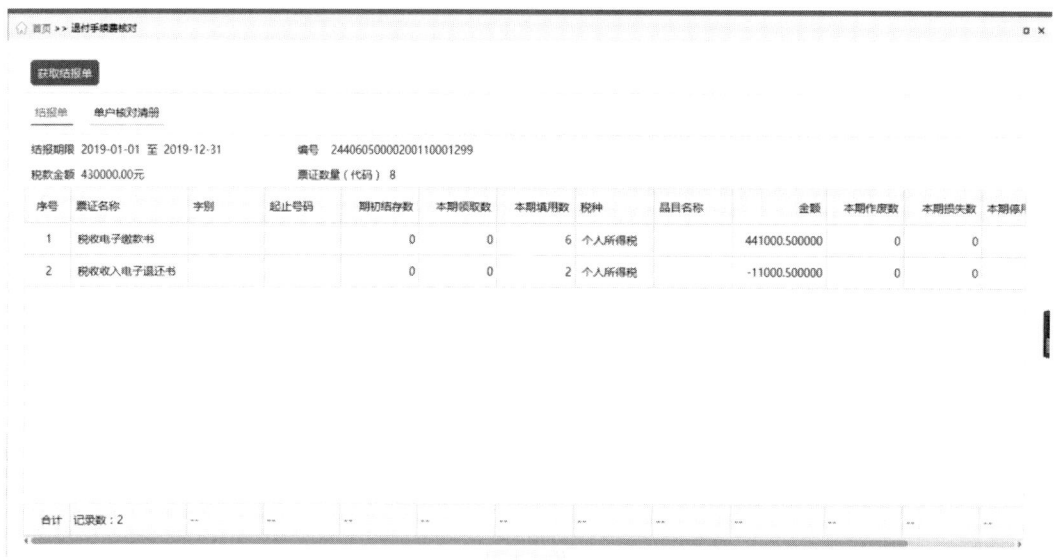

图 3-27 退付手续费核对界面

（1）根据《中华人民共和国个人所得税法》第十七条，对扣缴义务人按照所扣缴的税款，付给百分之二的手续费。

（2）办理条件：使用一类账户的扣缴义务人。

（3）办理时间：每年 3 月 30 日之前。

5. 查询统计（见图 3-28 和图 3-29）

图 3-28　单位申报记录查询

图 3-29　个人扣缴明细查询

☞ **延伸阅读**

1.《增值税纳税申报表（一般纳税人适用）》及其附列资料；
2.《增值税纳税申报表（一般纳税人适用）》及其附列资料填写说明；
3. 中华人民共和国企业所得税月（季）度预缴纳税申报表（A 类）；
4. 不征税收入和税基类减免应纳税所得额明细表（附表 1）及填报说明；

5. 企业所得税年度纳税申报表填报表单；
6. A100000 中华人民共和国企业所得税年度纳税申报表（A 类）；
7. A107010 免税、减计收入及加计扣除优惠明细表；
8. A107011 符合条件的居民企业之间的股息、红利等权益性投资收益优惠明细表；
9. A105000 纳税调整项目明细表；
10. A105040 专项用途财政性资金纳税调整明细表；
11. A105080 资产折旧、摊销及纳税调整明细表；
12. 个人所得税基础信息表（A 表）；
13. 个人所得税扣缴申报表；
14. 个人所得税年度自行纳税申报表（A 表）（简易版）（问答版）；
15. 个人所得税年度自行纳税申报表（B 表）及境外所得个人所得税抵免明细表；
16. 个人所得税经营所得纳税申报表（A 表）；
17. 个人所得税减免税事项报告表；
18. 代扣代缴手续费申请表；
19. 民间非营利组织会计制度；
20. 个人所得税公益慈善事业捐赠扣除明细表。

第四章
社会组织的涉税票据与凭证管理

票据为财务会计核算之根本和基础证据资料,是一个社会组织的资金流入和流出的依据和凭证,是一个机构运营的痕迹资料,更是依法纳税的依据。

社会组织要注意保存与票据对应的合同以及用途的明细、支付凭证,社会组织中发生的所有费用支出需取得相应可验证、可复核的票据,留存各项支出的痕迹资料,以备民政、审计、税务等有关部门和社会公众的监督。社会组织如在日常缺乏对票据的管理,将会带来以下影响:一是无法反映项目或组织相关支出的真实性和合理性;二是对于项目的第三方审计或组织年检都存在一定风险;三是不利于核算项目或者组织运营的真实成本;四是无法获得免税资格和税前扣除等税收优惠。由于社会组织的相关方众多,有可能涉及所有类别的税收发票和财政票据,所以社会组织的涉税票据凭证管理是十分重要的(见表4-1),参见第七章第二节表7-5。

表4-1　　　　　　　　　社会组织常见业务票据对应

业务活动类型	需要开具的票据类别
获得公益性捐赠	公益事业捐赠统一票据
获得政府补贴	无须提供票据
执行政府购买服务	税务发票
接受基金会的无偿资助	公益事业捐赠统一票据
执行基金会采购慈善服务	税务发票
开展培训、会议等经营性服务	税务发票
受托代理资产	无须提供票据

第一节　增值税发票的开具管理

营业税改征增值税后,我国的税务发票指的是增值税发票,包括增值税专用发票、增值税普通发票等(见图4-1至图4-3)。目前,我国增值税发票已经全部通过增值税防伪税控系统进行网络实时开具,纳税人弄虚作假的可能性越来越小。我国已经全面实现增值税普通发票电子化(见图4-4),个别省份已经实现增值税专用发票电子化,增值税专用发票电子化现已在全国推行。

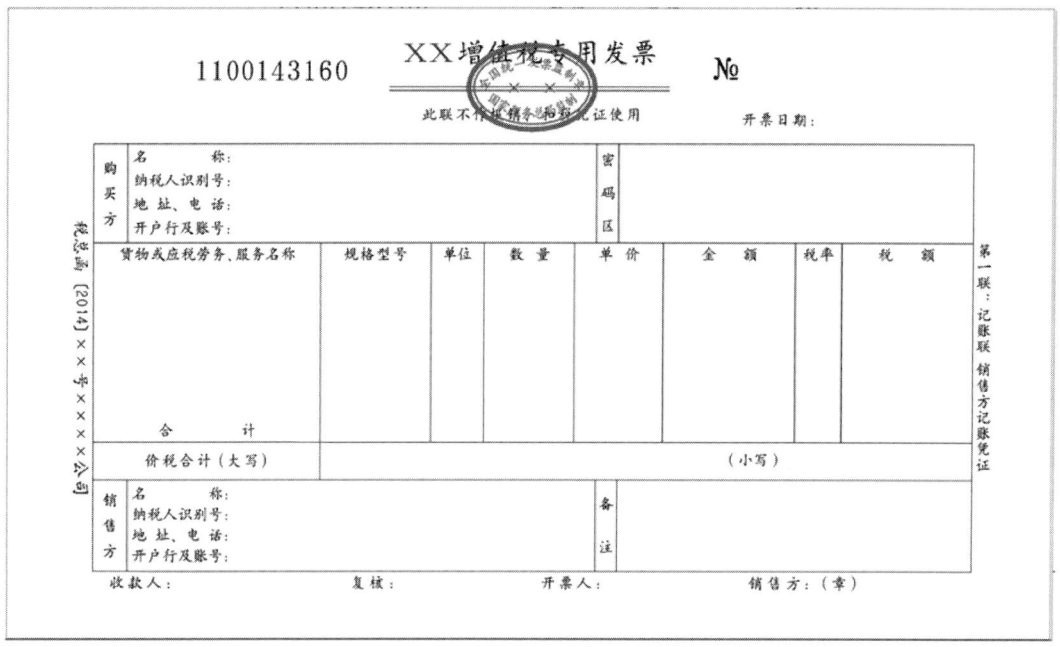

图 4-1 增值税专用发票

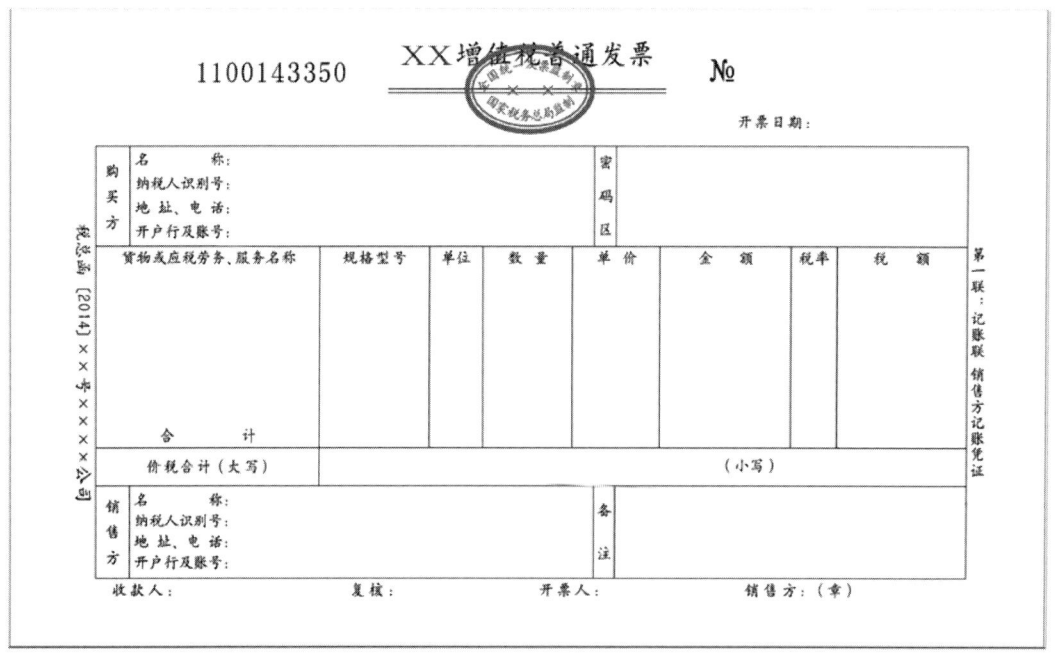

图 4-2 增值税普通发票

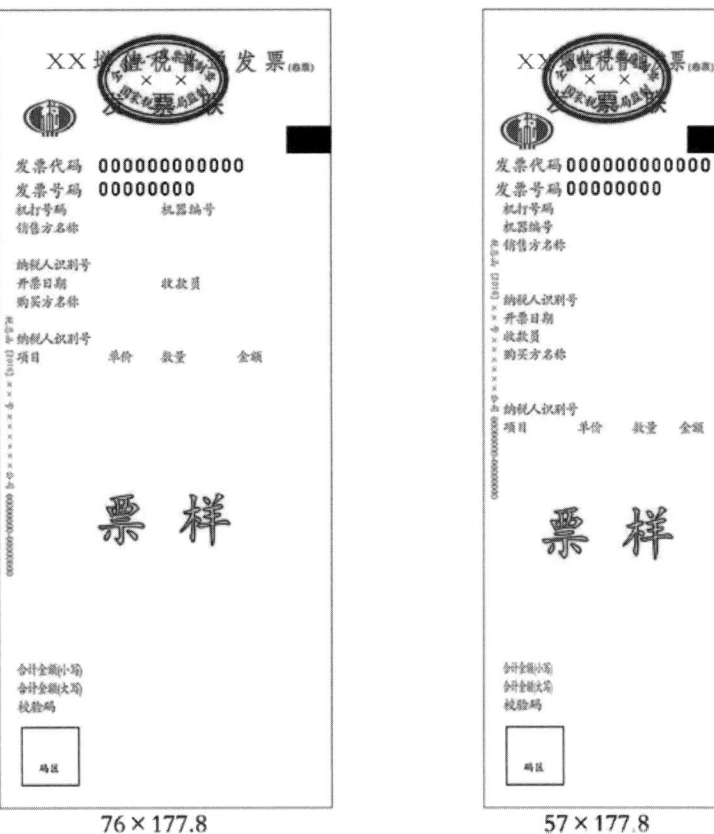

图 4-3 增值税普通发票卷票

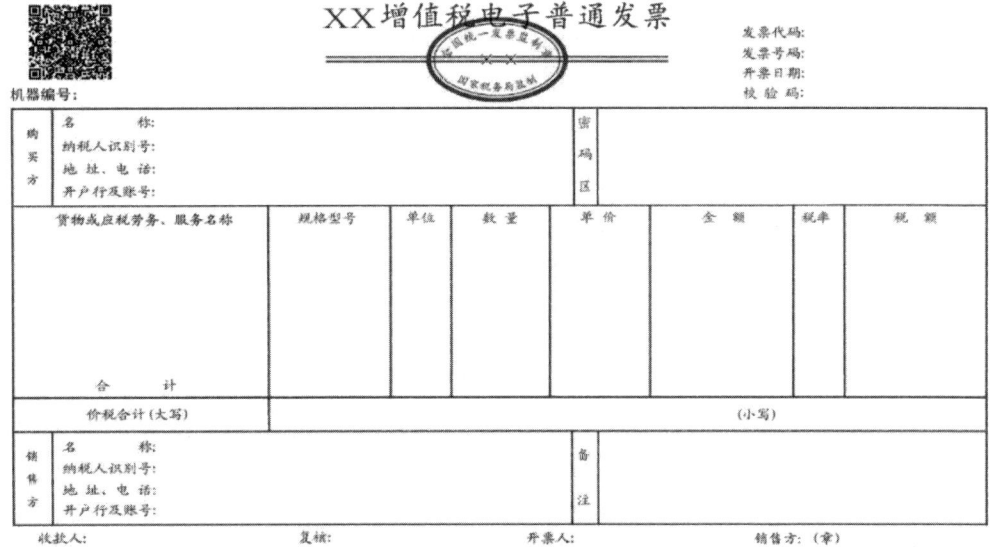

图 4-4 增值税电子普通发票

增值税专用发票主要包括《增值税专用发票》《货物运输业增值税专用发票》《机动车销售统一发票》等。

一、增值税发票开具

社会组织在开展业务时向合作方开具的增值税发票，包括增值税普通发票和增值税专用发票。增值税发票开具应遵循"统一领导、分级管理、专人负责、流程控制"原则。发票领购人负责增值税发票的领购和缴销、发票管理人负责增值税发票的保管；发票开具人负责增值税发票的领用、开具、作废、冲正、登记、统计及相关档案资料的保管；发票审核人负责对交易流水修改、合作方信息修改、发票作废及红字发票的开具进行审核，以及发票专用章的使用。

（一）组织职责

财务会计部门负责制定增值税发票管理办法，规范增值税发票开具流程，指导、监督和检查本单位增值税发票开具工作，与主管税务机关协调增值税发票开具相关事宜。

（二）岗位配置

有条件的社会组织可根据增值税发票开具管理要求配置相关岗位。按照不相容职责管理要求，发票开具人和发票审核人不得由一人兼任，发票开具人和发票专用章管理人员不得由一人兼任。

（三）开具范围

社会组织涉及的应税范围包括政府购买服务、营利性公益培训、营利性服务、义卖货物、不动产租赁等。

（四）开具要求

社会组织应在发生经营业务并确认应税收入时开具发票，不得开具与实际经营业务种类及金额不相符的发票，不得为没有发生的经营业务开具发票。

增值税发票开具应按照增值税纳税义务发生时间开具。

社会组织对合作方提供应税服务或销售商品时，应根据合作方类型、业务类型开具增值税发票。对于增值税一般纳税人合作方，可开具专用发票；对于小规模纳税人合作方，应开具普通发票。

开具增值税普通发票时，应在"购买方纳税人识别号"栏填写购买方纳税人识别号或统一社会信用代码。

对于同时提供服务、销售货物的，发票应按照项目分别开具。开具发票时，通过销售平台系统与增值税发票税控系统后台对接，导入相关信息开票的，系统导入的开票数据内容应与实际交易相符，如不相符应及时修改完善销售平台系统。

不得有下列虚开发票行为：为他人、为自己开具与实际经营业务情况不符的发票，让他人为自己开具与实际经营业务情况不符的发票，介绍他人开具与实际经营业务情况不符的发票。

开具的发票须符合下列规定：一是开具发票应按照规定的时限、顺序、栏目全部联次一次性如实开具，上下联内容和金额应一致并加盖发票专用章；二是发票上项目应填写齐全，客户名称须填写详细，不得简写；三是开具的增值税发票含税销售额应与含税销售额相符；四是发票必须有序开具，发票打印前须将机内发票号码、字轨与机外纸质发票号码、字轨核对一致，不得跳号使用发票；五是增值税发票的开具必须字迹清楚，不得压线、错格。

二、增值税发票票种核定及领用

（一）增值税发票核定

增值税纳税人按生产经营需要，向税务机关申请增值税税控系统开具的发票种类（包括增值税专用发票、增值税普通发票及机动车销售统一发票、增值税电子普通发票）、单次（月）领用数量最高开票限额。

纳税人办理税务登记后需领用发票的，向主管税务机关申请办理发票领用手续（见图4-5）。主管税务机关根据纳税人的经营范围和规模，确认领用发票的种类、数量、开票限额等事宜。为贯彻"放管服"改革，减轻市场主体的税收负担，纳税人领用发票不收费。

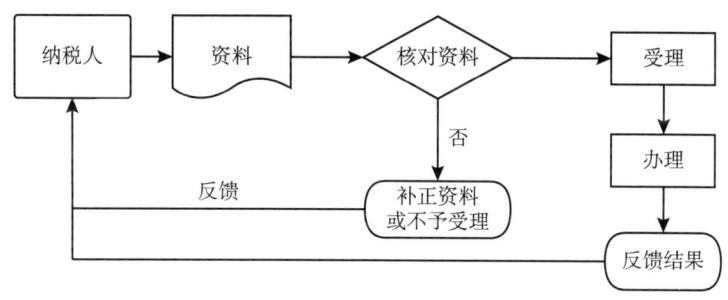

图4-5 办理流程

已办理发票票种核定的纳税人，当前领用发票的种类、数量或者开票限额不能满足经营需要的，可以向主管税务机关提出调整。

纳税人注意事项：

（1）纳税人对报送材料的真实性和合法性承担责任。

（2）税务机关提供"最多跑一次"服务。纳税人在资料完整且符合法定受理条件的前提下，最多只需要到税务机关跑一次。

（3）纳税人使用符合电子签名法规定条件的电子签名，与手写签名或者盖章具有同等法律效力。

（4）增值税电子普通发票的开票方和受票方需要纸质发票的，可以自行打印增值税电子普通发票的版式文件，其法律效力、基本用途、基本使用规定等与税务机关监制的增值税普通发票相同。

（5）按照国家税务总局《关于小规模纳税人免征增值税政策有关征管问题的公告》规定，

小规模纳税人月销售额超过 10 万元的,使用增值税发票管理系统开具增值税普通发票、机动车销售统一发票、增值税电子普通发票。

(6) 临时到本省、自治区、直辖市以外从事经营活动的单位或者个人,凭所在地税务机关的证明,向经营地税务机关领用经营地的发票。

税务机关对外省、自治区、直辖市来本辖区从事临时经营活动的单位和个人领用发票的,可以要求其提供保证人或者根据所领用发票的票面限额以及数量缴纳不超过 1 万元的保证金,并限期缴销发票。按期缴销发票后,解除保证人的担保义务或者退还保证金。

提供保证人或者交纳保证金的具体范围由省税务机关规定。

(7) 自 2018 年 8 月 1 日起,首次申领增值税发票的新办纳税人办理发票票种核定时,增值税专用发票最高开票限额不超过 10 万元,每月最高领用数量不超过 25 份;增值税普通发票最高开票限额不超过 10 万元,每月最高领用数量不超过 50 份。各省税务机关可以在此范围内结合纳税人税收风险程度,自行确定新办纳税人首次申领增值税发票票种核定标准。

(二) 发票领用、发票验(交)旧和发票缴销(见图 4-6)

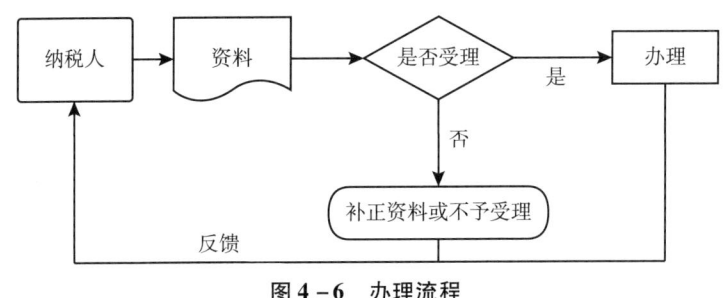

图 4-6 办理流程

纳税人注意事项:

(1) 纳税人对报送材料的真实性和合法性承担责任。

(2) 纳税人使用符合电子签名法规定条件的电子签名,与手写签名或者盖章具有同等法律效力。

(3) 使用增值税发票管理系统的纳税人,非首次领用发票前,应联网上传发票开具信息,或到税务机关抄报增值税发票数据,方便进行发票验旧。

(4) 开具发票的单位和个人应当按照税务机关的规定存放和保管发票,不得擅自损毁。已经开具的发票存根联和发票领用簿,应当保存 5 年。

(5) 对于实行纳税辅导期管理的增值税一般纳税人,一个月内多次领用专用发票的,应从当月第二次领用专用发票起,按照上一次已领用并开具的专用发票销售额的 3% 预缴增值税,未预缴增值税的,主管税务机关不得向其发放专用发票。

对于实行纳税辅导期管理的增值税一般纳税人领用的专用发票未使用完而再次领用的,主管税务机关发放专用发票的份数不得超过核定的每次领用专用发票份数与未使用完的专用发票份数的差额。

(6) 纳税人在运用增值税发票管理系统开具发票时，应认真检查系统中的发票代码、号码与纸质发票是否一致。如发现税务机关错填发票代码、号码的电子信息，应持纸质发票和增值税税控系统专用设备到税务机关办理退回手续。

①发票领用事项表（见表4-2）。

表4-2　　　　　　　　　　　　发票领用事项表

事项名称	办理材料	办理时间	办理地点
发票领用	金税盘（税控盘）、报税盘、税控收款机用户卡	即时办结	可通过办税服务厅（场所）、电子税务局、自助办税终端办理
发票验（交）旧	已开具发票存根联（记账联）、红字发票和作废发票（使用税控机的同时提供发票使用汇总数据报表）	即时办结	可通过办税服务厅（场所）、电子税务局、自助办税终端办理
发票缴销	需缴销的发票	即时办结	可通过办税服务厅（场所）、电子税务局

②业务描述。

发票领用：纳税人在发票票种核定的范围（发票的种类、领用数量、开票限额）内领用发票。

发票验（交）旧：纳税人领用发票时，应当按照税务机关的规定报告发票使用情况，税务机关应当按照规定对已开具发票进行验旧。取消增值税发票（包括增值税专用发票、增值税普通发票、增值税电子普通发票、机动车销售统一发票、二手车销售统一发票）的手工验旧，税务机关利用增值税发票管理系统等系统上传的发票数据，通过信息化手段实现增值税发票验旧工作。

发票缴销：纳税人因信息变更或清税注销、跨区域经营活动结束、发票换版、损毁等原因按规定需要缴销发票的，到税务机关进行缴销处理。税务机关对纳税人领用的空白发票做剪角处理。

三、增值税专用发票作废

（一）作废条件

社会组织在开具增值税专用发票当月，发生销货退回、错账冲正、开票有误等情形，收到退回的发票联、抵扣联符合作废条件的，按作废处理；开具时发现有误的，可即时作废。已认证通过的增值税专用发票一律不得进行作废处理。作废条件是指同时具有下列情形：收到退回的发票联、抵扣联时间未超过销售方开票当月；本单位未抄税并且未记账。

（二）作废处理

作废专用发票须在防伪税控系统中将相应的数据电文按"作废"处理，在纸质专用发票

（含未打印的专用发票）各联次上注明"作废"字样，全联次留存。

开具发票交给对方后，如发生销货退回、错账冲正、开票有误等情形，发票需求部门应填写增值税发票作废申请书，说明作废的发票信息和作废理由并经有权人审批。发票开具岗位人员应将符合作废条件的发票进行作废处理，并经发票审核岗位人员加盖作废章后交给发票管理岗位人员保管。

开具发票尚未交给对方且发现有误的，发票开具岗位人员可及时进行作废处理，经有权人审批，于作废当日由发票审核岗位人员审核并加盖作废章后交给发票管理岗位人员保管。

四、红字专用发票开具

（一）开具条件

社会组织在开具增值税专用发票后，如发生销售退回、错账冲正、开票有误等情形，且不符合作废条件的，可开具红字发票。

（二）开具规定

社会组织开具红字增值税专用发票的流程分为三步：填开"开具红字增值税专用发票信息表"（以下简称"信息表"）、接收校验通过信息表和开具红字发票。开具时，经业务需求部门与对方沟通确认原发票是否认证后分别处理。

1. 对方未对原增值税专用发票进行认证

办理开具红字发票的业务需求部门应要求对方退还原蓝字发票（抵扣联和发票联），并提供经审批确认的退票及未进行认证的书面说明。

发票开具人在增值税发票管理新系统（以下简称"新系统"）中，根据蓝字发票信息填开"开具红字增值税专用发票信息表"。

发票审核人应核对退还蓝字发票是否齐全，蓝字发票是否与信息表中的信息匹配，核对无误后将信息表上传至主管税务机关进行校验审核。

发票开具人凭主管税务机关校验通过的带有"红字专用发票信息表编号"的信息表以及相关证明材料，在新系统中以销项负数开具红字专用发票，红字专用发票应与信息表一一对应。

如需重新开具蓝字发票的，发票开具人可根据正确的开票信息并参考发票开具要求重新开具增值税专用发票。

信息表、红字发票应与原蓝字发票的抵扣联和发票联一并归档保存，并作相应账务处理。

2. 对方已对原增值税专用发票进行认证

办理开具红字发票的业务需求部门应要求对方提供由其在新系统中分开上传并经税务机关校验通过且带有"红字专用发票信息表编号"的信息表、原蓝字发票（抵扣联和发票联），并提供经审批确认的退票及由对方在新系统中填开并上传以进行认证的书面说明。

五、虚开增值税专用发票的法律责任

（一）行政责任

1. 适用行政法规

《中华人民共和国发票管理办法》第二十二条第二款和第三十七条规定了虚开增值税专用发票的行为及承担的行政责任。

2. 虚开增值税专用发票行为

任何单位和个人不得有下列虚开发票行为：为他人、为自己开具与实际经营业务情况不符的发票；让他人为自己开具与实际经营业务情况不符的发票；介绍他人开具与实际经营业务情况不符的发票。

3. 行政责任

违反上述规定虚开发票的，由税务机关没收违法所得；虚开金额在1万元以下的，可以并处5万元以下的罚款；虚开金额超过1万元的，并处5万元以上50万元以下的罚款；构成犯罪的，依法追究刑事责任。

非法代开发票的，依照上述规定处罚。

（二）刑事责任

1. 适用法律

《中华人民共和国刑法》（以下简称《刑法》）第二百零五条规定了虚开增值税专用发票的刑事责任。

2. 虚开增值税专用发票行为

虚开增值税专用发票或者虚开用于骗取出口退税、抵扣税款的其他发票，是指有为他人虚开、为自己虚开、让他人为自己虚开、介绍他人虚开行为之一的。

3. 刑事责任

虚开增值税专用发票或者虚开用于骗取出口退税、抵扣税款的其他发票的，处3年以下有期徒刑或者拘役，并处2万元以上20万元以下罚金；虚开的税款数额较大或者有其他严重情节的，处3年以上10年以下有期徒刑，并处5万元以上50万元以下罚金；虚开的税款数额巨大或者有其他特别严重情节的，处10年以上有期徒刑或者无期徒刑，并处5万元以上50万元以下罚金或者没收财产。

单位触犯《刑法》第二百零五条规定之罪的，对单位判处罚金，并对其直接负责的主管人员和其他直接责任人员，处3年以下有期徒刑或者拘役；虚开的税款数额较大或者有其他严重情节的，处3年以上10年以下有期徒刑；虚开的税款数额巨大或者有其他特别严重情节的，处10年以上有期徒刑或者无期徒刑。

4. 定罪量刑的数额标准

最高人民法院《关于虚开增值税专用发票定罪量刑标准有关问题的通知》中司法解释如下。

在新的司法解释颁行前,对虚开增值税专用发票刑事案件定罪量刑的数额标准,可以参照《最高人民法院关于审理骗取出口退税刑事案件具体应用法律若干问题的解释》第三条的规定执行,即虚开的税款数额在 5 万元以上的,以虚开增值税专用发票罪处三年以下有期徒刑或者拘役,并处 2 万元以上 20 万元以下罚金;虚开的税款数额在 50 万元以上的,认定为《刑法》第二百零五条规定的"数额较大";虚开的税款数额在 250 万元以上的,认定为《刑法》第二百零五条规定的"数额巨大"。

第二节　增值税进项抵扣凭证管理

营改增后,增值税一般纳税人适用一般计税方法,以当期销项税额抵扣当期进项税额计算缴纳增值税。在销项税额一定的情况下,进项税额抵扣的多少决定了社会组织的税负,并影响利润。因此,社会组织应加强对各项支出的进项税额管理,尽可能取得进项税抵扣凭证,实现"应抵尽抵、充分抵扣"。

一、抵扣凭证类型

增值税进项抵扣凭证是指一般纳税人企业购买货物、接受应税服务或劳务获得的增值税专用发票或其他可以抵减销项税额的凭证。社会组织采购货物或接受劳务和服务,取得下列增值税进项抵扣凭证并用于可抵扣范围的,可以抵扣相应的增值税税额:增值税专用发票;税控机动车销售统一发票;海关进口增值税专用缴款书(以下简称"海关缴款书");农产品收购发票;农产品销售发票;完税凭证;收费公路通行费发票;国内旅客运输服务相关票据。

二、抵扣方式及期限

(一) 抵扣方式

增值税进项抵扣凭证的抵扣方式主要包括勾选抵扣、稽核比对抵扣和计算抵扣等三种方式。

勾选抵扣,即先勾选再抵扣。一般纳税人取得增值税发票(包括增值税专用发票、机动车销售统一发票、收费公路通行费增值税电子普通发票,下同)后,可以自愿使用增值税发票选择确认平台查询、选择用于申报抵扣、出口退税或者代办退税的增值税发票信息。

稽核比对抵扣,是指增值税一般纳税人真实进口货物并从海关取得海关缴款书的,可以按照规定抵扣增值税税款。海关缴款书实行"先比对后抵扣"的管理办法,税务机关通过稽核系统将纳税人申请稽核的海关缴款书数据与进口增值税入库数据进行稽核比对,稽核比对结果相符的,纳税人可申报抵扣。

计算抵扣,是指购买方取得农产品收购发票、农产品销售发票、通行费发票、购进国内旅客运输服务取得相关票据或者从境外单位或个人购进服务、无形资产或不动产并取得完税凭证的，根据票面相关信息或通过计算获得进项税额并进行抵扣。

根据增值税进项抵扣凭证类型的不同，具体的抵扣方式如下。

1. 增值税专用发票

从销售方取得的增值税专用发票。经税务机关认证相符的，准许按发票上注明的增值税额进行抵扣。

根据国家税务总局《关于扩大小规模纳税人自行开具增值税专用发票试点范围等事项的公告》第二条的规定，自2019年3月1日起，将取消增值税发票认证（由手工扫描需要抵扣的纸质发票，调整为由纳税人网上选择确认需要抵扣的增值税发票电子信息，即改"扫描"为"勾选"）的纳税人范围扩大至全部一般纳税人。

根据国家税务总局《关于优化完善增值税发票选择确认平台功能及系统维护有关事项的公告》第一条的规定，纳税人每日可登录本省增值税发票选择确认平台，查询、选择、确认用于申报抵扣或者出口退税的增值税发票信息。

2. 税控机动车销售统一发票

从销售方取得的机动车销售统一发票，经税务机关认证相符的，准许按发票上注明的增值税额进行抵扣。

根据国家税务总局《关于调整机动车销售统一发票票面内容的公告》第一条规定，机动车销售统一发票票面"纳税人识别号"栏内打印购买方纳税人识别号，如购买方需要抵扣增值税税款，该栏必须填写，其他情况可为空。

3. 海关进口增值税专用缴款书

从海关取得的海关进口增值税专用缴款书上注明的增值税额，可以按照规定采取稽核比对方式抵扣增值税税款。

根据国家税务总局、海关总署《关于实行海关进口增值税专用缴款书"先比对后抵扣"管理办法有关问题的公告》的规定，自2013年7月1日起，增值税一般纳税人进口货物取得的属于增值税扣税范围的海关缴款书，需经税务机关稽核比对相符后，其增值税额方能作为进项税额在销项税额中抵扣。

4. 农产品收购发票、农产品销售发票

根据财政部、国家税务总局、海关总署《关于深化增值税改革有关政策的公告》第二条的规定，自2019年4月1日起，纳税人在购进农产品时，取得（开具）农产品销售发票或收购发票的，以农产品销售发票或收购发票上注明的农产品买价和9%的扣除率进行进项税额抵扣。纳税人购进用于生产或委托加工13%税率货物的农产品，按照10%的扣除率计算进项税额。

5. 完税凭证

企业从境外单位或者个人购进服务、无形资产或者不动产，按照从税务机关或者扣缴义务人取得的解缴税款的完税凭证上注明的增值税额进行抵扣。

6. 收费公路通行费发票

根据财政部、国家税务总局《关于租入固定资产进项税额抵扣等增值税政策的通知》的规定，自 2018 年 1 月 1 日起，纳税人支付的道路通行费，按照收费公路通行费增值税电子普通发票上注明的增值税额抵扣进项税额。

根据《关于收费公路通行费电子票据开具汇总等有关事项的公告》规定，此公告自 2020 年 5 月 6 日起实施。实施后通行费电子发票、通行费财政电子票据统称为通行费电子票据，并在汇总通行费电子发票和通行费财政电子票据信息基础上，统一生成收费公路通行费电子票据汇总单（以下简称"电子汇总单"），作为已开具通行费电子票据的汇总信息证明材料。

电子汇总单与其汇总的通行费电子发票、通行费财政电子票据通过编码相互进行绑定，可通过服务平台查询关联性。

通行费电子发票包括左上角标识的"通行费"字样，且税率栏次显示适用税率或征收率的通行费电子发票（以下简称"征税发票"）以及左上角无"通行费"字样，且税率栏次显示"不征税"的通行费电子发票（以下简称"不征税发票"）。只有取得通行费征税发票才能抵扣进项税，不征税发票及通行费财政电子票据均无法抵扣进项税。

7. 国内旅客运输服务相关票据

根据财政部、国家税务总局、海关总署《关于深化增值税改革有关政策的公告》的规定，自 2019 年 4 月 1 日起，增值税一般纳税人购进国内旅客运输服务，其进项税额允许从销项税额中抵扣。

可以作为进项税额抵扣的凭证有：增值税专用发票、增值税电子普通发票、注明旅客身份信息的航空运输电子客票行程单、铁路车票以及公路、水路等其他客票。

其中，增值税一般纳税人购进国内旅客运输服务取得增值税电子普通发票的，进项税额为发票上注明的税额；

取得注明旅客身份信息的航空运输电子客票行程单的，按照下列公式计算进项税额：

$$航空旅客运输进项税额 = (票价 + 燃油附加费) \div (1 + 9\%) \times 9\%$$

取得注明旅客身份信息的铁路车票的，按照下列公式计算进项税额：

$$铁路旅客运输进项税额 = 票面金额 \div (1 + 9\%) \times 9\%$$

取得注明旅客身份信息的公路、水路等客票的，按照下列公式计算进项税额：

$$公路、水路旅客运输进项税额 = 票面金额 \div (1 + 3\%) \times 3\%$$

（二）进项税抵扣凭证

进项税抵扣凭证（2019 年 4 月 1 日后）如第二章表 2-8 所示。

三、不得抵扣进项税额情况

根据《中华人民共和国增值税暂行条例》《营业税改征增值税试点实施办法》以及财政部、国家税务总局、海关总署《关于深化增值税改革有关政策的公告》中的相关规定，下列项目的进项税额不得从销项税额中抵扣。

第一条是用于简易计税方法的计税项目、免征增值税项目、集体福利或者个人消费的购进货物、加工修理修配劳务、服务、无形资产和不动产。其中涉及的固定资产、无形资产、不动产，仅指专用于上述项目的固定资产、无形资产（不包括其他权益性无形资产）、不动产。

纳税人的交际应酬消费属于个人消费。交际应酬消费不属于生产经营中的生产投入和支出，是一种生活性消费活动，交际应酬消费需要负担对应的销项税额。

第二条是非正常损失的购进货物，以及相关的加工修理修配劳务和交通运输服务。

第三条是非正常损失的在产品、产成品所耗用的购进货物（不包括固定资产）、加工修理修配劳务和交通运输服务。

第四条是非正常损失的不动产，以及该不动产所耗用的购进货物、设计服务和建筑服务。

第五条是非正常损失的不动产在建工程所耗用的购进货物、设计服务和建筑服务。

非正常损失，是指由纳税人自身原因造成导致征税对象实体的灭失，包括因管理不善造成货物被盗、丢失、霉烂变质，以及因违反法律法规造成货物或者不动产被依法没收、销毁、拆除的情形。纳税人新建、改建、扩建、修缮、装饰不动产，均属于不动产在建工程。

第六条是购进的贷款服务、餐饮服务、居民日常服务和娱乐服务。住宿服务和旅游服务未列入不得抵扣项目，具体处理方式应结合上述第一条中是否为个人消费的标准综合判定。

第七条是财政部和国家税务总局规定的其他情形。

四、异常增值税扣税凭证及管理

根据国家税务总局《关于异常增值税扣税凭证管理等有关事项的公告》及《关于走逃（失联）企业开具增值税专用发票认定处理有关问题的公告》规定，异常凭证范围如下。

一是丢失、被盗税控专用设备中未开具或已开具未上传的增值税专用发票。

二是非正常户未向税务机关申报或未按规定缴纳税款的增值税专用发票。

三是增值税发票管理系统稽核比对发现"比对不符""缺联""作废"的增值税专用发票。

四是经国家税务总局、省税务局大数据分析发现，开具的增值税专用发票存在涉嫌虚开、未按规定缴纳增值税等情形的。

五是走逃（失联）企业存续经营期间发生下列情形之一的，对应所属期开具的增值税专用发票列入异常增值税扣税凭证范围：商贸企业购进、销售货物名称严重背离的；生产企业无实际生产加工能力且无委托加工，或生产能耗与销售情况严重不符，或购进货物并不能直接生产其销售的货物且无委托加工的；直接走逃失踪不纳税申报，或虽然申报但通过填列增值税纳税申报表相关栏次，规避税务机关审核比对，进行虚假申报的。

申报抵扣异常凭证，同时符合下列情形的，其对应开具的增值税专用发票列入异常凭证范围：异常凭证进项税额累计占同期全部增值税专用发票进项税额70%（含）以上的；异常凭证进项税额累计超过5万元的。

尚未申报抵扣、尚未申报出口退税或已作进项税额转出的异常凭证，其涉及的进项税额不计入异常凭证进项税额的计算。

增值税一般纳税人取得的增值税专用发票列入异常凭证范围的，应按照以下规定处理。

第一，尚未申报抵扣增值税进项税额的，暂不允许抵扣。已经申报抵扣增值税进项税额的，除另有规定外，一律作进项税额转出处理。

第二，尚未申报出口退税或者已申报但尚未办理出口退税的，除另有规定外，暂不允许办理出口退税。适用增值税免抵退税办法的纳税人已经办理出口退税的，应根据列入异常凭证范围的增值税专用发票上注明的增值税额作进项税额转出处理；适用增值税减免退税办法的纳税人已经办理出口退税的，税务机关应按照现行规定对列入异常凭证范围的增值税专用发票对应的已退税款追回。

第三，消费税纳税人以外购或委托加工收回的已税消费品为原料连续生产应税消费品，尚未申报扣除原料已纳消费税税款的，暂不允许抵扣；已经申报抵扣的，冲减当期允许抵扣的消费税税款，当期不足冲减的应当补缴税款。

第四，纳税信用A级纳税人取得异常凭证且已经申报抵扣增值税、办理出口退税或抵扣消费税的，可以自接到税务机关通知之日起10个工作日内，向主管税务机关提出核实申请。经税务机关核实，符合现行增值税进项税额抵扣、出口退税或消费税抵扣相关规定的，可不作进项税额转出、追回已退税款、冲减当期允许抵扣的消费税税款等处理。纳税人逾期未提出核实申请的，应于期满后按照前三项规定处理。

第五，纳税人对税务机关认定的异常凭证存有异议，可以向主管税务机关提出核实申请。经税务机关核实，符合现行增值税进项税额抵扣或出口退税相关规定的，纳税人可继续申报抵扣或者重新申报出口退税；符合消费税抵扣规定且已缴纳消费税税款的，可继续申报抵扣消费税税款。

经国家税务总局、省税务局大数据分析发现存在涉税风险的纳税人，不得离线开具发票，其开票人员在使用开票软件时，应当按照税务机关指定的方式进行人员身份信息实名验证。

新办理增值税一般纳税人登记的纳税人，自首次开票之日起3个月内不得离线开具发票，按照有关规定不使用网络办税或不具备风险条件的特定纳税人除外。

五、增值税专用发票丢失的处理

税务总局将增值税发票选择确认平台升级为增值税发票综合服务平台后，对增值税专用发票等相关事项的办理进行了简化，依据国家税务总局《关于增值税发票综合服务平台等事项的公告》第四条规定，纳税人同时丢失已开具增值税专用发票或机动车销售统一发票的发票联和抵扣联，可凭加盖销售方发票专用章的相应发票记账联复印件，作为增值税进项税额的抵扣凭证、退税凭证或记账凭证。

纳税人丢失已开具增值税专用发票或机动车销售统一发票的抵扣联，可凭相应发票的发票联复印件，作为增值税进项税额的抵扣凭证或退税凭证；纳税人丢失已开具增值税专用发票或机动车销售统一发票的发票联，可凭相应发票的抵扣联复印件，作为记账凭证。

六、抵扣凭证逾期的处理

第一,抵扣凭证未在规定时间内认证或勾选确认的处理。

增值税一般纳税人发生真实交易但由于客观原因造成增值税扣税凭证(包括增值税专用发票、海关进口增值税专用缴款书和机动车销售统一发票)未能按照规定期限办理认证、确认或者稽核比对的,经主管税务机关核实、逐级上报,由省国税局认证并稽核比对后,对比对相符的增值税扣税凭证,允许纳税人继续抵扣其进项税额。客观原因包括如下类型:

一是因自然灾害、社会突发事件等不可抗力因素造成增值税扣税凭证逾期;

二是增值税扣税凭证被盗、抢,或者因邮寄丢失、误递导致逾期;

三是有关司法、行政机关在办理业务或者检查中,扣押增值税扣税凭证,纳税人不能正常履行申报义务,或者税务机关信息系统、网络故障,未能及时处理纳税人网上认证数据等导致增值税扣税凭证逾期;

四是买卖双方因经济纠纷,未能及时传递增值税扣税凭证,或者纳税人变更纳税地点,注销旧户和重新办理税务登记的时间过长,导致增值税扣税凭证逾期;

五是由于企业办税人员伤亡、突发危重疾病或者擅自离职,未能办理交接手续,导致增值税扣税凭证逾期;

六是国家税务总局规定的其他情形。

纳税人申请办理逾期抵扣时,应报送如下资料:(1)逾期增值税扣税凭证抵扣申请单;(2)增值税扣税凭证逾期情况说明;(3)逾期增值税扣税凭证电子信息;(4)逾期增值税扣税凭证复印件。

纳税人应详细说明未能按期办理认证或者申请稽核比对的原因,并加盖企业公章。其中,对客观原因不涉及第三方的,纳税人应说明的情况具体为:发生自然灾害、社会突发事件等不可抗力原因的,纳税人应详细说明自然灾害或者社会突发事件发生的时间、影响地区、对纳税人生产经营的实际影响等;纳税人变更纳税地点,注销旧户和重新办理税务登记的时间过长,导致增值税扣税凭证逾期的,纳税人应详细说明办理搬迁时间、注销旧户和注册新户的时间、搬出及搬入地点等;企业办税人员擅自离职,未办理交接手续的,纳税人应详细说明事情经过、办税人员姓名、离职时间等,并提供解除劳动关系合同及企业内部相关处理决定。

客观原因涉及第三方的,应提供第三方证明或说明,具体为:企业办税人员伤亡或者突发危重疾病的,应提供公安机关、交通管理部门或者医院证明;有关司法、行政机关在办理业务或者检查中,扣押增值税扣税凭证,导致纳税人不能正常履行申报义务的,应提供相关司法、行政机关证明;增值税扣税凭证被盗、抢的,应提供公安机关证明;买卖双方因经济纠纷,未能及时传递增值税扣税凭证的,应提供卖方出具的情况说明;邮寄丢失或者误递导致增值税扣税凭证逾期的,应提供邮政单位出具的说明。

复印件必须整洁、清晰,在凭证备注栏注明"与原件一致"并加盖企业公章,增值税专用发票复印件必须裁剪成与原票大小一致。

增值税一般纳税人由于除上述客观原因以外的其他原因造成增值税扣税凭证逾期的，仍应按照增值税扣税凭证抵扣期限有关规定执行。

第二，抵扣凭证在规定时间内认证或勾选通过，但未按期抵扣申报的处理增值税一般纳税人取得的增值税扣税凭证、增值税专用发票（含货物运输业增值税专用发票）、海关进口增值税专用缴款书和公路内河货物运输业统一发票已认证或已采集上报信息但未按照规定期限申报抵扣；实行纳税辅导期管理的增值税一般纳税人以及实行海关进口增值税专用缴款书"先比对后抵扣"管理办法的增值税一般纳税人，取得的增值税扣税凭证稽核比对结果相符但未按规定期限申报抵扣，属于发生真实交易且符合下述客观原因的，经主管税务机关审核，允许纳税人继续申报抵扣其进项税额。客观原因包括如下类型：

一是因自然灾害、社会突发事件等不可抗力原因造成增值税扣税凭证未按期申报抵扣；

二是有关司法、行政机关在办理业务或者检查中，扣押、封存纳税人账簿资料，导致纳税人未能按期办理申报手续；

三是税务机关信息系统、网络故障，导致纳税人未能及时取得认证结果通知书或稽核结果通知书，未能及时办理申报抵扣；

四是由于企业办税人员伤亡、突发危重疾病或者擅自离职，未能办理交接手续，导致未能按期申报抵扣；

五是国家税务总局规定的其他情形。纳税人申请办理抵扣时，应报送如下资料：

（1）未按期申报抵扣增值税扣税凭证抵扣申请单。

（2）已认证增值税扣税凭证清单。

（3）增值税扣税凭证未按期申报抵扣情况说明。纳税人应详细说明未能按期申报抵扣的原因，并加盖企业印章。对客观原因不涉及第三方的，纳税人应说明的情况具体为：发生自然灾害、社会突发事件等不可抗力原因的，纳税人应详细说明自然灾害或者社会突发事件发生的时间、影响地区、对纳税人生产经营的实际影响等；企业办税人员擅自离职，未办理交接手续的，纳税人应详细说明事情经过、办税人员姓名、离职时间等，并提供解除劳动关系合同及企业内部相关处理决定。

对客观原因涉及第三方的，应提供第三方证明或说明，具体为：企业办税人员伤亡或者突发危重疾病的，应提供公安机关、交通管理部门或者医院证明；有关司法、行政机关在办理业务或者检查中，扣押、封存纳税人账簿资料，导致纳税人未能按期办理申报手续的，应提供相关司法、行政机关证明。对于因税务机关信息系统或者网络故障原因造成纳税人增值税扣税凭证未能按期申报抵扣的，主管税务机关应予以核实。

（4）未按期申报抵扣增值税扣税凭证复印件。增值税一般纳税人除上述客观原因以外的其他原因造成增值税扣税凭证未按期申报抵扣的，仍按照现行增值税扣税凭证申报抵扣有关规定执行。

七、善意取得虚开的增值税专用发票的处理

（一）善意取得虚开的增值税专用发票的界定

根据国家税务总局《关于纳税人善意取得虚开的增值税专用发票处理问题的通知》的规定，构成"善意取得虚开增值税专用发票"必须满足以下法律要件：购货方与销售方存在真实的交易；销售方使用的是其所在省（自治区、直辖市和计划单列市）的专用发票；专用发票注明的销售方名称、印章、货物数量、金额及税额等全部内容与实际相符；没有证据表明购货方知道销售方提供的专用发票是以非法手段获得的。

（二）善意取得虚开增值税专用发票的涉税处理

根据国家税务总局《关于纳税人善意取得虚开增值税专用发票已抵扣税款加收滞纳金问题的批复》《国家税务总局关于〈国家税务总局关于纳税人取得虚开的增值税专用发票处理问题的通知〉的补充通知》和国家税务总局《关于纳税人虚开增值税专用发票征补税款问题的公告》的规定，纳税人善意取得虚开增值税专用发票的增值税处理总结如下。

第一，纳税人无论善意还是恶意取得虚开的增值税专用发票，都不得作为增值税合法有效的扣税凭证抵扣其进项税额。

第二，在纳税人善意取得虚开增值税专用发票的情况下，如果购货方能够重新从销售方取得防伪税控系统开出的合法、有效专用发票的，或者取得手工开出的合法、有效专用发票且取得了销售方所在地税务机关已经或者正在依法对销售方虚开专用发票行为进行查处证据的，购货方所在地税务机关应依法准予抵扣进项税款或者出口退税；如不能重新取得合法、有效的专用发票，不准其抵扣进项税款或追缴其已抵扣的进项税款。

在实践中，虚开方往往已经被控制或因其他原因无法开具合法有效的增值税发票，导致善意取得方难以重新取得合法有效的专用发票。因此，纳税人善意取得虚开的增值税专用发票往往不能抵扣进项税额。

第三，根据国家税务总局《关于纳税人善意取得虚开增值税专用发票已抵扣税款加收滞纳金问题的批复》的规定，纳税人善意取得虚开的增值税专用发票被依法追缴已抵扣税款的，不再按日加收滞纳税款万分之五的滞纳金。

第四，纳税人虚开增值税专用发票，未就其虚开金额申报并缴纳增值税的，应按照其虚开金额补缴增值税；已就其虚开金额申报并缴纳增值税的，不再按照其虚开金额补缴增值税。税务机关对纳税人虚开增值税专用发票的行为，应按《中华人民共和国税收征收管理法》及《中华人民共和国发票管理办法》的有关规定给予处罚。

八、走逃（失联）企业开具增值税专用发票的处理

根据国家税务总局《关于走逃（失联）企业开具增值税专用发票认定处理有关问题的公

告》，走逃（失联）企业，是指不履行税收义务并脱离税务机关监管的企业。

根据税务登记管理有关规定，税务机关通过实地调查、电话查询、涉税事项办理核查以及其他征管手段，仍对企业和企业相关人员查无下落的，或虽然可以联系到企业代理记账、报税人员等，但其并不知情也不能联系到企业实际控制人的，可以判定该企业为走逃（失联）企业。

走逃（失联）企业所对应属期开具的增值税专用发票列入异常增值税扣税凭证（以下简称"异常凭证"）范围。

第三节 企业所得税税前扣除凭证管理

一、税前扣除凭证管理原则

税前扣除凭证在管理中遵循真实性、合法性、关联性原则。真实性是基础，合法性是核心，关联性是关键。

（一）真实性

真实性是指税前扣除凭证反映的经济业务真实，且支出已经实际发生。经济业务真实须通过费用支出过程中的事项申请、合同协议、支出依据及付款凭证等证明材料判断业务支出是否真实发生；支出已经实际发生是指相关成本费用已经发生，且取得合法有效凭证。

（二）合法性

合法性是指税前扣除凭证的形式、来源符合国家法律、法规等相关规定，包括但不限于《中华人民共和国会计法》《会计基础工作规范》等对原始凭证的规定；《中华人民共和国发票管理办法》及实施细则中对发票的规定；增值税专用发票、电子普通发票、红字发票等的特殊规定、《财政票据管理办法》中对于财政票据的规定等。

（三）关联性

关联性原则是指税前扣除凭证与其反映的支出相关联且有证明力。税前扣除凭证不仅仅是发票，而是一个与支出相关联的完整证据链，如会议费的税前列支，除了会议费发票之外，还需要会议申请、会议通知、会议纪要、会议签到簿等具有证明力的佐证材料。

二、税前扣除凭证范围与种类

税前扣除凭证按照来源分为外部凭证和内部凭证。社会组织，尤其是执行型社会组织的日常工作中最为重要的支出票据，是指社会组织中的每个人在开展公益项目活动及日常运营中所产生的费用，组织的工作人员凭相关支出票据进行报销。这些票据不论是外部票据还是非营利组织自制的内部票据凭证必须是可复核、可验证的合法支出票据。

外部凭证是指社会组织发生经营活动和其他事项时，从其他单位、个人取得的用于证明其支出发生的凭证，包括但不限于发票（包括纸质发票和电子发票）、财政票据、完税证明、收款凭证、分割单等。

内部凭证是指社会组织自制用于成本、费用、损失和其他支出核算的会计原始凭证，如折旧单、摊销凭证等。内部凭证的填制和使用应当符合国家会计法律、法规等相关规定。

项目执行人员经手的票据比较多，当从外部获取票据时需重点核对，重点注意以下四点，避免由于票据不合法或无效票据而导致无法报销：

（1）加盖的章是否为发票专用章；

（2）付款单位是否为机构全称；

（3）开票的内容是否与支付内容一致；

（4）发票金额大小写是否一致。

必须附上辅助票据证明（明细单、收据、出库单、流水单等）或对票据做一些相应的备注（如事由、何人等信息）。一般来说，税务发票加盖发票专用章，收据加盖财务专用章，但有些地方如政府部门代开发票或收据的需加盖公章，具体以当地实际情况为准。大额支出均需查询票据真伪，避免假发票给社会组织带来诚信及税务风险。最简单的方式就是拨打纳税服务热线12366，或者去当地税务局网站查询发票真伪。

（一）外部凭证

1. 发票

发票是指在购销商品，提供或者接受服务以及从事其他经营活动中，开具、收取的收付款凭证。所有单位和从事生产、经营活动的个人在购买商品、接受服务以及从事其他经营活动支付款项时，应当向收款方取得发票。取得发票时，不得要求变更品名和金额。

2. 发票类型

发票类型包括增值税专用发票、增值税普通发票、机动车销售统一发票、增值税电子普通发票、卷式发票、门票、过路（过桥）费发票、定额发票、客运发票和二手车销售统一发票等。

3. 基础信息

税务发票应具有税务监制章。

购买方名称必须是全称、无错字，写错加盖发票专用章无效（定额发票、过路过桥费发票除外）。

购买方纳税人识别号填写正确，多写、少写、错写无效（定额发票、过路过桥费发票除外）。

其余购买方信息如果是普通发票没有强制要求填写，一旦填写必须准确。发票专用章加盖必须完整、清晰，不允许加盖多个不同发票专用章，不得在同一处重复盖章，不得加盖单位公章或财务专用章。

发票专用章的纳税人识别号与销售方信息栏中的纳税人识别号需一致。

4. 发票规范

增值税专用发票不能压线、错格，不仅是密码区，全部打印区内容都不能压线、错格，所有信息填写完整、准确，销售方的开票人和复核人原则上不能是同一个人，专用发票必须查验真伪，认证只是抵扣的程序不代表发票合规。

通用机打发票、增值税普通发票、增值税电子普通发票的审核标准参照增值税专用发票。

手填税务发票，严格按照机打发票标准填写，发票内容和金额必须在同一行，手填发票一定要确保验真后再支付。

定额发票，包含了地铁充值发票、过路过桥费发票、停车票、部分地区的餐费发票等，严防假票。

5. 税务风险

纳税人通过增值税发票管理新系统开具的增值税发票，其"货物或应税劳务、服务名称"栏为编码简称、名称，其中编码简称须按照《商品和服务税收分类与编码》填写，且与实际业务相符、与税率相符，名称可自主填写，发票内容必须根据实际业务开具，内容较多可以汇总开具，根据具体明细在税控系统中开具清单（非增值税新系统开具的发票参照审核，如通用机打发票等，下同）。

发票上的规格型号、单位、数量、单价，按税法规定依次据实填写，且必须与实际业务相符，服务及劳务如无规格型号、单位、数量、单价，相关信息可不填。

适用税目和税率应正确，与实际业务相符。差额计税差额开票适用正确。

2018年1月1日开具的增值税发票显示编码简称，该项要求逐步推行，目前允许部分税务机关代开发票没有编码简称，其余纳税人在新系统开具的增值税发票必须显示编码简称。

6. 备注栏信息

建筑服务发票，应在发票的备注栏注明建筑服务发生地县（市、区）名称及工程名称。

不动产销售发票，应在发票"货物或应税劳务、服务名称"栏填写不动产名称及房屋产权证书号码（无房屋产权证书的可不填写），"单位"栏填写面积单位，备注栏注明不动产的详细地址。

不动产租赁发票，应在备注栏注明不动产的详细地址。

货物运输发票，应备注起运地、达到地、车种车号以及运输货物信息等内容。

车船税发票，如果是保险机构作为车船税扣缴义务人，在代收车船税并开具增值税发票时，应在增值税发票备注栏中注明代收车船税税款信息。具体包括保险单号、税款所属期、代收车船税金额、滞纳金金额、金额合计等。

差额开票应在备注栏自动打印"差额征税"字样，发票开具不应与其他应税行为混开。

7. 其他要求

社会组织经营地址和注册地址不一致，开具增值税专用发票时应按照税务登记证（统一社会信用代码证）上的地址开具。

增值税专用发票"开户行及账号"，应填写企业基本开户行及账号。销售方开具发票时，应如实开具与实际经营业务相符的发票，购买方取得发票时，不得要求变更品名和金额。

严格按照《商品和服务税收分类与编码》开具发票，采用增值税发票管理新系统开具的发票不能出现如"办公用品""材料一批""礼品"等类似的笼统开具行为。比如《商品和服务税收分类与编码》中有一个明细类别是"纸制文具及办公用品"，因此发票摘要写"纸制文具及办公用品"是符合规范的，但是只写"办公用品"是不符合规范的。

由于开票时有限额，销售货物不能一次性全开，分开开具发票时，会出现数量是小数，比如 0.4 台，只要分开开具的发票数量总额与实际销售数量相符即可。

成品油增值税专用发票在发票的左上角应有"成品油"三个字。

（二）财政票据

财政票据是指由财政部门监（印）制、发放、管理，国家机关、事业单位、具有公共管理或者公共服务职能的社会团体及其他组织依法收取非税收入或者从事非营利性活动收取财物时，向公民、法人和其他组织开具的凭证。财政票据是财务收支和会计核算的原始凭证，包括电子和纸质两种形式。财政电子票据和纸质票据具有同等法律效力，是财会监督、审计监督等的重要依据。截至 2020 年 12 月，全国已有 29 个省（自治区、直辖市）开展了财政电子票据改革，覆盖了公益事业捐赠统一票据等所有票据种类。

财政票据包括如下种类：非税收入通用票据；非税收入专用票据，主要包括行政事业性收费票据、政府性基金票据、国有资源（资产）收入票据；非税收入一般缴款书；公益事业捐赠统一票据；医疗收费票据；社会团体会费票据；资金往来结算票据等；其他应当由财政部门管理的票据。社会组织常用到的票据有公益事业捐赠统一票据、社会团体会费票据以及行政事业单位资金往来结算票据等。

1. 公益事业捐赠统一票据

一是公益事业捐赠统一票据的定义。

公益事业捐赠统一票据，是指各级人民政府及其部门、公益性事业单位、公益性社会团体及其他非营利组织（以下简称"公益性单位"）按照自愿、无偿原则，依法接受并用于公益事业的捐赠财物时，向提供捐赠的自然人、法人和其他组织开具的凭证。

二是公益事业捐赠统一票据的适用范围。

非营利组织发生下列按照自愿和无偿原则依法接受捐赠的行为，应当开具公益事业捐赠统一票据：

第一，各级人民政府及其部门在发生自然灾害时或者应捐赠人要求接受的捐赠；

第二，公益性事业单位接受用于公益事业的捐赠；

第三，公益性社会团体接受用于公益事业的捐赠；

第四，其他非营利组织接受用于公益事业的捐赠；

第五，财政部门认定的其他行为。

其中，公益事业是指下列非营利事项：

第一，救助灾害、救济贫困、扶助残疾人等困难的社会群体和个人的活动；

第二，教育、科学、文化、卫生、体育事业；

第三，环境保护、社会公共设施建设；

第四，促进社会发展和进步的其他社会公共和福利事业。

非营利组织发生下列行为，不得使用公益事业捐赠统一票据：

第一，集资、摊派、筹资、赞助等行为；

第二，以捐赠名义接受财物并与出资人利益相关的行为；

第三，以捐赠名义从事营利活动的行为；

第四，收取除捐赠以外的政府非税收入、医疗服务收入、会费收入、资金往来款项等应使用其他相应财政票据的行为；

第五，按照税收制度规定应使用税务发票的行为；

第六，财政部门认定的其他行为。

赞助方发生的赞助支出既不能作为公益捐赠进行税前抵扣，也不能作为成本费用税前列支（即使取得了增值税发票）。现行税收政策将赞助支出认定为与企业生产经营活动无关的各种非广告性质支出，企业发生的赞助支出不得在计算企业所得税税前扣除。

依据《中华人民共和国慈善法》第三十四条规定，慈善捐赠是指自然人、法人和其他组织基于慈善目的，自愿、无偿赠与财产的活动。而赞助具有一定的商业目的，包括赞助企业的品牌宣传、产品展示等配套需求。社会组织在接受捐赠时应注意判断捐赠方的商业目的，区分慈善捐赠性质，还是赞助性质。属于赞助费的，不得开具公益事业捐赠统一票据。

三是公益事业捐赠统一票据的领用单位。

根据《关于进一步明确公益性社会组织申领公益事业捐赠票据有关问题的通知》：在民政部门需依法登记，并从事公益事业的社会团体、基金会和民办非企业单位（以下简称"公益性社会组织"），按照《公益事业捐赠统一票据使用管理暂行办法》规定，可以到同级财政部门申领公益事业捐赠统一票据。

四是公益事业捐赠统一票据的领用。

公益事业捐赠统一票据实行凭证领用（购）、分次限量、核旧领（购）新的申领制度。公益性社会组织首次申领公益事业捐赠统一票据时，应按规定程序先行申请办理《财政票据领购证》，并提交申请函、民政部门颁发的登记证书、组织机构代码证书副本原件及复印件、单位章程（章程中应当载明本组织开展公益事业的具体内容），以及财政部门规定的其他材料。依据《财政部关于修改〈财政票据管理办法〉的决定》和《公益事业捐赠票据使用管理暂行办法》，对公益性社会组织提供的申请材料进行严格审核，对符合公益事业捐赠统一票据管理规定的申请，予以核准，办理《财政票据领购证》，并发放公益事业捐赠统一票据。

公益性社会组织再次申领公益事业捐赠统一票据时，应当出示《财政票据领购证》，并提交前次公益事业捐赠统一票据使用情况，包括册（份）数、起止号码、使用份数、作废份数、收取金额及票据存根等内容。财政部门对上述内容审核合格后，核销其票据存根，并继续发放公益事业捐赠统一票据。

五是公益事业捐赠统一票据的使用（见图4-7和图4-8）。

图 4-7 公益事业捐赠统一票据（纸质）票样

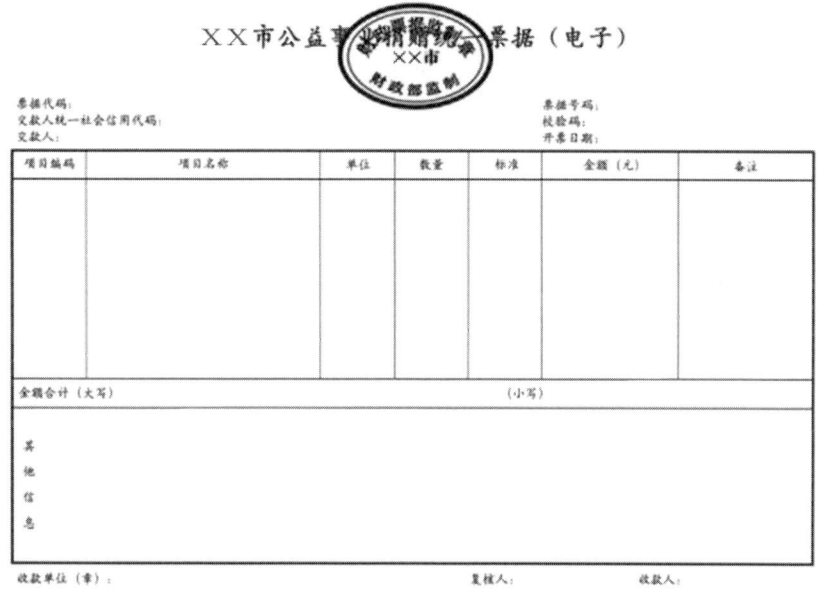

图 4-8 公益事业捐赠统一票据（电子）票样

企业和个人向政府部门、社会组织进行捐赠后，由被捐赠方开具公益事业捐赠统一票据，企业和个人据此作为税前扣除公益捐赠支出的法定凭据。对于发生捐赠后，没有取得公益事业捐赠统一票据的，企业和个人的捐赠支出不得在企业所得税、个人所得税前扣除。依据《关于公益性捐赠税前扣除有关事项的公告》第十一条的规定，"公益性社会组织、县级以上人民政府及其部门等国家机关在接受捐赠时，应当按照行政管理级次分别使用由财政部或省、自治区、直辖市财政部门监（印）制的公益事业捐赠统一票据，并加盖本单位的印章。"

2. 社会团体会费票据

（1）社会团体会费票据的定义。

社会团体会费票据是依法成立的社会团体向会员收取会费时开具的法定凭证，是财政票据的重要组成部分,是财政、民政、审计等部门进行监督的重要依据。

(2) 会费票据适用范围。

依据《关于进一步规范社会团体会费票据使用管理的通知》除了向会员收取会费外,社会团体的其他收入不得使用社团会费票据。

(3) 社会团体会费票据的领购。

社会团体会费票据实行凭证申领、分次限量、核旧领新制度(见图4-9和图4-10)。

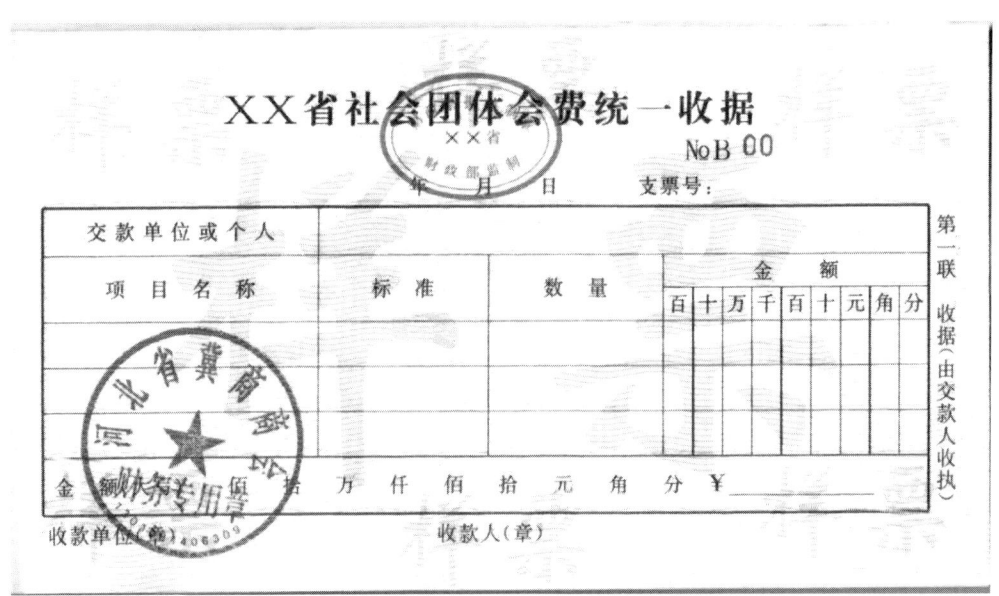

图4-9 社会团体会费票据(纸质)票样

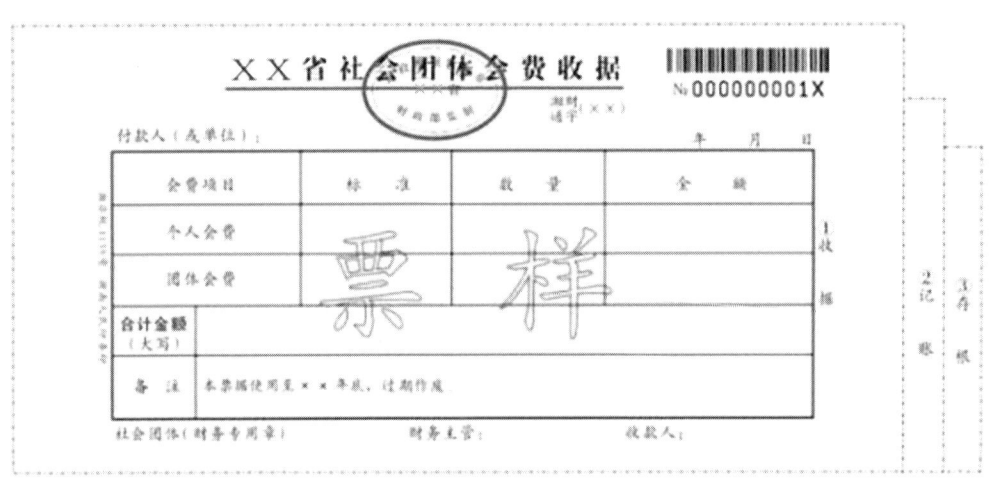

图4-10 社会团体会费票据(电子)票样

社会团体首次申领社团会费票据,应向与其注册登记部门同级的财政部门提出申请,提交申请函，说明收取会员费的依据及标准；提供加载统一社会信用代码的社团登记证书及复印件、经民政部门依法核准的单位章程复印件，同级财政部门要求的其他材料，填写《财政票据领用证申请表》。社会团体提供的所有材料均需加盖社会团体公章。受理申请的财政部门审核材料，对符合条件的，办理《财政票据领用证》，并发放社团会费票据。

社会团体再次申领社团会费票据，应当出示《财政票据领用证》，并提交前次申领的社团会费票据存根和使用情况说明，经财政部门审验无误并进行核销后，方可继续申领社团会费票据。

（4）社会团体会费票据的使用管理。

各社会团体要按规定的适用范围开具社团会费票据，不得擅自扩大社团会费票据使用范围，不得将社团会费票据与其他财政票据、税务发票互相串用。社团会费票据的使用、管理、核销、销毁等按照《财政票据管理办法》有关规定执行。

3. 行政事业单位资金往来结算票据。

（1）行政事业单位资金往来结算票据的定义。

行政事业单位资金往来结算票据，是指国家机关、事业单位、社会团体、经法律法规授权的具有管理公共事务职能的其他组织机构为发生暂收、代收和单位内部资金往来结算等经济活动时开具的凭证。

（2）行政事业单位资金往来结算票据的适用范围。

一是行政事业单位暂收款项。由行政事业单位暂时收取，在经济活动结束后需退还原付款单位或个人，不构成本单位收入的款项，如押金、定金、保证金及其他暂时收取的各种款项等。

二是行政事业单位代收款项。由行政事业单位代为收取，在经济活动结束后需付给其他收款单位或个人，不构成本单位收入的款项，如代收教材费、体检费、水电费、供暖费、电话费等。

三是单位内部各部门之间、单位与个人之间发生的其他资金往来且不构成本单位收入的款项。

另据财政部《关于行政事业单位资金往来结算票据使用管理有关问题的补充通知》规定，行政事业单位取得具有横向资金分配权部门（包括投资主管部门、科技主管部门、国家自然科学基金管理委员会、国家出版基金管理委员会等）拨付的基本建设投资、科研课题经费等形成本单位收入的，可凭银行结算凭证入账；转拨下级单位或其他相关指定合作单位的，属于暂收代收性质，可使用行政事业单位资金往来结算票据。没有财务隶属关系事业单位等之间发生的往来资金，如科研院所之间、高校之间、科研院所与高校之间发生的科研课题经费等，涉及应税的资金，应使用税务发票；不涉及应税的资金，应凭银行结算凭证入账。

四是财政部门认定的不作为行政事业单位收入的其他资金往来行为。

另外，以下行为不得使用资金往来结算票据：

一是行政事业单位按照自愿有偿的原则提供下列服务，其收费属于经营服务性收费，应当依法使用税务发票，不得使用资金往来结算票据。

第一，信息咨询、技术咨询、技术开发、技术成果转让和技术服务收费；

第二，法律法规和国务院部门规章规定强制进行的培训业务以外，由有关单位和个人自愿参加培训、会议的收费；

第三，组织短期出国培训，为来华工作的外国人员提供境内服务等收取的国际交流服务费；

第四，组织展览、展销会收取的展位费等服务费；

第五，创办刊物、出版书籍并向订购单位和个人收取的费用；

第六，开展演出活动，提供录音录像服务收取的费用；

第七，复印费、打字费、资料费；

第八，其他经营服务性收费行为。

二是行政事业性收费、政府性基金、国有资源有偿使用收入、国有资产有偿使用收入、国有资本经营收益、彩票公益金、罚没收入、以政府名义接受的捐赠收入、主管部门集中收入等政府非税收入，应当按照规定使用行政事业性收费票据、政府性基金票据、罚没票据、非税收入一般缴款书等的财政票据，不得使用资金往来结算票据。

三是行政事业单位受政府非税收入执收单位的委托，代行收取政府非税收入、应当按照有关委托手续，使用委托单位领购的有关政府非税收入票据代收相应的政府非税收入，不得使用资金往来结算票据。

四是社会团体收取会费收入，使用社会团体会费专用收据；公立医疗机构从事医疗服务取得收入，使用医疗票据；公益性单位接收捐赠收入，使用公益事业捐赠统一票据，均不得使用资金往来结算票据。

五是行政事业单位取得的拨入经费、财政补助收入、上级补助收入等形成本单位收入，不得使用资金往来结算票据。

六是财政部门认定的其他行为。

综上所述，正如行政事业单位资金往来结算票据名称所表示的，涉及资金往来类的收入可以使用结算票据，而涉及应税类的收入，应使用税务专用发票，按规定缴纳相应税金。

（三）其他税前扣除凭证

1. 完税证明

完税证明是指税务机关征收税款、扣缴义务人代扣或代收税款时，向纳税人开具的、证明纳税人履行纳税义务的书面凭证，是纳税单位和个人履行纳税义务的合法凭证，是进行税务会计核算、监督的原始凭证。自2019年1月1日起，《税收完税证明》不再作为税收票证管理，不再套印"国家税务总局税收票证监制章"，加盖的税务机关印章由"征税专用章"调整为"业务专用章"。

2. 交通票据

火车票、汽车票、飞机票等乘坐交通工具的票据可以作为税前扣除凭证。飞机票、火车票、汽车票等必须注意结合业务审核。例如，差旅费用审批单、行程、出差人员等信息，飞机票（电子客票行程单）可登录民航局查验行程单的真伪。

3. 分割单

企业与其他企业（包括关联企业）、个人在境内共同接受应纳增值税劳务（以下简称"应税劳务")发生的支出,采取分摊方式的,应当按照独立交易原则进行分摊,企业以发票和分割单作为税前扣除凭证,共同接受应税劳务的其他企业以企业开具的分割单作为税前扣除凭证。企业与其他企业、个人在境内共同接受非应税劳务发生的支出,采取分摊方式的,企业以发票外的其他外部凭证和分割单作为税前扣除凭证,共同接受非应税劳务的其他企业以企业开具的分割单作为税前扣除凭证。

4. 其他可以作为税前扣除的凭证

白条,包括超市小票、普通三联收据、收条、出库单等,不能作为合法的支出凭证,应尽量避免白条作为支出票据入账。如白条过多会影响通过审计年检,还存在一定的税务风险。由于公益项目执行过程常常是在偏远山区,无法取得相关票据,可按天以出差补贴的形式发放给项目人员,出差补贴的金额最好与实际发生的费用相符,否则超过当地的差旅补贴标准的部分还要缴纳个人所得税。

(四) 内部凭证

社会组织自制用于成本、费用、损失和其他支出核算的会计原始凭证。包括组织在执行或完成某项活动时,内部制作的支付给个人工资、劳务费、补贴等支出票据,必须具有领款人姓名、支付事由、应付金额、代扣个税、实付金额、联系电话等信息,领款单(劳务费、补贴)还需登记领款人身份证号码等内容。

用现金支付,需由领款人签字确认(如在具体扶贫工作中,确有领款人不识字,也不能通过网银汇款,可以采取按手印确认领,但这种情况有较大的管理风险和极高的执行成本,后期的合规风险很大)。

用网银转账,需附银行回单。以工资表为例,各机构可根据实际情况对工资表的内容作设置,但人员姓名、应付工资、实付工资、代扣款项、支付方式、制表人、审批人等这些基本信息不能缺少。当机构人员工资同时有两个以上的项目分担时,可以通过工资分配表来查看各人员工资哪些是机构管理费用承担,哪些是项目管理,且必须分别分摊到不同的项目中去。

以劳务费支付表为例,在支付劳务费时可采取多人集中支付或单人单独支付,领款单是用于支付给个人的劳务费、补贴的票据。例如,因某次讲座需要支付给某专家的劳务费。补贴领用表针对个人发放的零星补贴(如餐补、交通费补贴)或是助学金之类的支出,可采用补贴领用表。

三、应税行为扣除凭证管理

(一) 管理要点

企业在境内发生的支出项目属于增值税应税项目(以下简称"应税项目")的,对方为已办理税务登记的增值税纳税人,其支出以发票(包括按照规定由税务机关代开的发票)作为税前扣除凭证。

对方为依法无须办理税务登记的单位或者从事小额零星经营业务的个人,其支出以税务机关代开的发票或者收款凭证及内部凭证作为税前扣除凭证，收款凭证应载明收款单位名称、个人姓名及身份证号、支出项目、收款金额等相关信息。

国家税务总局对应税项目开具发票另有规定的，以规定的发票或者票据作为税前扣除凭证。

（二）注意事项

小额零星经营业务的判断标准是个人从事应税项目经营业务的销售额不超过增值税相关政策规定的起征点。销售货物的，为月销售额5000~20000元；销售应税劳务的，为月销售额5000~20000元；按次纳税的，为每次（日）销售额300~500元。各省、自治区、直辖市可以根据实际情况，在上述规定的范围内确定本地区适用的起征点。增值税个人纳税人对于固定业户适用"按月"起征点的规定；对于个人零散税收纳税人，适用"按次（日）"起征点的规定。

应税项目包括免税项目，不包括不征税项目，免税项目应取得普通发票；不超过起征点的收入，属于免税收入，依然是应税项目；只要对方是单位且提供应税项目，应提供发票；如果对方是个人且提供零星应税项目、可以使用发票以外的外部凭证。

四、非应税行为扣除凭证管理

（一）对方为单位

社会组织在境内发生的支出项目不属于应税项目的，对方为单位的，以对方开具的发票以外的其他外部凭证作为税前扣除凭证，如对方单位提供非应税项目下的货物和服务，可使用财政票据、收款凭证及其相关法律文件资料作为税前扣除凭证。

（二）对方为个人

社会组织在境内发生的支出项目不属于应税项目的，对方为个人的，以内部凭证作为税前扣除凭证。如发放给消费者个人的小额电子红包或优惠券等，以内部凭证作为税前扣除凭证，不需取得个人出具的收款凭证或其他凭证。内部凭证的填制和使用须符合会计法律、法规等相关规定。

（三）其他情形

社会组织在境内发生的支出项目虽不属于应税项目，但按国家税务总局规定可以开具发票的，发票可以作为税前扣除凭证。营改增后，一些特殊业务可以开具"不征税"增值税普通发票，税率栏填写"不征税"。如销售预付卡等，这些不征税发票可以作为税前扣除凭证。但要分情况判断是否税前扣除，还要看扣除时点和扣除金额，如社会组织购买预付卡，取得增值税普通发票，但不能在取得发票时税前扣除购卡支出。若社会组织购买的预付卡自己使用，则在持卡消费时（如购买办公用品）据实扣除消费金额；若社会组织购买的预付卡发放给职工，则计入职工福利费，在税法规定的限额内税前扣除；若社会组织购买的预付卡赠送给客户，则计入业务招待费，在税法规定的限额内税前扣除。

五、境外支出扣除凭证管理

随着"走出去"与"一带一路"倡议的提出，社会组织参与国际交流，合作事项日益频繁，社会组织从境外购进货物或者劳务发生的支出，以对方开具的发票或者具有发票性质的收款凭证、相关税费缴纳凭证作为税前扣除凭证。只要符合我国税法规定中的"实际发生"原则和"与取得收入相关"原则，就可以在企业所得税进行税前列支。

《中华人民共和国发票管理办法》第三十三条规定，单位和个人从中国境外取得的与纳税有关的发票或者凭证，税务机关在纳税审查时有疑义的，可以要求其提供境外公证机构或者注册会计师的确认证明，经税务机关审核认可后，方可作为记账核算的凭证。因此，取得境外凭证可以列支，但税务机关审查时可能会要求企业提供确认证明材料。

财务人员应收集好境外活动项目的相关资料及以下几点准备，以备审查：

（1）境外活动业务往来证明文件，如有效的合同、邀请函等文件资料；可以要求其提供境外公证机构或者注册会计师的确认证明，经税务机关审核认可后，方可作为记账核算的凭证。

（2）报销单据中的境外支出内容需与社会组织的业务范围相关。

（3）严格遵循"一事一报"的报销原则，即一项活动的开支统一报销一次，不得将多个活动混合报销。

六、扣除凭证的补开、换开

（一）适用情形

社会组织应当取得而未取得发票、其他外部凭证或者取得不合规发票、不合规其他外部凭证的，若支出真实且已实际发生，应当在当年度汇算清缴期结束前，要求对方补开、换开发票、其他外部凭证。补开、换开后的发票、其他外部凭证符合规定的，可以作为税前扣除凭证。

社会组织应在当年度《中华人民共和国企业所得税法》规定的汇算清缴期结束前取得税前扣除凭证，即每年的 5 月 31 日前。

不合规发票是指社会组织取得私自印制、伪造、变造、作废、开票方非法取得、虚开、填写不规范等不符合规定的发票。

不合规其他外部凭证是指社会组织取得不符合国家法律、法规等相关规定的其他外部凭证。

（二）处理要求

社会组织在规定的期限未能补开、换开符合规定的发票、其他外部凭证，并且未能按照规定提供相关资料证实其支出真实性的，相应支出不得在发生年度税前扣除。

社会组织在补开、换开发票、其他外部凭证过程中，因对方注销、撤销、依法被吊销营业执照、被税务机关认定为非正常户等特殊原因无法补开、换开发票、其他外部凭证的，可凭以下资料证实支出真实性后，其支出允许税前扣除：（1）无法补开、换开发票、其他外部凭证原因的证明资料（包括工商注销、机构撤销、列入非正常经营户、破产公告等证明资料）；（2）相关业务活动的合同或者协议；（3）采用非现金方式支付的付款凭证；（4）货物运输的证明资料；货物入库、出库内部凭证；会计核算记录以及其他资料。

前款第一项至第三项为必备资料。非正常经营户的证明，可由所在地税务机关向对方税务机关取得电子信息。

汇算清缴期结束后，税务机关发现社会组织应当取得而未取得发票、其他外部凭证或者取得不合规发票、不合规其他外部凭证并且告知社会组织的，社会组织应当自被告知之日起60日内补开、更换符合规定的发票、其他外部凭证。其中，因对方特殊原因无法补开、更换发票、其他外部凭证的，社会组织应当按照上述要求自被告知之日起60日内提供可以证实其支出真实性的相关资料。

七、以后年度取得扣除凭证追补扣除支出

社会组织以前年度应当取得而未取得发票、其他外部凭证，且相应支出在该年度没有税前扣除的，在以后年度取得符合规定的发票、其他外部凭证或者提供可以证实其支出真实性的相关资料，相应支出可以追补至该支出发生年度税前扣除，但追补年限不得超过五年。

本规定适用于社会组织在年度汇算清缴前，对未取得发票等合规凭证的成本费用主动作纳税调增的，以后年度取得外部扣除凭证时，应追补扣除，不得再取得年度纳税调减。

八、共同支出的扣除凭证管理

（一）应税劳务

社会组织与企业（包括捐赠方企业）、个人在境内共同接受应纳增值税劳务（以下简称"应税劳务"）发生的支出，采取分摊方式的，应当按照独立交易原则进行分摊，社会组织以发票和分割单作为税前扣除凭证，共同接受应税劳务的其他企业以企业开具的分割单作为税前扣除凭证。

（二）非应税劳务

社会组织与企业、个人在境内共同接受非应税劳务发生的支出，采取分摊方式的，社会组织以发票外的其他外部凭证和分割单作为税前扣除凭证，共同接受非应税劳务的其他企业以企业开具的分割单作为税前扣除凭证。

第五章
与社会组织相关的税收优惠管理

第一节 社会组织的税收优惠资格管理

税收是稳定器也是助推器，国家通过出台行业税收优惠政策，引导社会资本和社会资金等社会力量投入国家鼓励发展的行业和地区。除了增值税、所得税等多个税种都有社会组织的优惠政策外，社会组织还拥有税收优惠资格、重要利益相关方捐赠人和受益人的税收优惠。用实、用足、用活税收优惠政策，服务和落实国家给予捐赠人和受益人的权益，是每一个社会组织基础的运营之道（见表5-1）。

表5-1　　　　　　　　各类社会组织的税收优惠管理　　　　　　　单位：万元

项目	行次	普通企业	软件类高新技术企业	税收规划后的社会组织	税收规划需满足的条件
收入	1	1000	1000	1000	
成本费用	2	800	800	800	
利润（行次1-行次2）	3	200	200	200	
企业所得税税率	4	25%	15%	0	假设当1000万收入中最少应含200万的捐赠收入或会费收入等免税收入时
应纳企业所得税（不考虑纳税调整）（行次3×行次4）	5	50	30	0	
增值税税率	6	6%	3%	0	假设当收入全部为捐赠收入或会费收入等免税收入
应纳增值税（行次1×行次6）	7	60	30	0	
城建税税率	8	7%	7%	7%	
应纳城建税（行次7×行次8）	9	4.2	2.1	0	
教育费附加税率	10	3%	3%	3%	
应纳教育费附加（行次7×行次10）	11	1.8	0.9	0	
地方教育费附加税率	12	2%	2%	2%	
应纳地方教育费附加（行次7×行次12）	13	1.2	0.6	0	

续表

项目	行次	普通企业	软件类高新技术企业	税收规划后的社会组织	税收规划需满足的条件
整体税负（行次5＋行次7＋行次9＋行次11＋行次13）	14	117.2	63.6	0	
税负占收入比例	15	11.72%	6.36%	0	

纳税人及时了解并利用国家税收优惠政策，根据主管税务机关的要求及时进行优惠备案，避免因未充分利用税收优惠政策而多缴税的情况。非营利组织包括社会组织和公益性群众团体。（参见第一章慈善与税收第二节中国慈善税收发展概述）。

一、非营利组织免税资格认定

（一）前提条件

财政部、国家税务总局《关于非营利组织免税资格认定管理有关问题的通知》第一条规定，符合条件的非营利组织，必须同时满足以下条件：

第一，依照国家有关法律法规设立或登记的事业单位、社会团体、基金会、社会服务机构、宗教活动场所、宗教院校以及财政部、税务总局认定的其他非营利组织。

依法登记是非营利组织的法定义务，这不仅是民政部门的登记，还包括税务登记。实际工作中，有些非营利组织只办理了民政部门登记，由于不对外开具发票，因此没有办理税务登记；或仅办理了个人所得税税种认定，而未作增值税、企业所得税等相关税种认定。根据《中华人民共和国税收征收管理法》规定，未按照规定的期限申报办理税务登记、变更或者注销登记的纳税人，由税务机关责令限期改正，可以处2000元以下的罚款；情节严重的，处2000元以上10000元以下的罚款。

综上，新成立的社会组织在民政部门取得登记证书后，应及时向主管税务机关申请登记。已成立未作税务登记的社会组织应尽快与所属区域主管税务机关联系，补办登记。成立第一年就申请非营利组织免税资格相对容易。

第二，从事公益性或者非营利性活动。

非营利组织从事的活动要符合公益性或非营利性，并与其宗旨相关，这是税法对其给予优惠的前提条件，社会组织如果不能保证公益性，在此情况下如税法给予优惠，就会造成不公平竞争。

非营利组织应当严格按照章程规定的业务范围从事活动，项目管理部门要做好非营利活动的资料归集整理工作，建立活动档案留存备查，以此证明非营利组织的公益性。档案中应至少包括活动名称、活动时间、活动地点以及符合公益性或非营利性目的的依据，以备抽查。

第三，取得的收入除用于与该组织有关的、合理的支出外，全部用于登记核定或者章程规定的公益性或者非营利性事业。

非营利组织取得的全部收入（含经营收入）除用于与该组织有关的、合理支出外，必须全部用于非营利事业支出，以此保证其非营利性。在财务核算方面，应严格按照《民间非营利组织会计制度》规定核算每项活动支出情况。非营利组织接收捐赠、资助，必须符合章程规定的宗旨和业务范围，根据与捐赠人、资助人约定的期限、方式和合法用途使用捐赠资产，并向业务主管单位报告接受、使用捐赠、资助的有关情况，并将有关情况以适当方式向社会公布。支出依据必须充分，有标准，厉行节约。

第四，财产及其孳息不用于分配，但不包括合理的工资薪金支出。

根据规定，非营利组织不能对会员或捐赠者进行利润分配（包括变相分配）和剩余分配。非营利组织并非完全禁止组织从事营利性活动（或称"获利性活动、收益性活动"），只不过其所获利润不能用于分配和变相分配。这是判断"非营利性"本质的"底线"，世界各国均以此作为社会组织能否予以税收优惠的重要标准。我国《民间非营利组织会计制度》第二条规定，民间组织应当同时具备的特征之一是"资源提供者向该组织投入资源并不得以取得经济回报为目的"。

上述规定的另一层含义是非营利组织不得以不合理的工资形式变相分配财产。社会组织可以向其管理人员支付工资，但所付工资不能太高，要控制在"合理"范围内，否则会影响组织的非营利性。那么，工资薪金发放到什么水平是"合理的"呢？为此，国家税务总局《关于企业工资薪金及职工福利费扣除问题的通知》中规定，《企业所得税法实施条例》第三十四条所称的"合理工资薪金"，是指企业按照股东大会、董事会、薪酬委员会或相关管理机构制定的工资薪金制度规定实际发放给员工的工资薪金。税务机关在对工资支出合理性的判断，主要包括以下三个方面。

一是要求企业建立健全内部工资薪金管理规范，明确内部工资发放标准和程序。每次工资调整都有案可查、有章可循。二是报酬总额在数量上是合理的。实际操作中主要考虑雇员职责、过去的报酬情况以及雇员业务量和复杂程度等相关因素。同时，还要考虑当地同行业职工平均工资水平。三是每一笔工资薪金支出，是否及时、足额扣缴了个人所得税。税务机关会将企业所得税申报工资薪金支出与个人所得税申报的工资薪金所得进行比对，从中查找差异及存在的问题。

例如，向基金会中不担任专职工作的理事发放的工资就属于不合理工资薪金，有分配财产之嫌。该行为违反了税法规定，同时也不符合《基金会管理条例（修订草案征求意见稿）》第三十六条规定：监事和未在基金会担任专职工作的理事，不得从基金会领取薪酬。在基金会领取薪酬的理事不得超过理事总人数的1/3。

因此，非营利组织应准确核算每笔资产形成情况，包括成立时投入资产（货币资产及非货币资产）情况、各年度购入资产情况、接受捐赠的情况、产生孳息等明细情况等。特别注意，产生孳息的明细情况要分别列示经营性收入和非经营性收入产生的孳息；同时，非营利组织还要能提供工资薪酬管理制度，如果没有制定，应补充完善并形成书面文件，以备核查；严格按照制度发放每一笔工资薪金，并依法申报缴纳个人所得税。

第五，按照登记核定或者章程规定，该组织注销后的剩余财产用于公益性或者非营利性目的，或者由登记管理机关采取转赠给与该组织性质、宗旨相同的组织等处置方式，并向社会公告。

非营利组织净资产与企业净资产的最大区别是企业净资产最终所有权属于投资者，即股东，未分配利润可以进行分配，其他净资产在清算时可以向股东分配；而非营利组织净资产不属于任何投资者，只属于组织本身，不仅年度不可以分配，组织撤销清算后也同样不可以分配。

因此，非营利组织应在其章程中列明注销后剩余财产用途的规定。例如："基金会注销后的剩余财产，应当在业务主管单位和登记管理机关的监督下，用于以环境保护公益为目的的活动或项目。无法按照上述方式处理的，由登记管理机关组织捐赠给予与本基金会性质、宗旨相同的其他社会公益组织，并向社会公告。"

第六，投入人对投入该组织的财产不保留或者不享有任何财产权利，投入人是指除各级人民政府及其部门以外的法人、自然人和其他组织。

投入非营利组织的财产一经投入即属于本组织所有，本组织对该财产享有直接所有权，投入人对投入财产不享有所有权、经营权、使用权、收益分配权等权利。这是组织是否具备"非营利性"的一个判定标准。

因此，在申请资格认定时，应详细说明本组织的财产来源，并提供投入人对投入该组织的财产不保留或者享有任何财产权利的投入人声明或列示章程、管理制度中的相关规定。

第七，工作人员工资福利开支控制在规定的比例内，不变相分配该组织的财产。其中：工作人员平均工资薪金水平不得超过税务登记所在地的地市级（含地市级）以上地区的同行业同类组织平均工资水平的两倍，工作人员福利按照国家有关规定执行。

该规定主要限制非营利组织以工资福利名义变相进行利益分配，对工资实行额度限制，对福利费实行比例限制。新企业所得税法实施后，国家税务总局为规范工资和福利费税前列支管理，于2009年1月发布《中华人民共和国企业所得税法实施条例》（以下简称《实施条例》）配套性文件——《关于企业工资薪金及职工福利费扣除问题的通知》，对《实施条例》中关于合理工资薪金概念和判断原则、工资薪金和福利费列支范围进一步明确，对实际操作具有指导意义。

（1）工资要求。

关于工资要求有两个：一是年人均工资发放标准，规定了非营利组织年人均工资发放上限为当地人均同行业工资水平的两倍；二是工作人员人数的界定，应该注意的是这里的计算公式中用到的"年平均工作人员人数"与企业所得税汇算清缴《企业基础信息表》中的"从业人数"的数据有一定区别。

非营利组织免税资格条件要求的"工作人员人数"，为与社会组织签订劳动合同并按照有关规定为其缴纳社会保险人员。

企业所得税汇算清缴填报的"从业人数"是与企业建立劳动关系的职工人数和企业接受的劳务派遣用工人数之和。（详见专栏六）

"从业人数"应按企业全年季度平均值确定，具体计算公式如下：

$$季度平均值 = （季度初值 + 季度末值） \div 2$$

全年季度平均值＝全年各季度平均值之和÷4

全年从业人数＝季度平均值×4

年度中间开业或者终止经营活动的，以其实际经营期作为一个纳税年度确定指标。

工资薪金总额，是指企业按照股东大会、董事会、薪酬委员会或相关管理机构制定的工资薪金制度规定实际发放给员工的工资薪金总和。不包括企业的职工福利费、职工教育经费、工会经费以及养老保险费、医疗保险费、失业保险费、工伤保险费、生育保险费等社会保险费和住房公积金。

国家税务总局《关于企业工资薪金和职工福利费支出税前扣除问题的公告》第一条，企业福利性补贴支出税前扣除问题中明确规定，列入企业员工工资薪金制度、固定与工资薪金一起发放的福利性补贴，符合国家税务总局《关于企业工资薪金及职工福利费扣除问题的通知》第一条"关于合理工资薪金问题"规定的，可作为企业发生的工资薪金支出，按规定在税前扣除。不能同时符合上述条件的福利性补贴，应作为《关于企业工资薪金及职工福利费扣除问题的通知》中第三条规定的职工福利费，按规定计算限额税前扣除。

《关于企业工资薪金和职工福利费支出税前扣除问题的公告》规定"固定与工资薪金一起发放的福利性补贴"才可以作工资扣除。其中的"固定"是指同时符合每月固定、每人固定和发放标准固定。工资性津贴是指企业发放的各种性质的津贴、补贴。包括物价补贴、交通补贴、住房补贴、施工补贴、误餐补贴、节假日（夜间）加班费等。必须是每月固定发放的才可以作工资扣除，而不是发了现金就可以扣除。

企业按月发放给本企业员工的车补，可以按工资扣除。但为员工报销公交卡费用，或者按员工距离单位远近不同、每月出勤不同而每月发放不同的车补，属于职工福利费支出。

（2）职工福利费。

职工福利费是指企业为职工提供的除职工工资、奖金、津贴、纳入工资总额管理的补贴、职工教育经费、社会保险费和补充养老险费（年金）、补充医疗保险费及住房公积金以外的福利待遇支出，包括发放给职工或为职工支付的以下各项现金补贴和非货币性集体福利。一是指为职工卫生保健、生活等发放或支付的各项现金补贴和非货币福利，包括职工因公外地就医费用、暂未实行医疗统筹企业职工医疗费用、职工供养直系亲属医疗补贴、职工疗养费用、自办职工食堂经费补贴或未办职工食堂统一供应午餐支出、符合国家有关财务规定的供暖费补贴、防暑降温费等；二是指企业尚未分离的内设集体福利部门所发生的设备、设施和人员费用，包括职工食堂、职工浴室、理发室、医务所、托儿所、疗养院、集体宿舍等集体福利部门设备、设施的折旧、维修保养费用以及集体福利部门工作人员的工资薪金、社会保险费、住房公积金、劳务费等人工费用；三是指职工困难补助，或者企业统筹建立和管理的专门用于帮助、救济困难职工的基金支出；四是指离退休人员统筹外费用，包括离休人员的医疗费及离退休人员其他统筹外费用；五是指按规定发生的其他职工福利费，包括丧葬补助费、抚恤费、职工异地安家费、独生子女费、探亲路费，以及符合企业职工福利费定义但没有包括在本通知各条款项目中的其他支出。

职工福利是社会组织对职工劳动补偿的辅助形式，参照《企业财务通则》第四十六条规定，应当由个人承担的有关支出，企业不得作为职工福利费开支。包括：娱乐、健身、旅游、招待、购物、馈赠等支出；购买商业保险、证券、股权、收藏品等支出；个人行为导致的罚款、赔偿等支出；购买住房、支付物业管理费等支出；应由个人承担的其他支出。

企业发生的职工福利费，应单独设置账册，进行准确核算。没有单独设置账册准确核算的，税务机关应责令企业在规定的期限内进行改正。逾期仍未改正的，税务机关可对企业发生的职工福利费进行合理的核定。

按照上述规定用途支出的职工福利费总额不得超过年度工资总额的14%。企业按照规定发放的供暖费补贴、职工防暑降温费通常直接计入单独费用科目，不通过"职工福利费"科目核算，产生了会计与税法差异，造成了职工福利费超标的隐性风险，需要进行调整。

第八，必须对取得的"应纳税收入及其有关的成本、费用、损失"和"免税收入及其有关的成本、费用、损失"分别进行核算。

申请材料应说明本组织参加年检的情况及登记管理机关出具的年检结论，对取得的应纳税收入及其有关的成本、费用、损失应与免税收入及其有关的成本、费用、损失分别核算。

有些非营利组织财务核算过于简单，在同时存在免税收入、应税收入时，应税收入对应的成本、费用与免税收入对应的成本费用未分开填报，仅能区分收入，不能区分相应成本、费用，无法提供分开核算的证明材料，导致非营利组织免税认定难以通过。

非营利组织应从项目管理入手，区分应税收入项目与免税收入项目。应税收入项目对应的收入应计入销售商品收入、提供服务收入、投资收益等科目，其对应成本应计入销售商品成本、提供服务成本、投资成本等科目。免税收入项目主要计入捐赠收入、会员收入、财政拨款等科目，其成本应计入慈善服务成本、会员服务成本等科目。运用财务软件系统，对会计科目按项目名称进行项目辅助核算，年度终了通过辅助项目科目明细表列示各个项目的收入、成本、费用。

（二）申报资料

第一，申请报告，填写《非营利组织免税资格认定申请表》。

第二，事业单位、社会团体、基金会、社会服务机构的组织章程或宗教活动场所的管理制度。

第三，非营利组织注册登记证件的复印件。

第四，申请时上一年度的资金来源及使用情况、公益活动和非营利活动的明细情况，主要包括非营利性收入的取得方式及其来源（非营利性收入是指符合财政部、国家税务总局《关于非营利组织企业所得税免税收入问题的通知》中规定的非营利组织企业所得税免税收入）；公益性和非营利性活动的项目名称、活动时间和地点、支出金额（含货币性和非货币性）；其他合理支出的支出（处置）项目以及支出金额（含货币性和非货币性）等。

第五，上一年度的工资薪金情况专项报告，包括薪酬制度、工作人员整体平均工资薪金水平、工资福利占总支出比例、重要人员工资薪金信息（至少包括工资薪金水平排名前10的人员）。

第六，具有资质的中介机构鉴证的申请前会计年度的财务报表和审计报告（审计报告中要有2名注册会计师分别签章和签字）。

第七，登记管理机关出具的事业单位、社会团体、基金会、社会服务机构、宗教活动场所、宗教院校上一年度符合相关法律法规和国家政策的事业发展情况或非营利活动的材料（登记管理机关出具的事业单位、社会团体、基金会、社会服务机构申请前年度的年度检查结论）；财政、税务部门要求提供的其他材料，非营利组织关于投入人对投入该组织的财产不保留或者享有任何财产权利的声明（投入人为企业的需加盖公章，投入人为个人的需签名）；免税资格前一年度的工作人员福利支出明细情况；非营利组织对所报送资料的真实性作书面声明，保证报送资料的完备性和合规性。

第八，当年新设立或登记的非营利组织需提供以上第 1 条至第 3 条规定的材料及第 4 条、第 5 条规定的申请当年的材料，不需提供第 6 条、第 7 条规定的材料。以上全部材料需加盖申报单位公章。

（三）申报流程

非营利组织可以随时通过网上申报系统提交免税资格申请。财政、税务部门一年一般受理四次，"每年 3 月 10 日、5 月 10 日、9 月 10 日、12 月 10 日前提交的资料在该季度末前审核，在系统流转中的延至下季度审核。"如因特殊原因，无法通过网上申请，可按规定报送纸质资料申请（见表 5-2）。

表 5-2　　　　　　　　　　　　　　申报流程

序号	项目	申报流程	依据文件
1	提出申请	经省级（含省级）以上登记管理机关批准设立或登记的非营利组织，凡符合规定条件的，应向其所在地省级税务主管机关提出免税资格申请，并提供本通知规定的相关材料；经地市级或县级登记管理机关批准设立或登记的非营利组织，凡符合规定条件的，分别向其所在地的地市级或县级税务主管机关提出免税资格申请，并提供本通知规定的相关材料	财政部、国家税务总局《关于非营利组织免税资格认定管理有关问题的通知》
2	认定公布	财政、税务部门按照上述管理权限，对非营利组织享受免税的资格联合审核确认，省级以上财政、税务、民政部门会定期在官方网站上发布具备非营利组织免税资格的非营利组织名单公告。非营利组织可通过上述渠道查询非营利组织免税资格及有效期	
3	免税优惠资格的有效期	非营利组织免税优惠资格的有效期为 5 年。已获得"非营利组织免税资格"的非营利组织应在免税优惠资格期满后 6 个月内提出复审申请，不提出复审申请或复审不合格的，其享受免税优惠的资格到期自动失效	财政部、国家税务总局《关于非营利组织免税资格认定管理有关问题的通知》

（四）备案备查资料

在"放管服"的大背景下，非营利组织取得"非营利组织免税资格"，在申报缴纳企业所得税时可以自动享受，企业填报预缴申报表、年度汇算清缴申报表即可，在年度纳税申报表体系中，基础信息表设有专门栏次，由纳税人填报是否有非营利免税资格，代向税务机关备案。税务机关将纳税人取得"非营利组织免税资格"的信息、有效期限等录入"金税三期"信息系统，提示社会组织享受相关优惠政策。

非营利组织通过"非营利组织免税资格"认定后不需要到税务机关备案，但应保留好申请时的全部材料，以备税务机关的日后核查。

"非营利组织免税资格"优惠政策的备查资料包括：

（1）非营利组织免税资格有效认定文件或其他相关证明；

（2）非营利组织认定资料；

（3）当年资金来源及使用情况、公益活动和非营利活动的明细情况；

（4）当年工资薪金情况专项报告，包括薪酬制度、工作人员整体平均工资薪金水平、工资福利占总支出比例、重要人员工资薪金信息（至少包括工资薪金水平排名前10的人员）；

（5）当年财务报表；

（6）登记管理机关出具的事业单位、社会团体、基金会、社会服务机构、宗教活动场所、宗教院校当年符合相关法律法规和国家政策的事业发展情况或非营利活动的材料；

（7）应纳税收入及其有关的成本、费用、损失，与免税收入及其有关的成本、费用、损失分别核算的情况说明；

（8）取得各类免税收入的情况说明；

（9）各类免税收入的凭证。

（五）获得非营利组织免税资格后的后续管理

（1）必须按照《中华人民共和国税收征收管理法》及《中华人民共和国税收征收管理法实施细则》等有关规定，办理税务登记，按期进行纳税申报。

（2）取得免税资格的非营利组织免税条件发生变化的，应当自发生变化之日起十五日内向主管税务机关报告；不再符合免税条件的，应当依法履行纳税义务；未依法纳税的，主管税务机关应当予以追缴。

（3）已认定的享受免税优惠政策的非营利组织有下述情形之一的，应自该情形发生年度起取消其资格：

第一，登记管理机关在后续管理中发现非营利组织不符合相关法律法规和国家政策的；

第二，在申请认定过程中提供虚假信息的；

第三，纳税信用等级为税务部门评定的C级或D级的；

第四，通过关联交易或非关联交易和服务活动，变相转移、隐匿、分配该组织财产的；

第五，被登记管理机关列入严重违法失信名单的；

第六，从事非法政治活动的。

因上述第一至第五规定的情形被取消免税优惠资格的非营利组织，财政、税务部门自其被取消资格的次年起一年内不再受理该组织的认定申请；因上述第六规定的情形被取消免税优惠资格的非营利组织，财政、税务部门将不再受理该组织的认定申请。

被取消免税优惠资格的非营利组织，应当依法履行纳税义务；未依法纳税的，主管税务机关应当自其存在取消免税优惠资格情形的当年起予以追缴。

取得免税资格的非营利组织注销时，剩余财产处置违反本通知第一条第五项规定的，主管税务机关应追缴其应纳企业所得税款。①

二、社会组织取得公益性捐赠税前扣除资格的相关事项

根据财政部、国家税务总局、民政部《关于公益性捐赠税前扣除有关事项的公告》精神，企业或个人通过公益性社会组织、县级以上人民政府及其部门等国家机关，用于符合法律规定的公益慈善事业捐赠支出，准予按税法规定在计算应纳税所得额时扣除。

所指公益性社会组织（以下简称"社会组织"），包括依法设立或登记并按规定条件和程序取得公益性捐赠税前扣除资格的慈善组织、其他社会组织和群众团体（不包括公益性群众团体）。

（一）取得公益性捐赠税前扣除资格的条件

依据财政部、国家税务总局、民政部《关于公益性捐赠税前扣除有关事项的公告》规定，在民政部门依法登记的慈善组织和其他社会组织，取得公益性捐赠税前扣除资格应当同时符合以下规定：

（1）符合《中华人民共和国企业所得税法实施条例》第五十二条第一项至第八项规定的条件，包括：依法登记，具有法人资格；以发展公益事业为宗旨，且不以营利为目的；全部资产及其增值为该法人所有；收益和营运结余主要用于符合该法人设立目的的事业；终止后的剩余财产不归属任何个人或者营利组织；不经营与其设立目的无关的业务；有健全的财务会计制度；捐赠者不以任何形式参与该法人财产的分配；国务院财政、税务主管部门会同国务院民政部门等登记管理部门规定的其他条件。

（2）每年应当在3月31日前按要求向登记管理机关报送经审计的上年度专项信息报告。报告应当包括财务收支和资产负债总体情况、开展募捐和接受捐赠情况、公益慈善事业支出及管理费用情况（包括《中华人民共和国企业所得税实施条例》第五十二条第三项、第四项规定的比例情况）等内容。

首次确认公益性捐赠税前扣除资格的，应当报送经审计的前两个年度的专项信息报告。

（3）具有公开募捐资格的非营利组织，前两个年度每年用于公益慈善事业的支出占上年总收入的比例均不得低于70%。计算该支出比例时，可以用前三年收入平均数代替上年总收入。

不具有公开募捐资格的非营利组织，前两个年度每年用于公益慈善事业的支出占上年末净资产的比例均不得低于8%。计算该比例时，可以用前三年年末净资产平均数代替上年末净资产。

公益慈善事业支出比例要求是"公益性捐赠税前扣除资格"考核的重要指标之一，规范的开支范围是正确计算支出比例的前提。按照关于《慈善组织开展慈善活动年度支出和管理费用的规定》规定，公益慈善事业支出包括以下三项。

第一，慈善活动支出是指慈善组织基于慈善宗旨，在章程规定的业务范围内开展慈善活动，向受益人捐赠财产或提供无偿服务时发生的下列费用：直接或委托其他组织资助给受益人

---

① 根据《国家税务总局关于非营利组织免税资格认定管理有关问题的通知》第五条规定，非营利组织必须按照《中华人民共和国税收征收管理法》及《中华人民共和国税收征收管理法实施细则》等有关规定。

的款物。例如："益起安心"公益计划中，某国字头基金会发放给武汉青少年的艺术疗愈包等，就属于武汉在地公益执行机构协助基金会，完成捐赠企业的慈善愿望而资助给受益人的款物。

第二，为提供慈善服务和实施慈善项目发生的人员报酬、志愿者补贴和保险，以及使用房屋、设备、物资发生的相关费用。例如，"益起安心"计划中的一项慈善服务，需要社会组织的老师在当地封城期间对当地小朋友开展远程小班互动授课，同时需要当地志愿者协同服务，购买并发放教学设备、教具，此种情形的慈善活动会发生培训等相关费用。

第三，围绕项目发生的全部相关费用都应列入本项目支出；为管理慈善项目发生的差旅、物流、交通、会议、培训、审计、评估等费用；慈善活动支出在"业务活动成本"项目下核算和归集。慈善组织的业务活动成本包括慈善活动支出和其他业务活动成本，例如："益起安心"公益计划需要第三方机构进行项目监管，保障项目涉及的款物和慈善服务落实到每一名参与活动的青少年（最终受益人），非营利组织为管理慈善项目发生的包括该项目的项目管理人员成本等全部相关费用都应列入本项目支出。

（4）管理费用是非营利组织为组织和管理其业务活动所发生的各项费用，是保证非营利组织专业性，保证非营利组织持续发展的必要开支。其开支范围按照关于《慈善组织开展慈善活动年度支出和管理费用的规定》和《民间非营利组织会计制度》有关规定执行，具体如下：理事会等决策机构的工作经费；行政管理人员的工资、奖金、住房公积金、住房补贴、社会保障费；办公费、水电费、邮电费、物业管理费、差旅费、折旧费、修理费、租赁费、无形资产摊销费、资产盘亏损失、资产减值损失、因预计负债所产生的损失、聘请中介机构费等；具有公开募捐资格的非营利组织，前两个年度每年支出的管理费用占当年总支出的比例均不得高于10%；不具有公开募捐资格的非营利组织，前两年每年支出的管理费用占当年总支出的比例均不得高于12%；

（5）具有非营利组织免税资格，且免税资格在有效期内；

（6）前两年度未受到登记管理机关行政处罚（警告除外）；

（7）前两年度未被登记管理机关列入严重违法失信名单；

（8）非营利组织评估等级为3A以上（含3A）且该评估结果在确认公益性捐赠税前扣除资格时仍在有效期内。

按照《中华人民共和国慈善法》新设立或新认定的慈善组织在取得公益性捐赠税前扣除资格时，首先要取得非营利组织免税资格，在取得免税资格的当年还要同时符合以下三个条件：

一是符合《中华人民共和国企业所得税法实施条例》第五十二条第一项至第八项条件；

二是前两年度未受到登记管理机关行政处罚（警告除外）；

三是前两年度未被登记管理机关列入严重违法失信名单。

为鼓励社会公益性捐赠，做好财政部、国家税务总局、民政部《关于公益性捐赠税前扣除有关事项的公告》与相关文件的衔接工作，并考虑新冠肺炎疫情影响，国家出台《关于公益性捐赠税前扣除资格确认有关衔接事项的公告》中规定：

一是确认2020～2022年度公益性捐赠税前扣除资格时，部分条件可按照以下规定执行：

（1）在民政部门依法登记的慈善组织和其他社会组织（以下简称"社会组织"）2018年和2019年的公益慈善事业支出和管理费用比例，可按照民政部、财政部、国家税务总局《关于印发〈关于慈善组织开展慈善活动年度支出和管理费用的规定〉的通知》有关规定执行。

(2) 社会组织2018年至本公告发布之日最近一期的评估等级达到3A以上（含3A）。对于2019年成立的社会组织，以及2019年至本公告发布之日已接受评估但尚未出具结论的社会组织，确认资格时可暂不考虑其评估等级。

(3) 确认公益性捐赠税前扣除资格时，可暂不考虑社会组织的非营利组织免税资格。

(4) 按照本条取得公益性捐赠税前扣除资格的，在资格有效期内，应取得3A以上（含3A）评估等级，且取得非营利组织免税资格。

二是确认2021~2023年度公益性捐赠税前扣除资格时，社会组织2019年和2020年的公益慈善事业支出和管理费用比例，可按照民政部、财政部、国家税务总局《关于印发〈关于慈善组织开展慈善活动年度支出和管理费用的规定〉的通知》有关规定执行。

这一政策在新冠疫情背景下产生，重点在于顺利衔接，不能简单理解为政策补丁。建议加强与税务机关的沟通交流，有利于避免涉税争议。

（二）公益性捐赠税前扣除资格确认

(1) 在民政部登记注册的社会组织，由民政部门结合社会组织公益活动情况和日常监督管理、评估等情况，对社会组织的公益性捐赠税前扣除资格进行核实，提出初步意见。根据民政部门初步意见，财政部门、税务部门和民政部门对照相关规定，联合确定具有公益性捐赠税前扣除资格的社会组织名单，并发布公告。

(2) 公益性捐赠税前扣除资格的确认对象包括：

第一，公益性捐赠税前扣除资格将于当年末到期的公益性社会组织。

第二，已被取消公益性捐赠税前扣除资格但又重新复合条件的社会组织。

第三，登记设立后尚未取得公益性捐赠税前扣除资格的社会组织。

(3) 公益性捐赠税前扣除资格在全国范围内有效，有效期为3年（区别于非营利组织免税资格有效期）。

（三）以下情形之一的，取消其公益性捐赠税前扣除资格

(1) 未按规定时间和要求向登记管理机关报送专项信息报告的。

(2) 最近一个年度用于公益慈善事业的支出不符合以下规定的。

第一，具有公开募捐资格的社会组织，前两个年度每年用于公益慈善事业的支出占上年总收入的比例均不得低于70%。计算该支出比例时，可以用前三年收入平均数代替上年总收入[1]。

第二，不具有公开募捐资格的社会组织，前两个年度每年用于公益慈善事业的支出占上年末净资产的比例均不得低于8%。计算该比例时，可以用前三年年末净资产平均数代替上年末净资产[2]。

---

[1] 净资产，是指资产减去负债后的差额，净资产总额是社会组织经营情况的客观体现。

[2] 总收入，是指社会组织开展业务活动取得的、导致本期净资产增加的经济利益或者服务潜力的流入总和。收入按其来源可分为捐赠收入、会费收入、提供服务收入、政府补助收入、投资收益、商品销售收入等主要业务活动收入和其他收入（如固定资产处置净收入、无形资产处置净收入）等。

（3）最近一个年度支出的管理费用不符合以下规定的。

第一，具有公开募捐资格的社会组织，前两个年度每年支出的管理费用占当年总支出的比例均不得高于10%。

第二，不具有公开募捐资格的社会组织，前两年每年支出的管理费用占当年总支出的比例均不得高于12%。

（4）非营利组织免税资格到期后超过六个月未重新获取免税资格的。

（5）受到登记管理机关行政处罚（警告除外）的。

"行政处罚"是指税务机关和登记管理机关给予的行政处罚（警告或单次1万元以下罚款除外）①。

（6）被登记管理机关列入严重违法失信名单的。

（7）非营利组织评估等级低于3A或者无评估等级的。

（四）"公益性捐赠税前扣除资格"被取消后，重新被认定的条件

公益性社会组织存在以下情形之一的，取消其公益性捐赠税前扣除资格，且取消资格的当年及之后三个年度内不得重新确认资格：

（1）违反规定接受捐赠的，包括附加对捐赠人构成利益回报的条件、以捐赠为名从事营利性活动、利用慈善捐赠宣传烟草制品或法律禁止宣传的产品和事项、接受不符合公益目的或违背社会公德的捐赠等情形；

（2）开展违反组织章程的活动，或者接受的捐赠款项用于组织章程规定用途之外的；

（3）在确定捐赠财产的用途和受益人时，指定特定受益人，且该受益人与捐赠人或公益性社会组织管理人员存在明显利益关系的。

公益性社会组织存在以下情形之一的，应当取消其公益性捐赠税前扣除资格且不得重新确认资格：

（1）从事非法政治活动的；

（2）从事、资助危害国家安全或者社会公共利益活动的。

（五）公益性捐赠税前扣除资格的其他事宜

（1）公益性社会组织、县级以上人民政府及其部门等国家机关在接受捐赠时，应当按照行政管理级次分别使用由财政部或省、自治区、直辖市财政部门监（印）制的公益事业捐赠票据，并加盖本单位的印章。企业或个人将符合条件的公益性捐赠支出进行税前扣除，应当留存相关票据备查。

（2）除另有规定外，公益性社会组织、县级以上人民政府及其部门等国家机关在接受企业或个人捐赠时，按以下原则确认捐赠额：

第一，接受的货币性资产捐赠，以实际收到的金额确认捐赠额。

第二，接受的非货币性捐赠，以其公允价值确认捐赠额。捐赠方在向公益性社会组织、县

---

① 参见财政部、国家税务总局、民政部《关于公益性捐赠税前扣除资格有关问题的补充通知》。

级以上人民政府及其部门等国家机关捐赠时，应当提供注明捐赠非货币性资产公允价值的证明；不能提供证明的，接受捐赠方不得向其开具捐赠票据。

三、公益性群众团体的公益性捐赠税前扣除资格的有关事项

根据财政部、国家税务总局《关于通过公益性群众团体的公益性捐赠税前扣除有关事项的公告》，企业或个人通过公益性群众团体用于符合法律规定的公益慈善事业捐赠支出，准予按税法规定在计算应纳税所得额时扣除。

所称公益性群众团体，包括依照《社会团体登记管理条例》规定不需进行社团登记的人民团体以及经国务院批准免予登记的社会团体（以下简称"群众团体"），且按规定条件和程序已经取得公益性捐赠税前扣除资格。公益性捐赠税前扣除资格在全国范围内有效，有效期为3年。公益性捐赠税前扣除资格将于当年末到期的公益性群众团体，其公益性捐赠税前扣除资格自发布名单公告的次年1月1日起算。尚未取得或资格终止后未取得公益性捐赠税前扣除资格的群众团体，其公益性捐赠税前扣除资格自发公告的当年1月1日起算。

每年年底前，省级以上财政、税务部门按权限完成公益性捐赠税前扣除资格的确认和名单发布工作，并按不同确认对象规定的不同审核对象，分别列示名单及其公益性捐赠税前扣除资格起始时间。

（一）取得公益性捐赠税前扣除资格的条件

群众团体取得公益性捐赠税前扣除资格应当同时符合以下条件：

（1）符合企业所得税法实施条例第五十二条第一项至第八项规定的条件；

（2）县级以上各级机构编制部门直接管理其机构编制；

（3）对接受捐赠的收入以及用捐赠收入进行的支出单独进行核算，且申报前连续3年接受捐赠的总收入中用于公益慈善事业的支出比例不低于70%。

（二）需报送的材料，应在申报年度的6月30日前报送，包括：

（1）申报报告；

（2）县级以上各级党委、政府或机构编制部门印发的"三定"规定；

（3）组织章程；

（4）申报前3个年度的受赠资金来源、使用情况，财务报告，公益活动的明细，注册会计师的审计报告或注册会计师、（注册）税务师、律师的纳税审核报告（或鉴证报告）。

（三）公益性捐赠税前扣除资格的确认

（1）公益性捐赠税前扣除资格的确认按以下规定执行：

第一，由中央机构编制部门直接管理其机构编制的群众团体，向财政部、国家税务总局报送材料；

第二，由县级以上地方各级机构编制部门直接管理其机构编制的群众团体，向省、自治区、直辖市和计划单列市财政、税务部门报送材料；

第三，对符合条件的公益性群众团体，按照上述管理权限，由财政部、税务总局和省、自治区、直辖市、计划单列市财政、税务部门分别联合公布名单。企业和个人在名单所属年度内向名单内的群众团体进行的公益性捐赠支出，可以按规定进行税前扣除。

（2）公益性捐赠税前扣除资格的确认对象包括：

第一，公益性捐赠税前扣除资格将于当年末到期的公益性群众团体；

第二，已被取消公益性捐赠税前扣除资格但又重新符合条件的群众团体；

第三，尚未取得或资格终止后未取得公益性捐赠税前扣除资格的群众团体。

（四）公益性捐赠税前扣除资格的取消

（1）公益性群众团体前3年接受捐赠的总收入中用于公益慈善事业的支出比例低于70%的，应当取消其公益性捐赠税前扣除资格。

（2）公益性群众团体存在以下情形之一的，应当取消其公益性捐赠税前扣除资格，且被取消资格的当年及之后三个年度内不得重新确认资格：

第一，违反规定接受捐赠的，包括附加对捐赠人构成利益回报的条件、以捐赠为名从事营利性活动、利用慈善捐赠宣传烟草制品或法律禁止宣传的产品和事项、接受不符合公益目的或违背社会公德的捐赠等情形；

第二，开展违反组织章程的活动，或者接受的捐赠款项用于组织章程规定用途之外的；

第三，在确定捐赠财产的用途和受益人时，指定特定受益人，且该受益人与捐赠人或公益性群众团体管理人员存在明显利益关系的；

第四，受到行政处罚（警告或单次1万元以下罚款除外）的。

对存在上述第一、第二、第三项涉及取消资格情形的公益性群众团体，应对其接受捐赠收入和其他各项收入依法补征企业所得税。

（3）公益性群众团体存在以下情形之一的，应当取消其公益性捐赠税前扣除资格且不得重新确认资格：

第一，从事非法政治活动的；

第二，从事、资助危害国家安全或者社会公共利益活动的。

（五）公益性捐赠税前扣除资格的其他事宜

获得公益性捐赠税前扣除资格的公益性群众团体，应自不符合取得公益性捐赠税前扣除资格的条件之一或存在公益性捐赠税前扣除资格的取消情形之一之日起15日内向主管税务机关报告。对应当取消公益性捐赠税前扣除资格的公益性群众团体，由省级以上财政、税务部门核实相关信息后，按权限及时向社会发布取消资格名单公告。自发布公告的次月起，相关公益性群众团体不再具有公益性捐赠税前扣除资格。

参考"非营利组织取得公益性捐赠税前扣除资格（五）公益性捐赠税前扣除资格的其他事宜"，规定类似不再赘述。

为做好政策衔接工作，尚未完成2020年度及以前年度群众团体的公益性捐赠税前扣除资格确认工作的，各级财政、税务部门按原政策规定执行；群众团体公益性捐赠税前扣除资格

2020 年末到期的，其 2021~2023 年度公益性捐赠税前扣除资格自 2021 年 1 月 1 日起算。

第二节　捐赠方的税收优惠及税前扣除申报

慈善公益捐赠是国民收入的第三次分配。国家开始用财政支持和税收优惠等手段支持慈善事业发展，以鼓励更多的捐赠人投入社会公共福祉。

一、捐赠人的税收优惠政策

从国际上看，大多数国家税法均对社会公益捐赠给予一定照顾。我国主要在企业所得税、个人所得税政策中对公益捐赠支出予以照顾。从税收上看，企业和个人发生捐赠支出与其生产经营活动、取得应税收入不直接相关，从税法原理上不应予以扣除；但为支持和引导公益捐赠行为，企业所得税、个人所得税规定了一定标准，对标准范围内的捐赠支出予以扣除。对公益捐赠纳税人而言，必须通过有公益捐赠税前扣除资格的社会组织，或者县级以上人民政府及其组成部门、直属机构进行捐赠，才可以税前扣除，这是公益捐赠税前扣除的必要条件。主要原因是：一方面，公益社会组织专门从事社会公益事业，有较强的组织协调能力和资源动员能力，专业性强，能够"集小钱办大事"，更好地利用捐赠资源从事社会公益事业；另一方面，公益社会组织、政府机关作为企业和个人公益捐赠的"中间人"或"第三方"，能够证明企业和个人发生了捐赠行为，并开具公益事业捐赠统一票据，增强捐赠行为的可信性，否则某些企业和个人有可能弄虚作假。"营业外支出"科目核算企业发生的与其经营活动无直接关系的各项净支出，包括处置非流动资产损失、非货币性资产交换损失、债务重组损失、罚款支出、捐赠支出、非常损失等可知，捐赠支出属于企业的营业外支出。

为鼓励慈善事业发展，国家对企业、个人等社会力量公益性捐赠给予税收优惠，由民政部门结合非营利组织开展公益活动的日常监督管理、评估等情况，对其公益性捐赠税前扣除资格进行核实，提出初步意见。财政部、税务总局、民政部发布《关于公益性捐赠税前扣除有关事项的公告》规定，联合确定具有公益性捐赠税前扣除资格的非营利组织名单，并发布公告，资格有效期为 3 年。省级以上财政、税务、民政部门在官网上发布公益性捐赠税前扣除资格的社会组织名单。

（一）企业捐赠允许税前扣除的税收优惠

企业发生捐赠支出后允许税前扣除是企业所得税将其作为一个扣除的项目，不是一项税收优惠，也未列入企业所得税法第四章"税收优惠"章节中，但慈善行业将其作为一个税收优惠，本书按照行业习惯，也将其称之为一项税收优惠。

《中华人民共和国企业所得税法》第九条规定，企业发生的公益性捐赠支出，在年度利润总额 12% 以内的部分，准予在计算应纳税所得额时扣除；超过年度利润总额 12% 的部分，准予结转以后 3 年内在计算应纳税所得额时扣除。

《中华人民共和国企业所得税法实施条例》第五十一条规定，企业所得税法第九条所称公益性捐赠，是指企业通过公益性社会组织或者县级以上人民政府及其部门，用于符合法律规定的慈善活动的公益事业的捐赠。

这里的公益性社会组织，应当依法取得公益性税前扣除资格。年度利润总额，是指企业依照国家统一会计制度的规定计算的大于零的数额，也就是企业依照国家统一会计制度的规定计算的年度会计利润。

1. 捐赠支出限额扣除——一般公益性捐赠

根据财政部、国家税务总局《关于公益性捐赠支出企业所得税税前结转扣除有关政策的通知》，企业通过公益性社会组织或者县级（含县级）以上人民政府及其组成部门和直属机构，用于慈善活动、公益事业的捐赠支出，在年度利润总额 12% 以内的部分，准予在计算应纳税所得额时扣除；超过年度利润总额 12% 的部分，准予结转以后三年内在计算应纳税所得额时扣除（本条所称公益性社会组织应当依法取得公益性捐赠税前扣除资格；本条所称年度利润总额是指企业依照国家统一会计制度的规定计算的大于零的数额）。企业当年发生及以前年度结转的公益性捐赠支出，准予在当年税前扣除的部分，不能超过企业当年年度利润总额的 12%；企业发生的公益性捐赠支出未在当年税前扣除的部分，准予向以后年度结转扣除，但结转年限自捐赠发生年度的次年起计算最长不得超过 3 年；企业在对公益性捐赠支出计算扣除时，应先扣除以前年度结转的捐赠支出，再扣除当年发生的捐赠支出。企业当年发生及以前年度结转的公益性捐赠支出，准予在当年税前扣除的部分，不能超过企业当年年度利润总额的 12%。企业发生的公益性捐赠支出未在当年税前扣除的部分，准予向以后年度结转扣除，但结转年限自捐赠发生年度的次年起计算最长不得超过 3 年。企业在对公益性捐赠支出计算扣除时，应先扣除以前年度结转的捐赠支出，再扣除当年发生的捐赠支出（见财政部、国家税务总局《关于公益性捐赠支出企业所得税税前结转扣除有关政策的通知》）。

2. 捐赠支出限额扣除——捐赠住房作为公租房

根据财政部、国家税务总局《关于公共租赁住房税收优惠政策的公告》指出，企事业单位、社会团体以及其他组织捐赠住房作为公租房，符合税收法律法规规定的，对其公益性捐赠支出在年度利润总额 12% 以内的部分，准予在计算应纳税所得额时扣除，超过年度利润总额 12% 的部分，准予结转以后 3 年内在计算应纳税所得额时扣除。

3. 捐赠支出限额扣除——扶贫捐赠

根据财政部、国家税务总局、国务院扶贫办《关于企业扶贫捐赠所得税税前扣除政策的公告》提出：（1）自 2019 年 1 月 1 日至 2022 年 12 月 31 日，企业通过公益向社会组织或者县级（含县级）以上人民政府及其组成部门和直属机构，用于目标脱贫地区的扶贫捐赠支出，准予在计算企业所得税应纳税所得额时据实扣除。在政策执行期限内，目标脱贫地区实现脱贫的，可继续适用上述政策。（2）企业同时发生扶贫捐赠支出和其他公益性捐赠支出，在计算公益性捐赠支出年度扣除限额时，符合上述条件的扶贫捐赠支出不计算在内。（3）企业在 2015 年 1 月 1 日至 2018 年 12 月 31 日期间已发生的符合上述条件的扶贫捐赠支出，尚未在计算企业所得税应纳税所得额时扣除的部分，可执行上述企业所得税政策。

根据财政部、国家税务总局、人力资源社会保障部、国家乡村振兴局四部门共同发布的《关于延长部分扶贫税收优惠政策执行期限的公告》精神，为贯彻落实中共中央、国务院《关于实现巩固拓展脱贫攻坚成果同乡村振兴有效衔接的意见》精神，财政部、国家税务总局、人力资源社会保障部、国务院扶贫办《关于进一步支持和促进重点群体创业就业有关税收政策的通知》，财政部、国家税务总局、国务院扶贫办《关于企业扶贫捐赠所得税税前扣除政策的公告》，财政部、国家税务总局、国务院扶贫办《关于扶贫货物捐赠免征增值税政策的公告》中规定的税收优惠政策，执行期限延长至2025年12月31日。

4. 捐赠支出限额扣除——防疫捐赠

《关于支持新型冠状病毒感染的肺炎疫情防控有关捐赠税收政策的公告》指出：（1）企业通过公益性社会组织或者县级以上人民政府及其部门等国家机关，捐赠用于应对新型冠状病毒感染的肺炎疫情的现金和物品，允许在计算应纳税所得额时全额扣除。（2）企业直接向承担疫情防治任务的医院捐赠用于应对新型冠状病毒感染的肺炎疫情的物品，允许在计算应纳税所得额时全额扣除。

5. 捐赠支出限额扣除——北京 2022 冬奥会、杭州 2022 亚运会

根据财政部、国家税务总局、海关总署《关于北京 2022 年冬奥会和冬残奥会税收政策的通知》，对企业、社会租住和团体赞助、捐赠北京 2022 年冬奥会、冬残奥会、测试赛的资金、物资、服务支出，在计算企业应纳税所得额时予以全额扣除。

根据财政部、国家税务总局、海关总署《关于杭州 2022 年亚运会和亚残运会税收政策的公告》，对企业、社会组织和团体赞助、捐赠杭州亚运会的资金、物资、服务支出，在计算企业应纳税所得额时予以全额扣除。

（二）个人捐赠允许税前扣除的税收优惠

如前所述，个人发生捐赠支出后允许税前扣除，属于个人所得税税前扣除项目。慈善行业将其作为优惠，本书按照行业习惯，也将其称之为一项税收优惠。

根据《中华人民共和国个人所得税法》第六条规定："个人将其所得对教育事业和其他公益事业捐赠的部分，按照国务院有关规定从应纳税所得中扣除。"与企业捐赠规定相同，直接向受赠单位或个人的捐赠，不能享受个人所得税税前扣除优惠。

根据财政部、国家税务总局《关于公益慈善事业捐赠个人所得税政策的公告》规定，个人通过中华人民共和国境内公益性社会组织、县级以上人民政府及其部门等国家机关向教育、扶贫、济困等公益慈善事业的捐赠（以下简称"公益捐赠"）。发生的公益捐赠支出，可以按照个人所得税法有关规定在计算应纳税所得额时扣除。以上所称境内公益性社会组织，包括依法设立或登记并按规定条件和程序取得公益性捐赠税前扣除资格的慈善组织、其他社会组织和群众团体。

居民个人发生的公益捐赠支出可以在财产租赁所得、财产转让所得、利息股息红利所得、偶然所得（以下统称"分类所得"）、综合所得或者经营所得中扣除。在当期一个所得项目扣除不完的公益捐赠支出，可以按规定在其他所得项目中继续扣除。

居民个人根据各项所得的收入、公益捐赠支出、适用税率等情况，自行决定在综合所得、分类所得、经营所得中扣除的公益捐赠支出的顺序。

根据不同的捐赠事项，分为个人捐赠的一般税收优惠和全额扣除税收优惠。

1. 个人捐赠的一般税收优惠

居民个人发生的公益捐赠支出，在综合所得、经营所得中扣除的，扣除限额分别为当年综合所得、当年经营所得应纳税所得额的30%；在分类所得中扣除的，扣除限额为当月分类所得应纳税所得额的30%。

2. 个人捐赠的全额扣除税收优惠

2008年企业所得税法"内外资企业所得税两法合并"之前，财政部、税务总局先后公布了一系列基金会接受捐赠可以全额扣除的政策，2008年新企业所得税法实施后，此前公布的全额扣除的基金会政策，在企业所得税中不再执行，但个人用于下列基金会等捐赠，如果下列基金会仍能取得公益捐赠税前扣除资格，可以全额税前扣除主要包括：

（1）向红十字事业的捐赠。

从2000年1月1日起，对个人通过非营利性的社会团体和国家机关（包括中国红十字会）向红十字事业的捐赠，在计算缴纳个人所得税时准予全额扣除（参见财政部、国家税务总局《关于企业等社会力量向红十字事业捐赠有关所得税政策问题的通知》和《财政部国家税务总局关于企业等社会力量向红十字事业捐赠有关问题的通知》）。

由政府某部门代管或挂靠在政府某一部门的县级以上（含县级）红十字会为部分具有受赠者、转赠者资格的红十字会。这些红十字会及其"红十字事业"，只有在中国红十字会总会号召开展重大活动（以总会文件为准）时接受的捐赠和转赠，捐赠者方可享受在计算缴纳个人所得税时全额扣除的优惠政策。除此之外，接受定向捐赠或转赠，必须经中国红十字会总会认可，捐赠者方可享受在计算缴纳个人所得税时全额扣除的优惠政策。

（2）向福利性、非营利性老年服务机构捐赠。

从2000年10月1日起，对个人通过非营利性的社会团体和政府部门向福利性、非营利性的老年服务机构的捐赠，在缴纳个人所得税时准予全额扣除。老年服务机构，是指专门为老年人提供生活照料、文化、护理、健身等多方面服务的福利性、非营利性的机构，主要包括：老年社会福利院、敬老院（养老院）、老年服务中心、老年公寓（含老年护理院、康复中心、托老所）等（参见财政部、国家税务总局《关于对老年服务机构有关税收政策问题的通知》）。

（3）向教育事业的捐赠。

财政部、国家税务总局《关于教育税收政策的通知》规定，纳税人通过中国境内非营利的社会团体、国家机关向教育事业的捐赠，准予在个人所得税前全额扣除。

（4）向公益性青少年活动场所捐赠。

从2000年1月1日起，对个人通过非营利性的社会团体和国家机关对公益性青少年活动场所（其中包括新建场所）的捐赠，在缴纳个人所得税前准予全额扣除。公益性青少年活动场所，是指专门为青少年学生提供科技、文化、德育、爱国主义教育、体育活动的青少年宫、青少年活动中心等校外活动的公益性场所（参见财政部、国家税务总局《关于对青少年活动场所电子游戏厅有关所得税和营业税政策问题的通知》)。

(5) 向宋庆龄基金会等 6 家单位捐赠。

财政部、国家税务总局《关于向宋庆龄基金会等 6 家单位捐赠所得税政策问题的通知》规定,对个人通过宋庆龄基金会、中国福利会、中国残疾人福利基金会、中国扶贫基金会、中国煤矿尘肺病治疗基金会、中华环境保护基金会用于公益救助性的捐赠,准予在缴纳个人所得税税前全额扣除。

(6) 向中国医药卫生事业发展基金会的捐赠。

财政部、国家税务总局《关于中国医药卫生事业发展基金会捐赠所得税政策问题的通知》规定,个人通过中国医药卫生事业发展基金会用于公益救济性捐赠,准予在缴纳个人所得税税前全额扣除。

(7) 向中国教育发展基金会捐赠。

财政部、国家税务总局《关于中国教育发展基金会捐赠所得税政策问题的通知》规定,个人通过中国教育发展基金会用于公益救济性捐赠,准予在缴纳个人所得税税前全额扣除。

(8) 向中国老龄事业发展基金会等 8 家单位捐赠。

财政部、国家税务总局《关于中国老龄事业发展基金会等 8 家单位捐赠所得税政策问题的通知》规定,对个人通过中国老龄事业发展基金会、中国华文教育基金会、中国绿化基金会、中国妇女发展基金会、中国关心下一代健康体育基金会、中国生物多样性保护基金会、中国儿童少年基金会和中国光彩事业基金会用于公益救济性捐赠,准予在缴纳个人所得税税前全额扣除。

(9) 向地震灾区的捐赠。

对个人通过公益性社会团体、县级以上人民政府及其部门向汶川地震灾区的捐赠、玉树地震灾区和舟曲灾区的捐赠,允许在当年个人所得税税前全额扣除(国家税务总局《关于个人向地震灾区捐赠有关个人所得税征管问题的通知》,财政部、海关总署、国家税务总局《关于支持玉树地震灾后恢复重建有关税收政策问题的通知》,财政部、海关总署、国家税务总局《关于支持舟曲灾后恢复重建有关税收政策问题的通知》)。

(10) 向中华健康快车基金会等单位的捐赠。

财政部、国家税务总局《关于向中华健康快车基金会等 5 家单位的捐赠所得税税前扣除问题的通知》中提到,对企业、事业单位、社会团体和个人等社会力量,向中华健康快车基金会和孙冶方经济科学基金会、中华慈善总会、中国法律援助基金会和中华见义勇为基金会的捐赠,准予在缴纳个人所得税税前全额扣除。

(11) 向科研机构、高等院校研究开发经费捐赠。

财政部、国家税务总局《关于贯彻落实有关税收问题的通知》规定,个人和个体工商户,资助非关联的科研机构和高等学校研究开发新产品、新技术、新工艺所发生的研究开发经费,其资助支出可以全额在当年度应纳税所得额中扣除。当年度应纳税所得额不足抵扣的,不得结转抵扣。

社会力量资助研究开发经费的支出,是指纳税人通过中国境内非营利的社会组织、国家机关向科研机构和高等院校研究开发经费的资助。纳税人直接向科研机构和高等院校的资助不允许在税前扣除。

（12）北京 2022 年冬奥会和冬残奥会个人所得税的规定。

个人捐赠北京 2022 年冬奥会、冬残奥会、测试赛的资金和物资支出可在计算个人应纳税所得额时予以全额扣除。

（三）捐赠人注意事项

根据《中华人民共和国个人所得税法》第六条规定："个人将其所得对教育事业和其他公益事业捐赠的部分，按照国务院有关规定从应纳税所得中扣除。"直接向受赠单位或个人的捐赠，不能享受个人所得税税前扣除优惠。

如果捐赠者希望获取公益事业捐赠统一票据且能抵扣所得税，捐赠前要确定社会组织是否拥有以下两个条件：

其一，查看由财政部、国家税务总局、民政部《关于公益性捐赠税前扣除有关事项的公告》，证明该组织获得了公益捐赠税前扣除资格。

其二，该社会组织即使获得了"公益性捐赠税前扣除资格"，但由于捐赠行为不具有公益目的，受赠单位不得开具公益事业捐赠统一票据，捐赠人不得享受公益捐赠抵减税款优惠。根据《公益事业捐赠票据使用管理暂行办法》的规定，下列行为不得使用公益事业捐赠统一票据：集资、摊派、筹资、赞助等行为；以捐赠名义接受财物并与出资人利益相关的行为；以捐赠名义从事营利活动的行为；收取除捐赠以外的政府非税收入、医疗服务收入、会费收入、资金往来款项等应使用其他相应财政票据的行为；按照税收制度规定应使用税务发票的行为。

捐赠票据需妥善保存，以备税务机关检查。

关于捐赠支持 2022 年冬奥会及冬残奥会的增值税税收优惠细节，参见《北京 2022 年冬奥会和冬残奥会及其测试赛增值税退税管理办法》的公告。

捐赠方捐赠股权参见专栏二，捐赠方捐赠房产参见专栏五。

二、捐赠方的纳税申报

（一）企业捐赠方涉及的纳税申报

1. 企业所得税捐赠税前扣除申报

季度预缴企业所得税时，不计算扣除限额纳税调整，即可以根据全额扣除捐赠支出后的利润总额计算预缴企业所得税。在年度汇算清缴时，根据企业当年发生的全部符合税前扣除条件的捐赠支出进行纳税调整。先填写《A105070 捐赠支出及纳税调整明细表》（见图 5-1），再将此表数据计算填入《A105000 纳税调整项目明细表》。

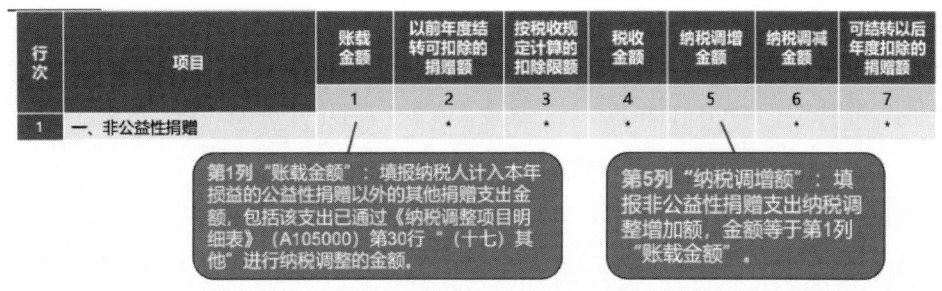

图 5-1　A105070 捐赠支出及纳税调整明细表

2. A105070 表格的填写

（1）第 1 列"受赠单位名称"：填报捐赠支出的具体受赠单位，按受赠单位进行明细申报。

（2）第 2 列"公益性捐赠——账载金额"：填报纳税人会计核算计入本年损益的公益性捐赠支出金额。即计入"营业外支出"科目已抵减利润的金额。

（3）第 3 列合计"公益性捐赠——按税法规定计算的扣除限额"：填报年度利润总额×12%。

（4）第 4 列合计"公益性捐赠——税收金额"：填报税法规定允许税前扣除的公益性捐赠支出金额，不得超过当年利润总额的 12%，按第 2 列与第 3 列较小值填报。

（5）第 5 列合计"公益性捐赠——纳税调整金额"：填报第 2 列－第 4 列的金额。

（6）第 6 列"非公益性捐赠——账载金额"：填报会计核算计入本年损益的税法规定公益性捐赠义务其他捐赠金额。如企业向不具备税前扣除资格的社会组织进行了捐赠，也计入"营业外支出"科目抵扣了利润。这类捐赠不被税法认可，年度汇算时进行纳税调整，调整金额填入此栏。

（7）第 7 列合计"纳税调整金额"：填报第 5 列加第 6 列的金额，即税法不允许税前扣除的捐赠支出部分。

（8）第 3 列、第 4 列、第 5 列、第 7 列：只填合计金额。

3. A105000 表格的填写

（1）第 17 行第 1 列：填写《A105070 捐赠调整明细表》第 20 行第 2 列加第 6 列金额。

（2）第 17 行第 2 列：填写《A105070 捐赠调整明细表》第 20 行第 4 列金额。

（3）第 17 行第 3 列：填写《A105070 捐赠调整明细表》第 20 行第 7 列金额。

根据财政部、国家税务总局《关于支持新型冠状病毒感染的肺炎疫情防控有关捐赠税收政策的公告》和财政部、国家税务总局、海关总署《关于杭州 2022 年亚运会和亚残运会税收政策的公告》等政策，优化表单结构。对"全额扣除的公益性捐赠"部分，通过填报事项代码的方式，满足"扶贫捐赠""北京 2022 年冬奥会、冬残奥会、测试赛捐赠""杭州 2022 年亚运会捐赠""支持新型冠状病毒感染的肺炎疫情防控捐赠"等全额扣除政策的填报需要。

（4）第 7 行填报各行相应列次填报金额的合计金额。

（5）第 8 行至第 10 行"项目"，纳税人在以下事项中选择填报：扶贫捐赠；北京 2022 年冬奥会、冬残奥会、测试赛捐赠；杭州 2022 年亚运会捐赠；支持新型冠状病毒肺炎疫情防控捐赠（通过公益性社会组织或国家机关捐赠）；支持新型冠状病毒肺炎疫情防控捐赠（直接向承担疫情防治任务的医院捐赠）。一个项目填报一行，纳税人有多个项目的，可自行增加行次填报。

（二）个人捐赠方涉及的纳税申报

个人捐赠税前扣除有三种方式：第一，可以在工资、薪金所得预扣预缴时扣除，既可以自登录个税 App 进行申报，也可以将捐赠票据送给捐赠人所在的单位财务人员（有的单位是人力资源人员）在每月代扣代缴个税时予以扣除，即单位扣缴义务人通过扣缴客户端办理扣缴申报的，以正常工资薪金所得申报为例，在【收入及减除填写界面】的"本期其他——准予扣除的捐赠额"填写本期准予扣除的捐赠额，在计算税款后，在【附表填写界面】选择《准予扣除的捐赠附表》，如实填写纳税人的捐赠信息和扣除信息；第二，可以在取得分类所得（财产租赁所得、财产转让所得、利息股息红利所得、偶然所得）时扣除；第三，可以在综合所得汇算清缴时进行扣除。本书重点就第三种扣除方式进行展开。

1. 个人所得税捐赠税前扣除项

如在上年未及时取得公益捐赠事业扣除票据，依旧可在个人所得税汇算清缴期内进行抵扣。

2. 个人所得税捐赠税前扣除申报流程

个人所得税捐赠税前扣除申报可在个税 App 中进行，步骤如下：

第一步：登录个税 App 找到"准予扣除的捐赠额"。

"个人所得税"App 首页点击：综合所得年度汇算 > 开始申报 > 2020 年度 > 选择"我需要申报表预填服务"，完成"标准申报须知"确认，进入下一步（见图 5－2）。

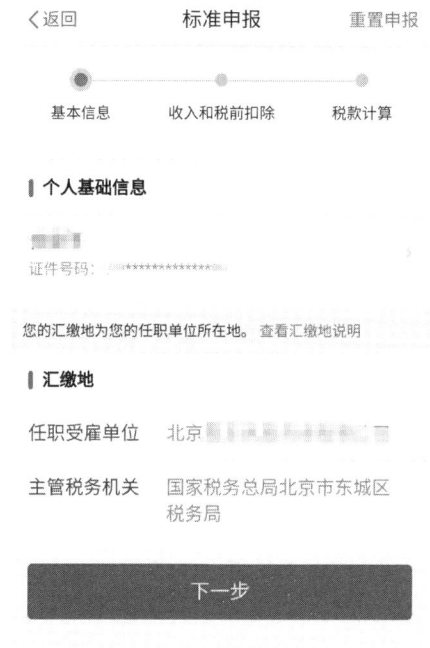

图 5－2　个人所得税 App 基本信息填报界面

拉到页面最下面，找到"准予扣除的捐赠额"，点击进入（见图5-3）。

图5-3 收入和税前扣除界面

第二步：进入"准予扣除的捐赠额"界面，点击"新增"，添加捐赠信息（见图5-4）。

178　中国慈善税收操作指引

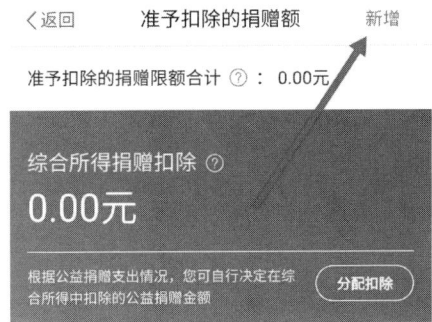

（a）

（b）

(c)

图 5-4 准许扣除的捐赠额界面

3.《个人所得税公益慈善事业捐赠扣除明细表》的填写

（1）表头项目。

捐赠年度：填写个人发生公益慈善事业捐赠支出的所属年度。

纳税人姓名和纳税人识别号：填写个人姓名及其纳税人识别号。有中国公民身份号码的，填写中华人民共和国居民身份证上载明的"公民身份号码"；没有中国公民身份号码的，填写税务机关赋予的纳税人识别号。

个人通过自行申报进行公益慈善事业捐赠扣除的，填写捐赠年度、纳税人姓名和纳税人识别号。扣缴义务人填报时，无须填写。

扣缴义务人名称及扣缴义务人纳税人识别号：填写扣缴义务人的法定名称全称，以及其纳税人识别号或者统一社会信用代码（扣缴义务人在扣缴申报时为个人办理公益慈善事业捐赠扣除的，填写本项。纳税人自行申报无须填报本项）。

（2）表内各列。

第2列"纳税人姓名"和第3列"纳税人识别号"：扣缴单位为纳税人办理捐赠扣除时，

填写本栏（个人自行申报的，无须填写本项）。

第 4 列 "受赠单位名称"：填写受赠单位的法定名称全称。

第 5 列 "受赠单位纳税人识别号（统一社会信用代码）"：填写受赠单位的纳税人识别号或者统一社会信用代码。

第 6 列 "捐赠凭证号"：填写公益事业捐赠统一票据的凭证号。

第 7 列 "捐赠日期"：填写个人发生的公益慈善事业捐赠的具体日期。

第 8 列 "捐赠金额"：填写个人发生的公益慈善事业捐赠的具体金额。

第 9 列 "扣除比例"：填写公益慈善事业捐赠支出税前扣除比例（如：30%或者100%）。

第 10 列 "扣除所得项目"：填写扣除公益慈善事业捐赠的所得项目。

第 11 列 "税款所属期"：填写 "扣除所得项目" 对应的税款所属期。

第 12 列 "扣除金额"：填写个人取得 "扣除所得项目" 对应收入办理扣缴申报或者自行申报时，实际扣除的公益慈善事业捐赠支出金额。

第 13 列 "备注"：填写个人认为需要特别说明的或者税务机关要求说明的事项。

第三节　受益人的税收优惠

根据《中华人民共和国慈善法》第八十一条规定，受益人接受慈善捐赠，依法享受税收优惠。

一、《中华人民共和国个人所得税法》规定的免税项目

被社会组织予以资助的受益人如果是不特定的而非指定，以及无任何回报要求的，那么该受益人接受的资助收入原则上不在个人所得税范畴内；除此以外，个税免税项目还有：省级人民政府、国务院部委和中国人民解放军军以上单位，以及外国组织、国际组织颁发的科学、教育、技术、文化、卫生、体育、环境保护等方面的奖金。专项奖励金免税项目是为奖项承办单位向国家税务总局提出免税申请，得到批复后予以免征获奖个人所得税。部分列举如下。

1. 光华科技基金会奖励科技人员的奖金

国家税务总局 1994 年 2 月 15 日发布的《关于个人获得光华科技基金会奖励金免征个人所得税的批复》规定，对光华科技基金、奖励科技人员的奖金，可视同中国人民解放军军以上单位颁发的科学、技术奖金，暂予免征个人所得税。①

2. 个人获得 "曾宪梓教育基金会教师奖" 的奖金

国家税务总局《关于曾宪梓教育会基金教师奖免征个人所得税的函》规定，对个人获得曾宪

---

① 光华科技基金会通过设立和颁发 "光华科技奖" "光华青少年发明奖"，奖励和资助在我国科技领域做出突出成绩的科技人员及青少年。

梓教育基金会教师奖的奖金，可视为国务院部委颁发的教育方面的奖金，免予征收个人所得税。①

3. 发给见义勇为者的奖金

财政部、国家税务总局《关于发给见义勇为者的奖金免征个人所得税问题的通知》规定，对乡、镇（含乡、镇）以上人民政府或经县（含县）以上人民政府主管部门批准成立的有机构、有章程的见义勇为基金会或者奖励见义勇为者的奖金或奖品，经主管税务机关核准，免予征收个人所得税。

4. 个人获得"孺子牛金球奖"的奖金

国家税务总局《关于香港柏宁顿（中国）教育基金会首届"孺子牛金球奖"获得者免征个人所得税的函》规定，对个人获得香港柏宁顿中国教育基金会首届"孺子牛金球奖"的奖金，可视为国务院部委颁发的教育方面的奖金，免予征收个人所得税。

5. 个人获得"国际青少年消除贫困奖"的奖金

财政部、国家税务总局《关于国际青少年消除贫困奖免征个人所得税的通知》规定，对个人取得的"国际青少年消除贫困奖"，视同从国际组织取得的教育、文化方面的奖金，免予征收个人所得税。②

6. 个人获得"长江学者成就奖"的奖金

国家税务总局《关于"长江学者奖励计划"有关个人收入免征个人所得税的通知》规定，对特聘教授获得"长江学者成就奖"的奖金，可视为国务院部委颁发的教育方面的奖金，免予征收个人所得税。③

7. 个人获得"长江小小科学家"的奖金

国家税务总局《关于"长江小小科学家"奖金免征个人所得税的通知》规定，学生个人参与"长江小小科学家"活动并获得的奖金，免予征收个人所得税。④

8. 个人获得"明天小小科学家"的奖金

国家税务总局《关于"明天小小科学家"奖金免征所得税的通知》规定，对学生个人获得的"明天小小科学家"奖励活动的奖金，免予征收个人所得税。⑤

9. 个人获得"陈嘉庚科学奖"的奖金

国家税务总局《关于陈嘉庚科学奖基金会有关所得税问题的通知》规定，根据《个人所

---

① "曾宪梓教育基金会教师奖"，是奖励高等师范院校、教育学院、中等师范学校（包括幼师教师进修学校）及师范性较强的综合性大专院校中有成绩、有贡献的优秀教师，鼓励并促进优秀教师到师范院校任教。
② "国际青少年消除贫困奖"，由联合国开发计划署与中国青少年发展基金会联合设立，中国少年发展基金会具体负责评选组织工作。国际消贫奖的宗旨是表彰在与贫困斗争中作出突出成绩的青少年，展示青少年艰苦奋斗、顽强拼搏、励精图治的精神风貌，促进贫困地区青少年全面发展和整体素质的提高，坚定人们战胜贫困的信念，实现消除贫困的目标。
③ "长江学者奖励计划"，是中华人民共和国教育部与香港李嘉诚基金会为提高中国高等学术地位，振兴中国高等教育，于1998年共同筹资设立的专项高层次人才计划，该计划包括实行特聘教授岗位制度和长江学者成就奖两项内容。
④ "长江小小科学家"，是教育部决定与香港李嘉诚基金会合作，于2000年共同组织实施"长江小小科学家"奖励活动，培养青少年的创新能力和创新精神，奖励优秀的青少年科技创新人才，促进青少年科技教育活动蓬勃发展，鼓励优秀的青少年脱颖而出。
⑤ "明天小小科学家"奖励活动是由中华人民共和国教育部、中国科学技术协会、周凯旋基金会共同主办的一项科技教育活动。

得税法》第四条第一款规定,对陈嘉庚科学奖基金会颁发的科学奖获奖者的奖金收入,免征个人所得税。①

二、灾后重建相关税收优惠

为支持和帮助受灾地区灾后重建,鼓励和引导社会各方面力量参与灾后恢复重建工作,使灾区基本生产生活条件和经济社会发展全面恢复并超过灾前水平,国家会制定专项税收优惠政策。

(一) 关于减轻企业税收负担的税收政策

(1) 对受灾严重地区损失严重的企业,免征 2014 年至 2016 年度的企业所得税。

(2) 自 2014 年 8 月 3 日起,对受灾地区企业通过公益性社会团体、县级以上政府及其部门取得的抗震救灾和灾后恢复重建款项和物资,以及税收法律、法规规定和国务院批准的减免税金及附加收入,免征企业所得税。

(3) 自 2014 年 1 月 1 日至 2018 年 12 月 31 日,对受灾地区农村信用社免征企业所得税。

(4) 自 2014 年 8 月 3 日起,对受灾地区企业、单位或支援受灾地区重建的企业、单位,在 3 年内进口国内不能满足供应并直接用于灾后恢复重建的大宗物资、设备等,给予进口税收优惠。

(二) 关于减轻个人税收负担的税收政策

2014 年 8 月 3 日起,对受灾地区个人接受捐赠的款项、取得的各级政府的救灾款项,以及参与抗震救灾的一线人员,按照地方各级人民政府及其部门规定标准取得的与抗震救灾有关的补贴收入,免征个人所得税。

(三) 关于支持基础设施、房屋建筑物等恢复重建的税收政策②

(1) 对政府为受灾居民组织建设的安居房建设用地,免征城镇土地使用税,转让时免征土地增值税。

(2) 对因地震住房倒塌的农民重建住房占用耕地的,在规定标准内的部分免征耕地占用税。

(3) 由政府组织建设的安居房,对所签订的建筑工程勘察设计合同、建筑安装工程承包合同、产权转移书据、房屋租赁合同,免征印花税。

(4) 对受灾居民购买安居房,免征契税;对在地震中损毁的应缴而未缴契税的居民住房,不再征收契税。

(5) 经省级人民政府批准,对经有关部门鉴定的因灾损毁的房产、土地,免征 2014 年至 2016 年度的房产税、城镇土地使用税。对经批准免税的纳税人已缴税款可以从以后年度的应缴税款中抵扣。

(四) 关于促进就业的税收政策

(1) 受灾严重地区的商贸企业、服务型企业、劳动就业服务企业中的加工型企业和街道社

---

① "陈嘉庚科学奖",是以对中国科教事业发展做出重要贡献的著名华侨领袖陈嘉庚名字命名的科学奖励,用于奖励近年来获得原创性重大科学技术成就的在世中国公民。

② 安居房,是指按照国务院有关部门确定的标准执行。所称毁损的居民住房,是指经县级以上(含县级)人民政府房屋主管部门出具证明,在地震中倒塌或遭受严重破坏而不能居住的居民住房。

区具有加工性质的小型企业实体在新增加的就业岗位中,招募当地因地震灾害失去工作的人员,与其签订 1 年以上期限劳动合同并依法缴纳社会保险费的,经县级人力资源社会保障部门认定,按实际招用人数和实际工作时间予以定额依次扣减增值税、城市维护建设税、教育费附加、地方教育附加和企业所得税。

按上述标准计算的税收抵扣额应在企业当年实际应缴纳的增值税、城市维护建设税、教育费附加、地方教育附加和企业所得税税额中扣减,当年扣减不足的,不得结转下年使用。

(2) 受灾严重地区因地震灾害失去工作后从事个体经营的人员,以及因地震灾害损失严重的个体工商户,按税收政策规定的每户每年限额依次扣减其当年实际应缴纳的增值税、城市维护建设税、教育费附加、地方教育附加和个人所得税。

纳税人年度应缴纳税款小于上述扣减限额的,以其实际缴纳的税款为限;大于上述扣减限额的,应以上述扣减限额为限。

(五)关于税收政策的执行期限

以上税收政策,一律按现行税收政策法规规定的具体期限执行。

三、扶贫及乡村振兴相关税收优惠

为进一步巩固农村税费改革的成果,扎实推进社会主义新农村建设,全面深化农村综合改革工作,国家除了对开展村级公益事业建设直接开展一事一议财政奖补以外,也给予了国家级战略——扶贫事业大力的税收优惠政策支持。

(一)符合条件的扶贫货物捐赠免征增值税(见表 5-3)

表 5-3　　　　　　　　　符合条件的扶贫货物捐赠享有的税收优惠

税收政策	符合条件的扶贫货物捐赠免征增值税
享受主体	进行扶贫货物捐赠的纳税人
优惠内容	(1) 自 2019 年 1 月 1 日至 2022 年 12 月 31 日,对单位或者个体工商户将自产、委托加工或购买的货物通过公益性社会组织、县级及以上人民政府及其组成部门和直属机构,或直接无偿捐赠给目标脱贫地区的单位和个人,免征增值税。在政策执行期限内,目标脱贫地区实现脱贫的,可继续适用上述政策。 (2) 在 2015 年 1 月 1 日至 2018 年 12 月 31 日期间,已发生的符合上述条件的扶贫货物捐赠,可追溯执行上述增值税政策
享受条件	"目标脱贫地区"是指 832 个国家扶贫开发工作重点县、集中连片特困地区县(新疆阿克苏地区 6 县 1 市享受片区政策)和建档立卡贫困村
政策依据	财政部、国家税务总局、国务院扶贫办《关于扶贫货物捐赠免征增值税政策的公告》

(二)企业符合条件的扶贫捐赠所得税税前据实扣除

(1) 自 2019 年 1 月 1 日至 2022 年 12 月 31 日,企业通过公益性社会组织或者县级(含县级)以上人民政府及其组成部门和直属机构,用于目标脱贫地区的扶贫捐赠支出,准予在计算企业所得税应纳税所得额时据实扣除。在政策执行期限内，目标脱贫地区实现脱贫的，可继续适用上述政策。

（2）企业同时发生扶贫捐赠支出和其他公益性捐赠支出，在计算公益性捐赠支出年度扣除限额时，符合上述条件的扶贫捐赠支出不计算在内。

（3）企业在2015年1月1日至2018年12月31日期间已发生的符合上述条件的扶贫捐赠支出，尚未在计算企业所得税应纳税所得额时扣除的部分，可执行上述企业所得税政策。

（三）个人通过公益性社会组织或国家机关的公益慈善事业捐赠的税收优惠（见表5-4和表5-5）

表5-4　个人通过公益性社会组织或国家机关的公益慈善事业捐赠享有的税收优惠

税收政策	个人通过公益性社会组织或国家机关的公益慈善事业捐赠个人所得税税前扣除
享受主体	通过中国境内公益性社会组织、县级以上人民政府及其部门等国家机关向教育、扶贫、济困等公益慈善事业捐赠的个人
优惠内容	个人将其所得对教育、扶贫、济困等公益慈善事业进行捐赠，捐赠额未超过纳税人申报的应纳税所得额30%的部分，可以从其应纳税所得额中扣除；国务院规定对公益慈善事业捐赠实行全额税前扣除的，从其规定（参见个人捐赠的全额扣除税收优惠）
享受条件	1. 个人通过中华人民共和国境内的公益性社会组织、县级以上人民政府及其部门等国家机关向教育、扶贫、济困等公益慈善事业进行捐赠。 2. 捐赠额未超过纳税义务人申报的应纳税所得额30%的部分，可以从其应纳税所得额中扣除。 3. 境内公益性社会组织，包括依法设立或登记并按规定条件和程序取得公益性捐赠税前扣除资格的慈善组织、其他社会组织和群众团体。 4. 个人发生的公益捐赠支出金额，按照以下规定确定： （1）捐赠货币性资产的，按照实际捐赠金额确定。 （2）捐赠股权、房产的，按照个人持有股权、房产的财产原值确定。 （3）捐赠除股权、房产以外的其他非货币性资产的，按照非货币性资产的市场价格确定。 5. 居民个人按以下规定扣除公益捐赠支出： （1）居民个人发生的公益捐赠支出可以在财产租赁所得、财产转让所得、利息股息红利所得、偶然所得（以下统称分类所得）、综合所得或者经营所得中扣除。在当期一个所得项目扣除不完的公益捐赠支出，可以按规定在其他所得项目中继续扣除。 （2）居民个人发生的公益捐赠支出，在综合所得、经营所得中扣除的，扣除限额分别为当年综合所得、当年经营所得应纳税所得额的30%；在分类所得中扣除的，扣除限额为当月分类所得应纳税所得额的30%。 （3）居民个人根据各项所得的收入、公益捐赠支出、适用税率等情况，自行决定在综合所得、分类所得、经营所得中扣除的公益捐赠支出的顺序。 6. 非居民个人发生的公益捐赠支出，未超过其公益支出发生的当月应纳税所得额30%的部分，可以从其应纳税所得额中扣除。扣除不完的公益捐赠支出，可以在经营所得中继续扣除。 7. 国务院规定对公益捐赠全额税前扣除的，按照规定执行。个人同时发生按30%扣除和全额扣除的公益捐赠支出，自行选择扣除次序
政策依据	1.《中华人民共和国个人所得税法》第六条第三款。 2.《中华人民共和国个人所得税法实施条例》第十九条。 3. 财政部、国家税务总局《关于公益慈善事业捐赠个人所得税政策的公告》

表 5-5　　　　　　　　境外捐赠人捐赠慈善物资免征进口环节增值税

税收政策	境外捐赠人捐赠慈善物资免征进口环节增值税
享受主体	接受境外捐赠的受赠人
优惠内容	1. 境外捐赠人无偿向受赠人捐赠的直接用于慈善事业的物资，免征进口环节增值税。 2. 国际和外国医疗机构在我国从事慈善和人道医疗救助活动，供免费使用的医疗药品和器械及在治疗过程中使用的消耗性的医用卫生材料比照前款执行
享受条件	慈善事业是指非营利的慈善救助等社会慈善和福利事业，包括以捐赠财产方式自愿开展的下列慈善活动： （1）扶贫济困，扶助老幼病残等困难群体。 （2）促进教育、科学、文化、卫生、体育等事业的发展。 （3）防治污染和其他公害，保护和改善环境。 （4）符合社会公共利益的其他慈善活动等（参见专栏七——境外慈善捐赠物资税收优惠政策）
政策依据	《财政部、海关总署、国家税务总局关于公布〈慈善捐赠物资免征进口税收暂行办法〉的公告》

根据国家最新政策，财政部、国家税务总局、人力资源社会保障部、国务院扶贫办《关于进一步支持和促进重点群体创业就业有关税收政策的通知》、财政部、国家税务总局、国务院扶贫办《关于企业扶贫捐赠所得税税前扣除政策的公告》、财政部、国家税务总局、国务院扶贫办《关于扶贫货物捐赠免征增值税政策的公告》中规定的税收优惠政策，执行期限延长至 2025 年 12 月 31 日。

四、新冠肺炎疫情相关税收优惠

在抗击新冠肺炎疫情战役中，国家连续颁布 3 个抗疫税收优惠政策，在鼓励公益捐赠方面，涉及企业所得税、个人所得税、增值税、消费税、关税、城市维护建设税、教育费附加、地方教育附加等，即通过公益性社会组织或县级以上人民政府及其部门等国家机关捐赠应对疫情的货币和物品允许企业所得税或个人所得税税前全额扣除；直接向承担疫情防治任务的医院捐赠应对疫情物品允许企业所得税或个人所得税税前全额扣除；无偿捐赠应对疫情的货物免征增值税、消费税、城市维护建设税、教育费附加、地方教育附加；扩大捐赠免税进口范围。

根据财政部、国家税务总局《关于延续实施应对疫情部分税费优惠政策的公告》和财政部、国家税务总局《关于支持新型冠状病毒感染的肺炎疫情防控有关个人所得税政策的公告》，规定税费优惠政策凡已经到期的，执行期限延长至 2021 年 12 月 31 日。

☞ **延伸阅读**

1. A105070 捐赠支出及纳税调整明细表；
2. A105000 纳税调整项目明细表；
3. 个人所得税公益慈善事业捐赠扣除明细表。

第六章
社会组织的涉税风险管理

第一节　实施全流程涉税风险管理

全流程涉税风险管理包括了风险识别、风险评估、风险控制、信息与沟通、监督评价等过程。狭义的税务风险，包含税款计算、纳税申报、税款缴纳、发票使用与管理的税务风险，还包括业务流程管控风险、会计计量风险等。

一、风险管理目标规划

依法履行纳税义务，合理控制涉税风险，防范涉税违法行为，避免因没有遵循税法可能引发的法律风险、财务损失或声誉损害，在此，社会组织应围绕以下目标，结合本社会组织的当前涉税管理工作重点和薄弱环节，做好规划工作：一是涉税规划具有合理的可持续发展目的，并符合税法规定；二是经营决策和经营活动考虑税收因素的影响，符合税法规定；三是对税务事项的会计处理符合相关会计制度或准则以及相关法律法规；四是纳税申报和税款缴纳符合税法规定；五是税务登记、账簿凭证管理、税务档案管理以及税务资料的准备和报备等涉税事项符合税法规定。

二、风险识别和评估

社会组织应全面、系统、持续地收集内部和外部相关信息，结合实际情况，通过风险识别、风险分析、风险评价等步骤，查找社会组织经营活动及其业务流程中的涉税风险，分析和预判风险发生的可能性和条件，评价风险对社会组织实现税务管理目的的影响程度，从而确定风险管理的优先顺序和策略。社会组织应结合自身涉税风险管理机制和实际经营情况，重点识别下列涉税风险因素：社会组织治理层以及管理层的税收遵从意识和对待税务风险的态度；涉税员工的职业操守和专业胜任能力；组织机构、经营方式和业务流程；技术投入和信息技术的运用；财务状况、经营成果及现金流情况；相关内部控制制度的设计和执行；经济形势、产业政策、市场竞争及行业管理；法律法规和监管要求；其他有关风险因素。

为此，社会组织应建立涉税风险管理的信息与沟通制度，应定期进行涉税风险评估。涉税风险评估可由合规部门或财税部门协同相关职能部门实施，也可聘请具有相关资质和专业能力的第三方专业服务机构协助实施。

第二节 社会组织常见涉税风险点和注意事项

社会组织机构类别较多，业务各有所异，涉税事务复杂，环节众多。因此，在涉税业务上应全流程做好风险识别和防范。

一、增值税风险点与注意事项

社会组织涉及增值税政策具体条目较广，与社会组织自身的经营范围相关。应重点关注的是免税业务、不征税业务和应税业务的分别核算及涉税处理。

常见风险点如下：

一是合理区分免税、不征税和应税收入。应严格按照有关规定执行，在核算环节对相关收入进行区分。

二是会费收入，区分超标的会费收入与标准内的会费收入。会费收入是社会团体的主要收入来源，但超过规定标准收取的会费应视同应税收入。

三是正确区分非保本利息收入或保本利息收入，确定是否缴纳增值税等。

四是视同销售。如社会组织按照标准收取的教育费等可以免税，但超过标准的收费不属于免税范围。

五是优惠政策正确享受。

六是代扣代缴风险。社会组织支付给志愿者的补贴以外的劳务费、课酬费、稿酬等属于劳务报酬，为增值税应税劳务，当个人在中国境内未设有经营机构的，以购买方即社会组织为增值税扣缴义务人，社会组织需履行代扣代缴增值税的义务。

二、企业所得税风险点与注意事项

企业所得税计算与缴纳主要集中在次年年初的汇算清缴上，因此主要风险点更集中于汇算清缴。

（一）收入类项目

企业所得税中的收入包括应税收入、免税收入、不征税收入等。常见风险点如下：

一是将不征税收入的对应支出列入相关的成本费用中，直接影响应纳税所得额。这是税务机关专项检查的重点。

二是把政府购买服务收入与政府专项资金混淆。按照《民间非营利组织会计制度》第五十九条的规定，民间非营利组织承接政府购买服务属于交换交易，取得的相关收入应当记入"提供服务收入"等收入类科目，不应当记入"政府补助收入"科目。依据财政部、国家税务总局《关于非营利组织企业所得税免税收入问题的通知》规定，非营利组织除财政拨款（财政拨款为不征税收入）以外的其他政府补助收入为免税收入，但不包括因政府购买服务取得的收入。实践中，社会组织往往会混淆两种资金性质，认为只要是从政府取得，都是政府专项资金，都按不征税收入处理，税务风险极大。

三是财政资金事后补助不属于不征税收入。不是所有规定资金专项用途的资金都属于不征税收入。例如，政府为支持社会组织开展某项活动、论坛的补贴，在社会组织开展活动后根据实际支出情况给予一定比例的补助，计入当期收入或冲减相关成本，这部分补贴收入应该并入当年的应纳税所得额计算缴纳企业所得税。

四是免税收入的汇总是否严格按照税法规定执行、适用免税的条件是否按税法严格执行等。

五是不征税收入是否满足税法规定条件、相应的支出是否进行纳税调整。

六是不征税收入用于支出形成固定资产的折旧没有按税法规定纳税调增漏缴企业所得税。

七是混淆资金用途。社会组织在取得财政专项资金后，不按当初资金申请承诺用途使用资金，没有做到资金专款专用。如将科研项目资金用于普通员工福利，甲项目资金用于乙项目，违反了财政部、国家税务总局《关于专项用途财政性资金企业所得税处理问题的通知》的规定，应计入当年企业所得税应纳税所得额申报缴纳企业所得税。

八是五年内未使用的不征税收入未结转应税收入。五年内未发生支出且未缴回财政部门或其他拨付资金的政府部门的部分应及时计入取得该资金第六年的应税收入总额计算缴纳企业所得税。此类情况往往被社会组织所忽视形成税收风险。

九是股息、红利等权益性投资收益所得税优惠事项。是否存在将不符合免税收入条件的投资收益计入免税收入，造成少缴纳企业所得税的风险。

（二）扣除类项目

企业所得税扣除项目包括各项成本、费用、税金、损失及其他支出等。

根据《民间非营利组织会计制度》的解释，业务活动成本、管理费用、筹资费用和其他费用共同构成了社会组织的支出，尤其是前两项财务指标，不仅是必须公开披露的财务信息，也是社会公众和捐赠人了解公益项目进展情况的客观数据。常见风险点如下：

一是留存备查风险。例如，税收优惠享受未按规定留存备查资料等。

二是慈善活动支出与管理费用混淆，只要费用是真实合理发生，且相关票据及附件合规，是可以税前扣税的，不会产生涉税风险。但有可能会存在慈善活动支出、管理费用比例不符合规定要求的。主要依据是《财政部、国家税务总局、民政部关于慈善组织开展慈善活动年度支出和管理费用的规定》中关于慈善组织慈善活动支出和管理费用比例，进而会影响免税资格的认定。

三是慈善活动支出未按活动项目分别核算。慈善组织在年度信息披露或申请免税资格时，都要求慈善组织同时从事多个慈善活动，应根据规定对慈善活动支出按慈善项目分开核算，必须在账面数就能清晰反映每一项慈善活动的支出情况。常见风险是社会组织将活动产生的成本全部计入了"业务活动成本"，而当准备免税申请材料或信息披露时，再人为分拆成本填报，势必造成财务信息和上报信息不一致的后果。

四是将专项用途财政资金列入免税收入，对应的支出继续税前列支，漏缴企业所得税。

五是不征税收入对应的支出未作纳税调增。社会组织在年度汇算清缴时，将不征税收入从收入中调减后，未将不征税收入用于支出形成的成本费用以及用于支出形成资产计提的折旧、摊销同时纳税调增，造成少缴企业所得税。

六是不得将会议、访问、评比表彰、有偿服务等活动的支出计入公益活动支出。该类支出往往对应的是提供服务收入，为应税收入。

三、个人所得税风险点与注意事项

各类奖金、津贴、补贴扣缴个人所得税事项。社会组织向职工发放各种补贴补助、组织职工旅游所发生的费用等未与员工当期的工资薪金合并按照"工资、薪金所得"项目扣缴个人所得税；社会组织向职工支付的全年一次性奖金以及季度、半年奖金，未按规定计算并代扣代缴个人所得税。

志愿者劳务报酬（不是志愿者补贴）存在未代扣代缴个人所得税的风险。

四、申报纳税风险点与注意事项

纳税申报风险体现在申报环节，但应从数据收集、数据计算、申报表填写等多个环节进行防范。

（一）数据收集

数据收集环节，由于社会组织具有工作量大的特点，不可能采用手工核算，只能通过系统批量处理。因此，在系统设计中，应注意做好各类数据统计功能，保证所需数据可以较容易地取得。

（二）数据计算

数据计算环节，应做好完整的计算底稿，确保计算底稿清楚明白，保证计算底稿在后期可追溯易查询，确保计算逻辑的完整，增加表内表间逻辑的校验，从多个角度验证计算的正确性。

（三）申报表填写

申报表填写环节，应认真研究申报表模板及其中的取数逻辑，对照社会组织系统与会计核算制度，做好底稿设计与申报表的对应，目标是使更多信息可以直接从系统中抓取，减少手工取数的比例，降低操作风险。

（四）缴纳税款

缴税看似容易，实际存在较大的操作风险。近年来，税务部门系统不断升级优化，在服务水平不断提高的同时，也存在新老衔接中系统设计不够成熟稳定的特点。因此，在实务中，应按照当季征期规定，倒排时间表，确保若干重要时间节点，尽可能保证提前进行申报，防止因系统不稳定、后台校验逻辑存在漏洞等突发情况导致的申报失败，造成迟缴税风险。此外，需要注意对当期应纳税额为零的情形，应进行零申报。

五、税务发票风险点与注意事项

税务发票是我国税收征管十分重要的组成因素,也是社会组织增值税管理风险中面临的重点。《企业所得税税前扣除凭证管理办法》出台后,社会组织涉税管理面临的发票问题也日益凸显。

发票风险可以分为开具发票风险和取得发票风险。

(一) 开具发票风险

开具发票风险主要包括虚开发票风险、错开发票风险、发票保管风险等。

虚开发票风险的后果比较严重。虚开增值税专用发票罪、虚开发票罪已被写入《刑法》第二百零五条,其中,对虚开增值税专用发票的,最低处 3 年以下有期徒刑或者拘役,并处 2 万元以上 20 万元以下罚金;最高可处 10 年以上有期徒刑或者无期徒刑,并处 5 万元以上 50 万元以下罚金或者没收财产。虚开其他发票,情节严重的,处 2 年以下有期徒刑、拘役或者管制,并处罚金,情节特别严重的,处 2 年以上 7 年以下有期徒刑,并处罚金。实际中,如果注意确保发票开具流程设计得当、审核机制健全,虚开发票在一般情况下可以得到有效避免。

错开发票风险较为常见,但一般可以在及时发现后通过作废、红字冲销等方式解决。

发票保管风险不仅限于发票,还包括发票相关的管理,如发票专用章、空白发票等。对于空白发票,应做好购买、保管、领用环节管理,完善交接制度,定期检查交接簿记录是否完整、空白发票是否每日碰库、发票专用章与开票员是否存在岗位兼容。此外,对于开出发票的记账联和取得发票的抵扣联,也应做好整理与归档,确保相关凭证可查易查。

(二) 取得发票风险

取得发票风险可以分为涉及增值税和企业所得税两个方面的风险。

增值税方面,因为增值税"以票控税"的特点,只有取得增值税扣税凭证,才可以做进项抵扣。而取得扣税凭证多在报销环节或支出环节完成核算,因此核算部门做好会计处理十分重要。业务部门取得发票时对发票基本要素进行初步审查,包括发票抬头是否与公司信息一致、发票金额是否无误、发票是否整洁、字迹是否清晰;核算部门做好发票账务处理,包括判断是否可全额抵扣,并判断发票是否满足各类税务抵扣条件,如满足"三流一致"、未用于集体福利与个人消费等项目;税务部门做好发票交接与审核,确保发票抵扣联、认证清单、账务处理三者一致,做好发票勾选及认证,及时核对认证结果与抵扣联情况是否一致。

企业所得税方面,发票对企业所得税的影响明显。企业在境内发生的支出项目属于增值税应税项目的,对方为已办理税务登记的增值税纳税人,其支出以发票(包括按照规定由税务机关代开的发票)作为税前扣除凭证;对方为依法无须办理税务登记的单位或者从事小额零星经营业务的个人,其支出以税务机关代开的发票或者收款凭证及内部凭证作为税前扣除凭证。因此,社会组织应注意前端业务开展过程中支出项目的发票取得,保证汇算清缴时可提供合规票据。

第三节 税收征管及纳税争议处理

一、纳税评估

纳税评估是指税务机关运用数据信息对比分析的方法，对纳税人和扣缴义务人纳税申报（包括减免缓抵退税申请）情况的真实性和准确性做出定性和定量的判断，并采取进一步征管措施的管理行为。

纳税评估主要工作内容包括：根据宏观税收分析和行业税负监控结果以及相关数据设立评估指标及其预警值；综合运用各类对比分析方法筛选评估对象；对所筛选出的异常情况进行深入分析并做出定性和定量的判断；对评估分析中发现的问题分别采取税务约谈、调查核实、处理处罚、提出管理建议、移交稽查部门查处等方法进行处理；维护更新税源管理数据，为税收宏观分析和行业税负监控提供基础信息等。

对纳税评估中发现的问题，采取税务约谈、提醒督促、处理处罚、移交稽查等手段解决。

二、税务稽查

税务稽查是指稽查部门依法对纳税人、扣缴义务人和其他涉税当事人履行纳税义务、扣缴义务情况及涉税事项进行检查处理，以及围绕检查处理开展的其他相关工作。

税务稽查包括日常稽查、专项稽查、专案稽查等。税务稽查分为立案查处及未立案查处。税务稽查结束后一般会下达税务处理通知书。

三、税务违法行政处罚

税务行政处罚是税务机关依照税收法律、法规的有关规定，依法对纳税人、扣缴义务人、纳税担保人以及其他与税务行政处罚有直接利害关系的当事人，违反税收法律、法规、规章的规定进行处罚的具体行政行为。

税务违法行政处罚种类分为罚款、没收违法所得、停止出口退税权、吊销税务行政许可证件。

2021年3月31日，国家税务总局发布《税务行政处罚"首违不罚"事项清单》，对于首次发生下列清单中所列事项，且危害后果轻微，在税务机关发现前主动改正，或者在税务机关责令限期改正的期限内改正的，不予行政处罚（见表6-1）。

表 6-1　　　　　　　　税务行政处罚"首违不罚"事项清单

序号	事项
1	纳税人未按照税收征收管理法及实施细则等有关规定将其全部银行账号向税务机关报送
2	纳税人未按照税收征收管理法及实施细则等有关规定设置、保管账簿或者保管记账凭证和有关资料
3	纳税人未按照税收征收管理法及实施细则等有关规定的期限办理纳税申报和报送纳税资料
4	纳税人使用税控装置开具发票,未按照税收征收管理法及实施细则、发票管理办法等有关规定的期限向主管税务机关报送开具发票的数据且没有违法所得
5	纳税人未按照税收征收管理法及实施细则、发票管理办法等有关规定取得发票,以其他凭证代替发票使用且没有违法所得
6	纳税人未按照税收征收管理法及实施细则、发票管理办法等有关规定缴销发票且没有违法所得
7	扣缴义务人未按照税收征收管理法及实施细则等有关规定设置、保管代扣代缴、代收代缴税款账簿或者保管代扣代缴、代收代缴税款记账凭证及有关资料
8	扣缴义务人未按照税收征收管理法及实施细则等有关规定的期限报送代扣代缴、代收代缴税款有关资料
9	扣缴义务人未按照《税收票证管理办法》的规定开具税收票证
10	境内机构或个人向非居民发包工程作业或劳务项目,未按照《非居民承包工程作业和提供劳务税收管理暂行办法》的规定向主管税务机关报告有关事项

四、税务行政复议

税务行政复议是指纳税人及其他当事人认为税务机关的具体行政行为损害其合法权益,可依法向税务行政复议机关申请行政复议。税务行政复议机关受理行政复议申请,作出行政复议决定。

税务行政复议的范围包括:税务机关作出的征税行为,税收保全措施、未及时解除保全措施,使纳税人及其他当事人合法权益遭受损失的行为,强制执行措施、行政处罚行为,不予依法办理或者答复的行为,取消增值税一般纳税人资格的行为,收缴发票、停止发售发票、责令纳税人提供纳税担保或者不依法确认纳税担保有效的行为,不依法给予举报奖励的行为,通知出境管理机关阻止出境行为等。

对各级税务机关作出的具体行政行为不服的,向其上一级税务机关申请行政复议。对省自治区直辖市税务局作出的具体行政行为不服的,可以向国家税务总局或者省、自治区、直辖市人民政府申请行政复议。对国家税务总局作出的具体行政行为不服的,向国家税务总局申请行政复议。对行政复议决定不服的,申请人可以向人民法院提起行政诉讼,也可以向国务院申请裁决,国务院的裁决为终局裁决。

申请人可以在知道税务机关作出具体行政行为之日起 60 日内提出行政复议申请。因不可抗力或者被申请人设置障碍等其他正当理由耽误法定申请期限的,申请期限自障碍消除之日起继续计算。

五、税务行政诉讼

税务行政诉讼是指公民、法人或者其他组织认为税务机关的行政行为侵犯其合法权益，依法向人民法院提起诉讼，或者向人民检察院依法提起税务行政公益诉讼。

发生涉税争议时，纳税人必须先按照税务机关的决定缴纳或者解缴税款及滞纳金或者提供相应的担保，然后才可以依法申请行政复议；对行政复议决定不服的，可以依法向人民法院起诉。如对税务机关作出的处罚决定、强制执行措施或者税收保全措施不服的，可以依法申请行政复议，也可以依法向人民法院起诉。如果行政违法行为给纳税人的合法权益造成侵害时，可以要求税务行政赔偿。主要包括：一是在限期内已缴纳税款，但税务机关未立即解除税收保全措施，使纳税人的合法权益遭受损失的；二是滥用职权违法采取税收保全措施、强制执行措施不当，使纳税人的合法权益遭受损失的。

第三篇
社会组织的税收政策应用

依据《中华人民共和国民法典》《中华人民共和国慈善法》《中华人民共和国公益事业捐赠法》《中华人民共和国企业所得税法》《中华人民共和国个人所得税法》等相关法律法规，非营利法人中的基金会、社会团体、社会服务机构等社会组织和事业单位、依法设立并取得捐助法人资格的宗教活动场所，以及县级以上人民政府，可以接受来自公民个人、企业和其他法人的合法财产捐赠。本篇主要介绍作为捐赠接收方的社会组织的税收操作指引。

第七章
基金会涉税概述

第一节 基金会的定义和价值

一、基金会的定义和特征

（一）基金会的定义

基金会（慈善基金会），是指利用自然人、法人或者其他组织捐赠的财产，以从事公益事业为目的，按照《基金会管理条例》的规定成立的非营利性法人。

《中华人民共和国民法典》第八十七条："为公益目的或者其他非营利目的成立，不向出资人、设立人或者会员分配所取得利润的法人，为非营利法人。非营利法人包括事业单位、社会团体、基金会、社会服务机构等。"第九十二条："具备法人条件，为公益目的以捐助财产设立的基金会、社会服务机构等，经依法登记成立，取得捐助法人资格。"

（二）基金会的特征

基金会不同于政府机构、企业，也有别于事业单位、社会团体、社会服务机构等非营利组织，基金会具有公益性、非营利性、独立性和财产的信托性的基本特征。

1. 公益性

基金会的公益性集中体现在三个方面：一是财产来源于捐赠，是捐赠人参与公益慈善的一种形式；二是有明确的公益宗旨；三是财产有明确的公益用途，公益性决定了基金会在本质上是一种社会公益组织。

2. 非营利性

基金会的非营利性主要体现在三个方面：一是存在非营利的分配与收入约束机制，要求基金会的捐赠人、实际受托管理者不得从基金会的财产及其运作中获得利益；二是存在非营利的组织运作和管理机制，要求基金会具备有效规避较高风险与较高回报的自我控制机制；三是存在非营利的财产保全机制，要求基金会不得以捐赠以外的其他方式变更财产及产权结构。

3. 独立性

基金会是独立注册的法人组织，其独立性表现在两个方面：一是基金会建立以章程为核心的法人治理结构；二是基金会有明确的组织使命和战略规划，是自我生存、自我发展的组织。

4. 财产的信托性

基金会的财产是以捐赠为基础形成的公益财产的集合，是以基金形式存在的公益财产，有两层含义：一是基金会在本质上是一种信托关系，是捐赠人、受托人和受益人之间达成的公益信托，良好的公信力是其核心价值所在；二是基金会是以公益财产形式存在的财产集合，通过有效的财产运作实现保值增值是其生命力的体现。

(三) 基金会的分类

1. 类型

按照《基金会管理条例》总则第三条规定,基金会分为面向公众募捐的基金会和不得面向公众募捐的基金会。

公募基金会一般分为全国性公募基金会和地方性公募基金会。全国性公募基金会的公开募捐活动可以在全国范围内开展,地方性公募基金会的公开募捐活动只能在登记注册地行政区域内开展。

基金会根据其运作模式不同,分为运作型基金会、资助型基金会和综合型基金会。

运作型基金会,是指在筹集善款之后,自己运作项目,并在项目完成之后向理事会、捐赠方、公众进行报告的基金会。

资助型基金会,是指将筹集到的资金交给其他组织,如政府部门、科研机构和非营利组织等,由他们来实施具体的项目、提供社会服务的基金会。

综合型基金会,是指既自己开展公益项目又资助其他组织开展公益项目的基金会。

运作型基金会的优势在于能保证对项目进展情况的统筹协调,是基金会运营的传统模式,我国基金会的宗旨多元,绝大部分属于运作型,资助型占比不足1%,且在区域发展上不平衡,主要集中在一线城市。

基金会按照发起方的不同,一般又可以分为个人基金会、家族基金会、高校基金会、企业基金会、社区基金会等,大多为非公募基金会。

2. 公募基金会与非公募基金会的区别

公募基金会与非公募基金会在设立门槛、募捐要求、内部治理和信息公开等方面具有以下区别。

(1) 设立门槛不同。

公募基金会和非公募基金会设立的起始资金的下限不同(见表7-1)。

表7-1　　　　　　　　　公募与非公募基金会设立的区别

	公募基金会	非公募基金会
起始资金	全国性公募基金会的原始基金不低于800万元人民币	非公募基金会的原始基金不低于200万元人民币
	地方性公募基金会的原始基金不低于400万元人民币	

(2) 募捐的法律要求不同(见表7-2)。

表7-2　　　　　　　　　公募与非公募基金会募捐的法律区别

	公募基金会	非公募基金会
募捐范围	公开募集	定向募集

续表

	公募基金会	非公募基金会
募捐对象	社会公众	特定对象：与基金会有一定关系或合作过的群体，包括但不限于发起人、理事会成员、员工、会员、校友、合作伙伴或单位等
募捐方式	1. 在公共场所设置募捐箱； 2. 举办面向社会公众的义演、义赛、义卖、义展、义拍、慈善晚会等； 3. 通过广播、电视、报刊、互联网等媒体发布募捐信息； 4. 其他公开募捐方式	限定于特定对象的范围内
募捐地域	全国性公募基金会可以在全国范围内开展公开募捐活动；地方性公募基金会只能在登记注册地行政区域内开展线下活动，互联网募捐则不受限	因不面向公众，故无地域限制

（3）财产的管理规定不同。

2004 年《基金会管理条例》规定："公募基金会每年用于从事章程规定的公益事业支出，不得低于上一年总收入的 70%；非公募基金会每年用于从事章程规定的公益事业支出，不得低于上一年基金余额的 8%。"财政部、国家税务总局、民政部公告《关于公益性捐赠税前扣除有关事项的公告》要求：非公募基金会申请公益性捐赠税前扣除资格的前提是前两个年度每年用于公益慈善事业的支出占上年末净资产的比例均不得低于 8%。公募基金会申请公益性捐赠税前扣除资格的前提是签两个年度每年用于公益性慈善事业的支出比例占上年总收入的比例均不得低于 70%。2016 年《慈善法》出台后，民政部、财政部、国家税务总局联合制定了《关于慈善组织开展慈善活动年度支出和管理费用的规定》，进一步明确公募基金会和非公募基金会的年度支出和管理费用，尤其是非公募基金会根据上年末净资产额的高低有不同的标准（见表 7–3）。

表 7–3　　　　　　公募与非公募基金会的年度支出和管理费用的区别

类型	上年末净资产额（人民币）	年度慈善活动支出	年度管理费用
公募基金会	/	不得低于上年总收入的 70%	不得高于当年总支出的 10%
非公募基金会	不高于 400 万元	不得低于上年末净资产的 8%	不得高于当年总支出的 20%
	400 万元 ≤ X < 800 万元	不得低于上年末净资产的 7%	不得高于当年总支出的 15%
	800 万元 ≤ X < 6000 万元	不得低于上年末净资产的 6%	不得高于当年总支出的 13%
	不低于 6000 万元	不得低于上年末净资产的 6%	不得高于当年总支出的 12%

注："X"表示上年末净资产。

（4）内部治理要求不同。

非公募基金会与公募基金会在内部治理结构、法定的理事会成员及利害关系人人数、理事长、秘书长兼任情况、监事会组成情况都有所不同（见表 7–4）。非公募基金会如想申请公募资格，需满足公募基金会的各项标准方能申请。

表 7-4 公募与非公募基金会内部治理要求的区别

任职要求	公募基金会	非公募基金会
理事会成员	来自同一组织以及相互间存在关联关系组织的理事不超过 1/3，相互间具有近亲属关系的理事没有同时在理事会任职	相互间具有近亲属关系的理事总数不得超过理事总人数的 1/3
秘书长	秘书长为专职，理事长、秘书长不得由同一人兼任	秘书长为专职
监事会	设有 3 名以上监事组成的监事会	设监事

（5）信息公开程度不同。

公募基金会在开展公募活动的十日前将募捐方案报送登记的民政部门备案。组织募捐活动，应当公布募得资金后拟开展的公益活动和资金的详细使用计划。在募捐活动持续期间内，应当及时公布募捐活动所取得的收入和用于开展公益活动的成本支出情况。募捐活动结束后，应当公布募捐活动取得的总收入及其使用情况。接受社会监督，在信息公开透明方面对公募基金会的要求更高。公募基金会一般按照季度执行信息公开。

非公募基金会在组织开展定向募捐时，无须备案，但应及时向捐赠人告知募捐情况、募取款物的管理使用情况。

二、基金会的价值

现阶段，"我国社会主要矛盾已经转化为人民日益增长的美好生活需要和不平衡不充分的发展之间的矛盾"。基金会作为我国非营利组织的一种，在社会经济发展中扮演了重要角色，承担了弘扬公益文化、解决社会问题、推动社会创新、促进社会和谐发展的使命，特别是在动员社会资源、弥补政府公共财政不足、参与第三次分配、协助政府解决各种社会问题的过程中发挥了重要作用。

第二节 基金会业务活动分析

基金会项目运作差异较大，收入业务和支出业务多样。除了没有社会团体会费收入，其他收入项大致相同（见附录附表一和附表二）。

本节对基金会主要和常见的基础业务做系统性介绍，由于目前我国大部分基金会也开展了大量的公益执行业务，和社会团体、社会服务机构的业务高度重合。本章只讲述常见业务及涉税实务，比较特殊的业务及涉税实务，将在后续第八章到第十三章做详细介绍。

一、基金会的收入业务及涉税实务

本节对捐赠收入、投资收益、政府补助及政府性基金、销售物资和提供服务收入四大类收入涉税操作做详细说明。

基金会的主要收入涉税情形（见图 7-1）：

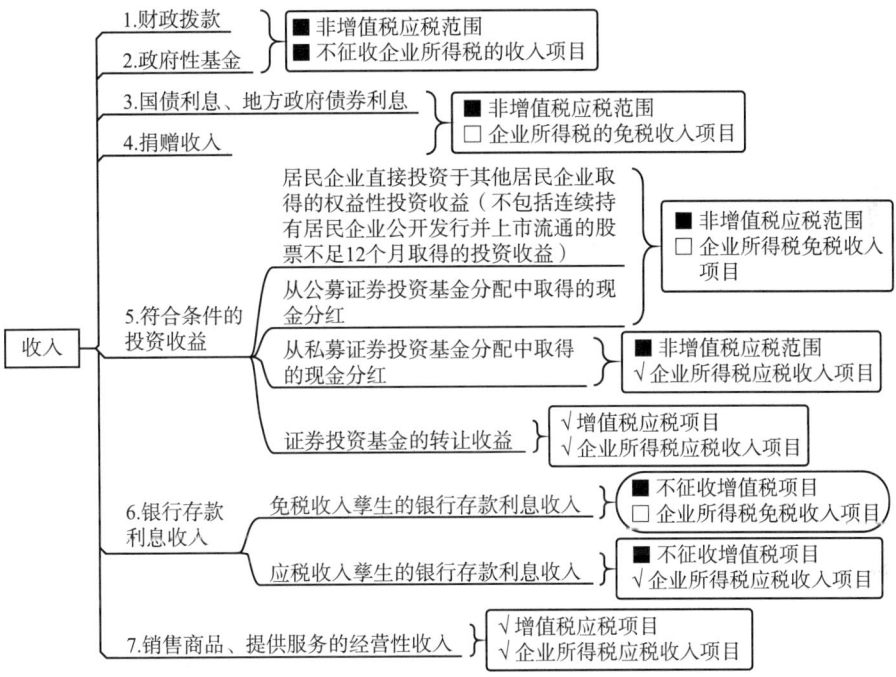

图 7-1　基金会的主要收入涉税情形

注：本图是基于基金会已取得《非营利社会组织免税资格》前提下涉及的税收优惠政策。
"■"表示非征税项目；"□"表示免税项目；"√"表示应税项目。

（一）基金会接受捐赠

1. 业务情形

捐赠收入来源可以是境内企事业单位和社会组织法人、境外机构的办事处或代表处或者是自然人，也可以是境外企业、非政府组织或者是自然人。接受的捐赠可以是货币捐赠，也可以是非货币捐赠。非货币捐赠包括有形资产（如物资、房产、艺术品）、股权、期权或其他金融资产，也可以是知识产权、使用权等无形资产，以及劳务捐赠等。

2. 涉及税种及政策依据

（1）增值税：基金会接受的公益捐赠款物不在增值税课税之列，不属于增值税的征税范围。

依据《中华人民共和国增值税暂行条例》第一条，在中华人民共和国境内（以下简称"境内"）销售货物或者加工、修理修配劳务（以下简称"劳务"），销售服务、无形资产、不动产，以及进口货物，应当依照本法规定缴纳增值税。基金会接受捐赠收入不属于增值税的应税行为。

（2）企业所得税：符合条件的基金会接受其他单位或个人的捐赠收入为企业所得税的免税收入。

依据财政部、国家税务总局《关于非营利组织企业所得税免税收入问题的通知》中第一条，"非营利组织的下列收入为免税收入：①接受其他单位或者个人捐赠的收入；②除《中华人民共和国企业所得税法》第七条规定的财政拨款以外的其他政府补助收入，但不包括因政府购买服务取得的收入；③按照省级以上民政、财政部门规定收取的会费；④不征税收入和免税收入孳生的银行存款利息收入；⑤财政部、国家税务总局规定的其他收入。"

（3）接受境外物资捐赠免征进口关税和进口环节增值税的政策依据。《慈善捐赠物资免征进口税收暂行办法》第二条规定，对境外捐赠人无偿向受赠人捐赠的直接用于慈善事业的物资，免征进口关税和进口环节增值税。该受赠人指：①国务院有关部门和各省、自治区、直辖市人民政府。②中国红十字会总会、中华全国妇女联合会、中国残疾人联合会、中华慈善总会、中国初级卫生保健基金会、中国宋庆龄基金会和中国癌症基金会。③经民政部或省级民政部门登记注册且被评定为5A级的以人道救助和发展慈善事业为宗旨的社会团体或基金会。民政部或省级民政部门负责出具证明有关社会团体或基金会符合本办法规定的受赠人条件的文件。

3. 涉税票据

基金会接受捐赠的，应当向捐赠人开具由财政部门统一监（印）制的公益事业捐赠统一票据①。

基金会接受货币（包括外币）捐赠时，应按实际收到的金额填开公益事业捐赠统一票据；接受非货币性捐赠时，应按其公允价值填开公益事业捐赠统一票据。

4. 涉税处理

基金会接受的捐赠除最普遍的货币资金外，同时也会涉及实物捐赠、金融资产类捐赠、权益类资产捐赠、服务或劳务类捐赠。不同类型的捐赠，对应的计价方式不同：

接受货币（包括外币）捐赠时，应按实际收到的金额确认；

接受实物捐赠、金融资产类捐赠等非货币性资产时，应按其公允价值确认；

接受权益类资产捐赠时，应按其账面成本价确认；

接受服务或劳务类捐赠时，不确认捐赠收入，只在备查账中登记。

5. 所需资料

捐赠合同、公益事业捐赠统一票据存根联和记账联、公益事业捐赠统一票据台账等相关账册和有关资料，留存备查。

（二）基金会接受媒体资源的捐赠

基金会为了对公益项目或机构品牌进行宣传推广，扩大影响力，需要媒体资源的大力支

---

① 参见财政部关于印发《公益事业捐赠票据使用管理暂行办法》。

持，很多媒体机构参与公益的一种方式是免费向公益机构提供媒体资源，如报社、广播电台、电视台、网站、通讯社等媒体制作的大量文字、图片、音视频等宣传基金会慈善公益项目，且不收取费用，属于服务类捐赠。只是根据捐赠方需求，依《公益事业捐赠票据使用管理暂行办法》开具《公益事业捐赠统一票据》。（其计价方式参见本节"基金会接受捐赠"）

（三）基金会财产保值增值投资的分红收益、利息收入

1. 业务情形

基金会从资金使用效率及资金的可持续性角度考虑，根据财产持有情况和资金使用规划，实行财产保值增值投资。

（1）可用于投资的财产。

基金会可以进行投资活动的财产限于非限定性资产和在投资期间暂不需要拨付的限定性资产。接受政府资助财产和捐赠协议约定不得投资的财产，不得用于投资[①]。

（2）财产可投资范围。

民政部公布的《慈善组织保值增值投资活动管理暂行办法》中明确了基金会财产可投资的活动和不可投资的活动，具体如下：

第一，基金会财产可以进行的投资活动。

一是直接购买银行、信托、证券、基金、期货、保险资产管理机构、金融资产投资公司等金融机构发行的资产管理产品；

二是通过发起设立、并购、参股等方式直接进行股权投资；

三是将财产委托给受金融监督管理部门监管的机构进行投资。

第二，基金会财产不允许进行的投资活动。

一是直接买卖股票；

二是直接购买商品及金融衍生品类产品；

三是投资人身保险产品；

四是以投资名义向个人、企业提供借款；

五是不符合国家产业政策的投资；

六是可能使本组织承担无限责任的投资；

七是违背本组织宗旨、可能损害信誉的投资；

八是非法集资等国家法律法规禁止的其他活动。

2. 涉及税种及政策依据

（1）增值税：非保本产品的投资现金分红不属于增值税的征税范围，利息等保本收益应缴纳增值税。

财政部、国家税务总局《关于全面推开营业税改征增值税试点的通知》规定，"保本收益、报酬、资金占用费、补偿金"是指合同中明确承诺到期本金可全部收回的投资收益。金融商品持有期间（含到期）取得的非保本的上述收益，不属于利息或利息性质的收入，不征收

[①] 参见民政部《慈善组织保值增值投资活动管理暂行办法》。

增值税。

企业购买金融商品持有期间（含到期）利息（保本收益、报酬、资金占用费、补偿金等）收入按照贷款服务缴纳增值税。基金会购买金融商品持有期的（含到期）利息收入为增值税应税收入，应缴增值税。

（2）企业所得税：国债利息收入和地方政府债券利息收入，免征企业所得税。

居民企业直接投资于其他居民企业取得的权益性投资收益免征企业所得税。需注意被投资方的经营范围应当与其宗旨和业务范围相关。

对投资者从证券投资基金分配中取得的收入，暂不征收企业所得税（财政部、国家税务总局《关于企业所得税若干优惠政策的通知》）。

2013年6月1日起施行的《证券投资基金法》修订版首次将非公开募集基金（私募基金）纳入调整范围，私募证券投资基金获得合法地位。在财政部、国家税务总局《关于企业所得税若干优惠政策的通知》中明确的"证券投资基金"仅针对公募证券投资基金，不包含私募证券投资基金产品。

基金会不得直接买卖股票，但通过接收捐赠方式连续持有公开发行并上市流通的股票超过12个月取得的投资收益免征企业所得税，持有不足12个月取得的投资收益不属于免税范围。

3. 涉税票据

基金会取得分红收益，不需开具发票，以被投资企业分红方案、分红确认单、对账单等作为记账凭证。

4. 涉税处理

（1）基金会收到利息收入的当月为增值税纳税义务的发生时间，一般纳税人在当月纳税申报表中申报，小规模纳税人在当季度纳税申报表中申报。

（2）基金会收到股息收入、利息收入涉及企业所得税，应在季度预缴企业所得税时申报；在年度终了后五个月内，办理年度企业所得税汇算清缴。

（3）案例分析。

【案例7-1】

2020年1月1日，A基金会以自有资金5000万元购买了银行的公募基金理财产品，3月31日取得50万元的现金分红，6月30日赎回此理财产品，赎回金额为5100万元。

【分析】2020年上半年A基金会取得的50万元分红收益属于企业所得税的免税收入，赎回差价100万元收益不属于企业所得税的免税收入。

【案例7-2】

承上案例，A基金会在2020年7月1日购买了5000万元私募基金理财产品，9月30日取得50万元的现金分红，12月31日赎回此理财产品，赎回金额为5100万元。

【分析】2020年下半年A基金会取得的50万元分红收益和赎回差价100万元收益均属于

企业所得税的应税收入，计入收入总额。

5. 所需资料

基金会取得股息收入、利息收入，一般以投资分红确认单、利息确认单、对账单等作为记账凭证，同时将被投资企业的分配方案等相关证据资料留存备查。

（四）财产保值增值投资的转让收益

1. 业务情形

基金会为使财产保值增值，将可以投资的财产，依照民政部公布的《慈善组织保值增值投资活动管理暂行办法》的规定，通过购买金融机构发行的资产管理产品，或通过其他方式进行股权投资等，实现财产保值增值并获取转让收益。

2. 涉及税种及政策依据

该业务涉及增值税以及附加税费、企业所得税，不涉及印花税。具体如下：

①基金会购入基金、信托、理财产品等各类资产管理产品持有至到期，不属于增值税的征税范围。除此之外，基金会通过买卖金融商品的方式实现财产保值增值投资的转让收益金融商品转让的税目征收增值税。

②基金会通过买卖金融商品的方式实现财产保值增值投资的转让收益征收企业所得税。但基金会的年度支出大于投资收益的，应纳税所得额为负，则无须缴纳企业所得税。

③基金会通过买卖金融商品的方式实现财产保值增值投资的转让不涉及印花税。证券交易印花税是根据书立证券交易合同的金额，仅对卖方计征，税率为1‰。基金会不允许直接买卖股票，也就不涉及印花税问题。

3. 涉税票据

财产的保值增值投资活动产生的投资收益（金融商品转让）不得开具增值税专用发票，只能开具普通发票。同时，此类行为不属于接受捐赠人捐赠，不得开具公益事业捐赠统一票据。

4. 涉税处理

金融商品转让按照卖出价扣除买入价后的余额为销售额。转让金融商品出现的正负差，按盈亏相抵后的余额为销售额。若相抵后出现负差，可结转下一纳税期与下期转让金融商品销售额相抵，但年末时仍出现负差的，不得转入下一个会计年度①。

（1）增值税销项税额的计算。

$$不含税增值税应税收入 = (赎回价格 - 申购成本)/(1 + 税率)$$

$$增值税销项税额 = 不含税增值税应税收入 \times 税率$$

一般纳税人的适用税率为6%，小规模纳税人适用征收率为3%。

（2）案例分析。

A. 基金会一次性赎回全部投资金额的业务（见案例7-3）：

具体执行口径以所在地税务局的具体政策为准。

---

① 参见财政部、国家税务总局《关于全面推开营业税改征增值税试点的通知》。

【案例 7-3】

2020 年 1 月 1 日，A 基金会以自有资金 5000 万元购买了开放式募集的基金理财产品，未规定持有到期日，2020 年 3 月 31 日取得 50 万元的现金分红，6 月 30 日赎回此理财产品，赎回金额为 5500 万元。

【分析】50 万元的现金分红不属于增值税的征税范围，3 月份无须缴税，但须纳税申报。

6 月赎回产品对应的增值税计算：

应纳税所得额 = (5500 - 5000)/(1 + 6%) = 471.70 万元

增值税销项税额 = (5500 - 5000)/(1 + 6%) × 6% = 28.30 万元

说明：部分省市针对基金申购赎回有单独的政策解读，认为其不征收增值税。例如福建省税务局及厦门市税务局予以明确基金赎回行为并未发生所有权转移，而是直接灭失，属于持有至到期，不属于金融商品转让行为。四川省税务局《营改增政策业务解答》（第十六期）也明确称，基金赎回不同于买卖，其入手和脱手交易都是投资者和基金公司之间的定向关系，而基金买卖是投资者在交易所市场与其他交易对手之间的基金份额转让行为。具体执行口径以所在地税务局的具体政策为准。

B. 基金会多次转让金融商品出现的正负差业务：

【案例 7-4】

承上案例，2020 年 1 月 1 日，A 基金会以自有资金 5000 万元购买了开放式募集基金理财产品，未规定持有到期日，6 月 30 日赎回此理财产品的 50%，赎回金额为 2600 万元。2020 年 10 月 31 日再次赎回此理财产品，赎回金额为 2300 万元。

【分析】6 月赎回产品对应的增值税计算：

应纳税所得额 = (2600 - 5000/2)/(1 + 6%) = 94.34 万元

增值税销项税额 = (2600 - 5000/2)/(1 + 6%) × 6% = 5.66 万元

2020 年 10 月合并计算本年转让此开放式基金的销售额 = (2600 - 5000/2) + (2300 - 2500) = -100 万元，即合并计算，但销售额为负差 100 万元，可以转入下一纳税期（2020 年 11 月）与下期转让金融商品销售额相抵，但不得转入下一年度（2021 年度）。

（3）企业所得税的计算。

基金会财产保值增值投资的转让收益按照卖出价扣除买入价后的差额作为投资收益，计算缴纳企业所得税。

5. 所需资料

基金会投资与被投资人签署的投资（认购）协议，以及有价证券等收益凭证。

（五）政府补助

1. 业务情形

政府补助是指基金会从政府无偿取得货币资产或者非货币性资产，其特征：一是来源于政府的经济资源；二是无偿性，即基金会取得来源于政府的经济资源不需要向政府交付商品或服务等对价。

日常业务中，基金会一般会取得两类政府补助，一类是支持基金会开展儿童关爱、扶老助残、救助扶贫等社会服务活动、内部人员培训等财政专项资金；另一类是因基金会在某些方面表现突出而获取的行政性奖励，如社会组织评估奖励等。

2. 涉及税种及政策依据

（1）接受财政专项资金。

①增值税：基金会接受财政专项资金和接受政府补助收入不属于"在境内发生增值税应税交易"，不属于增值税的应税行为。（依据《中华人民共和国增值税暂行条例》第一条）

②企业所得税：基金会计算企业所得税收入总额不含财政拨款的专项资金，财政专项资金收入属于企业所得税的不征税收入。（依据《中华人民共和国企业所得税法》第七条）

（2）行政性奖励收入涉及税种。

①增值税：行政性奖励收入不属于增值税的征税范围。

②企业所得税：行政性奖励收入属于企业所得税的征税收入。根据财政部、国家税务总局《关于财政性资金、行政事业性收费、政府性基金有关企业所得税政策问题的通知》，"一、财政性资金（一）企业取得的各类财政性资金，除属于国家投资和资金使用后要求归还本金的以外，均应计入企业当年收入总额。"

3. 涉税票据

无须提供涉税票据。

4. 涉税处理

行政性奖励收入计入当年企业收入总额，扣除合理支出后的应纳税所得额，按25%的税率计算申报缴纳企业所得税。

5. 所需资料

基金会取得财政专项基金收入，一般以财政拨款文件等作为合规凭证；取得行政性奖励收入，一般以行政性奖励文件、银行回单、收据存根联（非捐赠收据）等作为合规凭证。

（六）销售有形资产或无形资产

1. 业务情形

基金会经常通过销售出版物、药品、公益衍生品等商品取得或销售无法直接捐赠的物资形成的收入，还经常通过处置固定资产、无形资产等形成其他收入。（本节对有形资产和无形资产，但不包含股权和房地产业务活动的涉税进行讲解）

2. 涉及税种及政策依据

本业务涉及增值税及附加税费、企业所得税、印花税等。

（1）增值税：销售有形资产或无形资产收入属于增值税的征税范围。（参见本书第二章第一节增值税）

有一种"义卖"是社会组织为经营主体将自己的资产卖出去，将销售款用于事先约定的公益项目上。其销售的可以是基金会自行采购、制作或募集物品，通常售价高于市价，也可以是接受爱心人士或机构将自己拥有的物品销售获得的资金。基金会义卖产生的销售收入也属于增值税的征税范围，应计算增值税销项税额。

但基金会将接受捐赠的有形资产或无形资产直接对外捐赠的，因未产生收入，不属于增值税的征税范围。

（2）企业所得税：销售有形资产或无形资产收入属于基金会的经营性活动，不属于企业所得税不征税和免税范围，需缴纳企业所得税。

（3）印花税：销售有形资产或无形资产所涉行为属于印花税征税范围。

3. 涉税票据

基金会销售有形资产或无形资产收入属于增值税的征税范围，需要开具增值税发票。

《关于规范基金会行为的若干规定（试行）》指出，"通过出售物资、提供服务、授权使用或转让资产包括无形资产等交换交易取得的收入，应当计入商品销售收入、提供服务收入等相关会计科目，不得计入捐赠收入，不得开具公益事业捐赠统一票据"。

4. 涉税处理

（1）增值税税额计算。

纳税人销售货物、租赁服务或者进口货物需要根据对应的税率计算销项税额，即增值税销项税额＝含税销售收入/(1＋税率)×税率。目前销售对应的税率一般为13％、9％、6％、0。

销售无形资产，如无形资产是专利技术或非专利技术的，免征增值税；如果无形资产是土地使用权，按9％税率计缴增值税。其他无形资产销售处置，按6％计缴增值税。

（2）企业所得税税额计算。

按照销售有形资产或无形资产取得的收入总额扣除合理支出后的应纳税所得额，依25％的税率计算缴纳企业所得税。

（3）印花税税额计算。

基金会销售有形资产属于购销合同范围，立合同人需要按照购销金额0.3‰的税率缴纳印花税，销售无形资产属于产权转移书据的范畴，立合同人需按照所载金额的0.5‰的税率缴纳印花税。

5. 所需资料

销售合同、所有权转移凭证、证件、发票存根和记账联等资料。

（七）提供有偿服务的经营性收入

1. 业务情形

基金会向其服务对象提供有偿服务会收取学费，取得培训收入、咨询服务和课题研究等服务性收入。

基金会作为第三方，受政府委托，将政府购买服务的服务项目、服务内容等服务于被服务对象，这种服务会取得政府购买服务收入。以上两种方式获取的服务收入均属于基金会的经营性收入。

2. 涉及税种及政策依据

本业务涉及增值税及附加税费、企业所得税、印花税等。

（1）增值税：提供服务收入属于增值税的征税范围。

（2）企业所得税：提供服务收入属于企业所得税的应税收入。

（3）印花税：提供服务收入所涉行为属于印花税征税范围。

3. 涉税票据

基金会提供服务收入属于增值税的征税范围，此类业务属于正常交易行为，一般对此类交易开具专用发票或普通发票，但不得开具公益事业捐赠统一票据。

4. 涉税处理

此情形取得的收入，在增值税征税范围上，一般涉及销售服务税目，适用税率为6%（一般纳税人）。增值税及其附加、企业所得税、印花税计算（参见本书第二章第一节、第二节和第四节相关内容）。

5. 所需资料

提供服务协议，一是基金会与被服务对象双方约定的协议，二是基金会与受政府委托向直接服务对象三方约定的协议等相关涉税资料。

（八）经营性租赁

1. 业务情形

基金会闲置资产对外出租，如闲置办公场地、闲置车位、车辆等。

2. 涉及税种及政策依据

本业务涉及增值税及附加税费、企业所得税、印花税、房产税、城镇土地使用税、车船税等。（见财政部、国家税务总局《关于安置残疾人就业单位城镇土地使用税等政策的通知》）

3. 涉税票据

基金会经营性租赁属于增值税的征税范围，需要开具增值税发票。

4. 涉税处理

（1）增值税税额计算。

房屋出租、车位出租、车辆出租，分一般纳税人或小规模纳税人，按各自适用税率计算缴纳增值税。

（2）企业所得税税额计算。

按照经营性租赁取得的收入总额扣除合理支出后的应纳税所得额，依25%的税率计算缴纳企业所得税。

（3）房产税税额计算。

出租房屋，以房产租金收入为房产税计税依据，按12%的税率计算缴纳房产税。对于出租房产、租赁双方合同约定有免收租金期限的，免收租金期间由产权所有人按照房产原值缴纳房产税。（见财政部、国家税务总局《关于安置残疾人就业单位城镇土地使用税等政策的通知》）

（4）印花税税额计算。

经营租赁合同印花税为0.1%，按照合同签订金额，一次性计算缴纳。

5. 涉税资料

基金会与承租单位或个人双方签订的租赁协议，所涉税种纳税申报资料。

(九) 债务被豁免、资产盘盈

1. 业务情形

基金会所欠的债务被豁免主要是指被豁免货币债务。根据形成债务的原因不同，豁免债务分两种类型：一是豁免因为资金拆借而产生的债务，包括本金及利息。基金会按照利息、本金的豁免部分确认捐赠收入。二是被第三方豁免因为购买商品或服务的交易行为而产生的债务。如第三方前期向基金会销售了商品或服务，因此产生对基金会的应收账款，之后豁免基金会的此项债务的全部或一部分，则基金会同样按照豁免部分确认捐赠收入，第三方按照豁免债务的部分确认捐赠支出。

2. 涉及税种及政策依据

本业务涉及增值税及附加税费、企业所得税和印花税。

3. 涉税票据

无须提供涉税票据。

4. 涉税处理

基金会发生其他资产（除固定资产、无形资产外）盘盈，则直接确认其他收入。基金会资产盘盈不是增值税应税行为，不需补征增值税，但在实现销售时应缴增值税，销售收入为企业所得税应税收入，需要并入总收入中缴纳企业所得税。

固定资产、无形资产盘盈按照会计差错调整，一般不确认收入，按照会计差错追溯调整以前年度的账务处理，会影响以前年度的企业所得税计算，并在本年度补交对应金额的企业所得税。

5. 所需资料

《债权人债务处理协议》，资产盘盈、盘亏及明细表，资产实现销售的涉税申报表等。

二、基金会的支出业务及涉税实务

基金会的支出业务大致可以分为开展慈善活动的公益支出（即慈善活动支出）、经营性业务活动支出和日常管理活动的费用、资产的处置损失、计提的各类减值损失等（见表7-6）。

（一）境内开展公益项目资助和慈善活动支出

1. 业务情形

基金会的公益支出是指基金会基于公益宗旨，在规定的业务范围内开展慈善活动，向受益人资助财产或提供无偿服务时发生的费用，包括：直接或委托其他组织资助给受益人的款物，即公益项目资助支出；为提供慈善服务和实施慈善项目发生的人员报酬、志愿者补贴和保险，使用房屋、设备、物资发生的相关费用，以及为实施慈善项目发生的差旅、物流、交通、会议、培训、审计、评估等费用，即公益项目执行支出。公益支出需要按项目核算，并按规定申报税前扣除。

2. 涉及税种及政策依据

基金会公益资助涉及增值税、企业所得税、印花税；慈善活动支出涉及企业所得税、个人所得税、印花税、车辆购置税、车船税等。

一是公益资助。

(1) 增值税。基金会出于公益资助对外赠送物品不涉及增值税。

(2) 企业所得税。基金会的公益资助支出可以税前扣除。

二是慈善活动支出。

(1) 企业所得税。基金会开展慈善活动支出可在税前列支。

(2) 个人所得税。基金会资助自然人、兼职服务人员劳务报酬、支付编辑稿酬等应代扣代缴个人所得税。但资助学生的奖助学金及支付给个人的扶贫帮困资金无须代扣代缴个人所得税。

(3) 印花税。公益项目资助合同、公益活动涉及的采购合同、服务合同等均属于免征印花税的范围。公益支出的产权转移书据免征印花税的政策依据:《中华人民共和国印花税法》第十一条: "下列情形,免征或者减征印花税: (四) 财产所有权人将财产赠与政府、学校、社会福利机构订立的产权转移书据,免征印花税。"

(4) 车辆购置税、车船税。基金会购买车辆对外捐赠或者自用需缴纳车辆购置税;自用车辆需按年缴纳车船税。

(5) 基金会购买并使用房产需缴纳契税、房产税、城镇土地使用税。如将房产出售还应缴纳增值税及附加税费、企业所得税、土地增值税和印花税。

3. 涉税票据

基金会发生公益支出,均不得抵扣进项税额,但仍应取得真实、合法的税前扣除凭证,作为计算企业所得税应纳税所得额时税前扣除的依据。无税前扣除凭证或者未取得真实、合法扣除凭证,均不得企业所得税前扣除。基金会的支出比较繁杂,以表单方式将支出项目及对应的合规扣除凭证汇集整理如表 7-5 所示。

表 7-5　　　　　　　　　　　　基金会的支出及对应的合规扣除凭证

支出项目	计入公益支出	计入经营性支出	计入管理费用	票据要求	涉及的其他税
购买服务或资助其他社会组织支出	全额计入	—	—	捐赠票据/普通发票/专用发票	如资助个人,需代扣代缴个人所得税
购买物资以支持受益人	用于公益项目的物资含税收入计入	用于政府购买服务项目的物资不含税额	如物资用途发生改变,用于管理,则计入管理费用	普通发票/专用发票、大额采购的比价资料、招标资料等	
购买服务以支持受益人(如义诊、筛查等)	用于公益项目的物资含税收入计入	用于政府购买服务项目的物资不含税额	—	外购: 普通发票/专用发票; 自行提供: 工资计算表、支出分摊表	

续表

支出项目	计入公益支出	计入经营性支出	计入管理费用	票据要求	涉及的其他税
房租、水电费、物业管理费	分摊计入（按业务部门占用面积的比例分摊）	分摊计入（按经营性部门占用面积的比例分摊）	分摊计入（日常管理分摊部分）	普通发票/专用发票、分摊比例计算表	印花税
专职人员薪酬及五险一金	分摊计入（按是否属于直接业务人员发生额分摊）	分摊计入（按是否属于直接经营人员发生额分摊）	分摊计入（管理部门人员发生额）	工资、奖金计算表、税收缴款单、分摊比例计算表	代扣代缴个人所得税
专职人员离职补偿金	—	—	无论是否属于直接业务人员，均计入管理费用	解除劳动用工的协议、离职补偿金计算发放表	—
专职人员降温费等补贴	分摊计入（按是否属于直接业务人员发生额来分摊）	分摊计入（按是否属于直接经营人员发生额分摊）	分摊计入（非公益支出部分）	福利费发放表、分摊比例计算表	
职工教育经费	专属公益项目发生额	专属经营业务发生额	管理人员培训费	普通发票/专用发票、培训签到表	印花税
评估费、审计费	专属公益项目发生额	专属经营业务发生额	机构年审、法人审计、等级评估等发生额	普通发票/专用发票、评估/审计成果性资料	印花税
聘用专业服务机构（又称中介机构）费用	专属公益项目发生额	专属经营业务发生额	管理用服务发生额	普通发票/专用发票	—
印刷费用	专属公益项目发生额	专属经营业务发生额	管理用印刷费用发生额	普通发票/专用发票	印花税
开展活动所需物料采购	专属公益项目活动所用物料	专属经营业务所用物料	管理类活动所需物料，无法明确区分是否用于公益项目的部分物料	普通发票/专用发票	印花税
兼职服务人员劳务报酬（灵活用工）	专属公益项目发生额	专属经营业务发生额	管理部门兼职服务人员发生额	劳务费发票、劳务费发放表	代扣代缴个人所得税
公益传播编辑费用	专属公益项目发生额	专属经营业务发生额	机构品牌传播等对应发生额	稿酬发票、稿酬计算表	代扣代缴个人所得税

续表

支出项目	计入公益支出	计入经营性支出	计入管理费用	票据要求	涉及的其他税
公益传播渠道费	专属公益项目发生额	专属经营业务发生额	机构品牌传播等对应发生额	普通发票/专用发票	
志愿者补贴和保险	专属公益项目发生额	专属经营业务发生额	管理用志愿者发生额	劳务费发票、劳务费发放表	代扣代缴个人所得税
志愿者授课、提供咨询等劳务	专属公益项目发生额	专属经营业务发生额	为机构管理发生劳务	劳务费发票、劳务费发放表	代扣代缴个人所得税
理事会等决策机构的工作经费	—	—	全额计入	对应发票	—
监事（会）的工作经费	—	—	全额计入	对应发票	—
购置车辆	对外捐赠的归入公益支出	自用，按照经营业务部门对应分摊折旧	自用，按照管理部门对应分摊折旧（或其他合理方法）	机动车销售统一发票、折旧计算表、折旧分摊表	车辆购置税、车船税
购置房产	对外捐赠的归入公益支出	自用，按照经营部门面积占比对应分摊折旧	自用，按照管理部门面积占比对应分摊折旧（或其他合理方法）	销售不动产统一发票、折旧计算表、折旧分摊表	房产税、契税、城镇土地使用税、印花税
物流费用	专属公益项目发生额	专属经营业务发生额	机构管理发生物流、快递费用	货物运输专用发票	—
交通费	专属公益项目发生额	专属经营业务发生额	管理部门人员发生的交通费	公共交通工具、客运服务等发票	
差旅费	专属公益项目发生额	专属经营业务发生额	管理部门人员发生的差旅费	航空运输客运行程单、火车票、汽车票、出租车票等	
会议费	专属公益项目发生额	专属经营业务发生额	机构管理的会议费	普通发票/专用发票、会议议程及签到表	—
修理费	专属公益项目发生额	专属经营业务发生额	办公室日常维修等修理费	普通发票/专用发票	
租赁费（除房租外）	专属公益项目发生额	专属经营业务发生额	管理用办公设备或其他资产租赁费	普通发票/专用发票	
资产盘亏	用于公益活动的资产发生的正常损失额	用于经营活动的资产发生的正常损失额	其他所有盘亏	盘亏资料及盘亏原因的备查资料	
无形资产摊销费	专属公益项目的资产对应的摊销额	专属经营业务的资产对应的摊销额	管理用无形资产摊销额	无形资产的采购发票、摊销计算表	—

专属公益项目发生额，是指该支出能明确区分归属于某一公益资助项目或公益执行项目的支出金额。比如，列支在此项目中的交通费、差旅费等，是明确为该公益项目的开展而发生的交通、差旅费支出。如果不能明确区分的，不能作为公益支出，只能计入管理费用。

分摊计入公益支出，是指该类支出一般不专属于某一项目，需要按照一定的分摊标准进行分摊，如机构的房租、物业、水电费等，如果为某一项目分支机构所耗用的，则在项目部门所管理的各个项目间按照项目年度支出额占比进行分摊。如果为机构整体所耗用的，还需要先按照项目部门和管理部门所占面积比（或其他合理方法）在公益支出和管理费用之间分摊。

4. 涉税处理

（1）可抵扣的增值税进项税额的计算。

取得非营利性组织免税资格的基金会开展公益活动支出中取得的增值税进项税额均不得抵扣，如果原取得的增值税进项税已经抵扣，在用于公益活动支出的当月应做进项税额转出，转出至公益支出总额中列支。

（2）可按企业所得税税前扣除的扣除额计算。

企业所得税税前扣除的金额按照取得票据上注明的金额扣除。

（3）代扣代缴个人所得税金额的计算。

基金会对自然人的资助额应代扣代缴的个人所得税，按照偶然所得代扣代缴，即应纳个人所得税 = 资助额 × 20%。如 A 基金会 2020 年对突破性研究课题人员给予 10 万/人的奖励性资助，共资助了 5 人。A 基金会代扣代缴的个人所得税 = 10 × 5 × 20% = 10 万元。

基金会支付兼职服务人员劳务报酬应预扣预缴个人所得税，预扣预缴个人所得税 = 预扣预缴应纳税所得额 × 预扣率 - 速算扣除数。

如劳务费为 10000 元，应扣缴个人所得税 = （10000 - 10000 × 20%） × 20% = 1600 元。

基金会支付稿酬应预扣预缴个人所得税，预扣预缴个人所得税 = 预扣预缴应纳税所得额 × 预扣率（20%）。

如稿酬为 10000 元，个人所得税 = 10000 × （1 - 20%） × 20% × （1 - 30%） = 1120 元。

特别说明，劳务报酬所得和稿酬所得已经纳入综合所得征收个人所得税，基金会仅为代扣代缴，待年度个人所得税汇算清缴时，取得劳务报酬所得、稿酬所得的自然人，应当根据其年度综合所得办理个人所得税汇算清缴，多退少补。

5. 所需资料

公益项目资助协议和实施方案结果情况、受益人出具的证明材料、资助者清单、慈善活动支出明细表、代扣代缴个人所得税资料以及其他税种的纳税申报资料等。

（二）境外开展公益项目

1. 业务情形

我国基金会在境外实施公益项目，一般会涉及与所在国政府或非营利组织合作开展公益项目、采购境外服务，成立境外社会组织，在办理外汇支付时需先办理对外支付备案。

2. 涉及税种及政策依据

基金会在境外开展公益项目，属于发生在境外的支出。无论是在境外成立基金会的分支机构,还是委托境外其他机构、企业从事境外公益项目,不在境内流转税课税之列,除企业所得税外,其他涉税事宜应遵守国际税收规定和境外所在国家的税收规定,按所在国家、地区的税法规定执行。同时,关注双边与多边国家税收协定的具体规定。

基金会在境外设立分支机构,如在开展活动中产生境外所得,以境外所得收入总额扣除与取得境外收入有关的各项合理支出的余额为应纳税所得额。各项收入、支出按企业所得税法及实施条例的有关规定确定。其分支机构的各项境外所得,无论是否汇入中国境内基金会总部,均列入该基金会所属纳税年度的境外应纳税所得额,统一开展年度企业所得税汇算清缴。

3. 涉税票据

税务机关支付备案表、银行付汇单据、境外政府或非政府机构开具的收据以及采购服务的发票等。

4. 涉税处理

基金会海外项目中境外单位或者个人提供的服务不需要在境内缴纳增值税。根据国家税务总局、国家外汇管理局《关于服务贸易等项目对外支付税务备案有关问题的公告》,自 2013 年 9 月 1 日起境内机构和个人(以下简称"备案人")向境外单笔支付等值 5 万美元以上(不含 5 万美元)服务贸易等项目下有关外汇资金,仅需向所在地主管税务机关进行税务备案后即可对外支付。支付备案一般可在网上电子税务局进行办理。

基金会境外所得如何申报缴纳企业所得税,可将境外所得部分按半年或按年计算预缴,并在次年 5 月前,对来源于境外的所得和境内的所得合并统一计算,参加汇算清缴,结清税款。

5. 所需资料

备案所需资料:资金接收方为非营利性组织的证明文件、资金申请表、形式发票、资金来源证明、援助协议等,以及当地基层税务主管部门根据实际情况所要求的其他资料。

(三)经营性业务支出

1. 业务情形

基金会的经营性业务支出包括:政府购买服务业务、销售商品、提供会议培训咨询等各项经营性业务对应的支出,而最常见的经营性支出为政府购买服务业务对应的支出。

2. 涉及税种及政策依据

(1)增值税。如果基金会是小规模纳税人,进项税额不得抵扣;如果是一般纳税人,经营性业务对应支出取得的进项税额,取得了增值税专用发票或满足计算抵扣的条件,可以抵扣。

(2)企业所得税。基金会的经营性业务活动支出,如取得合规的扣除凭证,均可依照规定在税前扣除。

(3)个人所得税。基金会经营性业务对应的兼职服务人员劳务报酬、支付编辑稿酬等应代扣代缴个人所得税。

(4)印花税。经营性业务涉及的合同均需按购销合同缴纳印花税。

3. 涉税票据

国家税务总局公告《企业所得税税前扣除凭证管理办法》第八条列举了允许税前扣除凭证。

内部凭证:基金会自制用于成本、费用、损失和其他支出核算的会计原始凭证。内部凭证的填制和使用应当符合国家会计法律法规等相关规定。

外部凭证：基金会开展公益活动和其他事项时，从其他单位、个人取得的用于证明其支出发生的凭证，包括但不限于发票（包括纸质发票和电子发票）、财政票据、完税凭证、收款凭证、分割单等。

4. 涉税处理

（1）可抵扣的增值税进项税税额计算。

①凭票抵扣，即按照取得票据上注明的税额进行抵扣。

从销售方或提供方取得的增值税专用发票（含税控机动车销售统一发票）上注明的增值税税额。

从海关取得的海关进口增值税专用缴款书上注明的增值税税额。

从境外单位或者个人购进服务、无形资产或者不动产，为税务机关或者扣缴义务人取得的解缴税款的完税凭证上注明的增值税税额。

②计算抵扣。

根据《关于深化增值税改革有关政策的公告》的相关规定，基金会2019年4月1日之后取得符合条件的客运运输发票可以计算抵扣（具体计算详见第二章表2－10）。

（2）企业所得税税前扣除金额的计算。

企业所得税税前扣除的金额按照经营性业务支出取得票据上注明的金额扣除。

（3）个人所得税的计算。

参见本书第二章第三节。

（4）印花税的计算。

参见本书第二章第四节。

5. 所需资料

经营性业务合同、政府购买服务有关文件及支出对应表等，以及所涉税种纳税申报资料。

（四）机构日常管理活动发生的费用

1. 业务情形

基金会的日常管理活动，包括以法人组织的形式正常运作的行政管理活动、为了募集资金的筹款活动等发生的费用。

日常管理费用是指基金会按照《民间非营利组织会计制度》规定，为保证本组织正常运转所发生的下列费用：理事会等决策机构的工作经费；行政管理人员的工资、奖金、住房公积金、住房补贴、社会保障费；办公费、水电费、快递费、物业管理费、差旅费、折旧费、修理费、租赁费、无形资产摊销费、资产盘亏损失、资产减值损失、因预计负债所产生的损失、聘请中介机构费等。

筹款费用是指基金会为获得捐赠资产而发生的费用。包括品牌宣传、筹款活动、具有公开募捐资格的慈善组织合作产生的费用以及爱心纪念品等。

2. 涉及税种及政策依据

（1）增值税。基金会如果是小规模纳税人，进项税额不得抵扣；如果是一般纳税人，符合条件的进项税额可以抵扣。基金会应税服务收入对应的支出、机构的日常运营管理支出,如取得了增值税专用发票,或满足计算抵扣的条件,进项税额可以抵扣。但以下情况的除外:

用于集体福利或者个人消费的购进货物、服务、无形资产、不动产和金融商品对应的进项税额,其中涉及的固定资产、无形资产和不动产,仅指专用于上述项目的固定资产、无形资产和不动产;非正常损失项目对应的进项税额;购进并直接用于消费的餐饮服务、居民日常服务和娱乐服务对应的进项税额;购进贷款服务对应的进项税额。

进项税额的处理情形如图7-2所示。

(2) 企业所得税。基金会的日常管理活动支出,在符合条件的情况下,可以计入管理费用,在企业所得税税前扣除。

(3) 个人所得税。基金会发放员工薪酬时应代扣代缴个人所得税。

(4) 印花税。基金会日常管理活动中涉及的物资采购合同、服务采购合同、租赁合同等均需按照对应的税目缴纳印花税。

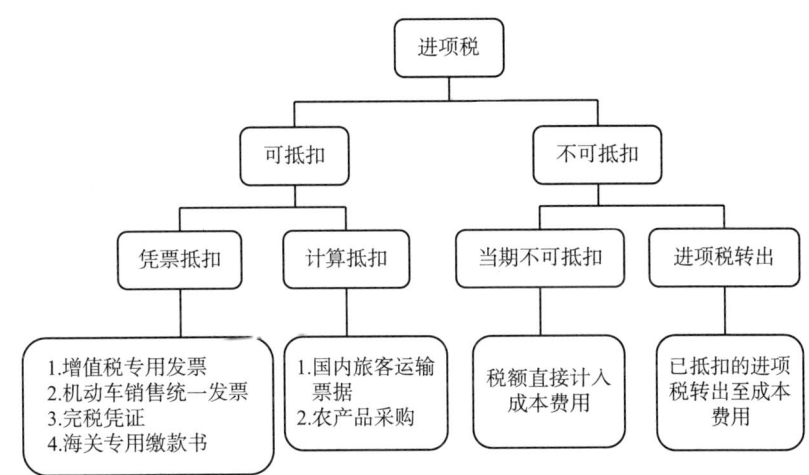

图7-2 进项税额抵扣情形

3. 涉税票据

参见"经营性业务活动支出"的涉税票据。

4. 涉税处理

(1) 增值税税额计算。

可抵扣的增值税进项税税额计算,按照取得票据上注明的税额凭票抵扣,或者对符合条件的客运运输发票计算抵扣,具体规定同"经营性业务活动支出"中可抵扣进项税额的计算。

①基金会如果属于一般纳税人,其增值税按照一般计税方法计算:增值税=销项税额-进项税额。

【案例7-5】

A基金会为一般纳税人,其2019年的捐赠收入为5000万元,投资于公募基金理财产品的投资取得的现金分红收入为 500 万元，投资于私募基金理财产品的投资取得的现金分红收入为 100 万元，赎回保值增值产品的差额收入为 200 万元，经营性服务收入 30 万元。当年取得了用于公益活动支出取得的增值税进项税额为 20 万元，用于经营性服务对应支出取得的增值税进项税为 1 万元，日常经营活动的增值税进项税为 10 万元，计算 2019 年 A 基金会应缴纳的增值税。

【分析】捐赠收入、投资的现金分红收入不属于增值税的征税范围，用于公益活动支出取得的增值税进项税额不得扣除。

基金会 2019 年的增值税 = 200/(1+6%)×6% + 30/(1+6%)×6% - 1 - 10 = 2.02 万元

②如果基金会属于小规模纳税人，其增值税按照简易计税方法计算：增值税 = 应税交易销售额×征收率，不得抵扣进项税。

【案例 7-6】

续案例 7-5，假设 A 基金会为小规模纳税人，计算 2019 年 A 基金会应缴纳的增值税。

【分析】捐赠收入、投资的现金分红收入不属于增值税的征税范围，小规模纳税人按照简易计算方法计算缴纳增值税：

基金会 2019 年的增值税 = 200/(1+3%)×3% + 30/(1+3%)×3% = 6.7 万元

（2）企业所得税的计算。

①企业所得税税前扣除凭证的具体范围。

基金会日常管理活动中发生的"合理支出"可以扣除。除税收法律法规规定不可以扣除的支出之外，均可以在企业所得税税前扣除。

超过规定扣除标准的支出不得扣除，基金会支出中常见的情形如表 7-6 所示。

表 7-6 支出项目扣除标准

支出项目	扣除标准	是否准予在以后纳税年度结转扣除
职工福利费	不超过工资、薪金总额的 14%	否
职工教育经费	不超过工资、薪金总额的 8%	准予
工会经费	按全部职工实际工资总额的 2%	否
业务招待费	按发生额的 60%，但最高不超过当年销售（营业）收入的 0.5%	否
广告费和业务宣传费	不超过当年销售收入的 15%	准予
商业保险	全额不得扣除	否

②不可税前扣除的其他支出。

根据《中华人民共和国企业所得税法实施条例》的相关规定，基金会不可税前扣除的支出一般包含以下项目：税收滞纳金、罚金、罚款和被没收财物的损失；未经核定的准备金支出；与取得收入无关的其他支出。

③基金会特有的管理费用支出限额标准。

民政部、财政部、国家税务总局关于印发《关于慈善组织开展慈善活动年度支出和管理费用的规定》的通知第八条规定了基金会年度慈善活动支出和年度管理费用标准（见表7-7）：

表7-7　　　　　　　　　　基金会特有的管理费用支出限额标准

上年末净资产额	慈善活动支出	年度管理费用
X≥6000万元	≥上年末净资产的6%	≤当年总支出的12%
800万元≤X<6000万元	≥上年末净资产的6%	≤当年总支出的13%
400万元≤X<800万元	≥上年末净资产的7%	≤当年总支出的15%
X<400万元	≥上年末净资产的8%	≤当年总支出的20%

注："X"表示上年末净资产。

如果基金会的慈善活动支出和年度管理费用超过标准，应如何计算企业所得税的扣除金额？

根据《关于慈善组织开展慈善活动年度支出和管理费用的规定》第十五条"慈善组织慈善活动支出或者管理费用违反本规定要求的，由民政部门依法给予行政处罚并通报财政、税务等有关部门"。根据第五条"有关部门在日常管理过程中，发现非营利组织享受优惠年度不符合本通知规定的免税条件的，应提请核准该非营利组织免税资格的财政、税务部门，由其进行复核。核准非营利组织免税资格的财政、税务部门根据本通知规定的管理权限，对非营利组织的免税优惠资格进行复核，复核不合格的，相应年度不得享受税收优惠政策"。

根据以上相关规定，超过以上标准的支出仍可按规定扣除，但有可能会影响免税资格、公益性捐赠税前扣除资格的评定。如果超过标准，民政部门会通报税务部门，税务部门复核不再符合免税资格的条件，则当年不得享受免税政策。

④企业所得税的计算。

基金会每一纳税年度的收入总额，减除不征税收入、免税收入、各项扣除以及允许弥补的以前年度亏损后的余额，为应纳税所得额。即：

$$应纳税所得额 = 收入总额 - 不征税收入 - 免税收入 - 各项扣除 - 以前年度亏损$$

$$应纳企业所得税 = 应纳税所得额 \times 所得税税率$$

基金会对应的企业所得税税率为25%。

【案例7-7】

A基金会为一般纳税人，其2019年的捐赠收入为5000万元，投资于公募基金理财产品的投资取得的现金分红收入为500万元，投资于私募基金理财产品的投资取得的现金分红收入为100万元，赎回保值增值产品的差额收入为200万元，经营性服务收入30万元。当年取得了用于公益活动支出4000万元，其中工资薪金支出300万元，福利费支出40万元，经营性服务对应的支出为5万元，均为人员工资；用于日常经营活动的费用 500 万元，其中工资薪金支出 95 万元，福利费支出 20 万元，职工教育经费 40 万元，广告费和业务宣传费支出 30 万元，无其他支出。计算 2019 年 A 基金会应缴纳的企业所得税。

【分析】捐赠收入、投资于公募基金理财产品的现金分红收入为免税收入。计算可扣除的支出是否超标。

可税前扣除的福利费 = (300 + 95 + 5) × 14% = 56 万元，实际发生 60 万元，4 万元不得税前扣除。

可扣除的职工教育经费 = (300 + 95 + 5) × 8% = 32 万元，实际发生 40 万元，8 万元不得税前扣除。

可扣除的广告和业务宣传费 = (100 + 200 + 30) × 15% = 49.5 万元，实际发生 30 万元，可全部税前扣除。

应纳税所得额 = 100 + 200 + 30 − 4000 − 500 − 5 + 4 + 8 = −4163 万元，应纳税所得额为负，当年无须缴纳企业所得税。同时 −4163 万元可结转次年继续税前扣除，超过当年可扣除标准的培训费 8 万元也可以结转次年继续扣除。

(3) 个人所得税的税额计算。

基金会支付给专职员工的薪酬、奖金需按《中华人民共和国个人所得税法》中"综合所得"计算并代扣代缴个人所得税。

5. 所需资料

日常管理费用支出全年预算、租赁合同等各类合同，聘请中介机构协议，捐赠合同等以及其他各种的纳税申报资料。

（五）资产持有期间的折旧、摊销

1. 业务情形

基金会的固定资产和无形资产应分别登记对应的明细账，并按照资产预估的使用年限进行折旧、摊销，并在当年的企业所得税税前全额扣除。一般资产的折旧、摊销年限不低于税法规定的折旧、摊销年限，否则将会涉及应纳税所得额的调整。

2. 涉及税种及政策依据

《企业所得税法实施条例》第六十条规定："除国务院财政、税务主管部门另有规定外，固定资产计算折旧的最低年限分别为：房屋、建筑物最低折旧年限为 20 年；飞机、火车、轮船、机器、机械和其他生产设备最低折旧年限为 10 年；企业拥有的器具、工具、家具等与生产经营活动有关，最低折旧年限为 5 年；除飞机、火车、轮船以外的运输工具最低折旧年限为 4 年；电子设备最低折旧年限为 3 年。"

基金会的固定资产符合加速折旧政策的，也可以按照加速折旧的方法计算折旧额，并在当年的企业所得税税前全额扣除。

《中华人民共和国企业所得税法实施条例》第九十八条"企业所得税法第三十二条所称可以采取缩短折旧年限或者采取加速折旧的方法的固定资产，包括：（一）由于技术进步，产品更新换代较快的固定资产；（二）常年处于强震动、高腐蚀状态的固定资产。采取缩短折旧年限方法的，最低折旧年限不得低于本条例第六十条规定折旧年限的60%；采取加速折旧方法的，可以采取双倍余额递减法或者年数总和法"。

3. 涉税票据

购进资产取得全额发票。

4. 涉税处理

参见本书第二章第二节。

5. 所需资料

确认固定资产价值依据、资产折旧、摊销情况及必要的纳税调整资料。

（六）资产处置损益和资产减值损失、资产盘亏的税收操作

1. 业务情形

基金会的资产应登账造册管理，并定期盘点。如资产盘亏，则需进行账务和涉税处理；基金会的资产如不能满足继续使用要求、资产闲置时，一般作变卖、报废等方式处置。

在每年年末，基金会需要对其资产进行减值测试，如果有确切证据表明已经发生减值的，应该计提资产减值损失。

2. 涉及税种及政策依据

（1）增值税。

基金会的资产被处置取得对价补偿，无论是否产生处置收益，均需按取得的对价收入缴纳增值税。

（2）企业所得税。

①基金会发生的资产盘亏，应按规定的程序和要求向主管税务机关备案后方能在税前扣除。未经备案的损失，不得税前扣除。

②基金会的资产处置产生收益的，并入总收入中计算缴纳所得税，发生的资产处置损失符合税法规定的，可税前抵扣。

③基金会计提的资产减值损失准备金均不得在企业所得税税前扣除。

3. 涉税票据

资产盘亏时，需将资产盘点表及原因核查表等存档。资产处置时，如果直接报废，则制作资产报废审批表并存档；如资产通过变卖取得了部分现金补偿，基金会需要开具发票或者通过税务机关代开发票。

计提的资产减值损失准备金是遵循谨慎性原则而做出的会计估计，不是最终实际的损失，需制作资产减值损失计算表并存档，待该资产实际处置时再税前扣除。

4. 涉税处理

资产处置取得对价补偿的，根据资产新购置时进项税是否抵扣选择，如原购置的进项税已经抵扣，则本次对价补偿款对应的增值税销项税额＝收取的对价/(1＋13%)×13%，计入销项税额；如原购置资产的进项税没有抵扣，可选择按照简易计税方式，即增值税销项税额＝收取的对价/(1＋3%)×2%。资产处置无对价补偿的，不涉及增值税。

基金会计提的资产减值损失准备金均不得在企业所得税税前扣除，但当该资产处置时，原

计提的减值损失准备需要冲回，作相反会计分录。

5. 所需资料

资产处置损益、减值损失、资产盘亏情况说明及账表资料。

———— 专栏一 ————

互联网慈善募捐的涉税解读

慈善募捐是慈善活动的重要环节。随着现代慈善事业的发展，对慈善捐赠行为，尤其是对公开募捐的管理正在不断加强。在新形势下，慈善生态主体日益多元，慈善生态规则日趋完善，因此，互联网慈善募捐涉税必当予以关注。

一、互联网慈善募捐的简介

（一）关于慈善募捐

慈善募捐是慈善组织基于慈善宗旨募集财产的活动，是为了公共利益，慈善募捐的受益人是不特定的群体。

"定向捐赠"是指捐赠人向社会组织捐赠并明确捐赠资金用于某一方面或者某一领域，并非具体到某一人或某几个人。

"指定受益人"是指委托人明确指出了具体受益人个人的姓名或受益单位的名称，包括从社会组织提供的名单中指定一个或若干受益人。

根据《慈善法》规定，自然人、法人和其他组织都可以开展慈善活动，但慈善募捐是慈善组织的专属活动，慈善募捐作为慈善活动的一个环节涉及公共资金的募集和管理，只能由慈善组织实施。

（二）关于公开募捐

慈善组织自成立之日起可以开展定向募捐，但只有依法取得公开募捐资格方可开展公开募捐，需要依照《慈善法》规定取得公开募捐资格。公开募捐是面向社会公众募集慈善财产的一种募捐活动，核心特征在于募捐对象的不确定性；定向募捐是面向特定对象募集慈善财产的一种募捐活动，核心特征在于募捐对象的特定性。

根据我国现行的有关法律、法规的规定，在公共场所设置募捐箱；举办面向社会公众的义演、义赛、义卖、义展、义拍、慈善晚会等；通过广播、电视、报刊、互联网等媒体发布募捐信息等都属于公开募捐的方式。

实务中，慈善组织在开展公开募捐活动前，一般都需要做周密的计划和安排，制订翔实的募捐方案并报民政部门备案。民政部门将备案的募捐方案，与年度工作报告中开展募捐和接受捐赠情况一样作为监管慈善组织开展募捐活动的依据。

具有公开募捐资格的慈善组织，除了公募基金会以外，还有依据《中华人民共和国红十字会法》成立的中国红十字会总会和地方各级红十字会等社会团体。另外，依法登记或者认定为慈善组织满二年的社会组织，可申请公开募捐资格。不具有公开募捐资格的社会组织和个人基于慈善目的，可以和具有公开募捐资格的慈善组织进行合作，在民政部门指定的互联网公开募捐信息平台上开展广泛筹款，由该慈善组织开展公开募捐并管理募得款物，然后将款物以慈善项目的方式，交由合作募捐的另一方执行公益项目的社会组织按照慈善宗旨使用。

近年来，随着我国科技的快速发展和广泛应用，以及在线支付工具的日益成熟，利用互联网开展的慈善募捐以便捷、高效、透明等特点，逐渐成为慈善组织推广慈善项目和公众参与慈善的重要平台。

二、互联网慈善募捐的现状

2016年《中华人民共和国慈善法》颁布之后，根据民政部、工业和信息化部、国家新闻出版广电总局、国家互联网信息办公室关于印发《公开募捐平台服务管理办法》的通知精神，有关部门遴选并指定慈善组织互联网公开募捐信息平台，慈善组织被要求在统一指定的互联网筹款信息平台发布募捐信息，自此互联网筹款平台得到依法监管，也得到媒体及社会各界监督，有效规范了互联网筹款环境。

截至2020年5月20日，共有20家互联网公开募捐信息平台可为慈善组织提供募捐信息发布服务，其中，运营主体为公司15家（75%）、基金会4家（20%）、社会服务机构1家（5%）。在公开募捐信息平台中，以政府、银行、媒体为依托的各1家，企业基金会2家，民营互联网公司12家。

三、互联网慈善募捐主体及各自涉税要点

（一）互联网慈善募捐信息平台

这类平台不向平台上的发布方、执行方和爱心捐赠方等其他主体收取任何费用，不涉税。与商业性质的筹款平台有着本质的差别，须注意区分。

（二）慈善项目信息的发布机构

只有具有公募职能的慈善组织才有资格成为互联网公开募捐信息平台上的发布信息机构，因此它们也是接受捐赠的"收款机构"。一般来讲，具有公募职能的慈善组织会收取一定比例的管理费，通常会作为该组织非限定资金性质的捐赠收入。该机构有义务向捐赠方开具捐赠票据，捐赠票据的电子版和打印版均为合法有效的税前扣除凭证。

（三）慈善项目的执行机构

作为互联网公开募捐信息平台上发布慈善项目的执行机构，募捐预算中的慈善活动的大部分支出都会拨付给执行机构。该机构可以是发布机构，也可以是其他不具有公募职能的非公募基金会、社会服务机构、志愿服务组织等，由执行机构统筹管理和协调慈善公益活动的最终落地执行。

近两年，互联网募捐信息中会出现回馈捐赠人的"爱心回礼"，如笔记本、纪念T恤等，这一支出属于"筹资费用"记账科目；个别机构为了激发捐赠热情，拿出机构自有善款进行一定规则的配捐，这一支出属于"慈善活动支出"。

（四）捐赠方

随着互联网公益的不断创新，除了网络开展善款支付的捐赠人以外，还出现了企业的献爱心配捐行为。无论什么规则，捐赠方以实际捐赠金额向爱心账户所有者即慈善项目信息的发布机构索要捐赠票据。目前慈善组织对捐赠方的服务水平还有待提高，捐赠方捐赠前应注意防范风险，珍惜自己的善心，维护捐赠方自身的合法权益。另外，捐赠方指定受益人的捐赠一般属于慈善组织的受托代理业务，慈善组织的受托代理业务的捐赠资产不能定性为捐赠收入，因此，捐赠方难以得到捐赠票据。

根据《关于印发〈民间非营利组织会计制度〉若干问题的解释的通知》第三条规定：（一）《民非制度》第四十八条规定的"受托代理业务"是指有明确的转赠或者转交协议，或者虽然无协议但同时满足

以下条件的业务：（1）民间非营利组织在取得资产的同时即产生了向具体受益人转赠或转交资产的现实义务，不会导致自身净资产的增加。（2）民间非营利组织仅起到中介而非主导发起作用，帮助委托人将资产转赠或转交给指定的受益人，并且没有权利改变受益人，也没有权利改变资产的用途。（3）委托人已明确指出了具体受益人个人的姓名或受益单位的名称，包括从民间非营利组织提供的名单中指定一个或若干个受益人。

（五）善举方

在"出钱出力都是爱"的口号下，形成了捐步、捐微笑等"人人公益"的良好社会环境，个人的善举不涉税。

☞ 延伸阅读

A105040 专项用途财政性资金纳税调整明细表。

第八章
家族基金会税收操作指引

第一节　家族基金会的定义与价值

一、家族基金会的定义

家族基金会一般指家族或家族成员作为主要资金提供方和重要参与者，直接实施公益项目或者通过对其他非营利性公益组织提供资金支持和捐助，致力于推动公益慈善发展和解决社会问题的基金会。

二、家族基金会的价值

家族基金会的形式多出现在西方商业家族中，其在中国内地（不包括港澳台地区）的历史才十多年，它是家族教育后代，参与社会公益慈善，传递家族价值观、道德观、社会观，加强彼此沟通和联系，化解家族内部矛盾，促进家族团结，提高传承成功率的首选方式[①]。家族基金会的作用主要体现在以下四个方面：

（一）实现家族慈善精神和价值的传承

家族基金会的慈善活动可以有力帮助家族塑造价值观，而如果一个家族创造并实践的具有代表性的治理体系是建立在一系列共同的价值观基础之上，这些共同的价值观体现了该家族的"不同之处"，则它就可以成功地保持财富超过100年。因此，如何让家族基金会成功地承载其使命，并能够合理享受税收优惠政策从而发挥慈善资金的最大社会效益，成为家族基金会追求的战略目标之一。

（二）推进家族慈善治理的专业化与理性化

近年，《慈善法》《慈善组织信息公开办法》等法律法规的陆续出台，推动家族基金会的标准化和专业化发展。虽然家族成员在企业式高度理性化的组织管理方面具有丰富经验，但是家族企业与家族基金会的管理之间存在巨大差异，如何进行有效管理、税收规划以及绩效评估等，均成为家族基金会运营管理的挑战。

（三）提升家族基金会的社会影响力

近年来成立的家族基金会中，不少创始人拥有聚财和散财的双重智慧。在第一个阶段，慈善家族更关注如何建立散财之道。如何花钱，特别是如何为弱势群体花钱是普遍被关注的问

---

① 中欧家族传承研究中心：《2019中国家族慈善报告》。

题。在 20 世纪前半叶，在美国陆续成立的各大基金会均是基于此背景；第二个阶段，财富家族在经历二代之后，会更加关注财富的意义，从更高层面思考财富的归宿，研究财富和慈善的意义与价值，他们实现慈善的方式和路径更加多元，对社会问题的认识和解析也不断深入；第三个阶段，财富家族需要思考如何通过慈善基金会，将家族财富传承和家族精神的传承深度结合。一般来说，家族基金会更青睐创新性的项目，以探索慈善资金的高效利用。但创新型的慈善模式出现，使得家族基金会在税收优化和组合方面的设计方面亟待更新完善。如何系统性地了解掌握并运用新政策和新规则，是目前家族基金会的重要诉求。

（四）实现家族慈善财产保值增值

家族捐赠原始资金到基金会，一方面，用于家族寄希望实现的慈善目的；另一方面，希望慈善资产可以保值增值，保证慈善财产的可持续性，以实现慈善项目的可持续。家族基金会作为慈善组织，在选择如何进行慈善投资时，仍需要考虑投资增值部分的税收以及相关政策的匹配问题，这也成为新时期家族基金会面临的新挑战。

总体而言，中国现行税制中，家族基金会在保证承载其使命和完成战略目标的情况下，如何规划税收安排是家族比较关注的问题。

第二节 家族基金会业务及涉税实务

本章节仅对家族基金会的秘书长、理事及监事和购车的涉税处理等做重点阐述。

一、支付基金会秘书长、理事及监事等工作人员费用

家族基金会专职工作人员、理事和监事中，一类为与家族基金会签订劳动合同，存在雇佣关系的专职员工，如基金会秘书长、财务人员等；另一类人员与家族基金会不存在劳动雇佣关系，仅在慈善基金会中兼职，如部分理事或监事。因此，家族基金会可能发生工资福利支出和劳务支出等人工费用支出，即使这类工作人员的主要经济来源不在基金会，基金会也要及时履行个人所得税纳税申报和代扣代缴义务（详见专栏六）。

二、基金会购置办公用车辆

（一）业务情形

为满足日常办公需要，家族基金会一般会购买办公用车等固定资产。

（二）涉税税种及政策依据

1. 车辆购置税

根据《中华人民共和国车辆购置税暂行条例》第一条规定，在中华人民共和国境内购

置应税车辆的单位和个人，为车辆购置税的纳税人，应当依照本法规定缴纳车辆购置税。应税车辆包括汽车、有轨电车、汽车挂车、排气量超过 150 毫升的摩托车。车辆购置税的税率为 10%。

另外，根据财政部、国家税务总局、工业和信息化部《关于新能源汽车免征车辆购置税有关政策的公告》第一条规定，自 2021 年 1 月 1 日至 2022 年 12 月 31 日，对购置的新能源汽车免征车辆购置税。免征车辆购置税的新能源汽车是指纯电动汽车、插电式混合动力（含增程式）汽车、燃料电池汽车。

家族基金会购置应税车辆，需要在购置环节一次性缴纳车辆购置税。

2. 车船税

根据《中华人民共和国车船税暂行条例》第一条规定，在中华人民共和国境内属于本条例所附《车船税税目税额表》规定的车辆的所有人或者管理人，为车船税的纳税人，应当依照本法缴纳车船税。

另外，根据财政部、国家税务总局、工业和信息化部、交通运输部《关于节能新能源车船享受车船税优惠政策的通知》规定，对节能汽车，减半征收车船税，对新能源车船，免征车船税。

家族基金会购置应税车辆后，作为车辆所有人，需要按年缴纳车船税。

（三）涉税票据

购买车辆应向商家索取税务发票。

（四）涉税处理

1. 车辆购置税

税额计算：

$$车辆购置税应纳税额 = 计税价格 \times 税率$$

家族基金会购买自用应税车辆的计税价格，实际支付给销售者的全部价款，不包括增值税税款。

家族基金会应将缴纳的车辆购置税计入车辆原值中。

2. 车船税

税额计算：家族基金会缴纳车船税，应根据拥有车辆具体情况，按照省、自治区、直辖市人民政府依照《车船税税目税额表》规定的税额幅度和具体适用税额计算应缴纳车船税。

（五）所需资料

1. 车辆购置税

《车辆购置税纳税申报表》；

整车出厂合格证或者《车辆电子信息单》；

车辆相关价格凭证。

2. 车船税

《车船税纳税申报表》；

《车船税税源明细表（车辆)》。

三、接受期权捐赠

（一）业务情形

期权捐赠是家族基金会接受捐赠收入中比较特殊的一种形式。家族基金会接受期权捐赠收入，一般来源于两种途径：一种是由企业直接无偿授予家族基金会股票或股份期权；另一种是由个人将其享有的股票或股份期权捐赠给家族基金会（见图8-1）。

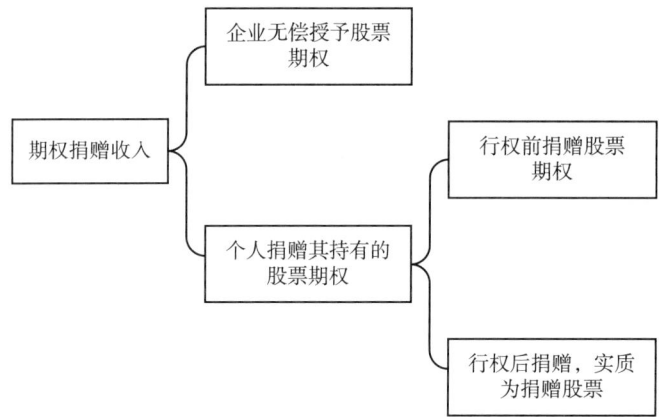

图8-1　股票期权捐赠收入

（二）涉及税种及政策依据

根据《中华人民共和国企业所得税法》的有关规定，具备免税资格的社会组织接受的各类捐赠收入免征企业所得税，因此家族基金会接受的股票或股份期权捐赠收入为免税收入，免征企业所得税。

（三）涉税票据

家族基金会接受期权捐赠收入不属于增值税征税范围，无须开具增值税发票，但需要按照捐赠额开具"公益事业捐赠统一票据"。

（四）涉税处理

家族基金会接受企业无偿授予股票或股份期权或接受个人的股票或股份期权捐赠时，未取得任何实质性的收入，暂不确认捐赠收入。待到行权时，按照行权时股票或股权的公允价值与行权价之间的差额确认捐赠收入，并按照相关规定进行免税收入纳税申报。行权后，家族慈善基金持有或转让股权，按照上述慈善基金会取得股息红利收入和转让股权收入相关规定进行涉税处理。

（五）所需资料

家族基金会应将期权捐赠协议留存备查。

— 专栏二 —

股权捐赠双方涉税要点

2009 年,财政部发布《关于企业公益性捐赠股权有关财务问题的通知》,自此企业可以将持有的股权(含企业产权、公司股份)用于公益性捐赠。近年来,国家陆续推出了股权捐赠的税收优惠政策,越来越多的企业和企业家愿意将其持有的企业股权捐赠成立家族基金会,以保证家族基金会长久运营,持续开展慈善事业。由于股权捐赠涉及其所有权的转移,在捐赠、后续持有及再转让环节必然会产生相关纳税义务,本专栏对捐赠双方在股权捐赠及后续过程中的涉税处理及注意事项进行整理分析。

一、捐赠方捐赠股权涉税处理及注意事项

股权捐赠按照捐赠主体可分为个人捐赠股权和企业捐赠股权,按照捐赠标的可分为捐赠非上市公司股权和上市公司股权。

(一)个人捐赠股权

根据财政部、国家税务总局《关于全面推开营业税改征增值税试点的通知》附件 3《营业税改征增值税试点过渡政策的规定》第一条规定,个人从事金融商品转让业务免征增值税。因此,个人向基金会捐赠上市公司股权,免征增值税。捐赠非上市公司股权,不属于增值税征税范围,无须缴纳增值税。

目前我国《个人所得税法》中暂无明确的"视同销售"概念,且个人捐赠股权未取得任何所得,因此个人捐赠股权无须缴纳个人所得税。但是,另一种观点认为,个人将股权无偿捐赠给公益慈善机构属于《股权转让所得个人所得税管理办法(试行)》规定的股权转让收入明显偏低,且不视为有正当理由,需要缴纳个人所得税。这种说法将无偿捐赠和取得收入偏低相混淆,缺乏税法依据。但是考虑到有些职能机关可能持这种观点,个人将股权无偿捐赠给基金会前,先与主管职能机关充分沟通,确保对政策理解一致时再行动,避免事后产生纠纷。

个人捐赠股权应按照其持有股权的财产原值确定捐赠支出金额。

个人向基金会进行捐赠的捐赠支出金额,未超过其申报的应纳税所得额 30% 的部分,可以在计算应纳税所得额时进行扣除。个人捐赠支出金额在当年计算应纳税所得额中扣除不完的部分,不得结转至以后年度扣除。

需要注意的是,个人在计算应纳税所得额扣除公益性捐赠支出时,应取得受赠人开具的公益事业捐赠统一票据;如果未能及时取得公益事业捐赠统一票据,可以暂时凭借公益捐赠银行支付凭证扣除,并在捐赠之日起 90 日内取得公益事业捐赠统一票据。未取得公益事业捐赠统一票据的,不得在计算应纳税所得额时扣除。捐赠人应将相关票据留存五年备查。

(二)企业捐赠股权

2009 年前,我国企业捐赠股权是被明文禁止的,企业持有的股权不得用于对外捐赠,直到 2009 年 10 月 20 日,财政部发布《财政部关于企业公益性捐赠股权有关财务问题的通知》规定,企业以持有的股权(含企业产权、公司股份)可以用于公益性捐赠,但要符合如下规定:

(1) 履行内部决策程序。由自然人、非国有的法人及其他经济组织投资控股的企业,依法履行内部

决策程序，由投资者审议决定后，其持有的股权可以用于公益性捐赠。

（2）捐赠股权必须办理变更手续。企业以持有的股权进行公益性捐赠，应当以不影响企业债务清偿能力为前提，且受赠对象应当是依法设立的公益性社会团体和公益性非营利事业单位。企业捐赠后，必须办理股权变更手续，不再对已捐赠股权行使股东权利，并不得要求受赠单位予以经济回报。

（3）履行信息披露义务。公益性捐赠涉及上市公司股权的，捐赠方和受赠方应当遵照《证券法》及有关证券监管的其他规定，履行相关承诺和信息披露义务。

企业捐赠股权主要涉及企业所得税和增值税。

1. 企业所得税

根据财政部、国家税务总局《关于公益股权捐赠企业所得税政策问题的通知》规定，企业向基金会捐赠公司股权（包括上市公司股票和非上市公司股权），应以其取得所捐赠股权或股票的历史成本确认股权转让收入。因捐赠股权视同转让收入以历史成本确定，股权所有权发生变动时，不会产生股权转让所得，应纳税所得额为零，无须缴纳企业所得税。

企业发生符合条件的股权捐赠支出税前扣除。根据《中华人民共和国企业所得税法》规定，企业向具备公益性捐赠税前扣除资格的基金会进行捐赠股权的支出，在年度利润总额12%以内的部分，准予在计算应纳税所得额时扣除；超过年度利润总额12%的部分，准予结转以后三年内在计算应纳税所得额时扣除；超过三年仍然未扣除完的部分，不予税前扣除。

股权捐赠额按照股权历史成本价确定。根据财政部、国家税务总局《关于公益股权捐赠企业所得税政策问题的通知》第二条规定，企业实施股权捐赠后，以其股权历史成本为依据确定捐赠额，并依此按照企业所得税法有关规定在所得税税前予以扣除。

企业捐赠股权，应取得基金会开具的"公益事业捐赠统一票据"，否则无法在税前扣除股权捐赠支出。企业应将相关票据留存备查。

2. 增值税

企业捐赠非上市公司股权不属于增值税征税范围，不缴纳增值税；捐赠上市公司股权，应视同销售，按照转让金融商品计算缴纳增值税。

根据财政部、国家税务总局《关于明确无偿转让股票等增值税政策的公告》第一条规定，纳税人无偿转让股票时，转出方以该股票的买入价为卖出价，按照"金融商品转让"计算缴纳增值税；在转入方将上述股票再转让时，以原转出方的卖出价为买入价，按照"金融商品转让"计算缴纳增值税。

企业向基金会捐赠上市公司股票时，转出方以该股票的买入价为卖出价，因买入价与卖出价相等，不会产生增值额，无须缴纳增值税。企业在捐赠上市公司股票时，应将能够证明捐赠股权买入价的相关证明资料留存备查。

除企业所得税和增值税外，企业捐赠股权还会涉及城市维护建设税、教育费附加和印花税。参见本书第二章第四节。

二、基金会受赠股权涉税处理及注意事项

（一）基金会受赠股权环节

基金会接受捐赠的主要形式为货币性资产捐赠和非货币性资产捐赠，股权捐赠为非货币性资产捐赠主要形式之一。

基金会受赠股权涉及的税种主要为企业所得税和印花税。

1. 企业所得税

根据《中华人民共和国企业所得税法》规定，社会组织接受其他单位或个人的捐赠收入为免税收入，免征企业所得税。因此，基金会接受个人或企业捐赠的股权也属于免税收入，免征企业所得税。根据企业所得税法规定，接受捐赠收入，企业所得税纳税义务发生时间为实际收到捐赠资产的日期。因此，基金会受赠股权，应在捐赠协议生效且完成股权过户的日期确认收入的实现。

根据《民间社会组织会计制度》第十六条，对于民间社会组织接受捐赠的非现金资产，如接受捐赠的短期投资、存货、长期投资、固定资产和无形资产等，应以其公允价值作为入账价值。基金会接受股权捐赠，应以其公允价值确认入账价值和确认捐赠收入。根据财政部、国家税务总局《关于公益股权捐赠企业所得税政策问题的通知》第二条规定，公益性社会团体接受企业股权捐赠，应按照股权历史成本确定捐赠额，并以捐赠企业提供的股权历史成本开具公益事业捐赠统一票据。

由于会计制度与税收政策对基金会受赠股权入账价值和捐赠额确认原则存在的差异，基金会接受捐赠股权时，应以股权公允价值确定账面价值，以股权原值或历史成本确定计税基础。因此，基金会核算受赠股权，存在账面价值和计税基础的差异，需要在后续处置股权时做纳税调整处理。

另外，基金会接受捐赠收入免征企业所得税的前提是取得社会组织免税资格。财政部、国家税务总局《关于社会组织企业所得税免税收入问题的通知》规定，基金会应向主管税务机关申请取得社会组织免税资格，取得免税资格的基金会应按照规定向主管税务机关办理免税手续，免税条件发生变化的，应当自发生变化之日起十五日内向主管税务机关报告。基金会在享受社会组织免税税收优惠政策期间，仍需保持免税资格的所有条件，所以在免税资格有效期内，基金会应当对自身免税资格条件和捐赠收入支出等情况进行严格管理与核算，并遵守相关法律法规，否则可能会被取消社会组织免税资格。

2. 印花税

基金会接受非上市公司股权捐赠，需要缴纳印花税；接受上市公司股票捐赠，无须缴纳印花税。基金会接受非上市公司股权捐赠，印花税纳税义务发生时间为捐赠人和基金会签订捐赠协议时。

根据《中华人民共和国印花税暂行条例》及《中华人民共和国印花税暂行条例施行细则》规定，接受非上市公司股权捐赠属于财产所有权转移，需要按照产权转移书据缴纳印花税，税率为 0.5‰。根据财政部、国家税务总局《关于调整证券（股票）交易印花税征收方式的通知》规定，对买卖、继承、赠与所书立的 A 股、B 股股权转让书据的出让方按 1‰的税率征收证券（股票）交易印花税，对受让方不再征税。

基金会接受股权捐赠收入不属于增值税征税范围，不需要开具增值税发票，但应按照股权捐赠额给捐赠方开具"公益事业捐赠统一票据"。基金会接受个人捐赠股权的，按照股权原值确定捐赠额；接受企业捐赠的股权，按照股权历史成本确定捐赠额。

最后，基金会接受股权捐赠，应将股权捐赠协议、能够证明股权历史成本和公允价值的资料留存备查。

下面以一个案例对基金会受赠股权的相关涉税处理进行分析。

【案例专 2-1】

具备社会组织免税资格的甲慈善基金会 2019 年接受 A 企业捐赠的非上市公司股权，该股权历史成本 20000 万元，公允价值为 40000 万元。甲慈善基金会以股权历史成本 20000 万元确定捐赠额，并向 A 企业开具了"公益事业捐赠统一票据"，甲慈善基金会 2019 年无其他来源捐赠收入。

【分析】甲慈善基金会接受股权捐赠，按照会计制度规定，应以股权的公允价值 40000 万元确认捐赠收入并入账。甲慈善基金会接受股权捐赠收入免征企业所得税，但仍然需要按期申报企业所得税并在次年 5 月 31 日前进行企业所得税汇算清缴申报。

甲慈善基金会接受非上市公司股权捐赠属于财产所有权转移，需要按照产权转移书据以股权捐赠额为计税依据计算缴纳印花税，税率为 0.5‰，应纳印花税税额为 20000×0.5‰=10 万元。

企业所得税年度汇算清缴时，甲慈善基金会应将接受股权捐赠收入额填入《事业单位、民间社会组织收入、支出明细表》第 11 行次数据（见图专 2-1），据此将收入汇总反映在企业所得税年度纳税申报表的主表中，享受免税政策需同时填报《免税、减计收入及加计扣除优惠明细表》第 6 行次（见图专 2-2）。

A103000 事业单位、民间非营利组织收入、支出明细表

行次	项目	金额
1	一、事业单位收入（2+3+4+5+6+7）	
2	（一）财政补助收入	
3	（二）事业收入	
4	（三）上级补助收入	
5	（四）附属单位上缴收入	
6	（五）经营收入	
7	（六）其他收入（8+9）	
8	其中：投资收益	
9	其他	
10	二、民间非营利组织收入（11+12+13+14+15+16+17）	400,000,000.00
11	（一）接受捐赠收入	400,000,000.00
12	（二）会费收入	
13	（三）提供劳务收入	

图专 2-1 事业单位、民间非营利组织收入、支出明细表

A107010 免税、减计收入及加计扣除优惠明细表

行次	项目	金额
1	一、免税收入（2+3+6+7+…+16）	400,000,000.00
2	（一）国债利息收入	
3	（二）符合条件的居民企业之间的股息、红利等权益性投资收益（填写 A107011）	
4	其中：通过沪港通投资且连续持有 H 股满 12 个月（填写 A107011）	
5	通过深港通投资且连续持有 H 股满 12 个月（填写 A107011）	
6	（三）符合条件的非营利组织的收入	400,000,000.00
7	（四）符合条件的非营利组织（科技企业孵化器）的收入	
8	（五）符合条件的非营利组织（国家大学科技园）的收入	

图专 2-2 《免税、减计收入及加计扣除优惠明细表》部分

甲慈善基金会应纳印花税税额超过 500 元，可以按期申报印花税，用缴款书或完税证代替贴花，填报《印花税纳税申报（报告）表》（见图专 2-3）。

印花税纳税申报（报告）表

税款所属期限：自 年 月 日 至 年 月 日					填表日期： 年 月 日			金额单位：元至角		
纳税人识别号										
纳税人信息	名称						□单位 □个人			
	登记注册类型			所属行业						
	身份证件类型			身份证件号码						
	联系方式									
应税凭证	计税金额或件数	核定征收		适用税率	本期应纳税额	本期已缴税额	本期减免税额		本期应补（退）税额	
		核定依据	核定比例				减免性质代码	减免额		
	1	2	3	4	5=1×4+2×3×4	6	7	8	9=5-6-8	
购销合同				0.3‰						
技术合同				0.3‰						
产权转移书据	200,000,000.00			0.5‰	100,000.00				100,000.00	
营业账簿（记载资金			—	0.5‰						

图专 2-3 《印花税纳税申报（报告）表》部分

（二）基金会持有股权环节

基金会持有受赠股权期间，可能会取得持有股权公司的股息红利等权益投资收益，涉及的税种主要为企业所得税。

根据《中华人民共和国企业所得税法》及《中华人民共和国企业所得税法实施条例》相关规定，居民企业取得的直接投资于其他居民企业的股息、红利等权益性投资收益属于免税收入，不包括连续持有居民企业公开发行并上市流通的股票不足 12 个月取得的投资收益。

因此，基金会直接持有居民企业股权期间，取得的股息、红利等权益性投资收益如符合上述条件则为免税收入，免征企业所得税；但是连续持有居民企业公开发行并上市流通的股票不足 12 个月取得的投资收益和持有非居民企业股权取得的股息红利收入不属于免税收入，应按照适用税率缴纳企业所得税。股息红利等权益性投资收益的纳税义务发生时间，为被投资企业或股东大会作出利润分配时。基金会应将被投资企业做出利润分配决定的股东会决议留存备查。

股息红利不属于增值税征税范围，无须开具增值税发票。

虽然符合条件的股息红利收入免征企业所得税，但仍然需要按期申报企业所得税并在次年 5 月 31 日前进行企业所得税年度汇算清缴申报。

下面以案例专 2-2 对基金会取得股息红利的涉税处理进行分析。

【案例专 2-2】

2019 年 12 月 1 日，甲慈善基金会从其持有 100% 股权的 A 居民企业取得 100 万元分红收入，投资成本为 5000 万元。

【分析】甲慈善基金会从其持有 100% 股权的 A 企业取得 100 万元分红收入属于符合条件的居民企业之间的股息、红利等权益性投资收益，免征企业所得税，但需要填写纳税申报表进行纳税申报。

基金会取得的居民企业分红收入，企业所得税汇算清缴申报时需要填报《符合条件的居民企业之间的股息、红利等权益性投资收益优惠明细表》（见图专 2-4），数据填入后将自动计算出《免税、减计收入及加计扣除优惠明细表》第1行次和第3行次数据（见图专2-5），应同时填报《事业单位、民间社会组织收入、支出明细表》第16行次数据（见图专2-6）。

A107011　符合条件的居民企业之间的股息、红利等权益性投资收益优惠明细表

行次	被投资企业	被投资企业统一社会信用代码（纳税人识别号）	投资性质	投资成本	投资比例	被投资企业利润分配确认金额			被投资企业清算确认金额			撤回或减少投资确认金额				应确认的股息所得	合计
						被投资企业做出利润分配或转股决定时间	依决定归属于本公司的股息、红利等权益性投资收益金额		分得的被清算企业剩余资产	被清算企业累计未分配利润和累计盈余公积应享有部分	应确认的股息所得	从被投资企业撤回或减少投资取得的资产	减少投资比例	收回初始投资成本	取得资产中超过收回初始投资成本部分	应享有被投资企业累计未分配利润和累计盈余公积	
	1	2	3	4	5	6	7		8	9	10(8与9孰小)	11	12	13(4×12)	14(11-13)	15	16(14与15孰小)	17(7+10+16)
1			直接投资	50,000,000.00	100%	2019/12/1	1,000,000.00										1,000,000.00
2																	
3																	

图专2-4　《符合条件的居民企业之间的股息、红利等权益性投资收益优惠明细表》部分

A107010　免税、减计收入及加计扣除优惠明细表

行次	项目	金额
1	一、免税收入（2+3+6+7+…+16）	1,000,000.00
2	（一）国债利息收入	
3	（二）符合条件的居民企业之间的股息、红利等权益性投资收益（填写A107011）	1,000,000.00
4	其中：通过沪港通投资且连续持有H股满12个月（填写A107011）	
5	通过深港通投资且连续持有H股满12个月（填写A107011）	

图专2-5　《免税、减计收入及加计扣除优惠明细表》部分

A103000　事业单位、民间非营利组织收入、支出明细表

行次	项目	金额
1	一、事业单位收入（2+3+4+5+6+7）	
2	（一）财政补助收入	
3	（二）事业收入	
4	（三）上级补助收入	
5	（四）附属单位上缴收入	
6	（五）经营收入	
7	（六）其他收入（8+9）	
8	其中：投资收益	
9	其他	
10	二、民间非营利组织收入（11+12+13+14+15+16+17）	1,000,000.00
11	（一）接受捐赠收入	
12	（二）会费收入	
13	（三）提供劳务收入	
14	（四）商品销售收入	
15	（五）政府补助收入	
16	（六）投资收益	1,000,000.00
17	（七）其他收入	

图专2-6　《事业单位、民间非营利组织收入、支出明细表》部分

（三）基金会转让股权环节

基金会在后续运营中，出于各种目的或安排，可能转让其接受捐赠的公司股权或与其他企业重组，取得财产转让收入。近年来，已经有基金会将其接受捐赠的公司股权进行了转让。基金会转让股权主要涉及企业所得税、增值税、城市维护建设税、教育费附加和印花税。

1. 企业所得税

根据《中华人民共和国企业所得税法》第三条及《中华人民共和国企业所得税法实施条例》第十六条规定，基金会转让股权取得的收入，不属于社会组织免税收入的范围，应将股权转让收入、成本及相关费用统一计入应纳税所得额，申报缴纳企业所得税。转让公司股权，企业所得税纳税义务发生时间为转让协议生效且完成股权变更手续时。

$$股权转让所得 = 转让股权收入 - 取得该股权所发生的成本$$

需要注意的是，基金会转让受赠股权时，应以股权的原值或历史成本确定股权成本。为保证转让股权时准确计算股权原值或成本，基金会在接受捐赠时，应取得并妥善保存能够证明股权原值或历史成本的相关资料，如股权捐赠协议、公益事业捐赠统一票据存根等。转让完成后，也应将能够证明股权转让价格的股权价值评估报告、股票卖出日收盘价等资料留存备查。

2. 增值税、城市维护建设税及教育费附加

根据财政部、国家税务总局《关于全面推开营业税改征增值税试点的通知》规定，金融商品转让，是指转让外汇、有价证券、非货物期货和其他金融商品所有权的业务活动。基金会转让非上市公司股权，不属于增值税征税范围，无须缴纳增值税；转让上市公司股权，需要按照转让金融商品缴纳增值税，一般纳税人税率为6%，小规模纳税人税率为3%。转让上市公司股权，增值税纳税义务发生时间为股权所有权转移的当天。

$$增值税应纳税额 = (卖出价 - 买入价)/(1 + 税率) \times 税率$$

根据财政部、国家税务总局《关于明确无偿转让股票等增值税政策的公告》第一条规定，纳税人无偿转让股票时，转出方以该股票的买入价为卖出价，按照"金融商品转让"计算缴纳增值税；在转入方将上述股票再转让时，以原转出方的卖出价为买入价，按照"金融商品转让"计算缴纳增值税。因此，基金会再转让企业和个人捐赠的上市公司股票时，其买入价为捐赠人购买该股票时的买入价。基金会接受股票捐赠时，应从捐赠人处取得受赠股票买入价的证明资料并妥善保存。（附加税费参见本书第二章第四节）

财政部、国家税务总局《关于全面推开营业税改征增值税试点的通知》规定，金融商品转让，不得开具增值税专用发票。由于转让上市公司股票属于转让金融商品，不得开具增值税专用发票，但可以开具增值税普通发票；转让非上市公司股权不属于增值税征税范围，无须开具增值税发票。

3. 印花税

根据《中华人民共和国印花税暂行条例》的规定，慈善基金会转让公司股权，需要按照产权转移书据缴纳印花税，转让非上市公司股权印花税税率为0.5‰。首先，根据财政部、国家税务总局《关于调整证券（股票）交易印花税征收方式的通知》规定，对买卖、继承、赠与所书立的A股、B股股权转让书据的出让方按1‰的税率征收证券（股票）交易印花税，对受让方不再征税。因此，基金会转让上市公司股权需按照1‰税率缴纳印花税。转让公司股权，印花税纳税义务发生时间为基金会与受让人签订转让协议时。

下面以案例专2-3对基金会转让股权的涉税处理进行分析。

【案例专 2–3】

2020 年 10 月 10 日，A 企业将其持有的 B 上市公司股票捐赠给其设立的甲慈善基金会（假设其为增值税一般纳税人），该股票的成本价（买入价）为 2000 万元，捐赠当日，股票公允价值为 20000 万元。甲慈善基金会按照股票的成本价 2000 万元给 A 企业开具了公益事业捐赠统一票据，2022 年 2 月 1 日，甲慈善基金会将持有的 B 上市公司股票全部转让，取得含税收入 50000 万元。

【分析】首先是增值税，转让上市公司股票，需要按照转让金融商品缴纳增值税，同时缴纳城市维护建设税、教育费附加和地方教育附加。甲慈善基金会转让股票时，应以捐赠人购买该股票时的成本价（买入价）2000 万元为本次转让股票时的买入价。应纳增值税税额为（50000 – 2000）/（1 + 6%）× 6% = 2716.98 万元，应纳城建税及教育费附加为 2716.98 × (7% + 3% + 2%) = 326.04 万元。

转让上市公司股票取得的收入金额在《增值税纳税申报表附列资料（三）》中的第 4 栏填报（见图专 2–7），按照转让收到的全部金额计入价税合计额，按照取得股票时的成本价计入期初余额，即本期应扣除金额，自动计算出《增值税纳税申报表附列资料（一）》中的第 5 栏数据。

图专 2–7 《增值税纳税申报表附列资料（一）》部分

其次是企业所得税，甲慈善基金会接受股票捐赠时，按照股权成本价 2000 万元确定捐赠额，即计税基础。因此转让股票时，应以 2000 万元确定转让成本，而不以接受捐赠时股票的公允价值确定转让成本，股票转让收入应为不含税收入，应纳企业所得税税额为 [(50000 – 2716.98) – 2000 – 326.04] ×

25%=11239.245万元。

转让上市公司股票，企业所得税汇算清缴时应该将转让股权收入、股权账面价值、计税基础等相关数据填入《投资收益纳税调整明细表》（见图专2-8），数据填报后，将会自动计算出《纳税调整项目明细表》相应栏次数据（见图专2-9）。

投资收益纳税调整明细表

行次	项目	持有收益			处置收益						纳税调整金额
		账载金额	税收金额	纳税调整金额	会计确认的处置收入	税收计算的处置收入	处置投资的账面价值	处置投资的计税基础	会计确认的处置所得或损失	税收计算的处置所得	纳税调整金额
		1	2	3 (2-1)	4	5	6	7	8 (4-6)	9 (5-7)	10 (9-8)	11 (3+10)
1	一、交易性金融资产				472,830,200.00	472,830,200.00	200,000,000.00	20,000,000.00	272,830,200.00	452,830,200.00	180,000,000.00	180,000,000.00
2	二、可供出售金融资产											
3	三、持有至到期投资											

图专2-8 《投资收益纳税调整明细表》部分

纳税调整项目明细表

行次	项目	账载金额	税收金额	调增金额	调减金额
		1	2	3	4
1	一、收入类调整项目（2+3+…8+10+11）	*	*	180,000,000.00	
2	（一）视同销售收入（填写A105010）	*			*
3	（二）未按权责发生制原则确认的收入（填写A105020）				
4	（三）投资收益（填写A105030）	272,830,200.00	452,830,200.00	180,000,000.00	
5	（四）按权益法核算长期股权投资对初始投资成本调整确认收益	*	*	*	

图专2-9 《纳税调整项目明细表》部分

最后是印花税，转让上市公司股票，甲慈善基金会作为出让方，需要按照1‰缴纳印花税，应纳印花税税额为50000×1‰=50万元。

（四）接受股权捐赠涉税注意事项

1. 关注税会差异

由于税法和民间社会组织会计制度的差异，基金会后续核算股权时，其账面价值和计税基础存在差异。接受捐赠的股权在会计上应按照公允价值为入账价值，计税基础则为捐赠方取得股权的原值或成本价。因此，基金会在持有股权期间，应充分关注该税收与会计之间的差异，正确核算股权的计税基础和账面价值。基金会在后续转让股权时，因股权计税基础和账面价值的差异，需要在进行企业所得税申报时进行纳税调整，正确确认股权转让投资收益，避免因未进行纳税调整带来少缴企业所得税的风险。

2. 妥善保存涉税资料

为准确核算股权的计税基础和账面价值，并在转让股权时能够准确核算股权的取得成本，基金会在接受股权捐赠时，应将捐赠协议及从捐赠方取得的能够证明受赠股权成本的相关资料妥善保管。转让股票时，应将能够证明股权转让价的相关资料留存备查。

3. 关注股票减值风险

基金会持有股票或股权投资期间，可能出现股票或股权的市价或可回收金额低于账面价值的情形，基金会应充分关注到其减值风险，计提相应的减值准备。

第九章
高校教育基金会税收操作指引

第一节 高校教育基金会的定义与价值

一、高校教育基金会的定义

高校教育基金会是指依据《基金会管理条例》，在民政部门注册登记的、专门服务于高等院校的基金会。

高校教育基金会一般由高等院校参与发起，其目的和职责是募集社会捐赠，服务于高等院校的教育教学、科研实践、人才培养和设施建设等。

建立和发展高校基金会，已成为当前我国高校多方筹集社会资金、化解财政难题、拓展战略资源的重要平台。

二、高校教育基金会的价值

我国高校教育基金会承载着支持高等教育事业发展和推动社会慈善事业进步的双重使命，承载着不同于一般社会组织的多重功能，在推动一流大学建设、立德育人、价值引领、弘扬慈善文化、推动慈善事业发展等诸多方面彰显出越来越大的影响力。

（一）支持"双一流"建设，助力高等教育事业发展

2015年国务院印发《统筹推进世界一流大学和一流学科建设的总体方案》，激发了我国高校新一轮全方位竞争。成就世界一流大学的一个重要支撑，是拥有一个资金雄厚可以为大学提供多元化、全方位、持续性资金支持的大学教育基金会。高校教育基金会捐赠基金规模及运作支撑效应如何，已经成为打造世界一流大学的重要必要条件之一。从长远来看，高校教育基金会在拓宽大学资金渠道、改善大学办学条件、提高办学质量、助力"双一流"建设等方面扮演着愈发重要的角色。

（二）服务高校立德树人，弘扬社会主义核心价值观

党的十八大提出"把立德树人作为教育的根本任务"，社会主义核心价值观为"立德树人"确立了价值导向。高校教育基金会通过设立各种奖学金、助学金、海外交流基金、社会实践基金等形式，丰富奖励资助体系，激励优秀学生在专业领域精耕发展，资助经济困难学生安心完成学业，鼓励在校生出国学术交流，培养国际化、全球化视野，鼓励学生加强社会实践、提升实践能力等。此外，为更好地服务"立德树人"，高校教育基金会还在逐步转变和提升奖助理念，不断探索新的奖助机制，开发发展性项目，顺应时代要求开设创新创业奖励基金，帮

扶支持学生创新创业实现梦想。立足各自高校的实际校情和人才培养目标，以学生的全面成才为引领，充分发挥立德树人功能。

(三) 传承慈善文化，推动我国社会慈善事业发展

高校教育基金会作为重要的社会组织，承载着传承中国慈善文化、推动社会慈善事业发展的重任。其自身依托高校的文化、学术、科研等诸多优势，一方面，可以通过实施公益慈善项目，涵养在校生慈善素养，培育更广泛的慈善基因，通过在高校开展公益慈善月等类似的主题宣传活动，促进慈善观念深化在校生及广大校友的心中，有助于推动慈善氛围在社会更大范围的形成；另一方面，还可以通过支持开展慈善教育项目，支持高校开展慈善教育，推动我国慈善教育事业能向专业化、常规化、可持续化方向不断发展。如资助相关研究解决社会急难问题：为了抗击新冠肺炎疫情，武汉大学基金会设立的"新型冠状病毒研究基金"，浙江大学教育基金会设立的"病毒感染性疾病防控专项基金""抗病毒创新药物研究基金"，清华大学教育基金会设立的"清华大学万科公共卫生与健康学科发展专项基金"等，展示了高校教育基金会的格局和能力。高校教育基金会在推动社会慈善事业发展方面扮演着愈加重要的角色。

第二节 高校教育基金会业务及涉税实务

根据教育基金会的使命，高校教育基金会主要围绕着学校的建设和发展募集资金并开展相关业务活动，主要收入来源于校友及其他定向群体的捐赠，包括政府购买服务、艺术品捐赠、收益权捐赠等，另一部分收入来源于科研捐助收入和资产保值增值收入等。

高校教育基金会中的接受货币资金捐赠、有形资产捐赠与"第七章基金会涉税概述"接受捐赠与"第八章家族基金会税收操作指引"所涉税种处理一致，此章不再展开。仅对保值增值收入中具有其特点的债权投资收益和股权投资收益的业务涉税做出解释。

一、政府购买服务

(一) 业务情形

高校教育基金会与所属高校之间有天然的联系，具有较为丰富的研究资源和研究能力，因而一些高校教育基金会相关的科研捐赠项目会收到来自政府等部门的购买服务收入，此类提供服务收入应按规定缴纳增值税。

(二) 所涉税种及政策依据

高校教育基金会提供服务收入主要涉及的税种是增值税及附加税费、企业所得税。

1. 增值税及附加税费

根据《中华人民共和国增值税暂行条例》第二条的规定，"纳税人销售服务、提供无形资

产，除本条第一项、第二项、第五项另有规定外，税率为17%"。对于高校教育基金会，只要有属于增值税应税范围的收入，均要计算缴纳增值税。若高校教育基金会销售商品需按销售货物的征免税情况计算缴纳增值税，提供服务需视服务具体内容计算缴纳增值税，如果是为公益事业无偿提供服务，根据《营业税改征增值税试点实施办法》第十四条规定，不需要按视同销售征收增值税。

2. 企业所得税

《企业所得税法实施条例》第八十五条规定，符合免税条件的非营利组织的收入，不包括非营利组织从事营利性活动取得的收入，但国务院财政、税务主管部门另有规定的除外。对于非营利组织免税收入的具体范畴，财政部、国家税务总局《关于非营利组织企业所得税免税收入问题的通知》规定，非营利组织的下列收入为免税收入：

（1）接受其他单位或者个人捐赠的收入；

（2）除《中华人民共和国企业所得税法》第七条规定的财政拨款以外的其他政府补助收入，但不包括因政府购买服务取得的收入；

（3）按照省级以上民政、财政部门规定收取的会费；

（4）不征税收入和免税收入孳生的银行存款利息收入；

（5）财政部、国家税务总局规定的其他收入。

因此，高校教育基金会提供服务收入应按规定缴纳企业所得税。

（三）涉税票据

提供服务取得收入应开具税务发票。

（四）涉税处理

【案例9-1】

某高校教育基金会（小规模纳税人）运行某绿色金融中心科研捐赠项目，该项目着眼于研究绿色金融科技等相关领域前沿，着力建设绿色金融领域行业标准建设等，财政部门购买该绿色金融中心关于绿色债券领域研究报告等相关服务，协议含税金额为人民币103万元。基金会于2020年1月20日收到来自财政部门的该笔购买服务资金。具体涉税计算如下：

应交增值税——销项税额＝含税销售收入/(1＋税率)×税率＝销售额×税率＝1030000/(1＋3%)×3%＝30000元

（五）所需资料

政府购买服务的相关文件和涉税资料。

二、接受艺术品捐赠收入

随着文化艺术的发展，艺术品逐渐成为常见的捐赠财产，艺术作品捐赠是属于捐赠行为中的一种，艺术品捐赠涉及的接受捐赠主体与捐赠者身份较其他捐赠模式则具有一定的特殊性。捐赠者主体大都是艺术家、收藏家、普通公民等，接受捐赠的单位，多以博物馆、现代美术馆、高校美术馆、收藏馆等社会公共教育文化事业单位和社会服务机构为主，但也有类似高校教育基金会这样的慈善机构，其性质是实现捐赠人的公益意愿，将艺术为大众所服务。艺术作品捐赠的价值也不同于其他财产捐赠的价值表现形式，它是以捐赠艺术作品的文化艺术价值内涵来呈现的。

高校教育基金会接受艺术品捐赠涉及两类业务形态：一是高校自身具有艺术博物馆等艺术品收藏机构，一般艺术品直接捐赠给大学，由学校艺术博物馆收藏或展览；二是高校自身不具有艺术博物馆等艺术品收藏陈列条件，但艺术品持有人又有明确的捐赠意愿，实践中高校教育基金会可以与捐赠人签订捐赠协议，在协议中约定艺术品拍卖或销售，将销售收入捐赠给高校教育基金会。

高校教育基金会接受艺术品捐赠收入不涉及缴税业务。

三、科研支出

高校是科学研究开发的聚集地，2018 年某省公益基金会承诺未来 10 年内将向某名牌大学捐资 22 亿元人民币，用于支持大学的基础前沿科学研究、人才培养和高端人才引进，助力高校发展，此举因创下国内高校最大单笔捐赠额而轰动一时。尤其是在面对国家重大突发公共事件时，高校教育基金会展现出培育科研人才、聚焦基础科学研究、产出高端科研成果等独特优势。因此，高校教育基金会用于支持科研开发及科研成果转化的支出日益增多。

（一）业务情形

科研支出是高校教育基金会以课题的形式委托学院或者某个学者进行科研成果的开发而作出的捐出。

（二）涉及税种及政策依据

高校教育基金会科研项目支出主要涉及以下税种：

1. 企业所得税

与收入有关的符合规定的支出允许税前扣除。《中华人民共和国企业所得税法》第八条"企业实际发生的与取得收入有关的、合理的支出，包括成本、费用、税金、损失和其他支出，准予在计算应纳税所得额时扣除"。

2. 个人所得税

科研支出对象为自然人（学者），会涉及代扣代缴个人所得税，《中华人民共和国个人所得税法》第二条"下列各项个人所得，应当缴纳个人所得税：工资、薪金所得；劳务报酬所得等"。

3. 印花税

课题委托合同需要缴纳印花税，《中华人民共和国印花税暂行条例》第二条，下列凭证为应纳税凭证：购销、加工承揽、建设工程承包、财产租赁、货物运输、仓储保管、借款、财产保险、技术合同或者具有合同性质的凭证。

（三）涉税票据

高校基金会科研支出应索取记账凭证作"专款支出"账户记账依据。

（四）涉税处理

高校教育基金会的各项业务活动支出，无论是用于奖励资助学生，或是支持科研开发及科研成果转化，或是用于支持学校校园建设、文化传承等，这些业务活动支出都应按照企业所得税法的相关规定执行。但值得注意的是，高校教育基金会用于支持科研开发及科研成果转化等支出在企业所得税的汇算中计入营业成本，是应纳税所得额的扣除项目，如高校教育基金会的营业收入减去营业成本后净利润为负值，无须缴纳企业所得税。

（五）所需资料

捐赠协议及具体项目资助协议。

四、债权投资收入

（一）业务情形

基金会资产的保值增值关系到基金会的发展壮大，能否做好资产的保值增值涉及基金会资金使用的效率、划转的效率，一般而言基金会通过对不同类别、不同周期产品的科学配置，实现资产的保值增值。如基金会债权投资是购买债券，在一定期限内有一定的收益。

（二）涉及税种及政策依据

高校教育基金会债权投资收入主要涉及的税种是增值税和企业所得税。

1. 增值税

根据财政部、国家税务总局《关于全面推开营业税改征增值税试点的通知》规定，对于债券持有到期取得的利息收入，不征收增值税；对于未持有到期转让取得的收入，应当减去债券的购置成本的差额，按照金融商品转让缴纳增值税。

2. 企业所得税

《中华人民共和国企业所得税法》规定，对非营利组织取得的相关收入予以免税。高校教育基金会获得非营利组织免税资格后，在年度企业所得税汇算清缴时可以享受捐赠收入等免税，其投资收益作为应税收入应当缴纳企业所得税，如果当年度高校教育基金会投资收益等应税收入少于其当年公益性支出，账面净资产变动为负值，则该年度无须缴纳企业所得税，否则，仍须缴纳企业所得税。

（三）涉税票据

涉及开具增值税发票。

（四）涉税处理

高校教育基金会通过信托公司等购买的信托产品通常约定了固定的收益率，在进行会计处理时，通常将投资期限在一年以上的该类投资计入长期债权投资，期限在一年以内的投资计入短期债权投资，年末计提投资收益。

【案例 9-2】

某高校教育基金会于 2019 年 3 月 10 日，在某信托公司以人民币 2000 万元认购某集合资金信托计划，持有期 180 天，2019 年 9 月 6 日到期，预期年化收益率 6.5%。于 2020 年 9 月 10 日收到本金及收益 2130 万元，具体注意事项如下：

高校教育基金会通过银行购买的理财产品，在进行会计处理时，通常将一年以上的该类投资计入长期债权投资，一年以内的投资计入短期债权投资，收益计入投资收益，年末计提投资收益。

高校教育基金会获得非营利组织免税资格后，在年度企业所得税汇算清缴时可以享受捐赠收入等免税，其投资收益作为应税收入应当缴纳企业所得税，如果当年度高校教育基金会投资收益等应税收入少于基金会当年公益性支出，则该年度亏损，无须缴纳企业所得税，否则，仍须缴纳企业所得税。

（五）所需资料

高校基金会债券投资决议与债券出售单位约定购买债券的资料，所涉税种的纳税申报表和高校基金会财务报表。

五、股权投资收入

（一）业务情形

高校教育基金会依法利用金融工具进行股权投资，实现基金保值增值。

（二）涉及税种及政策依据

高校教育基金会股权投资收入涉及的税种主要是增值税和企业所得税。

1. 增值税

高校基金会持有非上市企业股权，其取得的股息收入、转让股权的价差收入不属于增值税征税范围，不缴纳增值税；对于持有上市公司股票，取得的股息收入免征增值税，但股票转让收入的价差，应按"金融商品转让"缴纳增值税。对于高校基金会持有限售股票，可以按首次公开募股（IPO）发行价格、复牌价格作为购置成本扣除后的余额按"金融商品转让"缴纳增值税。

2. 企业所得税

高校基金会持有企业股权、股票取得的股息收入免征企业所得税。但持有上市公司股票的时间必须超过 12 个月，否则，此笔股息不免企业所得税。对于高校基金会持有股票、股权转让收入，应当征收企业所得税。高校基金会持有股权、股票期间，该投资资产不得计提折旧、不得摊销扣除，只有实际发生转让时，相关投资成本才允许扣除。

（三）涉税票据

涉及开具增值税发票。

（四）涉税处理

因大多数高校教育基金会被认定为慈善组织，根据《慈善组织保值增值投资活动管理暂行办法》有关规定，投资活动涵盖了直接购买银行、信托、证券、基金、期货、保险资产管理机构、金融资产投资公司等金融机构发行的资产管理产品；通过发起设立、并购、参股等方式直接进行股权投资；将股票、商品及金融衍生品类产品、人身保险产品等高风险品种列入禁止直接投资的范畴。高校教育基金会的股权投资多为长期股权投资，是使用成本法还是使用权益法进行核算，取决于该长期股权投资中高校教育基金会与被投资单位的关系，若高校教育基金会因该笔投资对被投资单位具有控制、共同控制或其他重大影响，高校教育基金会在对该笔投资进行会计核算时应采用权益法核算，否则，采用成本法核算。

【案例9-3】

某高校教育基金会对外做股权投资，并于2019年1月1日以银行存款购入C公司10%的股份，拟长期持有，初始成本为人民币300万元，因高校教育基金会对C公司不具有控制或共同控制，所以采用成本法核算。C公司2019年实现净利润300万元，并于2020年3月15日发布公告，分派现金股利200万元，具体处理如下：

2020年3月15日宣布发放现金股利时应收股利 = 2000000 × 10% = 200000元

【案例9-4】

某高校教育基金会对外做股权投资，并于2019年1月1日以银行存款购入D公司35%的股份，拟长期持有，初始成本人民币2000万元，因该高校教育基金会对D公司的持股比例占绝对优势，因此具有重大影响，采用权益法核算。D公司2019年实现净利润800万元，D公司于2020年4月3日宣布分派现金股利600万元，具体处理如下：

2019年12月31日确认投资收益 = 6000000 × 35% = 2100000元

2020年4月3日宣布发放现金股利时，该高校教育基金会应确认投资收益为：200 × 10% = 20万元。

（五）所需资料

高校基金会股权投资决议，被投资对象出具的股权投资证明以及股权投资协议，区分投资对象属于非上市公司还是上市公司的资料。

六、校园建设支出

校园建设项目涵盖校园基础建设、公共建设、校园绿化建设等诸多方面。多用于支持学校更新教学和科研设施、完善基础设施建设、提升公共服务水平，美化校园环境，为建设美丽的高校和现代化的校园服务。

(一) 业务情形

诸多高校通过吸引社会各界全额或部分捐款等方式，捐建教学科研建筑，为高校培养卓越人才、拓展办学空间、促进教学科研工作，创造了良好的校园环境；通过认捐校友林等项目美化校园环境。校园建设项目可以在学校新大楼的建设中提供资金支持。通常高校教育基金会在运行校园建设项目时会将建设资金以捐赠的形式直接捐赠给高校，这体现为高校基金会的支出，具体的项目开支由高校财务处管理，个别项目直接在高校教育基金会列支，此时涉及部分税收业务。

(二) 涉及税种及政策依据

高校教育基金会校园建设支出涉及以下税种：增值税及附加税费、印花税。

（1）增值税及附加税费。高校基金会如果直接从事校园建设活动，根据《中华人民共和国增值税暂行条例》第八条，纳税人购进货物或者接受应税劳务（以下简称"购进货物或者应税劳务"）支付或者负担的增值税税额，为进项税额。

（2）印花税。《中华人民共和国印花税暂行条例》第二条，下列凭证为应纳税凭证：购销、加工承揽、建设工程承包、财产租赁、货物运输、仓储保管、借款、财产保险、技术合同或者具有合同性质的凭证。

(三) 涉税票据

高校基金会向学校建设捐出应取得学校开具的财政部门监制的票据或自制收据。

(四) 涉税处理

高校基金会如果不直接从事校园建设活动，而是将资金赠送给学校（财务处），由于学校不是施工建设的专业单位，一般会通过招投标外包给有建筑施工资质的企业进行建设，相关纳税问题，由施工企业按照规定处理。高校教育基金会如从事建设施工活动（这种情况较少），在校园建设支出时涉及设备采购等产生增值税进项税，需注意的是多数高校教育基金会为小规模纳税人，小规模纳税人不得抵扣进项税金，按照规定，不得向高校基金会开具增值税专用发票。在校园建设支出过程中涉及采购等合同凭证应按照印花税条例中的规定缴纳印花税。

(五) 所需资料

高校基金会与学校签订的学校建设捐赠协议等相关资料。

七、奖助教学金等支出

(一) 业务情形

高校基金会业务工作中十分常见的就是给予高校广大教职工以及学生的奖励，即奖学金、助学金和教学金等支出。

（二）涉及税种及政策依据

1. 涉及企业所得税

奖助教学金等是项目费用，也可在计算企业所得税税前扣除。

2. 涉及个人所得税

基金会向高校的教师发放奖助教金等，需代扣代缴个人所得税"劳务报酬"。

（三）涉税票据

不涉及开具发票和索取发票。

（四）涉税处理

根据财政部、国家税务总局管理教育税收政策的相关政策的相关规定，对省级政府、国务院各部委和中国人民解放军军以上单位，以及外国组织、国际组织颁布的教育方面的奖学金，免征个人所得税。对外国来华留学生，领取的生活津贴费、奖学金，不属于工资、薪金范畴，不征个人所得税。学校向在校学生发放奖助学金，不扣税；领取奖教金的教师当月在基金会涉及多笔工资收入的人员还应合并扣税，次年3月1日至6月30日，由教师个人办理综合所得的汇算清缴。具体执行口径以所在地税务局的具体政策为准。

（五）所需资料

受益人的领取单，及评选受益人的项目资料。

—— 专栏三 ——

如何确认非货币资产捐赠的入账价值

随着我国慈善意识的不断增强，物资等非货币捐赠越来越常见。财政部、国家税务总局、民政部《关于公益性捐赠税前扣除》《民间非营利组织会计制度》《民间非营利组织会计制度》若干问题的解释《关于规范基金会行为的若干规定（试行）》等规定中均提到：接受捐赠的非货币资产，应当以其公允价值作为入账价值，并以此来确定公益事业捐赠统一票据上列明的捐赠金额。社会组织企业所得税免税收入的最主要收入就是接受其他单位或者个人捐赠的收入。如捐赠资产为非货币资产的，也应以其公允价值确定收入额。

在现行税收法规中，历史成本因其客观、真实和可验证等特征，成为确定计税基础的首选计量方式。但如果企业取得了非货币形式的资产，且不需要支付相应对价的货币资产，此时就需要将相应资产的公允价值作为计税依据。同时，如果企业发生非货币资产转让，如资产用于捐赠时，也应当以公允价值为计算税款的基础。企业的会计准则虽与社会组织的会计准则不同，但公允价值，也是重要的计税依据。

一、接受捐赠的非货币资产的范围

接受捐赠的短期投资、存货、长期投资、固定资产、无形资产、劳务资产、不准备持有至到期的债券投资等资产。

二、如何认定捐赠的非货币资产的入账价值

对于以公允价值作为其入账价值的非货币资产，社会组织应当按照以下方法确定其入账价值。

第一，如果捐赠方提供了有关凭据（如发票、报关单、有关协议等）的，应当按照凭据上标明的金额作为入账价值。如果凭据上标明的金额与受赠资产公允价值相差较大，受赠资产应当以其公允价值作为其入账价值。

第二，如果捐赠方没有提供有关凭据的，受赠资产应当以其公允价值作为入账价值。

第三，所称的公允价值是指在公平交易中，熟悉情况的交易双方自愿进行资产交换或者债务清偿的金额。公允价值的确定顺序如下。

（1）如果同类或者类似资产存在活跃市场的，应当按照同类或者类似资产的市场价格确定公允价值。"市场价格"，一般指取得资产当日捐赠方自产物资的出厂价、捐赠方所销售物资的销售价、政府指导价、知名大型电商平台同类或者类似商品价格等。

（2）如果同类或类似资产不存在活跃市场，或者无法找到同类或者类似资产的，应当采用合理的计价方法确定资产的公允价值。"合理的计价方法"，包括由第三方机构进行估价等。

（3）社会组织接受捐赠资产的有关凭据或公允价值以外币计量的，应当按照取得资产当日的市场汇率将外币金额折算为人民币金额记账。当汇率波动较小时，也可以采用当期期初的汇率进行折算。

（4）如果有确凿的证据表明资产的公允价值确实无法可靠计量，则社会组织应当设置辅助账，单独登记所取得资产的名称、数量、来源、用途等情况，并在会计报表附注中作相关披露。在以后会计期间，如果该资产的公允价值能够可靠计量，民间非营利组织应当在其能够可靠计量的会计期间予以确认，并以公允价值计量。

另外，对于社会组织接受非货币资产捐赠时发生的应归属于其自身的相关税费、运输费等，应当计入当期费用，借记"筹资费用"科目，贷记"银行存款"等科目。

劳务捐赠不予确认，但应当在会计报表附注中作相关披露。

三、案 例 分 析

以下将通过案例来说明捐赠物资的公允价值认定方式及相应财务处理方式。

案例专 3-1

甲企业将自行采购的一批物资捐赠给乙基金会，用于依法开展公益慈善活动。乙基金会应该如何确认捐赠收入？是否应该给甲企业开具公益事业捐赠统一票据？

通常情况下，捐赠人（甲企业）在采购的过程中有采购发票及付款痕迹，因此捐赠人自行采购的物资可以凭发票及付款金额确认入账价值。这种情况下，乙基金会可将接受的捐赠物资计入捐赠收入，并开具公益事业捐赠统一票据。

需要注意的是，如果凭据上列明的金额与受赠物资公允价值相差较大的，受赠物资应以其公允价值作为其入账价值。

如果发生捐赠人提供的采购凭据上列明的金额与市场上同类产品销售金额相差较大的情形时，在排除捐赠人恶意采购后需要对捐赠人采购物资的时间进行考量。

（1）捐赠人将新近采购的物资用于捐赠的，可按照捐赠人出具的采购凭据上列明的金额确认入账价值。据此，乙基金会可将接受的捐赠物资计入捐赠收入，并开具公益事业捐赠统一票据。

（2）捐赠人将较早采购的物资进行捐赠的，若采购凭据上列明的金额远高于近期市场同类产品销售价格，应按近期市场同类产品销售价格作为其公允价值的确定依据，并确认入账价值；若采购凭据上列明的金额远低于近期市场同类产品销售价格的，应当以采购凭据上列明的金额作为其公允价值的确定依据，并确认入账价值。据此，乙基金会可将接受的捐赠物资计入捐赠收入，并开具公益事业捐赠统一票据。

捐赠人自行采购时也会遇到没有采购发票的情况，此时付款痕迹不清晰或无法确定，导致需要通过其他凭证来认定公允价值。

（1）如果是市场交易活跃的商品，可参考市场价。例如在有公信力的网购平台上找三家（或以上）不同经销商售卖的同类产品进行比价，进行公允价值确定，以此确认入账价值。这种情况下，乙基金会可将接受的捐赠物资计入捐赠收入，并开具公益事业捐赠统一票据。

（2）如果无法在市场上找到同类商品，则需要专业机构进行评估，并以具有合法资质的第三方机构的评估作为确认入账价值的依据。据此，乙基金会可将接受的捐赠物资计入捐赠收入，并开具公益事业捐赠统一票据。在救灾或疫情应急时期，可组织相关专业人士进行内部评估。无法评估或经评估无法确认价格的，不得计入捐赠收入，不得开具公益事业捐赠统一票据，应当另外造册登记，在审计报告中进行文字披露。对于捐赠人的善举应当通过证书、感谢信等方式予以鼓励和认可。

案例专 3-2

甲企业作为生产厂家将其自产的一批物资捐赠给乙基金会，用于依法开展公益慈善活动。乙基金会应该如何确认捐赠收入？是否应该给甲企业开具公益事业捐赠统一票据？

根据《关于加强企业对外捐赠财务管理的通知》规定，企业可以用于对外捐赠的财产包括现金、库存商品和其他物资。当捐赠人作为生产厂家将其自产的物资进行捐赠时，捐赠人是捐赠物资的生产商，并且有其生产的同类商品出厂价凭据做参考。因此，这种情况下，乙基金会以出厂价为捐赠物资的公允价值来确认入账价值，并计入捐赠收入，开具公益事业捐赠统一票据。（此处出厂价相对批发价和零售价而言，指产品转变为商品后的第一次价格）

案例专 3-3

甲企业作为批发或零售供应商将其批发或零售的一批物资捐赠给乙基金会，用于依法开展公益慈善活动。乙基金会应该如何确认捐赠收入？是否应该给甲企业开具公益事业捐赠统一票据？

当捐赠人作为批发或零售供应商将其批发或零售的物资进行捐赠时，其捐赠的物资有同类产品批发价或零售价作为参考确认公允价值。

捐赠人为批发供应商时，乙基金会以批发价为捐赠物资的公允价格来确认入账价值。捐赠人为零售供应商时，乙基金会以日常零售价的批量销售价为捐赠物资的公允价值来确认入账价值。

鉴于日常零售价受到不同原因的影响而有波动，捐赠人与受赠人（乙基金会）可以进行协商，在合理范围内确认公允价值。确认公允价值作为最终入账价值后，乙基金会可将接受的捐赠物资计入捐赠收入，并开具公益事业捐赠统一票据。

案例专 3-4

甲企业将一批使用过的电脑及打印机捐赠给乙基金会，用于依法开展公益慈善活动。乙基金会应该如何确认捐赠收入？是否应该给甲企业开具公益事业捐赠统一票据？

本案例中所提及的使用过的电脑及打印机属于甲企业的固定资产，相当于捐赠二手物资。需要以具有合法资质的第三方机构的评估作为确认入账价值的依据。确认入账价值后可计入捐赠收入，并开具公益事业捐赠统一票据。不能确定实际价格的，不得计入捐赠收入，不得开具公益事业捐赠统一票据，应当另外造册登记，在审计报告中进行文字披露。对于捐赠人的善举应当通过证书、感谢信等方式予以鼓励和认可。

案例专 3-5

甲企业将一批书画和雕塑艺术品捐赠给乙基金会，用于依法开展公益慈善活动。乙基金会应该如何确认捐赠收入？是否应该给甲企业开具公益事业捐赠统一票据？

书画和雕塑艺术品在民间非营利组织会计准则中属于文物文化资产。文物文化资产是指用于展览、教育或研究等目的的历史文物、艺术品以及其他具有文化或者历史价值并作长期或者永久保存的典藏等。

捐赠人捐赠文物文化资产的，应当以具有合法资质的第三方机构的评估作为确认入账价值的依据。无法评估或经评估无法确认价格的，乙基金会不得计入捐赠收入，不得开具公益事业统一捐赠票据，应当另外造册登记，在审计报告中进行文字披露。

如果捐赠人将采购的文物文化资产进行捐赠的，需要注意的是，如果凭据上列明的金额与受赠资产公允价值相差较大的，受赠资产应当以其公允价值作为其入账价值。接受捐赠的文物文化资产，按照所确定的成本，借记本科目，贷记"捐赠收入"科目。文物文化资产在取得时，应当按照取得时的实际成本入账。取得时的实际成本包括买价、包装费、运输费、缴纳的有关税金等相关费用，以及为使文物文化资产达到预定可使用状态前所必要的支出。

捐赠人提供的采购凭据上列明的金额与市场上同类文物文化资产销售金额相差较大，在排除捐赠人恶意采购后需要对捐赠人的采购时间进行考量。

（1）捐赠人将新近采购的文物文化资产用于捐赠的，可按照捐赠人出具的采购凭据上列明的金额确认入账价值。据此，乙基金会将接受的捐赠文物文化资产计入捐赠收入，开具公益事业统一捐赠票据。

（2）捐赠人将较早采购的文物文化资产进行捐赠的，若采购凭据上列明的金额远高于近期市场同类文物文化资产销售金额，应按近期市场同类文物文化资产销售价格作为其公允价值的确定依据，并确认入账价值；若采购凭据上列明的金额远低于近期市场同类文物文化资产销售价格的，应当以采购凭据上列明的金额作为其公允价值的确定依据，并确认入账价值。据此，乙基金会将接受的捐赠文物文化资产计入捐赠收入，开具公益事业捐赠统一票据。

案例专 3-6

甲企业将一批进口物资捐赠给乙基金会,用于依法开展公益慈善活动。乙基金会应该如何确认捐赠收入?是否应该给甲企业开具公益事业捐赠统一票据?

捐赠物资为进口物资时,公允价值的确定取决于受赠人是否为符合进口物资免税要求的受赠人,且捐赠人与受赠人确定捐赠关系的时间节点。

如果受赠人为符合进口物资免税要求的受赠人,且捐赠人与受赠人的捐赠关系确定在捐赠物资完税前,以报关单为凭据作为确认入账价值的依据,并计入捐赠收入,开具公益事业捐赠统一票据。

如果受赠人为符合进口物资免税要求的受赠人,且捐赠人与受赠人的捐赠关系确定在捐赠物资完税后,以报关单和海关完税凭证为凭据作为确认入账价值的依据,并计入捐赠收入,开具公益事业捐赠统一票据。

如果受赠人不是符合进口物资免税要求的受赠人,捐赠人与受赠人的捐赠关系无论何时确定均由捐赠人在捐赠物资完税后予以捐赠。受赠人以报关单和海关完税凭证为凭据作为确认入账价值的依据,并计入捐赠收入,开具公益事业捐赠统一票据。

若进口物资完税后进入国内市场后再进行物资捐赠,则按捐赠人作为批发或零售供应商或者二手物资等适用前文提及的不同确认方法。

关于符合进口物资免税要求的受赠人,请参见财政部、海关总署和税务总局联合发布的《慈善捐赠物资免征进口税收暂行办法》,以及针对此次疫情防控的《关于防控新型冠状病毒感染的肺炎疫情进口物资免税政策的公告》。

案例专 3-7

甲企业组织企业员工根据各自的专业能力,开展劳务捐赠给乙基金会,用于依法开展公益慈善活动。乙基金会应该如何确认捐赠收入?是否应该给甲企业开具公益事业捐赠统一票据?

劳务捐赠不予确认,在企业所得税的处理上视同销售处理,但其发生的成本可以在企业所得税税前扣除,并应在会计报表附注中作相关披露。对于组织者以及员工的志愿行为可以通过证书、感谢信等方式予以鼓励和认可。

至于具体的资产评估方法,还是要根据不同的资产,选择合适的评估方法。实务中,第三方评估机构的选择可以由捐赠方确定,以具体接受方的慈善组织自身的管理办法为准。

第十章
企业基金会税收操作指引

第一节　企业基金会的定义与价值

一、企业基金会的定义

企业基金会是由企业创始人或以创立企业名义发起设立,其主要收入源自企业捐赠或企业创始人捐赠。通常发起企业会通过提供原始基金、管理人员、捐赠及日常运营资金等方式紧密参与企业基金会的公益慈善活动。

企业基金会是企业实施整体经营战略的重要组成部分,设立企业基金会可以有效提升企业声誉和创新能力以及运营效率,并能降低企业融资和人力资源管理等成本。此外基金会还可以帮助企业通过慈善捐赠增强与政府部门的合作,并建立互信,还可促进与高校、科研院所建立并保持友好关系,从而优化其社会网络结构,获得多元化的社会资源。

近年来,除了传统的国有企业(以下简称"国企")、跨国企业、民营企业、上市公司外,一些具有社会责任感的年轻互联网、文化创意公司也纷纷成立企业基金会,开展公益慈善活动。与此同时,企业基金会的属性也呈现出从纯利他的捐赠者转向更具慈善战略和商业战略有效工具的趋势。

根据发起企业类型,我国企业基金会一般可以分为国企基金会、民营企业(以下简称"民企")基金会、外资企业基金会(含港澳台背景企业基金会)和合资企业基金会。具体而言,国有企业作为受政府投资或管理的企业,其经营活动很大程度上会受到主管部门的影响,需要结合政府的社会治理意见和总体框架进行运作,其设立基金会的数量有限但所拥有的资金体量较大、支出金额较高。民营企业现已经逐渐成为国民经济中一支重要支撑力量,使得带有民企背景的基金会凭借数量、规模、灵活性上的优势逐步成为企业基金会发展中的主力。

(一)国有企业设立的基金会的特点

对于目前国企背景的企业基金会来说,最重要的是其作为企业与公益慈善领域的对接者,执行着践行企业社会责任,构建企业美誉度,以及在公益慈善领域中持续发声的功能。因为国有企业在资金使用上有着严格的规定,一方面,常规的捐赠行为必须与经营费用严格分开,作为企业社会责任部门运作的权限会受到一定的限制;另一方面,很多国企尤其是上市公司,每年向证监会和投资者披露的年报中都必须有相应的回馈社会的部分,拥有合法稳定的资金来源,因此国企基金会经常性与其他基金会等慈善组织建立长久的合作关系,尽可能使得资金在使用上得以投入到社会公共治理急需的领域(如扶贫、救援、文物保护、市政建设等)。

国有企业设立的基金会的支出业务主要包括:资助支出、境内开展公益活动支出以及购置自用资产支出、专职人员薪酬福利支出、劳务报酬支出、机构运营管理支出等常规支出。在突发紧急的情况下，比如汶川地震、新型冠状病毒肺炎疫情暴发等，或者定向扶贫等需要大量资金长期持续投入时，在国家的统一规划和调配下，国有企业基金会的价值得以最大限度地体现并发挥出国有企业基金会巨大的价值作用。

（二）民营企业设立的基金会的特点

民企基金会的主要特点是可以根据企业自身愿景和围绕企业主营业务开展相关公益活动。对于一些需要受到帮助和支持的社会性问题，民企基金会的灵活性和主观能动性可确保其第一时间准确给予有针对性的方案和支持。

与国企基金会支出特点类似，民企基金会的支出业务通常包括开展公益活动所涉及的支出、购置自用资产支出、专职人员薪酬福利支出、劳务报酬支出、机构运营管理支出、聘用专业服务机构支出、宣传费用支出、资产支出等常规支出。企业从被动的、临时的、随意的、以突发事件为主的捐助走向主动的、长期的、独立的、系统性的、有规划的捐助，是企业承担社会责任的另一种形式。

（三）互联网等高成长性企业基金会的特点

就互联网等高成长性企业而言，包括很多新兴的互联网科技公司，在企业基金会的设立和操作方面呈现出目标各异的多样化的趋势。例如，腾讯、百度、阿里巴巴、字节跳动等企业尝试成立多家企业基金会，分别为企业在不同领域定制其目标并实现相应的价值。

这类基金会具有科技基础、自主性强，人员专业程度高，反应迅速等特点，是现代公益慈善领域较为活跃的群体。在企业的经营战略之中，也都日益扮演着越来越重要的角色。值得关注的是，个别基金会甚至已经有了不依赖于母体公司的资金来源，作为非公募基金会，通过一些其他的定向管道，开始为基金会自身项目的开展拓宽新的领域。互联网等高成长性企业基金会摆脱了国企基金会较为固定化的运营模式，在运作管理和实现公益的手段方法上更为灵活和现代。

此外，在基金会业务领域方面，互联网等高科技企业基金会也有着更为前沿、广泛的业务领域，除了教育培训、健康卫生、安全救灾、环境保护、扶贫助困等传统领域外，不少新兴的互联网等高科技企业基金会也会考虑将资助和项目设计和开展与企业自身业务特点相结合，倾向于专业性强、挑战和难度更高的领域，例如科学研究、公共卫生、扶持创新创业等，不仅仅提供资金，同时也会开展基础理论和技术研究，组织相关培训进行人才支持等。

（四）跨国企业基金会的特点

跨国企业发起设立的基金会支出特点为其受基金会理事会的战略约束，但其捐赠支出的目的性更强且更为国际化。如果涉及大数额跨境捐赠或资金往来，可能还需要经过外汇管理局、业务主管单位和公安机关等政府部门的特殊审批。

二、企业基金会的价值

企业基金会是企业在公益慈善领域和实施整体经营战略（尤其是慈善战略）的重要环节。

对于一些在公益领域中投入较大、项目实施区域广泛、复杂程度相对较高的企业来说，设立企业基金会是实现企业社会责任跨越的重要一步，具体来说，企业基金会在实现其使命和慈善战略方面具有以下优势：

首先，企业基金会可以提升沟通效率。相较于其他慈善组织，企业自己的基金会在理解企业意图、畅通合作渠道、提高合作效率等方面更有优势，有利于企业慈善战略的实现。

其次，企业基金会可以集中力量，最大限度发挥企业优势践行慈善。独立的企业基金会能够整合企业资源，优化运作模式，提高公益项目的精准性和社会影响力。

最后，企业基金会可以成为企业的形象代言人。建立与企业统一品牌名称的企业基金会，使之在服务社会、践行企业社会责任理念的同时，也可以从侧面树立企业品牌的形象，增添品牌超脱于盈利之外的人格魅力，使得企业自身的愿景和价值观可以被更多的人所接受。

总之，企业基金会的建立是企业整体战略的一部分，对实现企业的愿景和价值观有非常积极的推动作用。而企业基金会的愿景是实现社会价值，与企业母体之间是遥相呼应，但并不是从属的关系。

第二节 企业基金会业务及涉税实务

关于企业基金会的收入来源，目前主要来自企业股东、高级管理人员以及企业本身的捐赠，收入形式一般表现为现金、股权（票）、房产或实物等，此外还存在一些较为特殊的收入类型，例如，国内物资捐赠、知识产权等无形资产捐赠、场地使用权捐赠、以买代捐受赠方、公司统一组织员工进行捐赠的收入、保险产品捐赠等。由于现金、股权（票）、房产或实物等捐赠业务详解前章已有叙述，本章仅对物资捐赠等企业基金会的若干具有代表性的收入项目进行阐述。

一、接受国内物资捐赠收入

（一）业务情形

企业或个人向企业基金会捐赠物资是常见的业务模式，尤其是在疫情、地震、洪水等紧急突发事件发生时，"捐物"相比"捐款"实用性更强且更直接便捷。国内物资捐赠的来源种类较多，例如，捐赠自主采购的物资、捐赠自产物资、作为经销商捐赠其批发或零售的物资、捐赠其使用过的二手物资。

（二）涉及税种及政策依据

1. 增值税

不属于增值税的征税范围。企业基金会为非营利组织，不从事营利性活动，因此通常不涉及增值税的应税行为，无须缴纳增值税。

2. 企业所得税

《中华人民共和国企业所得税法》第二十六条："企业的下列收入为免税收入：（四）符合条件的非营利组织的收入。"

财政部、国家税务总局《关于非营利组织企业所得税免税收入问题的通知》："非营利组织的下列收入为免税收入：（一）接受其他单位或者个人捐赠的收入"。

3. 印花税

按照购销金额0.3‰的税率缴纳印花税。根据《中华人民共和国印花税暂行条例》第二条规定和《中华人民共和国印花税暂行条例施行细则》第五条规定，企业或个人向企业基金会捐赠自主采购的物资、作为经销商捐赠其批发或零售的物资资产等用于公益事业，属于购销合同范围，立合同人需要按照购销金额0.3‰的税率缴纳印花税。

（三）涉税票据

接受非货币捐赠，应向捐赠方出具公益事业捐赠统一票据。

（四）涉税处理

《民间非营利组织会计制度》《关于规范基金会行为的若干规定（试行）》等规定中均提到按捐赠物资的"公允价值"作为入账价值，并以此来确定公益事业捐赠统一票据上列明的捐赠金额。但如何认定捐赠物资的公允价值一直是非营利组织实际工作中的重点和难点。

1. 捐赠自主采购的物资

通常情况下，企业或个人作为捐赠方在采购的过程中有采购发票及付款凭证，因此捐赠方自行采购的物资可以凭发票或凭证及付款金额确认入账价值。这种情况下，受赠方一般情况下可以将接受的捐赠物资计入捐赠收入，并开具公益事业捐赠统一票据。

需要注意的是，如果发生捐赠方提供的采购凭据上列明的金额与市场上同类产品销售金额相差较大的情形时，需要对捐赠人采购物资的时间进行考量：捐赠人将新近采购的物资用于捐赠的，可按照捐赠人出具的采购凭据上列明的金额确认入账价值。据此，企业基金会可将接受的捐赠物资计入捐赠收入，并开具公益事业捐赠统一票据；捐赠人将较早采购的物资进行捐赠的，若采购凭据上列明的金额远高于近期市场同类产品销售价格，应按近期市场同类产品销售价格作为其公允价值的确定依据，并确认入账价值；若采购凭据上列明的金额远低于近期市场同类产品销售价格的，应当以采购凭据上列明的金额作为其公允价值的确定依据，并确认入账价值。据此，企业基金会可将接受的捐赠物资计入捐赠收入，并开具公益事业捐赠统一票据。

捐赠方自行采购时也会遇到没有采购发票的情况，此时付款凭证不充分或无法确定，导致需要通过其他证明材料来认定公允价值。如果是市场交易活跃的商品，通常可参考市场价定价。例如，在有公信力的网购平台上找三家（或以上）不同经销商售卖的同类产品进行比价，进行公允价值确定，以此确认入账价值。这种情况下，企业基金会可将接受的捐赠物资计入捐赠收入，并开具公益事业捐赠统一票据；如果无法在市场上找到同类商品，则需要专业机构进行评估，并以具有合法资质的第三方机构的评估作为确认入账价值的依据。据此，企业基金会可将接受的捐赠物资计入捐赠收入，并开具公益事业捐赠统一票据。在救灾或疫情应急时期，可组织相关专业人士进行内部评估。无法评估或经评估无法确认价格的，不得计入捐赠收入，不得开具公益事业捐赠统一票据，应当另外造册登记，在审计报告中进行文字披露。对于捐赠方的善举应当通过证书、感谢信、确认函等方式予以鼓励和认可。

2. 捐赠自产物资

当捐赠方作为生产厂家将其自产的物资进行捐赠时，捐赠方是捐赠物资的生产商，并且有其生产的同类商品出厂价凭据做参考。在这种情况下，建议企业基金会以出厂价为捐赠物资的公允价值来确认入账价值，并计入捐赠收入，开具公益事业捐赠统一票据。

3. 作为经销商捐赠其批发或零售的物资

当捐赠方作为批发或零售供应商将其批发或零售的物资进行捐赠时，其捐赠的物资有同类产品批发价或零售价作为参考确认公允价值。捐赠方为批发供应商时，企业基金会以批发价为捐赠物资的公允价格来确认入账价值。捐赠方为零售供应商时，企业基金会以日常零售价的批量销售价为捐赠物资的公允价值来确认入账价值。

4. 捐赠其使用过的二手物资

捐赠方以使用过的固定资产进行捐赠的，该固定资产应以折旧后的净额或经评估的价格为公允价值。确认入账价值后可计入捐赠收入，并开具公益事业捐赠统一票据。无法评估或经评估无法确认价格的，不得计入捐赠收入，不得开具公益事业捐赠统一票据，应当另外造册登记，在审计报告中进行文字披露。对于捐赠人的善举应当通过证书、感谢信、确认函等方式予以鼓励和认可。

（五）所需资料

参照第三篇第七章第二节（一）。

二、接受无形资产捐赠收入

（一）业务情形

无形资产，是指不具实物形态，但能带来经济利益的资产，包括技术、商标、著作权、商誉、自然资源使用权和其他权益性无形资产。企业基金会因与发起企业之间的密切关系，经常会涉及无偿使用企业的技术、软件、商标等情况，尤其互联网高成长性企业，经常会涉及为基金会开发专门的应用软件作为无形资产进行捐赠，如高科技企业的基金会使用的很多软件经常是高科技企业免费为其定制和开发的。

（二）涉及税种与政策依据

1. 增值税

增值税企业或者个人向基金会无偿捐赠的用于公益事业或者以社会公众为对象的无形资产，不视同销售无形资产，不征收增值税。财政部、国家税务总局《关于全面推开营业税改征增值税试点的通知》之附件一《营业税改征增值税试点实施办法》第十四条："下列情形视同销售服务、无形资产或者不动产：……（二）单位或者个人向其他单位或者个人无偿转让无形资产或者不动产，但用于公益事业或者以社会公众为对象的除外。"

2. 企业所得税

接受捐赠免征企业所得税。

3. 印花税

企业或个人向企业基金会捐赠商标专用权、专利权、专有技术使用权时，立据人需要按照产权转移书据所载金额5‰的税率缴纳印花税。《中华人民共和国印花税暂行条例》第二条规定："下列凭证为应纳税凭证：……（二）产权转移书据；"按所载金额5‰贴花。《中华人民共和国印花税暂行条例施行细则》第五条规定："条例第二条所说的产权转移书据，是指单位和个人产权的买卖、继承、赠与、交换、分割等所立的书据。"

（三）涉税票据

接受非货币性捐赠，应向捐赠人开具公益事业捐赠统一票据。

（四）涉税处理

对应的计税方式按公允价值确认。

（五）所需资料

参照第三篇第七章第二节（一）。

三、场地使用权捐赠收入

（一）业务情形

企业、个人等捐赠方将其所有的场地、房屋无偿捐赠给企业基金会供其使用，其捐赠性质等同于场地的无租使用。

（二）涉及税种及政策依据

由于企业基金会获得场地使用的权利无须支付租金，因此通常不涉及缴纳企业所得税、增值税、印花税。但企业基金会需按照房产余值代缴纳房产税。财政部、国家税务总局《关于房产税城镇土地使用税有关问题的通知》第一条规定："无租使用其他单位房产的应税单位和个人，依照房产余值代缴纳房产税。"

（三）涉税票据

不需要使用税务发票。

（四）涉税处理

采取从价计征的方式计算房产税，由企业基金会代缴。

（五）所需资料

捐赠方场地权属证据房屋产权证复印件及房产原值资料。

四、以买代捐

(一) 业务情形

近年来,机构基金会以市场运作,联合第三方服务平台建立产品供应、社会需求、消费对接数据平台,由政府引导,动员机关、企事业单位及市民采取"以购代捐""以买代帮"等方式,采购贫困地区农特产品或购买贫困地区企业商品。

(二) 涉及税种

如果基金会在运营过程中不涉及采购和销售环节,也不实际拥有物品的所有权,仅免费提供信息对接、寻找平台、宣传导购、市场营销和相关服务,对此机构基金会一般不存在应税行为。

(三) 涉税票据

消费者的消费凭证由第三方平台出具。

(四) 涉税处理

无须申报和缴税。

(五) 所需资料

如有需要,基金会有依法协税护税责任,应按照税务机关要求,提供有关数据和相关产销依据。

五、机构统一组织员工进行捐赠

(一) 业务情形

机关、企事业单位等统一组织员工进行捐赠。

(二) 涉及税种和政策依据

响应机关、企事业单位、社会组织的号召参与捐赠的员工,在计算个人所得税捐赠税前扣除时,可凭接受捐赠方汇总开具的公益事业捐赠统一票据和员工捐赠明细单,按照不超过应纳税所得额30%的部分或100%全额扣除公益捐赠支出。财政部、国家税务总局《关于公益慈善事业捐赠个人所得税政策的公告》第九条第三款规定:"机关、企事业单位统一组织员工开展公益捐赠的,纳税人可以凭汇总开具的公益事业捐赠统一票据和员工明细单扣除。"

(三) 涉税票据

基金会应提供汇总开具的公益事业捐赠统一票据。

(四) 涉税处理

机构作为扣缴义务人,可协助员工进行个人所得税税前扣除。

（五）所需资料

参照本书第三篇第七章第二节。

六、保险产品捐赠投入

（一）业务情形

所谓捐赠保险，即保险公司、企业或个人出钱为企业基金会缴纳保费，购买保险公司的保险产品。目前，国内提到的捐赠保险主要指的是财产与责任、意外伤害、健康等保险的捐赠。捐赠方通常是出于支持社会公益事业的角度，对特定的群体或机构捐赠保险，增强了受赠对象抵御风险的能力，减少了受赠对象对某些风险的担忧，同时也减少了社会可能需要承担受赠对象风险的成本。

（二）涉及税种及政策依据

基金会应考虑出险后企业基金会作为被保险人或受益人所获得的保险赔款，一般涉及涉税处理如下：

1. 增值税

基金会获得的保险赔付免缴增值税。财政部、国家税务总局《关于全面推开营业税改征增值税试点的通知》之附件二《营业税改征增值税试点有关事项的规定》第一条："不征收增值税项目。3. 被保险人获得的保险赔付。"

2. 企业所得税

基金会发生损失收到保险公司或捐赠方的赔款应先弥补其发生的损失，如果弥补完企业发生的损失后还有余额的应按规定计算缴纳企业所得税。《中华人民共和国企业所得税法实施条例》第三十二条规定："企业所得税法第八条所称损失，是指企业在生产经营活动中发生的固定资产和存货的盘亏、毁损、报废损失，转让财产损失，呆账损失，坏账损失，自然灾害等不可抗力因素造成的损失以及其他损失。企业发生的损失，减除责任人赔偿和保险赔款后的余额，依照国务院财政、税务主管部门的规定扣除。企业已经作为损失处理的资产，在以后纳税年度又全部收回或者部分收回时，应当计入当期收入。"

（三）涉税票据

基金会获得保险赔付不涉及涉税票据，应向捐赠机构开具公益性捐赠统一票据。

（四）涉税处理

参照本书第二章第二节。

（五）所需资料

保险公司赔付保单、赔付款结算单，以及弥补损失和企业所得税申报资料。

---— 专栏四 ——

"捐赠"与"赞助"的合规要点及涉税处理差异

捐赠一般是指捐赠方自愿无偿将其有权处分的合法财产赠与特定或不特定的受赠人用于与生产经营活动没有直接关系的公益慈善事业的行为,本身并不寻求或期望获得经济利益。

赞助一般指赞助方出于开拓市场和获得经济回报等商业目标,通过提供财务或实物方面的资助或有关支持(以下简称"赞助方式")开展的商业营销行为或广告投放活动。赞助方向为从事体育、文化艺术、教育、科学、环境、社会项目、媒体或其他类似重要社会活动的重要人士、团体、企业或机构(以下简称"被赞助方")提供赞助,作为赞助回报,赞助方有权使用被赞助方的资源或参与其企业的活动,以实现公司在市场营销及公共关系活动方面的目标(以下简称"赞助目的")。

一、捐赠与赞助的区别

捐赠与赞助的区别主要在于以下三个方面。

(一)在目的性质上的区别,捐赠与赞助的根本区别在于是否要求商业性经济回报

捐赠的性质为自愿无偿,且不得以捐赠为名从事营利活动。而赞助通常是赞助商的一种战略性的市场营销投资行为,大多数赞助商是企业或投资人,他们希望借助市场活动对他们的品牌价值带来增值,例如:获得宣传效果、强化认知度和形象、扩大市场份额、增加产品销售和利润等。捐赠虽然也会带来一定的品牌效应,但是这只是其间接的附加效应。捐赠方的慈善捐赠行为虽然可以进行宣传,但是通常要受到一定法律限制,《中华人民共和国慈善法》第四十条第二款规定:"任何组织和个人不得利用慈善捐赠违反法律规定宣传烟草制品,不得利用慈善捐赠以任何方式宣传法律禁止宣传的产品和事项。"《中华人民共和国公益事业捐赠法》第十四条规定:"捐赠人对于捐赠的公益事业工程项目可以留名纪念;捐赠人单独捐赠的工程项目或者主要由捐赠人出资兴建的工程项目,可以由捐赠人提出工程项目的名称,报县级以上人民政府批准。"而实践中的赞助通常直接从商业角度要求一定品牌效应回报,例如:冠名权、合作伙伴称号及其他赞助商的优先权益及荣誉,其宣传力度更大、范围更广、限制较少,并且与企业营利目的关联性更强。

(二)在捐赠与赞助对象上的区别

捐赠的对象一般是依法成立的公益性社会团体和公益性非营利的事业单位捐赠财产,并用于救灾救贫扶弱、科教文卫事业、环境保护、社会公共设施建设等公益相关事业。而赞助的对象不局限于社会组织,还包括从事体育、文化、教育、社会公益的其他自然人、法人和非法人组织。

(三)在捐赠票据开具与会计及税务处理上的区别

对于捐赠支出,我国法律要求慈善组织接受捐赠,应当向捐赠方开具由财政部门统一监(印)制的捐赠票据,并载明捐赠方、捐赠财产的种类及数量、慈善组织名称和经办人姓名、票据日期,据此,企业发生的公益性捐赠支出在年度利润总额12%以内的部分,准予在计算应纳税所得额时扣除,而赞助支出无法开具捐赠票据,也不得在计算应纳税所得额时进行税前扣除。此外,企业为宣传企业形象、推介企业产品发生的赞助性支出,应当按照广告费或者市场推广费等费用依据相关税法规定进行税务处理。

二、捐赠与赞助的合规要点

（一）合作对象背景调查

实践中捐赠与赞助通常涉及较大数额的资金或者实物资产的所有权转移，其合规风险很大程度上来源于捐赠或赞助的接收方，受捐方的负面新闻可能会为公司带来不利的声誉和经济损失，因此对于合作对象开展背景调查尤为重要，特别是针对捐赠和赞助涉及的所有中间代理机构、主要最终受益方和相关重要利益相关方等。

在进行背景调查时，还需要审视合作对象可能引发负面影响的其他方面，例如，合作对象接受捐赠或赞助的资金来源、目的和用途是否合法；合作对象是否存在潜在诚信问题；捐赠方或赞助方与合作对象之间是否存在潜在的利益冲突；合作对象是否为政治性组织所有或被其控制或与其关联等。

（二）流程合法透明

在公司开展捐赠或赞助活动时应注意所有的流程，无论涉及款项还是实物，均应透明、正当。

捐赠和赞助应符合公司发展的战略，不允许向任何违背公司战略方向或有损于公司企业名誉的个人、团体、企业或机构提供捐赠或赞助。相较于其他市场活动，捐赠或赞助一般不应由公司经营机构独立决定，会设置更高级别管理层的审批，审批之前，充分考虑内部"战略"，部门事先咨询预算控制部门和风险管理部门的建议等。

为更好地降低合规风险，公司进行捐赠或赞助行为时，有必要签署捐赠或赞助协议，并在其中明确赞助的类型、范围、经济回报（如有）、反贿赂、审计、保证、担保和赔偿条款等。

（三）支付、记录与文档管理得当

无论是捐赠或赞助，均不宜向个人账户进行支付，以避免利益冲突或其他以商业贿赂等非法目的的利益输送。同时，相关人员应充分保留与捐赠或赞助相关的支持性文件。该文件必须准确记载于会计和财务记录中。要求记录的信息全面包括接受捐赠或赞助的金额、时间、地点、代表人员姓名、公司或单位名称等。不得隐瞒捐赠赞助的目的或性质，不得进行错误或虚假记录。主管部门应采取合理措施独立审查提交申请的捐赠或赞助是否实际发生。

三、捐赠与赞助的涉税处理差异

（一）捐赠支出按照公益性捐赠在计算企业所得税应纳税所得额时扣除

对捐赠支出，根据企业所得税法规定，企业通过公益性社会团体（群众团体）或县级以上政府部门的公益性捐赠，在年度利润总额12%以内的部分，可在计算应纳税所得额时扣除，超过年度利润总额12%的部分，准予结转以后三年内在计算应纳税所得额时扣除。对公益性捐赠，税法上有严格的限定，是指纳税人通过特定非营利性的社会团体或政府部门，向遭受自然灾害地区、贫困地区、残疾人、民政福利事业、教育、文化、体育事业以及环境保护、社会公共设施建设等公益事业的捐赠支出。不具公益性的捐赠、直接捐赠、受赠主体不符合规定要求的捐赠、超过扣除比例部分的捐赠，不得扣除。

（二）赞助支出分别按照广告费和业务宣传费在企业所得税税前实行限额内据实扣除

对赞助支出，可划分为广告性质的赞助支出与非广告性质的赞助支出两类。根据《企业所得税法》规定，企业发生与生产经营活动无关的各种非广告性质的赞助支出在计算企业应纳税所得额时不得扣除；企业发生的赞助活动确实与生产经营活动有关的，应根据交易的实质确定支出的性质，不能笼统地再以"赞助"的名义或"赞助支出"方式进行扣除，如企业以宣传其形象，扩大其产品、服务等知名度为目的进行赞助，接受赞助的单位需要提供一定的媒介公开地为其进行宣传服务，如果接受赞助的单位为专门从事广告业的单位的，该支出的性质则属于广告性支出；接受赞助的单位为非从事广告业的单位时，该支出的性质就属于业务宣传费支出。

依据《中华人民共和国企业所得税法实施条例》《关于广告费和业务宣传费支出税前扣除政策的通知》和财政部、国家税务总局印发《关于广告费和业务宣传费支出税前扣除有关事项的公告》的规定，实务中，企业广告费和业务宣传费的扣除限额的计算比例可分为三档：0、15%、30%。

1. 适用 0

财政部、国家税务总局印发《关于广告费和业务宣传费支出税前扣除有关事项的公告》中规定，烟草企业的烟草广告费和业务宣传费支出，一律不得在计算应纳税所得额时扣除。需要注意的是：烟草企业除烟草以外的广告费和业务宣传费支出，按照一般企业，不超过当年销售（营业）收入 15% 的部分，准予扣除；超过部分，准予在以后纳税年度结转扣除。

2. 适用 15%

根据《中华人民共和国企业所得税法实施条例》第四十四条规定，企业发生的符合条件的广告费和业务宣传费支出，除国务院财政、税务主管部门另有规定外，不超过当年销售（营业）收入 15% 的部分，准予扣除；超过部分，准予在以后纳税年度结转扣除。

3. 适用 30%

财政部、国家税务总局印发《关于广告费和业务宣传费支出税前扣除有关事项的公告》中规定，自 2016 年 1 月 1 日起至 2020 年 12 月 31 日止，对化妆品制造或销售、医药制造和饮料制造（不含酒类制造）企业发生的广告费和业务宣传费支出，不超过当年销售（营业）收入 30% 的部分，准予扣除；超过部分，准予在以后纳税年度结转扣除。

总的来说，实践中不乏将捐赠与赞助混淆使用的情况，容易给企业基金会等非营利性组织带来法律、财务和税务处理方面的风险。因此捐赠方和受赠方都应对捐赠和赞助进行明确的区别，根据自身所属行业、组织类型（例如上市公司或非上市公司）的合规监管要求合法开展相关活动，严格遵循相关法律、财务和税务处理的规定。

第十一章
个人基金会税收操作指引

第一节 个人基金会的定义与价值

一、个人基金会的定义

我国的个人基金会通常是指以个人名义发起的,以从事公益慈善事业为目的,按照相关法律法规注册成立的非营利性组织,属于《中华人民共和国民法典》非营利法人中的捐助法人。个人基金会大多是非公募基金会,但也可依法转为公募基金会。

由于个人基金会发起人来自的领域多元化,为了更为聚焦,本章以较为典型的明星基金会为例,介绍个人基金会的涉税操作。

明星基金会通常指由明星发起设立的基金会,这里的"明星"泛指社会上比较出名或杰出的人,包括演艺明星、体育明星、作家、医生、学者等①。明星基金会是独立法人,资金来源从明星个人拓展到更多的捐助者。明星基金会一般会以明星本人的名字命名,也有随着基金会的发展成为"明星个人化"的基金会。

其现状特征有:

(一)公众监督和质疑并存

《慈善组织信息公开办法》中提到慈善组织应当履行信息公开义务,同时赋予任何单位或者个人向民政部门投诉和举报的权利。明星基金会天生聚集了公众的目光,面临严格监管,而与之相伴的是公众的质疑。

(二)慈善明星年轻化趋势明显

截至2018年,共有115个明星上榜,涵盖了演员、歌手、导演等。从数据中可以看出"70后"逐年下降,"90后"强势崛起,所占比例已达到37.1%。②

(三)明星逐渐成为专业的公益人士

明星的公益事业不满足于简单的捐赠和代言,在基金会的工作中更多融入了自己的专业领域,并亲力亲为,期待成为专业的公益人。③

(四)"粉丝"成为公益新生力量

"粉丝"公益是指明星的粉丝在明星的感召下,为了维护明星的良好形象而自发组织从事

---

① 资料来源:维基百科。
② 数说基金会│大咖不如"善咖"[EB/OL]. 基金会中心网,2019-10-30.
③ 蓝皮书│明星公益:专业化、国际化、公众化[J]. 公益时报,2018-9-26.

的公益活动。起初，粉丝公益以跟随为主，参加公益活动。随着粉丝越来越意识到公益的正面形象对明星的重要性，粉丝的主导性也凸显出来，开始自发发起与明星有关的公益项目，形成了粉丝公益社群。数据显示，2018 年，明星公益项目中有 17% 是粉丝应援的公益活动，而 2017 年只有 8%。①

二、个人基金会的价值

（一）慈善使命

传播慈善文化，推动慈善发展，引领公众提升慈善意识，影响公众参与慈善活动，是明星基金会的建立初心与使命。资深慈善人士认为，"明星慈善的最大价值并不在于他们本人捐了多少钱，而是在于他们影响了多少人去了解和参与慈善，在于他们对慈善文化和志愿精神的正面倡导，也在于他们身体力行地投入慈善活动和社会创新，为世人作出示范。"②

（二）慈善规划

第一，合法合规的规划。有关法律规定，慈善组织依法取得公开募捐资格后，才能公开募捐。明星基金会在展开活动前，需特别注意合规问题，尤其是资金来源，即公募资质。此外，关于行政支出比例和提高善款使用效率，也是明星基金会需要做出的规划。

第二，信息披露的规划。明星的公益活动吸引社会公众的广泛关注，对其信息披露、组织运营善款使用等方面，要求基金会能够合法、真实、透明、及时、公开。积极履行信息公开，时刻接受公众监督。

第三，慈善领域的规划。根据基金会中心网数据统计，目前大多数明星基金会的慈善项目比较集中在教育、医疗和救灾领域，也有一些多样化的领域覆盖，如有的也关注国际交流和文化领域。还有一些明星发起关注小众领域，如"行动的力量"是一个心灵建设类公益项目，关注自我和内心。

第四，税务规划。明星作为高收入群体，日常对税务规划保持敏感之心，如通过明星工作室合理规划个人所得税。在慈善行业中，了解慈善领域税收优惠政策，掌握基金会涉税事项和操作方式，做好明星基金会涉税利于明星们心无旁骛做好慈善。

第二节　个人基金会业务及涉税实务

个人基金会涉及的收入和支出业务较多，本节继续以明星基金会为例进行重点描述。

个人基金会最主要收入来源是接受货币或者实物的捐赠，但区别于其他类型基金会比较典

---

① 《2018 年度中国演艺明星公益观察报告》。
② 从韩红到易烊千玺　揭秘 20 年来明星基金的那些事儿 [EB/OL]. 每日经济新闻，2020 - 2 - 28.

型的收入有义演、义卖慈善拍卖等方式募捐收入和接受其他相关服务等收入。

一、捐赠演出服务或其他相关服务

（一）业务情形

捐赠演出服务是指明星演艺人员进行免费表演，或明星演艺人员的签约机构指定其进行免费表演，向个人基金会捐赠演出服务。

捐赠其他相关服务，是指个人或机构为演出活动免费提供表演组织、灯光、宣传等服务。

（二）涉税税种及政策依据

1. 增值税

捐赠演出服务或其他相关服务，不属于增值税征税范围。

《营业税改征增值税试点实施办法》第十四条规定："下列情形视同销售服务、无形资产或者不动产：（一）单位或者个体工商户向其他单位或者个人无偿提供服务，但用于公益事业或者以社会公众为对象的除外。"

2. 企业所得税

如果捐赠演出服务或其他相关服务的捐赠者为企业，如演艺公司，则捐赠演出服务或其他相关服务应当按照视同提供劳务处理。企业在确认视同提供劳务收入时可以根据个人基金会开具并加盖公章的公益事业捐赠票据同时确认捐赠支出，并按照《中华人民共和国企业所得税法》第九条规定扣除。

《企业所得税法实施条例》第二十五条规定："企业发生非货币性资产交换，以及将货物、财产、劳务用于捐赠、偿债、赞助、集资、广告、样品、职工福利或者利润分配等用途的，应当视同销售货物、转让财产或者提供劳务。"

《中华人民共和国企业所得税法》第九条规定："企业发生的公益性捐赠支出，在年度利润总额12%以内的部分，准予在计算应纳税所得额时扣除；超过年度利润总额12%的部分，准予结转以后三年内在计算应纳税所得额时扣除。"

3. 个人所得税

如果捐赠演出服务或其他相关服务的捐赠者为个人或个人独资企业、合伙企业或个体工商户，因为《中华人民共和国个人所得税法》（以下简称《个人所得税法》）和《国家税务总局个体工商户个人所得税计税办法》所列举的个人所得中不包含视同提供劳务所得，因此捐赠者不需要确认所得。

个人或个人独资企业、合伙企业或个体工商户向私人基金会捐赠演出服务或其他相关服务，其服务价值未超过其申报的应纳税所得额30%的部分，可以根据私人基金会开具并加盖公章的公益事业捐赠票据进行扣除。如果暂未取得捐赠票据的，按照财政部、国家税务总局《关于公益慈善事业捐赠个人所得税政策的公告》规定扣除。

若捐赠人属于居民个人，可以在财产租赁所得、财产转让所得、利息股息红利所得、偶然所得、综合所得或者经营所得中扣除捐赠支出金额，在当期一个所得项目扣除不完的公益捐赠支出，可以按规定在其他所得项目中继续扣除。若捐赠人属于非居民个人，其发生的捐赠支出，未超过其在捐赠支出发生的当月应纳税所得额30%的部分，可以从其应纳税所得额中扣除。扣除不完的公益捐赠支出，可以在经营所得中继续扣除。

《个人所得税法》第六条规定："个人将其所得对教育、扶贫、济困等公益慈善事业进行捐赠，捐赠额未超过纳税人申报的应纳税所得额百分之三十的部分，可以从其应纳税所得额中扣除；国务院规定对公益慈善事业捐赠实行全额税前扣除的，从其规定。"

财政部、国家税务总局《关于公益慈善事业捐赠个人所得税政策的公告》规定："个人发生公益捐赠时不能及时取得捐赠票据的，可以暂时凭公益捐赠银行支付凭证扣除，并向扣缴义务人提供公益捐赠银行支付凭证复印件。个人应在捐赠之日起90日内向扣缴义务人补充提供捐赠票据，如果个人未按规定提供捐赠票据的，扣缴义务人应在30日内向主管税务机关报告。个人应留存捐赠票据，留存期限为五年。"

（三）涉税票据

私人基金会应向捐赠者出具《慈善事业捐赠统一票据》。

（四）涉税处理

参照本书第二章第二节、第三节，第三章第三节、第四节。

（五）所需资料

个人基金会与明星演艺机构或人员签约的捐赠演出服务协议，以及相关服务捐赠演出协议，企业所得税、个人所得税纳税申报资料。

二、义演等募捐收入

（一）业务情形

社会福利性募捐义演（简称义演，发起时需具有公开募捐资质）。义演是指社会各界为帮助社会救济对象、支援灾区、扶持贫困地区的发展和援救其他突发性灾害中遭遇困难的人们募集款物而举办的不以营利为目的的演出活动。根据民政部在1994年颁布的《社会福利性募捐义演管理暂行办法》，义演所得收入，包括捐赠款物、广告赞助及门票声像等收入，必须按国家财会制度进行结算；经审计部门审计和公证部门公证后，除必要的成本支出外，必须全部移交受捐单位。参加义演的演职员在排练和演出期间，除必要的生活补贴（交通、食宿）外，不应领取报酬。其他有关社会福利募捐性的义卖、义展、义赛、义诊、义画等活动，参照这一办法执行。

（二）涉税税种及政策依据

参见本书第三篇第七章第二节。

（三）涉税票据

义演主办单位接受捐赠款物，要给捐赠者开具捐赠票据。

(四) 涉税处理

参见本书第三篇第七章第二节。

(五) 涉税资料

演出计划、募集款物使用计划、活动经费预算计划；捐赠及演出协议等。

三、义卖收入

(一) 业务情形

明星基金会在开展活动中，经常发生企业或个人向组织义演的公益组织捐赠实物，包括美术品、手工艺品、酒水、纪念品等，以供公益组织义卖使用。

(二) 涉税税种及政策依据

明星基金会义卖收入涉及以下税种。

1. 增值税和附加税费

销售商品属于增值税征税范围。明星基金会需要按适用税率纳税（增值税一般纳税人），税率为13%；或征收率纳税（增值税小规模纳税人），征收率为3%。

需要注意的是，义演募捐收入与义卖收入是截然不同的两种类型。在义演募捐中，捐赠人没有额外获得任何经济利益，属于单方赠与行为；而义卖中的购买人支付款项获得了经济利益，属于销售行为（如商品）或提供服务（如门票）。因此基金会参与和组织义卖，不能向买受人开具公益性捐赠票据而应开具发票，属于增值税应税行为。

如果明星基金会属于增值税小规模纳税人，按照财政部、国家税务总局《关于实施小微企业普惠性税收减免政策的通知》规定："一、对月销售额10万元以下（含本数）的增值税小规模纳税人，免征增值税"，因此月销售额10万元以下，或季度销售额30万元以下，可免缴增值税，城市维护建设税、教育费附加、地方教育附加一并免缴。

财政部、国家税务总局《关于实施小微企业普惠性税收减免政策的通知》中规定："三、由省、自治区、直辖市人民政府根据本地区实际情况，以及宏观调控需要确定，对增值税小规模纳税人可以在50%的税额幅度内减征资源税、城市维护建设税、教育费附加、地方教育附加。"如果明星基金会销售额超过每月10万元或每季度30万元的标准，需要缴纳增值税，且需按照实际缴纳的增值税计算缴纳城市维护建设税、教育费附加、地方教育附加，但可以按财政部、国家税务总局《关于实施小微企业普惠性税收减免政策的通知》中规定减半缴纳。

2. 企业所得税

《企业所得税法》第六条规定："企业以货币形式和非货币形式从各种来源取得的收入，为收入总额。包括：（一）销售货物收入；（二）提供劳务收入……。"因此义卖取得销售商品不属于捐赠收入，不符合财政部、国家税务总局《关于非营利组织企业所得税免税收入问题的通知》中列举的免税收入范围，应按《企业所得税法》确认营业收入。明星基金会可以把义卖取得的款项用于正常的基金会公益支出，从而在计算企业所得税时扣除。

3. 印花税

义卖销售商品，提供宣传、展览展示或其他服务，如果涉及以下服务并签订合同，需要在订立合同时缴纳印花税：

（1）购销合同：按合同金额的3‰贴花；

（2）印刷、广告合同：按合同金额的5‰贴花。

《中华人民共和国印花税暂行条例》第二条规定："下列凭证为应纳税凭证：1.购销、加工承揽、建设工程承包、财产租赁、货物运输、仓储保管、借款、财产保险、技术合同或者具有合同性质的凭证"；第七条规定："应纳税凭证应当于书立或者领受时贴花"。

（三）涉税票据

涉及开具增值税发票，不得开具慈善事业捐赠统一票据。

（四）涉税处理

参照本书第三篇第七章第二节。

（五）所需资料

企业或个人向明星基金会捐赠的义卖物品协议清单，以及义卖收入账证资料、纳税申报资料。

四、慈善拍卖活动收入

慈善拍卖是明星基金会募集善款的重要渠道，也是基金会开展的主要公益活动之一。由于明星基金会本身不具有拍卖从业资质，需要委托专业拍卖机构开展拍卖活动，根据拍品来源不同，又可以分为两种情形，下面分别详解。

（一）拍品来自捐赠人的慈善拍卖

1. 业务情形

拍品来自捐赠人的慈善拍卖，如艺术家创作艺术品并拍卖，所得捐赠给基金会，涉及四方法律主体：拍品捐赠人、基金会、拍卖机构和拍品买受人。

拍品来自捐赠人的慈善拍卖，拍品捐赠人为捐赠人，捐赠人与拍品买受人之间达成买卖合同交易，之后将所得款项捐赠基金会，基金会的涉税处理同接受货币捐赠。

2. 涉及税种及政策依据

捐赠人涉及的税费为：增值税和附加税费，企业所得税、个人所得税，印花税。

（1）增值税和附加税费。

捐赠人是增值税一般纳税人的，在收取拍品价款时，可依据税法规定选择适用一般计税方法或简易计税方法（如销售2016年5月1日前取得的旧房、旧货、二手车等）。在发票开具上，除销售旧货只能开具普通发票外，其他资产、货物可按照销售额、税率（或征收率）开具增值税专用发票或普通发票。

捐赠人是非自然人的小规模纳税人的，在收取拍品价款时，按照销售额和增值税征收率开具增值税专用发票或普通发票，可享受按期纳税的增值税小规模纳税人免征增值税优惠（月销售额10万元以内或季度销售额30万元以内）和疫情期间的征收率（减按1%计税）优惠。

捐赠人是自然人的，在收取拍品价款时，按照销售额和增值税征收率在税务机关代开增值税发票，征收率为3%，并可享受疫情期间的征收率（减按1%计税）优惠。此外按照《中华人民共和国增值税暂行条例》及《增值税暂行条例实施细则》的规定，自然人销售自己使用过的物品免征增值税。

捐赠人发生增值税纳税义务的，需按照实际缴纳的增值税计算缴纳城市维护建设税、教育费附加、地方教育附加，但可以按财政部、国家税务总局《关于实施小微企业普惠性税收减免政策的通知》规定减半征收。

（2）企业所得税、个人所得税。

捐赠人为企业的，对拍卖所得应确认为营业收入，并根据从明星基金会取得的公益性捐赠收据在税前扣除。其中，在企业年度利润总额12%以内的部分，准予在计算应纳税所得额时扣除，超过年度利润总额12%的部分，按照财政部、国家税务总局《关于公益性捐赠支出企业所得税税前结转扣除有关政策的通知》，准予结转以后3年内在计算应纳税所得额时扣除。

捐赠人为个人的，依法需要计算并征收个人所得税。受托拍卖人作为支付人，依法代扣代缴税款。税目为：

首先，将自己的文字作品手稿原件或复印件拍卖取得的所得，按照"特许权使用费"所得项目缴纳个人所得税。2019年新《中华人民共和国个人所得税法》（以下简称《个人所得税》）施行后，居民个人取得特许权使用费所得需要并入综合所得，按年综合计税。扣缴义务人在支付"特许权使用费"时，需要依法预扣预缴个人所得税，以其转让收入额减除800元（转让收入额4000元以下）或者20%（转让收入额4000元以上）后的余额为应纳税所得额，按照20%预扣率预扣个人所得税。居民个人取得上述所得，需要在次年3月1日至6月30日，并入综合所得进行年度汇算。

其次，个人拍卖除文字作品原稿及复印件外的其他财产，应以其转让收入额减除财产原值和合理费用后的余额为应纳税所得额，按照"财产转让所得"项目适用20%税率缴纳个人所得税。纳税人凭合法有效凭证（税务机关监制的正式发票、相关境外交易单据或海关报关单据、完税证明等）从其转让收入额中减除相应的财产原值，拍卖财产过程中缴纳的税金及有关合理费用。纳税人如不能提供合法、完整、准确的财产原值凭证，不能正确计算财产原值的，按转让收入额的3%征收率计算缴纳个人所得税。

捐赠人可以根据从明星基金会取得的公益性捐赠收据在税前扣除应纳税所得额，按照《中华人民共和国个人所得税法实施条例》规定，个人将其所得对公益事业的捐赠，捐赠额未超过纳税义务人申报的应纳税所得额30%的部分，可以从其应纳税所得额中扣除。

（3）印花税。

捐赠人与拍卖人签订的委托拍卖合同不是印花税条例列举的征税凭证，不需要征收印花税。拍卖人与买受人之间签订的合同属于产权转移书据或购销合同的需要缴纳印花税，税率为价款的0.05%。

3. 涉税票据

涉及开具增值税发票。

4. 涉税处理

参照本书第三篇第七章第二节。

5. 所需资料

捐赠人拍卖商品明细表、拍卖商品交易合同、收入捐赠合同等。

（二）拍品来自基金会的慈善拍卖

1. 业务情形

艺术家创作艺术品捐赠给基金会，由基金会拍卖，涉及三方法律主体：基金会、拍卖机构和拍品买受人。捐赠拍品环节涉及的涉税处理同接受实物捐赠的处理，本节只分析拍卖环节。

2. 涉及税种及政策依据

在这种类型的慈善拍卖中，委托人（卖方）为基金会，与拍品买受人之间达成买卖合同交易，涉及的税费为：增值税和附加税费、企业所得税、印花税。

（1）增值税和附加税费。与本节"拍品来自捐赠人的慈善拍卖"中的捐赠人相同。

（2）企业所得税。基金会对拍卖所得应确认为收入计入应纳税所得额。

（3）印花税。涉税处理参见"拍品来自捐赠人的慈善拍卖"。

拍卖机构受托拍卖，向基金会收取服务费用，涉及增值税及附加税费、企业所得税。此项服务费用应由拍卖人向基金会开具发票。

基金会尤其需要注意的是，无论是拍品来自捐赠人的慈善拍卖，还是拍品来自基金会的慈善拍卖，所获善款实际上均是销售拍品的款项，因此不能向拍品买受人开具公益性捐赠收据。即使基金会开具了捐赠收据，拍品买受人也不能根据收据扣除企业所得税或个人所得税的应纳税所得额。

3. 涉税票据

涉及开具增值税发票。

4. 涉税处理

参照本书第三篇第七章第二节。

5. 所需资料

基金会作为委托方与买受人的交易合同、成交清单等。

五、公益传播渠道支出

（一）业务情形

明星基金会为了筹集资金，经常开展公益传播活动，需要编辑文案、音频、短视频等宣传材料，或编辑各类广告，同时，还需要借用报刊、电视、网络媒体等多种传播渠道以扩大公益倡导影响力。

(二) 涉及税种及政策依据

涉及企业所得税、个人所得税、印花税。

1. 企业所得税

《中华人民共和国企业所得税税前扣除凭证管理办法》第九条规定："企业在境内发生的支出项目属于增值税应税项目（以下简称'应税项目'）的，对方为已办理税务登记的增值税纳税人，其支出以发票（包括按照规定由税务机关代开的发票）作为税前扣除凭证；对方为依法无须办理税务登记的单位或者从事小额零星经营业务的个人，其支出以税务机关代开的发票或者收款凭证及内部凭证作为税前扣除凭证，收款凭证应载明收款单位名称、个人姓名及身份证号、支出项目、收款金额等相关信息。"

《中华人民共和国企业所得税法实施条例》第四十四条规定："企业发生的符合条件的广告费和业务宣传费支出，除国务院财政、税务主管部门另有规定外，不超过当年销售（营业）收入15%的部分，准予扣除；超过部分，准予在以后纳税年度结转扣除。"

2. 个人所得税

《中华人民共和国个人所得税法实施条例》第六条规定："……劳务报酬所得，是指个人从事劳务取得的所得，包括从事设计、装潢、安装、制图、化验、测试、医疗、法律、会计、咨询、讲学、翻译、审稿、书画、雕刻、影视、录音、录像、演出、表演、广告、展览、技术服务、介绍服务、经纪服务、代办服务以及其他劳务取得的所得。"

《个人所得税扣缴申报管理办法（试行）》第八条规定："扣缴义务人向居民个人支付劳务报酬所得、稿酬所得、特许权使用费所得时，应当按照以下方法按次或者按月预扣预缴税款：

劳务报酬所得……以收入减除费用后的余额为收入额；其中，稿酬所得的收入额减按70%计算。……每次收入不超过4000元的，减除费用按800元计算；每次收入4000元以上的，减除费用按收入的20%计算。"

3. 印花税

书立合同和使用账簿按有关印花税政策缴纳印花税。

(三) 涉税票据

向提供公益传播服务的企业或个人索取增值税发票，由明星基金会作为计税扣除凭证。

(四) 涉税处理

支付的编辑费用属于广告和业务宣传费，明星基金会可以在全部营业收入15%的限额内扣除，超出限额的部分可以无限期结转至以后年度扣除。

如果编辑服务提供者为个人，则明星基金会在付款时需要按照个人代开发票金额代扣代缴个人所得税。扣缴项目为劳务所得。

明星基金会向个人支付此项所得应当按照以下方法按次或者按月预扣预缴税款：

（1）预扣预缴应纳税所得额 = 收入额 - 减除费用，每次收入不超过4000元的，减除费用按800元计算；每次收入4000元以上的，减除费用按收入的20%计算。

（2）预扣率采用超额累进方式计算，如表11-1所示。

表 11-1　　　　　　　　　　　　　　超额累进税率

级数	预扣预缴应纳税所得额	预扣率（%）	速算扣除数
1	不超过 20000 元的部分	20	0
2	超过 20000 元至 50000 元的部分	30	2000
3	超过 50000 元的部分	40	7000

（3）代扣代缴义务发生时间。

明星基金会按月或者按次预扣预缴税款，偶然所得以每次取得该项收入为一次。

（五）所需资料

参照本书第三篇第七章第三节。

―― 专栏五 ――

个人将房地产用于公益性捐赠的税务事项分析

目前，公益慈善事业在中国呈现蓬勃发展之势，而公益性捐赠的方式也从过去捐赠货币为主逐步多元化，出现了实物捐赠、服务捐赠等多种方式，其中最值得关注的捐赠方式，是房地产捐赠。随着老龄化社会的到来、人口增长趋缓和居民自有房地产比率不断提高，必然出现一定数量的空置、闲置不动产，其中有相当部分可能会以公益性捐赠的方式实现产权流转并进而提升使用价值。然而，公益性捐赠房地产与捐赠其他财产不同，存在产权变更登记的过程，涉及多种税费。由于在公益性捐赠中，捐赠人无法获得任何现金或实物对价，对税收事项更加敏感。因此如何按照现行税收政策法规确定公益性捐赠房地产的税务事项，是理顺这一业态下房地产流转成本的关键所在。

一、个人将房地产用于公益性捐赠

个人将房地产用于公益性捐赠，涉及以下税种：增值税及附加税费、个人所得税、土地增值税、印花税。

（一）增值税及附加税费

《营业税改征增值税试点实施办法》第十四条规定："下列情形视同销售服务、无形资产或者不动产：（二）单位或者个人向其他单位或者个人无偿转让无形资产或者不动产，但用于公益事业或者以社会公众为对象的除外。"因此单位或个人将房地产捐赠用于公益事业不属于增值税征税范围，无须缴纳城市维护建设税、教育费附加和地方教育附加。

按照现行税收政策规定，个人将房地产用于公益性捐赠，属于直接减免税，无须办理增值税及附加税费的免税备案手续。

（二）个人所得税

财政部、国家税务总局《关于个人取得有关收入适用个人所得税应税所得项目的公告》规定："房屋产权所有人将房屋产权无偿赠与他人的，受赠人因无偿受赠房屋取得的受赠收入，按照'偶然所得'项目计算缴纳个人所得税。"

前款所称受赠收入的应纳税所得额按照财政部、国家税务总局《关于个人无偿受赠房屋有关个人所得税问题的通知》第四条规定计算。因此个人将房地产用于公益性捐赠过程中，捐赠人不存在个人所得税纳税义务，由受赠人承担纳税义务。上述规定属于非公益捐赠的征税规定，主要是有些个人以捐赠之名行交易之实，为减少税收漏洞，财税部门作出上述规定。

对于公益性捐赠，根据财政部、国家税务总局《关于公益慈善事业捐赠个人所得税政策的公告》中规定，个人通过中华人民共和国境内公益性社会组织、县级以上人民政府及其部门等国家机关，向教育、扶贫、济困等公益慈善事业的捐赠（以下简称"公益捐赠"），发生的公益捐赠支出，可以按照个人所得税法有关规定在计算应纳税所得额时扣除。第二条规定："捐赠股权、房产的，按照个人持有股权、房产的财产原值确定。"因此捐赠人不但不必承担个人所得税纳税义务，而且可以按照捐赠房地产的原值扣除个人所得税应纳税所得额。按上述公告的规定，居民个人发生的公益捐赠支出可以在财产租赁所得、财产转让所得、利息股息红利所得、偶然所得（以下统称"分类所得"）、综合所得或者经营所得中扣除。在当期一个所得项目扣除不完的公益捐赠支出，可以按规定在其他所得项目中继续扣除。但这一操作有一定的技术要求，个人捐赠房产往往捐赠数额比较大，有此类行为的个人，若在当月有大额的财产、投资类收益，可供税前扣除，一般人的工资收入是无法扣完房产捐赠的扣除额的。所以，上述结转扣除往往是在当月分类所得中扣除不完的个人，再选择在年度综合所得、经营所得中补扣。

值得关注的是，对于财产原值难以确定的房地产，如继承而来的房地产、自建的房地产和购入但缺失原始凭证的房地产应当如何确认，该公告没有详细说明。实践中主管税务机关要求首先需要公益事业捐赠统一票据来支持。因此捐赠企业或者个人首应当取得捐赠统一票据来进行税前扣除，即"有票扣税"。根据财政部、税务总局、民政部公告2020年第27号《关于公益性捐赠税前扣除有关事项的公告》第十三条，接受非货币资产捐赠，以其公允价值确认捐赠额，因此捐赠企业或者个人应要求接受方提供公允价值的捐赠票据。在此基础上，还需要提供资料来证明取得相关房地产的原始成本。对于继承而来的房地产、自建的房地产和购入但缺失原始凭证的房地产，还是要向税务机关提供相关证据，证明房产的价值，据以参考计算扣除金额，否则难以享受优惠。对此，捐赠人可以根据取得房产的情形，寻找原始发票或者评估报告等相关证据，并事先与主管税务机关进行沟通力争就相关证据达成一致意见。

（三）土地增值税

根据财政部、国家税务总局《关于土地增值税一些具体问题规定的通知》的规定，房产所有人、土地使用权所有人通过中国境内非营利的社会团体、国家机关将房屋产权、土地使用权赠与教育、民政和其他社会福利、公益事业的不属于土地增值税的征税范围，不缴纳土地增值税。上述社会团体是指中国青少年发展基金会、希望工程基金会、宋庆龄基金会、减灾委员会、中国红十字会、中国残疾人联合会、全国老年基金会、老区促进会以及经民政部门批准成立的其他非营利的社会组织。

因此，个人将房地产用于公益性捐赠无须缴纳土地增值税。由于财政部、国家税务总局《关于土地增值税一些具体问题规定的通知》印发时间较早，我们理解，只要将房产、土地用于有公益捐赠税前扣除资格的捐赠，就可以享受此项政策。

（四）印花税

根据《中华人民共和国印花税暂行条例》（以下简称《印花税暂行条例》）第二条规定，产权转移书据，包括财产所有权和版权、商标专用权、专利权、专有技术使用权等转移书据，立据人按所载金额5‰贴花。根据《中华人民共和国印花税暂行条例施行细则》第五条规定，条例第二条所说的产权转移书据，是指单位和个人产权的买卖、继承、赠与、交换、分割等所立的书据。个人捐赠房地产因涉及产权变更，因此需要缴纳印花税，应纳税额＝赠与合同标明的赠与房屋价值×5‰，对赠与合同标明的房屋价值明显低于市场价格，或房地产赠与合同未标明赠与房屋价值的，主管税务机关可进行核定。

个人捐赠房地产的印花税优惠事项主要有以下两种：

（1）《印花税暂行条例》第四条规定："下列凭证免纳印花税：（三）对财产所有人将财产赠给政府、社会福利单位、学校所立的书据。"

（2）财政部、国家税务总局《关于实施小微企业普惠性税收减免政策的通知》规定："由省、自治区、直辖市人民政府根据本地区实际情况，以及宏观调控需要确定，对增值税小规模纳税人可以在50%的税额幅度内减征资源税、城市维护建设税、房产税、城镇土地使用税、印花税（不含证券交易印花税）、耕地占用税和教育费附加、地方教育附加。"虽然这一规定不涉及自然人，但如果捐赠人在税务机关办理临时税务登记，理应可以享受减半征收印花税的减免政策。因此如果捐赠人不符合第（1）项条件，则捐赠房地产可以按照赠与合同标明的赠与房屋价值×0.05%×50%的标准计算和缴纳税款。

（五）"先税后证"过户流程

为防止税收流失，个人在转让房地产时必须先按规定结清税款后才能办理房地产过户手续，即"先税后证"，这是一个各税种协同管理的闭环体系。根据上文分析，除印花税外，捐赠人无须缴纳其他税费，也就无法取得完税凭证，在办理产权变更登记时可能会遇到障碍。关于这一问题如何处理，目前尚未印发适用于全国范围内的法律依据或规范性文件。按照部分地区对于公益性捐赠房地产产权变更登记的有关规定，个人可以持非营利社会组织提供的接受捐赠证明以免除提供各项完税证明而直接办理过户手续。

二、受赠机构受赠、持有和再转让的涉税处理

个人将房地产用于公益性捐赠，受赠社会组织会在三个环节产生纳税义务：

（一）受赠房产环节

受赠房地产的社会组织需要缴纳两项税费：一是契税；二是印花税。获得企业所得税免税资格的社会组织，其受赠房地产时免征企业所得税。

1. 契税

《契税暂行条例》第一条规定："在中华人民共和国境内转移土地、房屋权属，承受的单位和个人为契税的纳税人，应当依照本条例的规定缴纳契税。"因此，受赠房地产环节应由受赠人缴纳契税。关于契税的计税依据，《契税暂行条例》第四条规定："契税的计税依据：（二）土地使用权赠与、房屋赠与，由征收机关参照土地使用权出售、房屋买卖的市场价格核定"。

受赠房地产在符合条件的情况下可以免征契税。《契税法》第六条规定："有下列情形之一的，免征契税：（二）非营利性的学校、医疗机构、社会福利机构承受土地、房屋权属用于办公、教学、医疗、科研、养老、救助。"因此免征契税需要符合两项条件：一是受赠机构仅限于非营利性的学校、医疗机构和社会福利机构，其他社会组织暂不能享受免征契税政策；二是房屋权属限于用于办公、教学、医疗、科研、养老、救助，如果受赠房屋不是用于上述列举的单位和机构，或者受赠时用于上述列举的单位和机构，但持有期间用途发生变更而不再符合上述要求，则不能免征契税。

契税的纳税义务发生时间，为纳税人签订土地、房屋权属转移合同的当天，或者纳税人取得其他具有土地、房屋权属转移合同性质的凭证（如契约、协议、合约、单据、确认书等）的当天。纳税人应当自纳税义务发生之日起10日之内，向土地、房屋所在地的契税征收机关办理纳税申报，并在该征收机关核

定的期限之内缴纳税款。

2. 企业所得税

财政部、国家税务总局《关于社会组织企业所得税免税收入问题的通知》规定:"社会组织的下列收入为免税收入:(一)接受其他单位或者个人捐赠的收入……",因此社会组织受赠房地产免征企业所得税。社会组织应准备好与企业享受优惠事项有关的合同、协议、凭证、证书、文件、账册、说明等资料留存备查。

3. 印花税

参见本专栏"一、个人将房地产用于公益性捐赠"。

(二)房产持有环节

1. 增值税及附加税费

社会组织受赠房地产后,可用于三种用途。

(1)如果将房地产自用,则不涉及增值税及附加税费。

(2)如果将房地产无偿出借给其他社会组织,或无偿出借给非社会组织的单位和个人但用于社会公益目的,根据《营业税改征增值税试点实施办法》第十四条规定:"下列情形视同销售服务、无形资产或者不动产:(一)单位或者个体工商户向其他单位或者个人无偿提供服务,但用于公益事业或者以社会公众为对象的除外",因此不征收增值税,无须缴纳城市维护建设税、教育费附加和地方教育附加。

(3)如果将房地产用于出租、出借给社会组织的单位和个人,且用于非公益目的;或者出租、出借给非社会组织的单位和个人,无论是否有偿,均应征增值税。《营业税改征增值税试点实施办法》第三条规定:"年应税销售额超过规定标准但不经常发生应税行为的单位和个体工商户可选择按照小规模纳税人纳税",因此如果社会组织属于不经常发生应税行为的增值税纳税人,可在税务机关管理系统中认定为小规模纳税人。出租房地产适用5%的征收率,计税公式为:应缴增值税=销售额/税务机关核定销售额÷(1+5%)×5%。根据《纳税人提供不动产经营租赁服务增值税征收管理暂行办法》的规定,纳税人的不动产所在地与机构所在地不在同一县(市、区)的,应当向不动产所在地主管税务机关预缴增值税;纳税人出租的不动产所在地与其机构所在地在同一直辖市或计划单列市但不在同一县(市、区)的,由直辖市或计划单列市税务局决定是否在不动产所在地预缴税款。应预缴税款=含税销售额÷(1+5%)×5%;应纳税额=含税销售额÷(1+5%)×5%-已预缴税款。

根据财政部、国家税务总局《关于纳税人异地预缴增值税有关城市维护建设税和教育费附加政策问题的通知》的规定,纳税人跨地区出租不动产,应在不动产所在地预缴增值税时,以预缴增值税税额为计税依据,并按预缴增值税所在地的城市维护建设税适用税率和教育费附加征收率就地计算缴纳城市维护建设税和教育费附加。预缴增值税的纳税人在其机构所在地申报缴纳增值税时,以其实际缴纳的增值税税额为计税依据,并按机构所在地的城市维护建设税适用税率和教育费附加征收率就地计算缴纳城市维护建设税和教育费附加。

2. 企业所得税

受赠房地产的社会组织自用房地产,按照固定资产管理,同时确认捐赠收入,符合条件的免征企业所得税。享受免税的社会组织要保证其公益支出达到捐赠收入或者净资产的一定比例。根据财政部、国家税务总局、民政部公告《关于公益性捐赠税前扣除有关事项的公告》第四条,具有公开募捐资格的社会组织,前两年度每年用于公益捐赠事业的支出占上年总收入的比例均不得低于70%;具有公开募捐资格的社会组织,前两年度每年用于公益慈善事业的支出,占上年末净资产的比例均不得低于8%。受赠社会组织取得的自用房地产，会对以上比例产生影响，从而可能影响到未来年度的免税资格。因此社会组织取得自用固定资产时，一定要事先进行相关测算并考虑到相应的影响。

对于受赠房地产计提折旧，存在的最大难点是如何确定受赠房地产的固定资产原值。《民间非营利组织会计制度》规定："对于民间社会组织接受捐赠的…固定资产…应当按照以下方法确定其入账价值：（一）如果捐赠方提供了有关凭据（如发票、报关单、有关协议等）的，应当按照凭据上标明的金额作为入账价值。如果凭据上标明的金额与受赠资产公允价值相差较大，受赠资产应当以其公允价值作为其入账价值。（二）如果捐赠方没有提供有关凭据的，受赠资产应当以其公允价值作为入账价值。"但《企业所得税法实施条例》规定："固定资产按照以下方法确定计税基础：…（五）通过捐赠、投资、非货币性资产交换、债务重组等方式取得的固定资产，以该资产的公允价值和支付的相关税费为计税基础"，可见社会组织接受捐赠的房地产的入账价值自始存在税会差异：（1）如果捐赠方提供有关凭据（如发票、报关单、有关协议等），固定资产原值为凭据表明的金额。考虑到我国房地产价格波动因素，这一金额有可能与房地产的公允价值相差甚远；（2）如果捐赠方没有有关凭据，则受赠方以公允价值作为固定资产原值，但受赠方办理产权过户登记前缴纳的契税和印花税不包含在内，而按税法规定则应包含在固定资产原值之内，因此也会形成税会差异。对此，笔者建议按照社会组织向捐赠人开具公益事业捐赠统一票据的标注金额作为该固定资产的入账价值较好，这样做不仅能够消化税会差异，而且避免了未来资产处置时虚增资本利得从而可能产生额外税负。

3. 房产税和城镇土地使用税

社会组织持有房地产期间，如果房地产位于城市、县城、建制镇和工矿区，需要缴纳房产税和城镇土地使用税。

按照《中华人民共和国房产税暂行条例》的规定，房产税在城市、县城、建制镇和工矿区征收，由产权所有人缴纳。纳税方式分为从价计征和从租计征两种。"房产"是以房屋形态表现的财产。房屋是指有屋面和围护结构（有墙或两边有柱），能够遮风避雨，可供人们在其中生产、工作、学习、娱乐、居住或储藏物资的场所。独立于房屋之外的建筑物，如围墙、烟囱、水塔、变电塔、油池油柜、酒窖菜窖、酒精池、糖蜜池、室外游泳池、玻璃暖房、砖瓦石灰窑以及各种油气罐等，不属于房产。

（1）从价计征：房产税依照房产原值一次减除10%至30%后的余值计算缴纳。没有房产原值作为依据的，由房产所在地税务机关参考同类房产核定，税率为1.2%。

（2）从租计征：房产出租的，以房产租金收入为房产税的计税依据。依照房产租金收入计算缴纳的，税率为12%。社会组织出租房地产的，均需缴纳房产税。

根据《中华人民共和国城镇土地使用税暂行条例》的规定，土地使用税以纳税人实际占用的土地面积为计税依据，依照规定税额计算征收。由于房地产产权流转实行"地随房走"原则，转让房屋所有权的同时一并转让土地使用权，因此社会组织受赠房产的同时就实际占用了房地产所附着的土地，无论自用还是出租，均应当缴纳城镇土地使用税。土地使用税每平方米年税额如下：（一）大城市1.5～30元；（二）中等城市1.2～24元；（三）小城市0.9～18元；（四）县城、建制镇、工矿区0.6～12元。

《中华人民共和国房产税暂行条例》第五条规定："下列房产免纳房产税：三、宗教寺庙、公园、名胜古迹自用的房产"，因此，只有宗教寺庙类非营利组织自用的房地产可以免征房产税，其他非营利组织持有房地产并自用不能免征。《城镇土地使用税暂行条例》第六条规定："下列土地免缴土地使用税：（三）宗教寺庙、公园、名胜古迹自用的土地"。按照财政部、国家税务总局《关于房产税若干具体问题的解释和暂行规定》的规定，宗教寺庙自用的房产，是指举行宗教仪式等的房屋和宗教人员使用的生活用房屋。

除《中华人民共和国房产税暂行条例》和《城镇土地使用税暂行条例》规定之外，下列社会组织自持的房地产也可享受免税：

（1）经有关部门鉴定，对毁损不堪居住的房屋和危险房屋，在停止使用后，可免征房产税（财政部、国家税务总局《关于房地产税若干具体问题的解释和暂行规定》）。

（2）对国家拨付事业经费和企事业办的各类学校、托儿所、幼儿园自用的房产、土地，免征房产税、城镇土地使用税（财政部、国家税务总局《关于教育税收政策的通知》）。

（3）对政府部门和企事业单位、社会团体以及个人等社会力量投资兴办的福利性、非营利性的老年服务机构，暂免征收企业所得税，以及老年服务机构自用房产、土地、车船的房产税、城镇土地使用税、车船税（财政部、国家税务总局《关于对老年服务机构有关税收政策问题的通知》）。

（4）为社区提供养老、托育、家政等服务的机构自有或其通过承租、无偿使用等方式取得并用于提供社区养老、托育、家政服务的房产、土地，免征房产税、城镇土地使用税（财政部、国家税务总局《关于养老、托育、家政等社区家庭服务业税费优惠政策的公告》）。

（5）经费自理事业单位、体育社会团体、体育基金会、体育类民办非企业单位拥有并运营管理，符合免税条件的体育场馆（财政部、国家税务总局《关于体育场馆房产税和城镇土地使用税政策的通知》）。

房产税和城镇土地使用税分别在应税房产所在地和土地所在地缴纳，各省申报纳税规定各不相同，通常为统一按年征收、分期缴纳，于每季度终了后15日内申报。

4. 印花税

社会组织受赠房地产后自用，不需要缴纳印花税，但使用受赠的房地产从事以下业务，需要按签订的合同或凭证缴纳印花税。

（1）出租房地产，按租赁合同金额1‰贴花，税额不足1元按1元贴花；

（2）使用自己的房地产提供仓储保管服务，按仓储保管费用的1‰贴花；

（3）抵押自己的房地产从金融机构借款并签订借款协议，按借款协议金额的0.5‰贴花。

印花税在社会组织注册地缴纳，合同签订时、账簿启用时和证照领受时张贴印花税票。

（三）房产再转让环节

1. 增值税及附加税费

社会组织再转让受赠的不动产，可以区分两种情况处理，一种是无偿转让给其他公益机构，第二种是有偿转让给其他社会组织、非社会组织的个人或法人。

（1）社会组织将房地产转让给其他社会组织属于公益性捐赠，不属于增值税征税范围，无须缴纳城市维护建设税、教育费附加和地方教育附加。

（2）社会组织将房地产有偿转让给其他社会组织、非社会组织的个人或法人，则不符合上述规定，应征收增值税。如果转让价格明显偏低，按照财政部、国家税务总局《关于全面推开营业税改征增值税试点的通知》中附件一第四十五条的规定，税务机关有权核定企业的转让价格。

（3）第二种转让包括第一种特殊情形，为政府收回房地产。按照《营业税改征增值税试点过渡政策的规定》的规定，土地所有者出让土地使用权和土地使用者将土地使用权归还给土地所有者免征增值税。但是免征部分仅限于土地使用权，对地上建筑和设施的补偿暂不在免征之列，因此社会组织需要区分地上建筑和设施的补偿金额，需要计算缴纳增值税。

不经常发生增值税纳税义务的社会组织可以按小规模纳税人，适用简易征收办法缴纳增值税。根据

《纳税人转让不动产增值税征收管理暂行办法》规定，小规模纳税人转让其取得（不含自建）的不动产，以取得的全部价款和价外费用扣除不动产购置原价或者取得不动产时的作价后的余额为销售额，按照5%的征收率计算应纳税额。同时，如果房产所在地和机构所在地不在同一地区的，应按照本条规定的计税方法向不动产所在地主管税务机关预缴税款，向机构所在地主管税务机关申报纳税。应预缴税款＝（全部价款和价外费用－不动产购置原价或者取得不动产时的作价）÷（1＋5%）×5%。

2. 企业所得税

社会组织将受赠房地产再转让属于社会组织的经营性业务，会涉及企业所得税问题。

（1）社会组织将受赠的房地产销售给其他单位和个人。销售房地产产生的应纳税所得额＝销售收入－（房地产原值－已经在税前扣除的累计折旧）－相关税费。这里的"销售"作广义理解，也包括以受赠房地产清偿债务或交换其他非货币性资产。

（2）社会组织将受赠的房地产再次转赠其他单位和个人，根据受赠人性质又可区分两种情况处理：一是如果转赠其他社会组织或用于公益目的支出，可以列为社会组织的正常捐赠支出，不产生应纳税所得额（请参见第二章第二节）；二是如果属于非公益性捐赠，则不得在税前扣除捐赠支出，同时，根据《企业所得税法实施条例》的规定，企业将房地产用于捐赠（公益捐赠除外），应当视同转让财产，确认转让收入。视同转让财产原则上按照公允价值确认转让收入，如果接受捐赠时以捐赠人的原始成本确认房产税务基础，则视同转让环节公允价值与原始成本之间的差额会构成应纳所得额，产生企业所得税纳税义务。

3. 土地增值税

（1）社会组织将房地产转让给其他社会组织属于公益性捐赠，不属于土地增值税征税范围，其涉税处理同专栏五"一、个人将房地产用于公益性捐赠"。

（2）社会组织将房地产转让给非社会组织的个人或法人，则不符合上述规定，应征收土地增值税。

土地增值税采取四级超率累进税率：

增值额未超过扣除项目金额50%：土地增值税税额＝增值额×30%；

增值额超过扣除项目金额50%，未超过100%的：土地增值税税额＝增值额×40%－扣除项目金额×5%；

增值额超过扣除项目金额100%，未超过200%的：土地增值税税额＝增值额×50%－扣除项目金额×15%；

增值额超过扣除项目金额200%：土地增值税税额＝增值额×60%－扣除项目金额×35%。

关于如何确定土地增值额和扣除项目金额，《中华人民共和国土地增值税暂行条例》第四条规定："纳税人转让房地产所取得的收入减除本条例第六条规定扣除项目金额后的余额，为增值额"。《土地增值税暂行条例实施细则》做了进一步明确：

第五条规定："收入，包括转让房地产的全部价款及有关的经济收益。"

第七条规定："计算增值额的扣除项目，具体为：（四）旧房及建筑物的评估价格，是指在转让已使用的房屋及建筑物时，由政府批准设立的房地产评估机构评定的重置成本价乘以成新度折扣率后的价格。评估价格须经当地税务机关确认。（五）与转让房地产有关的税金，是指在转让房地产时缴纳的营业税①、城市维护建设税、印花税。因转让房地产缴纳的教育费附加，也可视同税金予以扣除。"

---

① "营改增"后房产转让环节不再缴纳营业税，改为缴纳增值税。缴纳的增值税为价外税，直接减少收入，不需要再作为费用减除。

鉴于社会组织在转让受赠的房地产均为旧房，因此扣除额＝旧房重置成本价×成新度折扣率＋与转让房地产有关的税金。

按照《土地增值税暂行条例》第八条规定，因国家建设需要依法征收、收回的房地产免征土地增值税。因此社会组织受赠房地产因国家建设需要被征收，不需要缴纳土地增值税。

4. 印花税

参见本专栏"一、个人将房地产用于公益性捐赠"，不再赘述。

第十二章
社区基金会税收操作指引

第一节 社区基金会的定义与价值

一、社区基金会的定义

社区基金会的定义，中外有所不同。在我国，目前还没有统一的定义。通常而言，社区基金会是指其公益慈善服务活动区域与我国行政区域中最基层单位社区相对应的，依据相关政策法规，经政府相关部门登记审批，以基金会形式成立并活动和服务于基层社区的公益组织，属于《中华人民共和国民法典》非营利法人中的捐助法人。

我国社区基金会的历史很短，从21世纪开始出现，2008年底，随着我国第一家社区基金会在深圳成立，我国许多省份陆续成立类似基金会。2017年国家出台相关政策鼓励设立社区基金会后，当年全国新成立的社区基金会达到50家。截至2020年6月，全国社区基金会总量已达167家。社会基金会主要在街道社区、乡镇村组开展扶贫、助老、教育、文化、社区自治等各类公益慈善活动。[①]

我国的社区基金会，或由政府或国有企业出资，或由政府牵头向企业募捐筹得原始基金，或由社区企业或居民自行募集资金设立。社区基金会往往有较强的政府背景，有些甚至还可以定期得到街道办的补贴，同时也能获得社区企业和社区居民的大量捐款支持。还有一种社区基金会，则以发展社区专项基金会为主要职责。这类社区基金会往往设立为区级，在区级单位下属的街道、社区设立专项基金。总的来说，社区基金会的法律形式与其他类似的基金会并无不同，主要区别在于社区基金会旨在为社区开展各类公益活动，以推动社区共建共享共治为宗旨的慈善组织。

二、社区基金会的价值

2017年6月12日，中共中央、国务院印发《关于加强和完善城乡社区治理的意见》明确提出，"不断拓宽城乡社区治理资金筹集渠道，鼓励通过慈善捐赠、设立社区基金会等方式，引导社会资金投向城乡社区治理领域"，这是首个与社区基金会发展有关的层级最高的文件。该义不仅明确指明了社区基金会的发展方向，而且也赋予了社区基金会发展新的使命，注入了新的活力。

---

① 资料来源：中国社会组织政务服务平台。

社区基金会价值体现主要在于其服务于社区，深耕社区，以社区需求为导向，通过社会创新促进社区资源的再流动，提高居民福祉，解决社会问题。建立供需目录，整合资源，培育公益，造福社区百姓，助推社区发展。资助公益项目，培育公益组织，开展慈善救助、传播公益文化，促进社区公益事业发展。[①]

社区是社会治理的最后一公里，社区基金会在实现最后一公里的路上可以发挥更大的联合、联络、资源配置的功能。综合国内社区基金会的使命和战略，促进社区融合，开展社区治理，提升社区居民的生活质量，化解社区矛盾，共创美好社区，共享美好生活。

社区基金会汇集了社会支持、政府支持和社区自有资源，作为平台，由社区居民共同管理，利用聚集的资源推动社区公益事业发展，解决社区急需解决的问题，而在这个过程中社区居民也能培养社区自治意识，加强对社区的认同感。社区基金会作为基层现代化治理的新形式，具有重要的实际价值和现实意义。

社区基金会最直接的作用就是募集社会资源，社区基金会往往能获得大量企业支持，企业捐赠是社区基金会资金的重要来源。社区企业通过向社区基金会捐赠的方式，履行了企业社会责任，为所在社区的发展出力。而社区基金会也可以吸收企业负责人进入理事会，唤醒企业的公益慈善意识，让企业家清楚地看到钱都花哪去了，从而对社区基金会产生信任、对公益事业产生热情。

在募集社会资金之外，很多社区基金会也接受大量政府支持。社区基金会作为资源聚集的平台，将这些来自政府的各类支持分配给为社区服务的各种社会组织。可以说，社区基金会在一定程度上分担了一部分政府职能，体现了居民自治。而通过社区基金会这个平台，为社区服务的社会组织能够得到政府支持，又能做到不依赖政府，加强了社会组织的独立性。

社区基金会一般以所在社区为服务对象，专注于一个社区。因此社区基金会可以针对所在社区的独特需求，汇集各方资源，由社区居民自行讨论，找到最适合社区的解决方案、让社区公益服务能更好地解决本社区存在的问题。通过社区基金会，社区居民能够广泛参与社区公益活动，共同为社区公益事业发展出力。这个过程中，以公益事业为核心，社区居民、社区企业、社区街道工作人员互帮互助、共同努力，得以更紧密地团结在一起，获得对社区的认同感。实施这些项目一般有三种方式，一是社区基金会自行组织并执行项目，二是社区基金会以资金支持的方式直接支持社区居民及社区活动，三是社区基金会资助或购买其他社会组织或企业的服务。

（一）社区基金会自行组织执行的项目

由社区基金会自行组织设计，并进行管理和执行的项目。包括体育类比赛、棋牌类比赛、慰问社区老年人等弱势群体、志愿服务、环保教育、社区自治、社区需求调研等。

（二）社区基金会直接提供资金或物资支持

社区基金会提供资金或物资支持的项目，最常见的是为社区个人或家庭提供资金支持，包

[①] 资料来源：中国发展简报网。

括奖学金和助学金、大病救助、灾害救助、困难家庭帮扶等。

(三) 社区基金会资助或购买其他社会组织或企业的服务

社区基金会资助或购买其他社会组织或企业的服务是指由社区基金会利用筹得的捐赠资金,向其他专业社会组织、企业购买服务,服务于社区居民。常见的项目内容包括社区改造、教育、社区文化、法律服务、社区工作者培训等。

在社会资源和政府支持之外,社区基金会也是汇聚社区内资源、充分利用社区内资源、进行社区资源再分配的平台。社区居民以捐助和志愿服务的方式,通过社区基金会为社区内弱势群体提供助学金、养老服务、儿童服务等,使得社区内的弱势群体能够直接得到来自其他社区居民的帮助,加强社区弱势群体对社区的认同。而在人力资源方面,社区基金会可以有效聚合社区内不同专业背景的居民,动员社区力量,在社区居民自治的前提下,高效专业地为社区服务。发掘、培养社区文化是不少社区基金会的主要工作之一,听社区老红军讲故事、收集整理社区历史、引导社区居民创建社区文化,这些也是对社区内文化资源的利用。

第二节　社区基金会业务及涉税实务

社区基金会涉及的收入业务较多,如政府资助、社区企业捐赠(货币、实物)、房地产产权捐赠(包含受赠房地产的运营和再转让)等。本章仅对接受捐赠(含企业资金捐赠和个人资金捐赠)及税收操作指引进行阐述。社区基金会支出业务主要是:社区服务(社区公益组织的孵化功能)支出、社区志愿者服务支出、采购支出、管理费用(含支出类项目中的人工费用)等。本章仅对社区服务支出(孵化)、社区志愿者服务支出等进行阐述。

一、接受社区企业捐赠

(一) 业务情形

社区所在企业回馈当地居民的一种较常见的直接方式,独立或者与其他企业或当地政府联合出资共建和谐环境,发起成立社区基金会。

(二) 涉税税种及政策依据

接受社区企业捐赠设立社区发展基金会,主要涉及企业所得税。

财政部、国家税务总局《关于非营利组织企业所得税免税收入问题的通知》第一条规定:"非营利组织的下列收入为免税收入:(一)接受其他单位或者个人捐赠的收入;(二)除《中华人民共和国企业所得税法》第七条规定的财政拨款以外的其他政府补助收入,但不包括因政府服务取得的收入;(三)按照省级以上民政、财政部门规定收取的会费;(四)不征税收入和免税收入孳生的银行存款利息收入;(五)财政部、国家税务总局规定的其他收入。"

（三）涉税票据

开具公益事业捐赠统一票据。

（四）涉税处理

按照以上规定，社区基金会对于捐赠注册资金的政府、企业或其他机构和个人，可以在实际成立后开具公益事业捐赠统一票据并作为企业所得税免税收入处理，具体处理为：社区基金会成立之前，对于政府、企业或其他机构和个人捐赠的注册资金，可以暂时作为其他应付款项挂账，待成立后向捐赠者开具收据并确认捐赠收入，此项收入为企业所得税免税收入。

（五）所需资料

捐赠协议和捐赠交接单复印件，捐赠票据存根，其他涉税资料。

二、社区服务支出/项目孵化

（一）业务情形

作为社会组织，社区基金会不但可以亲自组织、筹备和推进公益活动，还可以通过向其他公益项目投入资源进行孵化，实现公益资源的高效配置。按照所投入资源的来源不同，社区基金会孵化项目分为以下两种情形：

第一种，社区基金会以自有的资金、物料或人力资源投入孵化公益项目，这种情形构成社区基金会对公益项目所属机构或公益项目发起人的捐赠。

第二种，社区基金会代政府部门向公益项目投入资金、物料，属于政府部门对公益项目所属机构或公益项目发起人的补助，虽然社区基金会银行账户资金往来有收付款项记录，但社区基金会仅作为代发机构，投入资金不属于对公益项目所属机构或公益项目发起人的捐赠。

（二）涉税税种及政策依据

企业所得税、增值税和个人所得税。

《中华人民共和国增值税暂行条例》第四条规定："单位或者个体工商户的下列行为，视同销售货物：（八）将自产、委托加工或者购进的货物无偿赠送其他单位或者个人。"

《中华人民共和国营业税改征增值税试点实施办法》第十四条规定："下列情形视同销售服务、无形资产或者不动产：（一）单位或者个体工商户向其他单位或者个人无偿提供服务，但用于公益事业或者以社会公众为对象的除外。"

《中华人民共和国企业所得税法实施条例》第二十五条规定："企业发生非货币性资产交换，以及将货物、财产、劳务用于捐赠、偿债、赞助、集资、广告、样品、职工福利或者利润分配等用途的，应当视同销售货物、转让财产或者提供劳务，但国务院财政、税务主管部门另有规定的除外。"

财政部、国家税务总局《关于非营利组织企业所得税免税收入问题的通知》第一条规定："非营利组织的下列收入为免税收入：（一）接受其他单位或者个人捐赠的收入；（二）除《中华人民共和国企业所得税法》第七条规定的财政拨款以外的其他政府补助收入，但不包括因政府服务取得的收入；（三）按照省级以上民政、财政部门规定收取的会费；（四）不征税收入和免税收入孳生的银行存款利息收入；（五）财政部、国家税务总局规定的其他收入"。

（三）涉税票据

公益事业捐赠统一票据或收付款凭证。

（四）涉税处理

无论属于哪一种情形，从社区基金会获得资金、物料或人力资源支持的公益项目所属机构或公益项目发起人都产生了所得，需要缴纳企业所得税或个人所得税，但公益项目所属机构属于财政部、国家税务总局《关于非营利组织企业所得税免税收入问题的通知》所规定的非营利组织，且获得收入符合该文件列举范围，则可按免税处理。

社区基金会投入资金、物料、人力资源支持的涉税处理为：

（1）"孵化"项目投入资金：社区基金会按照投入资金的金额确认捐赠支出；

（2）"孵化"项目投入物料：社区基金会按照投入物料的成本确认视同销售收入（此项收入不属于免税收入），并按相同金额确认捐赠支出；

（3）"孵化"项目投入人力资源支持，如提供培训服务等，按照投入人力资源的成本确认视同销售收入（此项收入不属于免税收入），并按相同金额确认捐赠支出。

另外，如果社区基金会资助和"孵化"非营利组织的公益项目，投入物料或人力资源支持属于对外赠送商品或无偿提供服务，需要按投入物料的成本或投入人力资源的成本确认增值税应税销售额。但如果无偿提供服务用于公益目的，则无须缴纳增值税。

（五）所需资料

社区基金会资助"孵化"项目如果属于公益性捐赠，应从项目所属机构取得公益性捐赠收据；如果不符合公益性捐赠条件，应当以公益项目所属机构或公益项目发起人确认的收付款凭证作为财务和税收凭证；此项资助不属于公益项目所属机构或公益项目发起人向社区基金会提供增值税应税服务的对价，所以不能以公益项目所属机构或公益项目发起人开具的发票作为凭证。

—— 专栏六 ——

社会组织及其相关的人力资源涉税要点

社会组织的运营支出与营利性企业的运营支出相比相对简单，除必要的租用办公场所和日常办公费用支出之外，主要运营支出为人力资源方面发生的费用，可以分为工资薪金支出和工资薪金以外的支出两大类。

一、工资薪金支出

社会组织支付工资薪金涉及四项税费：（一）企业所得税；（二）个人所得税；（三）社保费用；

（四）残疾人就业保障金。另外，雇用残疾人、退役军人和重点群体就业可以享受税收优惠。

社会组织支付给个人的费用，如果满足以下条件，都属于工资薪金支出：

一是个人与社会组织构成《中华人民共和国劳动合同法》（以下简称《劳动合同法》）规制下的劳动雇佣关系；二是个人与社会组织签订生效的、书面的劳动合同。

（一）企业所得税

工资薪金支出的税前扣除条件为：

（1）工资薪金应当实际支付。准予税前扣除的工资薪金支出，应该是社会组织实际所发生，且已经实际支付给其职工的工资薪金支出。计提但尚未支付的应付工资薪金支出，不能在未支付的纳税年度内扣除，只有等到实际发生后，才准予税前扣除。例如，某社会组织计提工资但当年度未实际支付给劳动者，则办理企业所得税汇算清缴时不能扣除。

如果上年度计提的工资在本年汇算清缴之前发放，也可以补充扣除。

（2）工资薪金具有合理性。合理的工资薪金应符合国家税务总局《关于企业工资薪金及职工福利费扣除问题的通知》文件规定。

（3）对于劳务派遣用工，应符合国家税务总局《关于企业工资薪金和职工福利费等支出税前扣除问题的公告》的特殊规定。第三条规定："企业接受外部劳务派遣用工支出税前扣除问题，企业接受外部劳务派遣用工所实际发生的费用，应分两种情况按规定在税前扣除：按照协议（合同）约定直接支付给劳务派遣公司的费用，应作为劳务费支出；直接支付给员工个人的费用，应作为工资薪金支出和职工福利费支出。其中属于工资薪金支出的费用，准予计入企业工资薪金总额的基数，作为计算其他各项相关费用扣除的依据。"

工资薪金支出不属于增值税应税项目，因此社会组织无须以发票作为企业所得税税前扣除凭证，仅需制作内部凭证即可。企业所得税应纳税所得额的计算，以权责发生制为原则，属于当期的收入和费用，不论款项是否收付，均作为当期的收入和费用。

（二）个人所得税

社会组织支付给个人的费用，如果满足以下条件，都属于工资薪金支出：

（1）个人与社会组织构成《劳动合同法》规制下的劳动雇佣关系。

（2）个人与社会组织签订有生效的、书面的劳动合同。

需要注意：首先，只要符合以上条件，劳动者因为其工作而从社会组织获得任何经济利益，包括货币、实物、服务等，都属于其工资薪金所得的一部分，但构成劳动准入限制或劳动保障条件的经济利益除外，如社会组织聘用为社区食堂提供餐食的厨师接受卫生部门所要求的体检，由社会组织支付费用，这一支出不构成厨师的所得。其次，个人垫付应由社会组织支付的费用，取得相关凭证后由社会组织报销，不属于支付给劳动者的工资薪金；如果属于报销与社会组织经营无关的费用则属于工资薪金。再次，如果个人之前与社会组织签订有劳动合同，但现已解除劳动关系，则社会组织向个人支付的费用（如支付给退休返聘人员的费用）不属于工资薪金，而需要作为劳务报酬或个人经营所得处理。最后，劳动者如果不是因为履行工作职责而从社会组织获得所得，则不属于工资薪金所得，例如劳动者将自己的机动车租给社会组织获得租金收入，不并入工资薪金，而是单独作为租赁所得计税。

社会组织向劳动者支付工资薪金，应当履行代扣代缴个人所得税义务。

根据《个人所得税扣缴申报管理办法（试行）》的规定，社会组织应按照以下要求履行代扣代缴个人所得税义务：

(1) 扣缴义务人应当依法办理全员全额扣缴申报。全员全额扣缴申报，是指扣缴义务人应当在代扣税款的次月十五日内，向主管税务机关报送其支付所得的所有个人的有关信息、支付所得数额、扣除事项和数额、扣缴税款的具体数额和总额以及其他相关涉税信息资料。

(2) 扣缴义务人首次向纳税人支付所得时，应当按照纳税人提供的纳税人识别号等基础信息，填写《个人所得税基础信息表（A表）》，并于次月扣缴申报时向税务机关报送。扣缴义务人对纳税人向其报告的相关基础信息变化情况，应当于次月扣缴申报时向税务机关报送。

(3) 扣缴义务人向居民个人支付工资、薪金所得时，应当按照累计预扣法计算预扣税款，并按月办理扣缴申报。

累计预扣法，是指扣缴义务人在一个纳税年度内预扣预缴税款时，以纳税人在本单位截至当前月份工资、薪金所得累计收入减除累计免税收入、累计减除费用、累计专项扣除、累计专项附加扣除和累计依法确定的其他扣除后的余额为累计预扣预缴应纳税所得额。计算公式为：

本期应预扣预缴税额＝累计预扣预缴应纳税所得额×预扣率－速算扣除数－累计减免税额－累计已预扣预缴税额

累计预扣预缴应纳税所得额＝累计收入－累计免税收入－累计减除费用－累计专项扣除－累计专项附加扣除－累计依法确定的其他扣除

其中，累计减除费用，按照5000元/月乘以纳税人当年截至本月在本单位的任职受雇月份数计算。

(4) 支付工资、薪金所得的扣缴义务人应当于年度终了后两个月内，向劳动者提供其个人所得和已扣缴税款等信息。劳动者年度中间需要提供上述信息的，扣缴义务人应当提供。

(5) 扣缴义务人对纳税人提供的《个人所得税专项附加扣除信息表》，应当按照规定妥善保存备查。扣缴义务人应当依法对纳税人报送的专项附加扣除等相关涉税信息和资料保密。

社会组织履行代扣代缴义务时，需要注意关于工资薪金个人所得税的下列特殊规定，下列所得单独计算应代扣代缴的税款，而不与正常发放的工资薪金合并：

(1) 劳动者取得全年一次性奖金。在2021年12月31日前，"全年一次性奖金"单独计算纳税，不并入当年综合所得，自2022年1月1日起并入当年综合所得计算缴纳个人所得税。

步骤一：全年一次性奖金÷12，依据得出的商确定适用税率；

步骤二：应纳税额＝全年一次性奖金×适用税率－速算扣除数。

当出现"综合所得"数额达不到纳税标准，而"全年一次性奖金"需要纳税的情况，此时纳税人可选择并入当年综合所得计算纳税。

(2) 劳动者达到国家规定的退休年龄，领取职业年金，符合财政部、人力资源社会保障部、国家税务总局《关于企业年金职业年金个人所得税有关问题的通知》规定的，不并入综合所得，全额单独计算应纳税款。其中按月领取的，适用月度税率表计算纳税；按季领取的，平均分摊计入各月，按每月领取额适用月度税率表计算纳税；按年领取的，适用综合所得税率表计算纳税。

(3) 如果劳动者从社会组织离职，因解除合同而获得一次性补偿，按"工资、薪金所得"项目计征个人所得税。根据财政部、国家税务总局《关于个人所得税法修改后有关优惠政策衔接问题的通知》规定，个人与用人单位解除劳动关系取得一次性补偿收入（包括用人单位发放的经济补偿金、生活补助费和其他补助费），在当地上年职工平均工资3倍数额以内的部分，免征个人所得税；超过3倍数额的部分，不并入当年综合所得，单独适用综合所得税率表计算纳税。计算公式为：应纳税额＝（一次性补偿收入－当地上年职工平均工资×3）×适用税率－速算扣除数。

(4）如果劳动者从社会组织提前退休而获得一次性补偿，按"工资、薪金所得"项目征收个人所得税。根据财政部、国家税务总局《关于个人所得税法修改后有关优惠政策衔接问题的通知》规定，个人办理提前退休手续而取得的一次性补贴收入，应按照办理提前退休手续至法定离退休年龄之间实际年度数平均分摊，确定适用税率和速算扣除数，单独适用综合所得税率表计算纳税。计算公式为：

应纳税额＝｛[（一次性补贴收入÷办理提前退休手续至法定退休年龄的实际年度数）－费用扣除标准]×适用税率－速算扣除数｝×办理提前退休手续至法定退休年龄的实际年度数

工资、薪金支出不属于增值税应税项目，因此社会组织无须以发票作为企业所得税税前扣除凭证，仅需制作内部凭证即可。居民个人取得综合所得，由扣缴义务人按月或者按次预扣预缴税款。

（三）社保费用

按照《中华人民共和国社会保险法》（以下简称《社会保险法》）的要求，社会组织应当为任职受雇的劳动者缴纳以下项目的社会保险：

（1）职工应当参加基本养老保险，由用人单位和职工共同缴纳基本养老保险费。用人单位应当按照国家规定的本单位职工工资总额的比例缴纳基本养老保险费，计入基本养老保险统筹基金。

（2）职工应当参加职工基本医疗保险，由用人单位和职工按照国家规定共同缴纳基本医疗保险费。

（3）职工应当参加工伤保险，由用人单位缴纳工伤保险费，职工不缴纳工伤保险费。

（4）职工应当参加失业保险，由用人单位和职工按照国家规定共同缴纳失业保险费。

（5）职工应当参加生育保险，由用人单位按国家规定缴纳生育保险费，职工不缴纳生育保险费。这项保险现已逐步纳入医疗保险之中。

《社会保险法》第二条规定："国家建立基本养老保险、基本医疗保险、工伤保险、失业保险、生育保险等社会保险制度，保障公民在年老、疾病、工伤、失业、生育等情况下依法从国家和社会获得物质帮助的权利"。

《社会保险法》第五十七条规定："用人单位应当自成立之日起三十日内凭营业执照、登记证书或者单位印章，向当地社会保险经办机构申请办理社会保险登记；自用工之日起三十日内为其职工向社会保险经办机构申请办理社会保险登记"。

《社会保险费申报缴纳管理规定》第四条规定："用人单位应当按月在规定期限内到当地社会保险经办机构办理缴费申报，申报事项包括：（一）用人单位名称、组织机构代码、地址及联系方式；（二）用人单位开户银行、户名及账号；（三）用人单位的缴费险种、缴费基数、费率、缴费数额；（四）职工名册及职工缴费情况；（五）社会保险经办机构规定的其他事项。在一个缴费年度内，用人单位初次申报后，其余月份可以只申报前款规定事项的变动情况；无变动的，可以不申报"；第八条规定："用人单位应当自用工之日起30日内为其职工申请办理社会保险登记并申报缴纳社会保险费。未办理社会保险登记的，由社会保险经办机构核定其应当缴纳的社会保险费。"

涉税票据仅需制作内部凭证即可。《社会保险法》未列明具体的缴费办法，这部分内容由各省、自治区、直辖市规定。

（四）残疾人就业保障金

残疾人就业保障金是为保障残疾人权益，由未按规定安排残疾人就业的机关、团体、企业、事业单位和民办非企业单位缴纳的资金。

保障金按上年用人单位安排残疾人就业未达到规定比例的差额人数和本单位在职职工年平均工资之和计算缴纳。计算公式为：保障金年缴纳额＝（上年用人单位在职职工人数×所在地省、自治区、直辖市人民政府规定的安排残疾人就业比例－上年用人单位实际安排的残疾人就业人数）×上年用人单位在职职工年平均工资。上年用人单位在职职工年平均工资，按用人单位上年在职职工工资总额除以用人单位在职职工人数计算。

自工商登记注册之日起3年内，对安排残疾人就业未达到规定比例、在职职工总数20人以下（含20人）的小微企业，免征保障金。

《残疾人就业保障金征收使用管理办法》第六条规定："用人单位安排残疾人就业的比例不得低于本单位在职职工总数的1.5%。具体比例由各省、自治区、直辖市人民政府根据本地区的实际情况规定"；第七条规定："用人单位将残疾人录用为在编人员或依法与就业年龄段内的残疾人签订1年以上（含1年）劳动合同（服务协议），且实际支付的工资不低于当地最低工资标准，并足额缴纳社会保险费的，方可计入用人单位所安排的残疾人就业人数"。

财政部《关于调整残疾人就业保障金征收政策的公告》规定："一、残疾人就业保障金征收标准上限，按照当地社会平均工资2倍执行。当地社会平均工资按照所在地城镇非私营单位就业人员平均工资和城镇私营单位就业人员平均工资加权计算。二、用人单位依法以劳务派遣方式接收残疾人在本单位就业的，由派遣单位和接收单位通过签订协议的方式协商一致后，将残疾人数计入其中一方的实际安排残疾人就业人数和在职职工人数，不得重复计算。三、自2020年1月1日起至2022年12月31日，对残疾人就业保障金实行分档减缴政策。其中：用人单位安排残疾人就业比例达到1%（含）以上，但未达到所在地省、自治区、直辖市人民政府规定比例的，按规定应缴费额的50%缴纳残疾人就业保障金；用人单位安排残疾人就业比例在1%以下的，按规定应缴费额的90%缴纳残疾人就业保障金。四、自2020年1月1日起至2022年12月31日，在职职工人数在30人（含）以下的企业，暂免征收残疾人就业保障金"。

涉税票据仅需制作内部凭证即可。保障金一般按月缴纳。

（五）雇用残疾人、退役军人和重点群体就业的有关税收优惠

为鼓励用人单位雇用残疾人、退役军人和重点群体，促进残疾人、退役军人和重点群体就业，现行税收规范性文件对雇用残疾人、退役军人和重点群体就业的用人单位设定了以下税收优惠政策。其中涉及促进残疾人就业的税收优惠政策包括：

（1）财政部、国家税务总局《关于促进残疾人就业增值税优惠政策的通知》规定："对安置残疾人的单位和个体工商户（以下简称'纳税人'），实行由税务机关按纳税人安置残疾人的人数，限额即征即退增值税的办法。安置的每位残疾人每月可退还的增值税具体限额，由县级以上税务机关根据纳税人所在区县（含县级市、旗，下同）适用的经省（含自治区、直辖市、计划单列市，下同）人民政府批准的月最低工资标准的4倍确定"。

（2）财政部、国家税务总局《关于安置残疾人员就业有关企业所得税优惠政策问题的通知》规定："企业安置残疾人员的，在按照支付给残疾职工工资据实扣除的基础上，可以在计算应纳税所得额时按照支付给残疾职工工资的100%加计扣除"。

社会组织适用这两项税收优惠政策需要注意严格按照财政部、国家税务总局《关于促进残疾人就业增值税优惠政策的通知》和财政部、国家税务总局《关于安置残疾人员就业有关企业所得税优惠政策问题的通知》的要求执行，如果税务机关发现社会组织存在"挂名未上岗"或其他情形导致不符合促进残疾人就业税收优惠政策适用条件的，会将其发生相应违法违规行为年度内实际享受到的减（退）税款全额追缴入库。

涉及促进退役军人就业的税收优惠政策为：

财政部、税务总局、退役军人部《关于进一步扶持自主就业退役士兵创业就业有关税收政策的通知》规定:"企业招用自主就业退役士兵,与其签订1年以上期限劳动合同并依法缴纳社会保险费的,自签订劳动合同并缴纳社会保险当月起,在3年内按实际招用人数予以定额依次扣减增值税、城市维护建设税、教育费附加、地方教育附加和企业所得税优惠。定额标准为每人每年6000元,最高可上浮50%,各省、自治区、直辖市人民政府可根据本地区实际情况在此幅度内确定具体定额标准"。

涉及促进建档立卡贫困人口和符合条件的失业人员就业的税收优惠政策为:

财政部、国家税务总局《关于进一步支持和促进重点群体创业就业有关税收政策的通知》企业招用建档立卡贫困人口,以及在人力资源社会保障部门公共就业服务机构登记失业半年以上且持《就业创业证》或《就业失业登记证》(注明"企业吸纳税收政策")的人员,与其签订1年以上期限劳动合同并依法缴纳社会保险费的,自签订劳动合同并缴纳社会保险当月起,在3年内按实际招用人数予以定额依次扣减增值税、城市维护建设税、教育费附加、地方教育附加和企业所得税优惠。定额标准为每人每年6000元,最高可上浮30%,各省、自治区、直辖市人民政府可根据本地区实际情况在此幅度内确定具体定额标准。

需要注意:企业招用就业人员既可以适用本通知规定的税收优惠政策,又可以适用其他扶持就业专项税收优惠政策的,企业可以选择适用最优惠的政策,但不得重复享受。

二、工资薪金以外的支出

如果社会组织向不具有任职受雇关系(包括长期劳动合同和临时性劳动合同)的个人支付费用,这项费用属于工资薪金以外的支出。通常从社会组织领取此类费用的个人包括:

(1)无任职受雇关系的理事、志愿者和志愿者团体;

(2)临时或长期为社会组织提供有偿服务的,但无任职受雇关系的个人;

(3)为社会组织提供专项服务,但无任职受雇关系的专家、顾问;

(4)向社会组织有偿转让财产的个人;

(5)受社会组织救助、帮扶的个人,如鳏寡孤独人员、残疾人、优抚对象等。

其中,前四类主体为社会组织提供的是有对价的服务,因此社会组织的支出属于劳务支出;第五类主体没有为社会组织提供服务,社会组织支出属于赠与。因此,对前四类主体的支出和对第五类主体的支出,其企业所得税和个人所得税待遇都是不同的。

(一)企业所得税

社会组织发生本节上文中前四类支出应当取得发票作为税前扣除凭证。对于第五类支出,因为收款人没有提供服务,因此不能开具发票,社会组织只能以付款凭证(转账凭证、收据等)入账,又因为此类赠与不属于公益性捐赠,因此社会组织不能在税前扣除此项支出,需要注意的是,第五类支出可能不是以货币形式为主,而是表现为无偿提供某种服务,如为失能人士提供家政护理服务,社会组织支付的费用也不能扣除。

涉税票据可以是发票或收据。企业所得税应纳税所得额的计算,以权责发生制为原则,属于当期的收入和费用,不论款项是否收付,均作为当期的收入和费用。

(二)个人所得税

社会组织发生本节上文五类支出,都应当履行代扣代缴个人所得税义务。社会组织应当在扣缴税款后,及时向纳税人提供其个人所得和已扣缴税款等信息。

其中,个人从社会组织取得前四类所得,按《个人所得税法实施条例》的规定可能属于以下性质:

（1）劳务报酬所得，是指个人从事劳务取得的所得，包括从事设计、装潢、安装、制图、化验、测试、医疗、法律、会计、咨询、讲学、翻译、审稿、书画、雕刻、影视、录音、录像、演出、表演、广告、展览、技术服务、介绍服务、经纪服务、代办服务以及其他劳务取得的所得。

（2）稿酬所得，是指个人因其作品以图书、报刊等形式出版、发表而取得的所得。

（3）特许权使用费所得，是指个人提供专利权、商标权、著作权、非专利技术以及其他特许权的使用权取得的所得；提供著作权的使用权取得的所得，不包括稿酬所得。

（4）经营所得：个人依法从事办学、医疗、咨询以及其他有偿服务活动取得的所得。

（5）利息所得。

（6）财产租赁所得，是指个人出租不动产、机器设备、车船以及其他财产取得的所得。

（7）财产转让所得，是指个人转让有价证券、股权、合伙企业中的财产份额、不动产、机器设备、车船以及其他财产取得的所得。

如果所得属于前三种，属于一次性收入的，以取得该项收入为一次；属于同一项目连续性收入的，以一个月内取得的收入为一次。根据《个人所得税法》需要按纳税年度合并计算综合所得的个人所得税，适用3%~45%的超额累进税率。

社会组织按综合所得代扣代缴个人所得税时需要注意与代扣代缴工资薪金个人所得税相区别，根据《个人所得税扣缴申报管理办法（试行）》的规定，区别如下：

（1）不能从应税所得中减除5000元/月的免征额度；

（2）劳务报酬所得、稿酬所得、特许权使用费所得以收入减除费用后的余额为收入额；其中，稿酬所得的收入额减按70%计算；

（3）预扣预缴税款时，劳务报酬所得、稿酬所得、特许权使用费所得每次收入不超过4000元的，减除费用按800元计算；每次收入4000元以上的，减除费用按收入的20%计算；

劳务报酬应预扣预缴税额保留了超额累进的计算方法：收入额不超过20000元的部分，预扣率为20%；20000元以上至40000元的部分，预扣率为30%；超过40000元的部分，预扣率为40%。稿酬和特许权使用费适用的比例预扣率为20%。

如果所得类型属于第四类至第七类，则分别按以下规则处理：

（1）经营所得：纳税人自行申报，社会组织无须代扣代缴；

（2）利息所得：按次扣缴，以支付利息时对方取得的收入为一次，适用比例预扣率20%；

（3）财产租赁所得：按次扣缴，以一个月内取得的收入为一次，每次收入不超过4000元的，减除费用800元；4000元以上的，减除20%的费用，其余额为应纳税所得额，适用比例预扣率20%；

（4）财产转让所得：按次扣缴，按照一次转让财产的收入额减除财产原值和合理费用后的余额计算纳税，适用比例预扣率20%。

对于受社会组织救助、帮扶的个人在没有为社会组织提供劳务或服务的情况下从社会组织取得货币或非货币收益（包括实物收益、服务收益），社会组织应当按照"偶然所得"代扣代缴个人所得税，按次扣缴，以每次取得该项收入为一次，适用比例预扣率20%。但如果符合《个人所得税法》第五条列举的减征个人所得税收入项目，则按照本省、自治区、直辖市的有关规定代扣代缴个人所得税，包括：（1）残疾、孤老人员和烈属的所得；（2）因自然灾害遭受重大损失的人员取得的所得；（3）个人转让自用达5年以上并且是唯一的家庭居住用房取得的所得。

《个人所得税法》第五条规定："有下列情形之一的，可以减征个人所得税，具体幅度和期限，由省、自治区、直辖市人民政府规定，并报同级人民代表大会常务委员会备案：（一）残疾、孤老人员和烈属的所得；（二）因自然灾害遭受重大损失的。国务院可以规定其他减税情形，报全国人民代表大会常务委员会备案"；第九条规定："个人所得税以所得人为纳税人，以支付所得的单位或者个人为扣缴义务人。"

《个人所得税法实施条例》第八条规定："个人所得的形式，包括现金、实物、有价证券和其他形式的经济利益；所得为实物的，应当按照取得的凭证上所注明的价格计算应纳税所得额，无凭证的实物或者凭证上所注明的价格明显偏低的，参照市场价格核定应纳税所得额；所得为有价证券的，根据票面价格和市场价格核定应纳税所得额；所得为其他形式的经济利益的，参照市场价格核定应纳税所得额。"

涉税票据可以是发票或统一票据。由扣缴义务人按月或者按次预扣预缴税款。

第十三章
社会团体税收操作指引

第一节 社会团体的定义与价值

一、社会团体的定义

按照《社会团体登记管理条例（2016修订）》第二条规定，社会团体是指中国公民自愿组成，为实现会员共同意愿，按照其章程开展活动的非营利性社会组织。《中华人民共和国民法典》第八十七条："为公益目的或者其他非营利目的成立，不向出资人、设立人或者会员分配所取得利润的法人，为非营利法人。非营利法人包括事业单位、社会团体、基金会、社会服务机构等。"第九十条："具备法人条件，基于会员共同意愿，为公益目的或者会员共同利益等非营利目的设立的社会团体，经依法登记成立，取得社会团体法人资格；依法不需要办理法人登记的，从成立之日起，具有社会团体法人资格。"

与基金会和社会服务机构不同的是，社会团体是会员制社会组织，属于社会团体法人，能够吸收发展会员。社会团体法人的权力机构是会员大会或会员代表大会。

社会团体成立应依照《社会团体登记管理条例》第十条要求：成立社会团体，应当具备下列条件：（一）有50个以上的个人会员或者30个以上的单位会员；个人会员、单位会员混合组成的，会员总数不得少于50个；（二）有规范的名称和相应的组织机构；（三）有固定的住所；（四）有与其业务活动相适应的专职工作人员；（五）有合法的资产和经费来源，全国性的社会团体有10万元以上活动资金，地方性的社会团体和跨行政区域的社会团体有3万元以上活动资金；（六）有独立承担民事责任的能力。社会团体的名称应符合法律、法规的规定，不得违背社会道德风尚。社会团体的名称应与其业务范围、成员分布、活动地域相一致，准确反映其特征。全国性的社会团体的名称冠以"中国""全国""中华"等字样的，应当按照国家有关规定经过批准，地方性的社会团体的名称不得冠以"中国""全国""中华"等字样。

2016年，中共中央办公厅、国务院办公厅发布《关于改革社会组织管理制度促进社会组织健康有序发展的意见》（以下简称"两办意见"），提出重点培育、优先发展行业协会商会类、科技类、公益慈善类、城乡社区服务类社会组织，四类社会组织可以"直接向民政部门依法申请登记"。

从20世纪90年代开始，民政部社会组织管理局按照业务性质，将我国社会团体分为学术性社团、行业性社团、专业性社团和联合性社团四大类型。按照组织活动性质，社会团体可以分为公益性社会团体和互益性社会团体；按照名称，社会团体又可以分为商会、协会、学会、研究会、促进会、慈善会、联合会、联谊会等。

二、社会团体的价值

（一）社会团体基本价值

1. 动员社会资源

社会团体的重要社会功能就是动员社会资源。一方面，通过募款活动筹集善款和接受各种社会捐赠，动员社会的慈善捐赠资源；另一方面，发动来自社会各个方面的志愿者参与到各种慈善公益活动或互助活动中，以动员社会的志愿服务资源，例如志愿者协会等。

2. 提供公益服务

一是依靠社会资源，按照组织的宗旨或者捐赠人的意愿，通过资助的形式，"购买"其他专业机构的服务来满足社会对公益服务的需求；二是建立自身的公益服务体系并不断增强其专业化能力，直接服务于受益群体；三是加入政府公共服务体系，承接政府购买，拓展公共服务的空间并提高其效率，更好地为社会提供公共服务。

3. 社会协调与治理

社会团体是为了实现会员的共同意愿，能够将具有共同需要的利益诉求和权利意识表达成集体意志，并通过集体行动的方式参与社会协调与治理。

4. 政策与社会倡导

作为特定群体特别是弱势群体的代言人，社会团体通过表达他们的利益诉求和政策主张，开展相关的统计和研究，努力在立法和公共政策过程中谋求实现更广泛的社会公正。或者通过媒体和社会舆论关注相关立法和公共政策的实施过程及其效果，倡导和影响政策结果的公益性和普惠性。

（二）不同类型的社会团队的价值

1. 行业性社团的使命

一般来说，行业性社团主要指身处共同的行业而进行的联合，主要包括行业协会商会，其存在的目的是维护行业参与者的共同权益、发挥协调服务功能、开展行业自律维护市场秩序。

在市场经济体制下，政府是市场规则的制定者、市场秩序的维护者，政府主要借助法律及依法行使的强制性行政手段给予各主体法律上的约束，可以被看作是一种"法制化的公序"，而行业协会则主要借助行业自律公约及非强制性的精神引导给予市场道德上的约束，可以被看作是一种"组织化的私序"，其目标是通过建立"行规行约"，促进行业成员的集体自律。这在客观上配合了政府的市场监管目标。政府监管与行业自律共同作用于行业，有助于弥补政府监管的不足，实现良好的行业治理。

行业组织要发挥政社沟通、维护秩序、服务会员的职能，具体包括八个方面。一是代表本行业全体企业的共同利益。二是作为政府与企业之间的桥梁，向政府传达企业的共同要求，同时协助政府制定和实施行业发展规划、产业政策、行政法规和有关法律。三是制定并执行行规行约和各类标准，协调本行业企业之间的经营行为。四是对本行业产品和服务质量、竞争手段、经营作风进行严格监督，维护行业信誉，鼓励公平竞争，打击违法、违规行为。五是受政府委托，可以进行资格审查、签发证照、资格认证等。六是对本行业的基本情况进行统计、分析并发布结果。七是开展对本国行业国内外发展情况的基础调查，研究本行业面临的问题，提出建议、出版刊物，供企业和政府参考。八是进行信息服务、教育与培训服务、咨询服务、举办展览、组织会议等。

2. 学术性社团的功能和使命

学术性社团是边界最为明确的社会团体，主要包括各类学会和研究会，是科技工作者自愿加入，为促进科学技术的繁荣和发展、促进科学技术的普及和推广、促进科技人才的成长和提高、促进科学技术与经济社会发展相结合，维护自身的合法权益而开展工作的学术性社会团体法人。

当前我国学术性社团发展比较成熟，已经呈现"学必有会、会必交流"的靓丽风景线。科技类社会团体积极动员组织科技工作者深入开展学术交流、广泛普及科技知识、大力举荐创新人才、积极参与决策咨询，在促进科学技术的繁荣和发展、促进科学技术的普及和推广、促进科技人才的成长和提高、促进科学技术与经济发展相结合等方面，做了大量卓有成效的工作，成为国家创新体系的重要组成部分，为充分发挥科学技术第一生产力的重要作用作出了突出贡献。

3. 公益性社团的使命

公益性社团的命名方式和业务领域最为复杂，而且因为公益慈善的范围非常广泛，所以公益性社团的边界最难准确划分。由于登记管理机关未对社会团体进行详细的分类，所以不能准确估计公益类社会团体的数量。经粗略统计，全国范围内，公益类社会团体的数量大致超过5万家，占到全部社会团体的1/7左右。虽然大部分的公益类社会团体并没有认定成为慈善组织，但是这些社会团体在抢险救援、扶危济困、脱贫攻坚、助老救孤、生态环保、弘扬慈善文化、践行社会主义核心价值观等方面做了大量的工作、具有独到的优势。公益性社团或拥有大量的志愿服务资源，或为某一特殊群体提供服务，或在特定领域开展慈善活动，是慈善事业的生力军之一。例如中华慈善总会、各地慈善会等社会团体是以募集社会资源，开展慈善项目为主要工作；中华志愿者协会、中国扶贫志愿服务促进会、中国狮子联会等是以发动和引导广大志愿者参与志愿服务为主要功能；中国盲人协会、中国地名文化遗产保护促进会、中国滋根乡村教育与发展促进会、中国灵山公益慈善促进会等是发挥自身的专业能力为公益事业的发展或为了某一类弱势人群服务为宗旨的社会团体。这几种不同类型的社会团体均是以促进社会公益事业为宗旨，以开展公益慈善活动为主要业务的公益性社团。

4. 联合性社团的使命

联合性社团主要指的是基于共同的兴趣爱好或基于相同或者近似的身份而形成的社会团体。这类社会团体与行业协会商会最大的不同是并非对应一门经济行业，与公益性社团最大的不同是这类社团是互益性社团。联合性社团的名称也没有太多规律可循，包括协会、联合会、促进会等均有使用。

第二节 社会团体业务及涉税实务

由于社会团体社会功能的特殊性和日常业务活动的必要性，社会团体会涉及的收入和支出活动业务范围十分广泛（见附录附表一和附表二），本章节对常见的和相对特殊的政府补贴、政府购买服务、国内物资捐赠、善因营销接受捐赠、会费收入和培训专家费支出做重点介绍。

一、社会团体会费收入

（一）业务情形

社会团体会费，是指社会团体在国家政策法规许可的范围内，依照社团章程规定收取的个人会员和单位会员的会费。

民政部、财政部《关于取消社会团体会费标准备案规范会费管理的通知》的规定："经社会团体登记管理机关批准成立的社会团体，可以向个人会员和单位会员收取会费。"社会团体可以依据章程规定的业务范围、工作成本等因素，合理制定会费标准。会费标准的额度应当明确，不得具有浮动性。

（二）涉及税种及政策依据

社会团体的会费收入涉及的税种：

（1）增值税。根据《关于租入固定资产进项税额抵扣等增值税政策的通知》第八条的规定，自2016年5月1日起，社会团体收取的会费，免征增值税。

（2）企业所得税。财政部、国家税务总局《关于非营利组织企业所得税免税收入问题的通知》第一条规定，符合条件的非营利组织的下列收入为免税收入："（二）按照省级以上民政、财政部门规定收取的会费；……"。

（三）涉税票据

会费收取应该使用财政部或省、自治区、直辖市财政部门印（监）制的社会团体会费收据。社会团体的其他收入不得使用社团会费票据。社会组织一次收取多年会费时，应在会费收据上注明收取年份，以备税务机关核查。

（四）涉税处理

有些社会组织以会费形式收取会务费、赞助费，并开具会费收据。这种行为既违反了会费收据使用管理规定，也无法享受免税优惠，存在极大税收风险。

【案例13-1】

甲社会团体经省级民政部门登记成立的，其会员划分为个人会员和单位会员，收费金额确定。甲社会团体每年按照章程规定的收费标准向会员收取会费，2019年12月共收取本年度会费50万元，按照规定开具了社团会费票据。

【分析】甲社会团体系依法成立，收费项目和标准符合章程的规定，按照税法的规定应依法免缴增值税和企业所得税。

（五）所需资料

税法认可享受免税的会费，是按社会团体会员代表大会审核通过的会费收费标准收取的会费，做好会员收费标准和会费实际收取的统计台账。

二、政府补贴/补助

（一）业务情形

为了支持社会团体开展社会服务活动，有计划地对社会团体给予补助。《民间非营利组织会计制度》第五十八条第五款规定，"政府补助收入是指民间非营利组织接受政府拨款或者政府机构给予的补助而取得的收入"。如租房补贴、稳岗补贴、就业补贴、财政专项资金等。

（二）涉及税种及政策依据

不属于增值税征税行为。涉及企业所得税，但属于企业所得税不征税收入。

（三）涉税票据

需要提供收款收据。

（四）涉税处理（见案例13-2）

参见第三篇第七章第二节。

【案例13-2】

某社会团体主要从事助老活动，2020年9月1日获得民政部门一笔补贴款10万元，该款项用于补助社团助老社会公益活动。该社会团体已经获得非营利组织免税资格认定申请。

【分析】该笔款项是政府部门对社团公益事业活动的政府补贴，没有偿还要求，符合政府补贴收入的规定，应及时进行账务处理。同时该社团已经获得了非营利组织企业所得税免税资格，该笔补贴收入依照税法规定免征企业所得税。

（五）所需资料

财政拨款文件、银行回单、对账单、收据存根联以及涉税申报资料。

三、政府购买服务

（一）业务情形

政府购买服务[①]，是指各级国家机关将属于自身职责范围且适合通过市场化方式提供的服务事项，按照政府采购方式和程序，交由符合条件的服务供应商承担，并根据服务数量和质量

---

① 《政府购买服务管理办法》中华人民共和国财政部令第102号。

等因素向其支付费用的行为。

各级国家机关是政府购买服务的购买主体。依法成立的企业、社会组织（不含由财政拨款保障的群团组织），公益二类和从事生产经营活动的事业单位，农村集体经济组织，基层群众性自治组织，以及具备条件的个人可以作为政府购买服务的承接主体。公益一类事业单位、使用事业编制且由财政拨款保障的群团组织，不作为政府购买服务的购买主体和承接主体。承接主体应当按照合同约定提供服务，不得将服务项目转包给其他主体。

（二）涉及税种及政策依据

涉及增值税和企业所得税。

国务院办公厅《关于政府向社会力量购买服务的指导意见》等。

（三）涉税票据

开具税务发票。

（四）涉税处理（见案例13-3）

【案例13-3】

A 社会团体为增值税一般纳税人，2019 年 9 月 1 日与政府某部门签订了政府购买服务的合同，协助政府部门为居民提供政策宣传服务活动，购买服务合同金额为 10 万元，购买的服务活动当月按照合同要求已经履行完毕，月底收到了服务款项并开出了增值税普通发票，本月无其他项目收入。

【分析】该项活动属于有偿销售服务活动，属于增值税应税服务的范围。

该项收入的增值税销项税额计算过程如下：

增值税销项税额 = $100000/(1+6\%) \times 6\% = 5660.38$ 元

另外，本次政府购买服务收入，A 社会团体应并入当年经营收入总额，如期申报缴纳企业所得税、年终汇算清缴。

（五）所需资料

政府招投标文件、政府购买服务协议及中标方案等。

承接主体应当建立政府购买服务项目台账，依照有关规定或合同约定记录保存并向购买主体提供项目实施相关重要资料信息。

四、善因营销接受捐赠

（一）业务情形

企业以慈善为目的，采用慈善联名等营销方式，依法开展有关经营性活动，承诺将全部或者部分所得用于支持某社会组织或某社会组织举办的某公益计划，并在开展营销活动前与社会组织签订捐赠协议，活动结束后，按捐赠协议约定，社会组织依法接受本次活动的捐赠。

（二）所涉税种及政策依据

社会组织不是销售主体，不涉税。（参见第三篇第七章第二节基金会业务活动分析）

（三）涉税票据

社会组织接受捐赠的，应当以最终的实收捐赠向本次活动中开展善因营销合作的企业开公益事业捐赠统一票据。其中，接受货币捐赠的，应当按实际收到的金额填开公益事业捐赠统一票据；接受非货币捐赠的，应按其公允价值填开公益事业捐赠统一票据。

（四）涉税处理

（参见第三篇第七章第二节基金会业务活动分析）

（五）所需资料

捐赠企业与接受捐赠的社会组织双方签订的《捐赠协议》，公益事业捐赠统一票据存根联和记账联资料。如是非货币捐赠，还需保留有关公允价值确认的依据。

—— 专栏七 ——

境外慈善捐赠物资的税收优惠政策详解

人类生活在地球，同属一个命运共同体。境外的物资捐赠一直是传达各国人民友谊的重要方式。对于进口捐赠物资，我国对规定符合条件的捐赠进口可以享受免征进口关税、进口环节增值税。相关条件包括捐赠物资范围、捐赠人范围、受赠人资质、入境清关手续合规等。

自新冠肺炎疫情暴发后，因湖北防疫物资匮乏，海外华人社团、校友会、各界爱心人士捐赠踊跃。2020年2月1日，财政部、海关总署和国家税务总局联合发布新政，进一步为境外捐赠人针对防控新冠疫情捐赠的进口物资提供了更加优惠的进口税收政策。此外，海关总署还出台了更加便利有效的通关措施。与普通物资捐赠不同，境外的防疫物资捐赠因涉及进口、清关和免税等环节，需要满足海关总署、财政部、国家税务总局及国家药品监督管理局等多部门政策法规的要求。

一、政 策 依 据

为了鼓励捐赠，规范捐赠和受赠行为，保护捐赠人、受赠人和受益人的合法权益，促进慈善事业的发展。我国对境外捐赠人对公益性社会组织捐赠的用于公益慈善事业的物资，一直实行减征或者免征进口关税和进口环节增值税的政策。根据财政部、国家税务总局、海关总署联合发布的《慈善捐赠物资免征进口税收暂行办法》（以下简称《暂行办法》），对境外捐赠人无偿向受赠人捐赠的直接用于慈善事业的物资，免征进口关税和进口环节增值税，即符合条件的境外直接捐赠，可以享受进口免税优惠。2016年4月，民政部、海关总署联合发布了《关于社会团体和基金会办理进口慈善捐赠物资减免税手续有关问题的通知》。

为进一步支持新冠疫情防控工作，2020年2月1日，财政部、海关总署和国家税务总局联合发布了《关于防控新型冠状病毒感染的肺炎疫情进口物资免税政策的公告》（以下简称"6号公告"）和国务院关税税则委员会《关于防控新型冠状病毒感染的肺炎疫情进口物资不实施对美加征关税措施的通知》，自2020年1月1日至3月31日，对用于新冠疫情防控的慈善捐赠物资实行更优惠的进口税收政策。

二、政策解读

（一）捐赠人方面

一般而言，境外捐赠人指的是中华人民共和国境外的自然人、法人或者其他组织。在2020年1月1日至3月31日期间，除在上述捐赠人的范围基础上，财政部、国家税务总局《关于延长部分税收优惠政策执行期限的公告》中新增了三种特殊捐赠主体，分别为：国内有关政府部门、企事业单位社会团体、个人从境外或海关特殊监管区域进口并直接捐赠；已来华或在华的外国公民从境外或海关特殊监管区域进口并直接捐赠；境内加工贸易企业。

（二）受赠人方面

一般来讲，这里的受赠人是指：国务院有关部门和各省、自治区直辖市人民政府；经国务院主管部门依法批准成立的，以人道救助和发展扶贫、慈善事业为宗旨的社会团体。包括：中国红十字总会、全国妇女联合会、中国残疾人联合会、中华慈善总会、中国初级卫生保健基金会、中国宋庆龄基金会和中国癌症基金会；经民政部或省级民政部门登记注册且评定为5A级的以人道救助和发展慈善事业为宗旨的社会团体或基金会。

民政部或省级民政部门负责出具证明有关社会团体或基金会符合规定的受赠人条件的文件。社会团体或基金会应向其登记管理的民政部门申请开具《慈善捐赠物资受赠人资格证明》（以下简称《证明》）的，民政部门对符合《暂行办法》第五条第（三）款有关规定的社会团体和基金会应及时出具《证明》。出具《证明》后，有关社会团体和基金会的评估等级或宗旨不再符合《暂行办法》规定的，民政部门应及时通知海关。

此外，还包括其他省级民政部门或其指定的单位。省级民政部门将指定的单位名单函告所在地直属海关及省级税务部门。

（三）捐赠物资要求

用于慈善事业的物资包括：衣服、被褥、鞋帽、帐篷、手套、睡袋、毛毯及其他生活必需用品等；食品类及饮用水（调味品、水产品、水果、饮料、烟酒等除外）；医疗类包括医疗药品、医疗器械、医疗书籍和资料；直接用于公共图书馆、公共博物馆、各类职业学校、高中、初中、小学、幼儿园教育的教学仪器、教材、图书、资料和一般学习用品；直接用于环境保护的专用仪器；经国务院批准的其他直接用于慈善事业的物资。此外，国际和外国医疗机构在我国从事慈善和人道医疗救助活动，供免费使用的医疗药品和器械及在治疗过程中使用的消耗性的医用卫生材料比照上述规定办理。

2020年因抗疫需要，新增了试剂、消毒物品、防护用品、救护车、防疫车、消毒用车及应急指挥车等8种防疫大类。

（四）免于征收的税种

2020年1月1日至3月31日，对捐赠用于新冠疫情防控的进口物资，免征进口关税和进口环节增值税、消费税。已征应免税额退还。已征税进口且尚未申报增值税进项税额抵扣的，可凭主管税务机关出具的《防控新型冠状病毒感染的肺炎疫情进口物资增值税进项税额未抵扣证明》，向海关申请办理退还已征进口关税和进口环节增值税、消费税手续；已申报增值税进项税额抵扣的，仅向海关申请办理退还已征进口关税和进口环节消费税手续。有关进口单位应在 2020 年 9 月 30 日前向海关办理退税手续。以上免税和退税手续可按照或比照海关总署 2020 年第 17 号（关于用于新型冠状病毒感染的肺炎疫情进口捐赠物资办理通关手续的公告），先登记放行物资，再按规定补办。

具体材料准备：（1）捐赠意向书和相应的品质完好及物资价值证明资料（有定向捐赠医院可写明捐赠医院名称）；（2）捐赠物资清单，包括物资名称、规格、保质期、用途及数量等；（3）捐赠人身份证文件复印件，企业或组织提供相关执照，个人提供身份证或护照等；（4）《受赠人接受境外慈善捐赠物资进口证明》；（5）《捐赠物资分配使用清单》；（6）发票和装箱单。由于承担新冠疫情防治任务的医院是没有公益事业捐赠统一票据的，因此捐赠人可以凭借其开具的捐赠接收函办理相关的税前扣除事宜。

三、涉税处理

受赠人在申报进口捐赠物资前，应向其所在地海关办理减免税手续。受赠人也可委托使用人，由使用人向使用人所在地海关办理减免税手续。这里的使用人，是指捐赠物资的直接使用者，或者负责分配该捐赠物资的单位。

国务院有关部门、中国红十字会总会、中华全国妇女联合会、中国残疾人联合会、中华慈善总会、中国初级卫生保健基金会、中国宋庆龄基金会、中国癌症基金会作为受赠人接受捐赠物资的，由受赠人统一向海关办理进口捐赠物资的减免税手续。

受赠人或使用人向其所在地海关办理进口捐赠物资减免税手续时，应当出具以下材料：境外捐赠函（正本）；由受赠人出具的《进口证明》及《清单》（均为正本）；受赠人属于经民政部或省级民政部门登记注册且被评定为 5A 级的以人道救助和发展慈善事业为宗旨的社会团体或基金会的，还应当提交由民政或省级民政部门出具的证明该社会团体或基金会符合《暂行办法》规定的受赠人条件的文件（正本），以及 5A 级社会团体或基金会证书（正本及复印件）；由使用人向使用人所在地海关办理减免税手续的，使用人应当提交受赠人委托其办理进口捐赠物资减免税手续的委托书（正本）；海关认为需要提供的其他材料。

案例专 7-1

某商会从境外采购一批口罩，定向捐赠给武汉某重点医院，物资从海关入境。因运力有限，商会只找到了境外物流，报关公司和货代公司均需当地省慈善总会推荐，需经过合作报关、货运环节完成定向捐赠。

捐赠到免税的办理流程，共 11 个步骤如下：

（1）商会准备捐赠材料，当地省慈善总会对接。填写省慈善总会的附件（见二维码），提交至该省慈善总会的志愿者审核，通过后，该省慈善总会将在进口证明上盖章；非定向捐赠还需该省慈善总会联络药监局盖章。所有盖章材料电子版返回给商会。

（2）报关公司协助报关。商会捐赠材料及进口证明盖章材料联络当地省慈善总会的合作报关货代一体公司（以下简称"报关公司"），报关公司协助报关，填写报关单、装箱单。

（3）商会发出货品，物资抵达海关。报关公司拿着接收地省慈善总会授权的委托提货书，前往提货，提货时出具商会捐赠材料及盖章的进口证明，海关货站放行。

（4）医院接收物资。物资经境内运输后抵达该医院。该医院设备科收到物资后，清点数量，出具有省慈善会抬头的接收函，发送给湖北省慈善总会。

（5）接收地省慈善总会开具票据。该商会将价值证明提交给该省慈善总会，该省慈善总会为商会开具可享受全额抵扣的公益事业捐赠统一票据。

（6）接收地省慈善总会办理免税手续。该省慈善总会免表组的工作人员在确认物资已经抵达使用方并提供收据的情况下，可开展免税证明的办理工作。该省慈善总会汇总材料。将入境时候该省慈善总会盖章的《受赠人接受新冠肺炎疫情防控进口物资证明》及《进口物资分配使用清单》（以下简称《进口证明》）、境外捐赠函（意向书）、装箱单发票以及报关单，计4份材料汇总后提交给报关公司。

（7）报关公司填写免税材料。报关公司根据步骤（6）中的材料填写《征免税申请表》及《减免税物资情况说明表》。

（8）接收地省慈善总会盖章。该省慈善总会收到步骤（3）中的材料与装箱单发票一并盖章返还至报关公司。

（9）报关公司在海关系统填报。报关公司收到盖章材料后，在海关系统进行填报。

（10）海关审核通过。海关审核报关公司填报的信息通过后，生成电子版的《中华人民共和国物资征免税证明》（简称《免税证明》）返还至湖北省慈善总会。

（11）报关公司在系统中核销。接收地省慈善总会将电子版《免税证明》回传至报关公司后，由报关公司在系统中核销，所有免税手续办理完毕。

案例专 7-2

新冠疫情期间我国各个海关也为抗击疫情给予了极大的便利，实行先行登记放行，事后再办理减免税手续，旨在充分保障防疫捐赠物资能及时送达。举例来说，如果捐赠物资到某省省会城市，但需要在海关清关，那么办理异地入境清关放行手续和材料要求有：

（1）受赠人向捐赠人出具《受赠人接受境外慈善物资进口证明》（以下简称《进口证明》）及《捐赠物资分配使用清单》（以下简称《清单》）。

（2）捐赠人凭上述材料至入境海关通关现场办理登记放行手续。

（3）受赠人事后至其所在地海关办理免税审核确认手续。

（4）受赠人后续免税申报需要的材料。

境内受赠人后续进行免税申报时需要提供的资料包括：境外捐赠函扫描件、装箱单、发票、受赠人接收证明。其中，捐赠人需要向受赠人提供上述第（1）项至第（3）项资料。

受赠人负责接受捐赠物资，并出具《进口证明》及《清单》的填报要求为：

（1）《进口证明》随附盖有受赠人公章的物资清单及《清单》由受赠人按样式自行印制，一次性使用，自受赠人审核盖章之日起半年内有效，允许跨年度使用。

（2）《进口证明》中"所在地海关"应按照公告第二条规定，填写受赠人或使用人办理进口捐赠物资减免税手续的海关。

（3）捐赠物资申报进口前，受赠人或使用人应持《进口证明》及《清单》正本向其所在地海关办理减免税手续。《进口证明》及《清单》内容不得更改，复印件无效。

（4）《进口证明》及《清单》一式两联，第一联由海关留存、第二联由受赠人留存。

(5) 受赠人为国务院有关部门和各省、自治区、直辖市人民政府的,由各有关部门和政府办公厅出具《进口证明》及《清单》;对受赠人为《暂行办法》所称的社会团体或基金会的,由该社会团体或基金会出具《进口证明》及《清单》。

☞ 延伸阅读

通关附件模板及填写注意事项。

第十四章
社会服务机构税收操作指引

第一节 社会服务机构的定义与价值

一、社会服务机构的定义

"社会服务机构"这一名称，自2016年颁布《中华人民共和国慈善法》（以下简称《慈善法》）后正式确定。此前，社会服务机构名称几经变化。最初，"社会服务机构"被称为"民办事业单位"，是伴随着我国改革开放发展形成的一类社会组织。1996年，将"民办事业单位"的名称确定为"民办非企业单位"，由民政部门统一归口登记。

根据全国人大常委会法制工作委员会相关释义，"社会服务机构"是指根据《民办非企业单位登记管理暂行条例》登记的民办非企业单位。国务院1998年10月25日颁布的《民办非企业单位登记管理暂行条例》第二条规定，民办非企业单位是指企业事业单位、社会团体和其他社会力量以及公民个人利用非国有资产举办的，从事非营利性社会服务活动的社会组织。

2020年颁布的《中华人民共和国民法典》第九十二条："具备法人条件，为公益目的以捐助财产设立的基金会、社会服务机构等，经依法登记成立，取得捐助法人资格。"

目前，我国还没有建立起科学权威的社会服务机构统一分类国家标准或者行业标准，政府管理部门、学术理论界和实务界，则有一些比较常见的不同分类。

民政部社会组织管理局曾按照原来的《民办非企业单位登记暂行办法》，将社会服务机构分为教育、卫生、文化、科技、体育、劳动、民政、中介服务、法律服务以及其他类，共计十大类。

学术界曾按照工作服务领域，将社会服务机构分为最简单的四大类：教育服务机构、公共卫生机构、公共文化服务机构、社会福利机构。

业界还有将社会服务机构分为九大类的，与民政部社会组织管理局的分类近似：教育服务类、卫生服务类、文化服务类、科技服务类、体育服务类、社会福利服务类、社会中介服务类、法律服务类和其他。

二、社会服务机构的价值

近年来，我国社会服务机构发展迅速，各类社会服务机构广泛活跃在教育、卫生、科技、文化、体育、生态环保、社会福利、社会工作、法律援助等领域，在促进经济发展、繁荣社会事业、创新社会治理、提供公共服务、增加就业岗位、扩大对外交往等方面发挥了重要作用，已经成为中国特色社会主义现代化建设不可或缺的重要力量。

"利用非国有资产举办""从事非营利性社会服务活动"，决定了社会服务机构不得从事营利性经营活动，其财产不得向出资人和设立人进行分配。

按照《慈善法》的规定，申请认定或登记为慈善组织的社会服务机构，必须"以开展慈善活动为宗旨""不以营利为目的"，非营利是非常重要的一个原则。

而慈善活动，是指社会服务机构可以以捐赠财产或者提供服务等方式，自愿开展扶贫、济困，扶老、救孤、恤病、助残、优抚，救助自然灾害、事故灾难和公共卫生事件等突发事件造成的损害，促进教育、科学、文化、卫生、体育等事业的发展，防治污染和其他公害，保护和改善生态环境以及符合《慈善法》规定的其他公益活动。

社会服务机构在开展上述活动时，涉及具体业务领域，需要遵守相应业务管理部门的规定和要求。与此同时，还需要按照登记管理机关的要求，遵守非营利组织的相关法律规定，参加年度检查或报告。而在机构的财税管理上，必须按非营利组织会计制度进行管理，从登记设立开始，就需要严格遵守税法的相关规定，不管是收入还是支出以及依据有关法律政策享受的税收优惠政策，都需要严格依法进行管理。

目前，不管是从实践层面，还是从政策发展的趋势上看，国家给予包括符合条件的社会服务机构在内的公益性社会组织的财税优惠措施是不断趋于鼓励和促进这一方向的。

依据财政部、国家税务总局《关于非营利组织免税资格认定管理有关问题的通知》，社会服务机构如果符合"依照国家有关法律法规设立或登记""从事公益性或者非营利性活动"等条件，按照一定的申请程序，经过税收管理机关批准，即可获得非营利组织免税资格，并按相关规定享受税收优惠政策。

2020年5月，财政部、国家税务总局、民政部《关于公益性捐赠税前扣除有关事项的公告》中提到"公益性社会组织""包括依法设立或登记并按规定条件和程序取得公益性捐赠税前扣除资格的慈善组织、其他社会组织和群众团体"。从公告的内容还可以看出，未来社会服务机构只要符合相应的条件，经过一定的申请程序，是可以获得公益性捐赠税前扣除资格，这就非常有利于鼓励企业或个人直接向社会服务机构进行捐赠。

社会服务机构如果希望获得相应的优惠政策，得到更多的来自个人或企业的资源支持，除了合法合规运作之外，还需要对机构自身的财税状况进行统一筹划，做好机构日常的税收操作。

第二节 社会服务机构业务及涉税实务

社会服务机构分布非常广泛，存在于各个领域、各行各业中，但最主要还是集中在教育、卫生、文化、科技、体育、劳动、民政、社会中介服务、法律服务等行业。社会服务机构的资源筹借和业务模式主要有二种。

当然，也有些机构会综合运用多种途径来筹借项目实施和机构发展所需要的资源。

社会服务机构的主要经营服务对象一般是最终受益群体，通过提供服务来实现社会效益。其收入来源主要有捐赠收入、提供服务收入、公益衍生品销售、志愿服务捐赠收入、政府补助收入等。

社会服务机构涉及的收支业务都十分丰富，个别社会组织所从事的业务范围和商业机构高度重合，因此涉税实务风险较高。由于不少业务活动已在前面的章节详细介绍，本章仅对相似业务活动展开分析（可借助附录附表一和附表二进行查询）。

一、经营性服务收入

（一）业务情形

社会服务机构经营性服务收入按照付费主体不同，可以分为两类，一类是由政府付费的政府采购服务项目，是政府职能转化为社会改善效果的补充力量；另一类是由受益人直接付费的服务性收费项目，比如学校、养老服务机构等向受益人收取低于市场价，甚至低于成本的收费，以此来保证基本的运营成本开支和可持续发展。社会服务机构的经营性服务为其"自造血"的资金来源，是机构可持续性的重要保障。

（二）涉及税种及政策依据

参见第七章第二节（七）。

（三）涉税票据

参见第七章第二节（七）。

（四）涉税处理

参见第七章第二节（七）。

（五）所需资料

参见第七章第二节（七）。

二、志愿服务捐赠

（一）业务情形

志愿服务捐赠属于劳务捐赠，是最常见的参与慈善公益活动的方式。很多社会服务机构拥有庞大的志愿者群体和健全的志愿者运营管理体系，通过汇聚志愿者的劳务和智力资本来完成公益项目的运作。比如专门经营社区老年食堂的机构，其日常的运作主要依赖志愿者的无偿、低价劳务，比如法律援助的社会服务机构主要依赖律师志愿者的智力资本为弱势群体维权等。目前全国的志愿者群体非常庞大，随着慈善事业的完善，越来越多的社会服务机构会给志愿者服务说明，但受限于劳动及智力资本贡献在会计制度中不入财务账，只登记备查账，无法统计其志愿者群体的价值贡献。

（二）涉及税种

志愿无偿服务不涉及税收。

（三）涉税票据

不涉及涉税票据。

(四）涉税处理

社会服务机构接受志愿服务捐赠，一般只登记备查账，不涉及任何纳税事项。企业或个人的志愿服务作为劳务捐赠的一种形式，并不体现在慈善组织的会计报表中，根据《民间非营利组织会计制度》第五十八条规定，对于非营利组织接受的劳务捐赠，不予确认，但应在会计报表附注中作相关披露。

（五）所需资料

志愿者捐赠劳务服务记录。

三、政府补贴下发受益人

（一）业务情形

政府补贴下发受益人即为由社会服务机构将政府补贴比如残疾人补助等发放给符合条件的受益人。社会服务机构将政府补贴下发给受益人群体，有确凿证据证明政府为补贴的实际拨付者，社会服务机构仅起到代收代付的作用，非实际作用主体。

（二）涉及税收及政策依据

个人接受政府补贴，未列入个税的税目，因此无须征税，社会服务机构也无须代扣代缴。个人所得税目前是采用正列举的方式，对所列举税目征税，社会服务机构将政府补贴下发给受益人及群体，多为需要社会救助的对象，属于救济金个人接受政府补贴未列入个税征税范围。

（三）涉税票据

此业务情形不涉及涉税票据。

（四）涉税处理

此业务情形不涉及涉税处理。

（五）所需资料

政府补贴下发对象明细资料。

四、公益衍生品销售收入

（一）业务详解

公益衍生品销售收入包括社会服务机构生产产品，如致力于农业项目的合作社等，其生产、加工的农产品销售，展览馆等创作的书籍、文创产品等的销售收入，如特殊人群服务机构的公益画销售等，也是不少社会服务机构的经营性收入来源之一。

（二）所涉税种及政策依据

参见第七章第二节。

（三）涉税票据

参见第七章第二节。

（四）涉税处理

此类业务属于"销售物资"，其涉税处理同第七章第二节的"销售物资"。值得注意的是，其中公益画等这类由受益人创作的公益衍生品的收益有可能会涉及受益人创作者的提成，成本核算根据实际情况据实处理。

（五）所需资料

公益衍生品销售合同及各种纳税申报资料。

五、艺术品捐赠

（一）业务情形

目前，民间出现了不少非营利性质的博物馆、文化馆、美术馆、展览馆、书画院、图书馆，属于社会服务机构中的一种。这类机构常涉及基金会、企业或个人无偿捐赠的艺术品，由其经营的展览馆收藏或展览。

（二）涉及税种及政策依据

参见第七章第二节（一）。

（三）涉税票据

参见第七章第二节（一）。

（四）涉税处理

参见第七章第二节（一）。

（五）所需资料

参见第七章第二节（一）。

—— 专栏八 ——

非营利性养老中心、艺术馆和博物馆等社会服务机构涉税要点

随着经济发展，社会对于医疗、教育和文化等方面的需求持续增长，也更加多元化，社会公共机构完全由政府出资和运营，存在管理专业化不足和运营效率低下等问题，无法完全满足社会公共服务需要。而鼓励社会服务机构的发展，可以充分调动社会积极性，调动民间资本，借助社会力量，提供医疗、教育和文化等公共服务，以满足"日益增长的物质文化需要"。

近年来，我国社会服务机构发展迅速，各类社会服务机构广泛活跃在教育、卫生、科技、文化、体

育、社会福利、社会工作等领域，在促进经济发展、繁荣社会事业、创新社会治理、提供公共服务等方面发挥了重要作用。社会服务机构等专业服务类慈善组织，向残疾人、困境儿童、贫困人口、老年人等困难群体提供的无偿专业服务，是慈善活动的重要形式，这也将是我国社会服务机构未来发展的主要方向。

为鼓励社会服务机构的发展，政府出台了一系列税收优惠政策：一方面，对于取得免税资格的社会组织，捐赠收入可享受免税优惠；另一方面，社会组织免税资格是取得公益性捐赠税前扣除资格的前置条件。

然而，随着社会资本的进入和发展，也出现了一些商业性质的服务机构，尤其是在医疗、教育和文化领域，医院、养老机构、培训学校、艺术馆和博物馆等机构，许多机构积极寻求资金的支持，借鉴商业管理策略进行管理运行，这导致外界对于社会服务机构的"非营利性"的认知逐渐模糊。尤其政府和企业之间具有不同的合作机制，形成不同经营模式，使得这些社会服务机构的涉税问题更为复杂。以养老领域为例，公办养老机构分为公办公营、公办民营、公建民营三种运营模式。这些不同类型的公办养老机构都可以享受对应的优惠政策，如公建民营养老机构享受与社会办养老机构同等的优惠扶持政策，运营方按规定申请运营补贴、星级评定奖励补贴、养老机构综合责任险补贴、水电气暖价格优惠及相应税费减免等。

其中关键涉及营利性和非营利性的界定，尤其对于医疗机构、教育机构、艺术馆和博物馆等社会服务机构，既有社会服务的性质，又具有一定的商业性运作特征，在区分上容易造成困扰。对于这类社会服务机构，考虑其涉税问题，关键在于其是否认为"非营利"。

具体来讲，非营利性社会服务机构和商业性机构的区别主要如表专8-1所示。

表专8-1　　　　　　　　非营利性社会服务机构和商业性机构的区别

方面	非营利性社会服务机构	商业性机构
经营目标	为特定社会目标，为社会服务，不以赚钱为目的	追求利润最大化；商业价值和社会价值双驱动
分配方式	可以借鉴企业式的运营方式，也可适当盈利，但盈利只能用于自身发展，不能分红	投资者对税后利润可以分红
财产处置	举办者或成员不得从该组织获得任何资产或财产	经营不善而终止服务，投资者或股东可以自行处置其剩余财产
结余用途	不能用于投资者回报，也不能为其职工变相分配，所有利润和盈余只能投入到机构的再发展中，用于购买设备，引进技术，开展新的服务项目或向公民低成本的公共服务	收支结余是用于投资者回报
财政补贴	可获得政府补助	一般没有财政补助
价格标准	实行政府指导价，按照主管部门制定的基准价，并在其浮动范围内，确定其本单位的服务价格	实行市场调节价，可根据实际服务成本或市场供求情况自主制定价格
注册机构	民政部门（民政局）	工商部门（市场监督管理局）
薪酬标准	工作人员工资福利开支控制在规定的比例内，不变相分配该组织的财产，其中：工作人员平均工资薪金水平不得超过上年度税务登记所在地人均工资水平的两倍，工作人员福利按照国家有关规定执行	无强制规定

针对民办学历学校、民办养老机构、幼儿园等幼儿托养机构、殡葬服务、医疗机构、艺术馆、美术馆、博物馆的界定和涉税问题，国家出台了详细的政策进行了规定，梳理其涉税要点，如表专8-2所示。

表专8-2　不同机构的界定和涉税问题

机构类型	定义	业务内容	政策依据	税收政策	注意事项
民办学历学校	民办学校，是指国家机构以外的社会组织或者个人，利用非国家财政性经费，面向社会依法举办的学校及其他教育机构。民办学校包括实施学历教育、学前教育、自学考试助学及其他文化教育，以及以职业技能为主的职业资格培训的民办学校及职业技能培训教育机构。	民办学校收费收入：民办教育实行分类收费政策。非营利性民办学校收费，通过市场化改革试点，逐步实行市场调节价，具体办法由省级人民政府根据本地公办教育成本以及民办学校发展情况等因素确定。	1.《中华人民共和国民办教育促进法（2018修订）》 2.《中华人民共和国民办教育促进法实施条例》（国务院令第三百九十九号） 3.《财政部、国家税务总局关于全面推开营业税改征增值税试点的通知》附件三	1. 民办从事学历教育的学校按照规定收取的学费，免交增值税，但需要缴纳企业所得税。 2. 捐资举办的民办学校和出资人不要求取得合理回报的民办学校享受与公办学校同等的税收及其他优惠政策。 3. 营业税改征增值税试点过渡政策的规定，下列项目免征增值税：从事学历教育的教育机构提供的教育服务。第一，学历教育，是指受教育者经过国家教育考试或者国家规定的其他入学方式，进入国家承认的学历形式。具体包括：（1）初等教育：普通小学、成人小学。（2）初级中等教育：普通初中、职业初中、成人初中。（3）高级中等教育：普通高中、成人高中、职业高中、技工学校。（4）高等教育：普通本专科、成人本专科、网络本专科、研究生（博士、硕士）、高等教育自学考试、高等学历文凭考试。第二，从事学历教育的学校，是指：（1）普通学校。（2）经地（市）级以上人民政府或者同级政府的教育行政部门批准成立、国家承认其学员学历的各类学校。（3）经省级及以上人力资源社会保障行政部门批准成立的技师学院。（4）经省级人民政府批准成立的从事学历教育的高等职业学校。但不包括职业培训机构等国家不承认其学员学历的培训机构。上述学校均包括符合规定的从事学历教育的民办学校，但不包括职业培训机构等国家不承认其学员学历的培训机构。第三，提供教育服务免征增值税的收入，是指对列入规定招生计划的在籍学生提供学历教育服务取得的收入，具体包括：经有关部门审核批准并按规定标准收取的学费、住宿费、课本费、作业本费、考试报名费收入，以及学校食堂提供餐饮服务取得的伙食费收入。除此之外的收入，包括学校以各种名义取得的赞助费、择校费等，不属于免征增值税的范围	1. 职业培训机构等国家不承认学历的教育机构提供的教育服务不属于免税范围 2. 赞助费、择校费等，不属于免税范围

续表

机构类型	定义	业务内容	政策依据	税收政策	注意事项
民办养老机构	民办养老机构，主要是指由私人成立的，在民政部门登记注册后，具有独立的法人资格，进行非营利性社会公益活动的养老机构	政府购买养老服务	1.《营业税改征增值税试点过渡政策的规定》 2.《关于明确养老机构免征增值税等政策的通知》 3. 财政部、国家税务总局、发展改革委、民政部、商务部、卫生健康委《关于养老、托育、家政等社区家庭服务业税收优惠政策的公告》	1. 养老机构提供的养老服务免征增值税。其中，"养老机构，是指依照民政部《养老机构设立许可办法》《养老机构管理办法》的规定，设立并依法办理登记的为老年人提供集中居住和照料服务的各类养老机构；养老服务，是指上述养老机构按照民政部《养老机构管理办法》的规定，为收住的老年人提供的生活照料护理、康复护理、精神慰藉、文化娱乐等服务"。该条《财政部国家税务总局关于全面推开营业税改征增值税试点的通知》营业税免税政策平移。 2. 为社区提供养老、托育、家政等服务取得的收入，免征增值税。为社区提供养老服务的机构，是指在社区依托固定场所设施，采取全托、日托、上门等方式，为社区居民提供养老服务的企业、事业单位和社会组织，助餐助行、紧急救助、精神慰藉等服务。社区养老服务是指为老年人提供的生活照料、康复护理、助餐助行、紧急救助、精神慰藉等服务。 3. 民办养老机构符合民办社会组织免税资格认定条件的，其取得养老费收入依法免征企业所得税。税法所规定的社会组织免税资格认定部分	
幼儿园等幼儿托养机构	托儿所、幼儿园，是指经县级以上教育部门审批机关成立、取得办园许可证的实施0～6岁学前教育的机构，包括公办和民办的托儿所、幼儿园、学前班、幼儿班、保育院	由托儿所、幼儿园收取的保育费、教育费等	《财政部、国家税务总局关于加强教育劳务营业税征收管理有关问题的通知》（政策平移）	1. 公办托儿所、幼儿园免征增值税的收入，是指在价格主管部门核报省级人民政府批准的收费标准以内收取的教育费、保育费。 2. 民办托儿所、幼儿园免征增值税的收入，是指在报经地有关部门备案并公示的收费标准范围内收取的教育费、保育费	超过规定收费标准的收费，以开办实验班、特色班和兴趣班等为由另外加收的费用以及与幼儿园挂钩的费用，支教费等超过规定范围的收入，不属于免征增值税的收入。按规定标准收取的教育费、保育费，超出标准以免税，超出标准的收费，费用费等不属于免税范围

续表

机构类型	定义	业务内容	政策依据	税收政策	注意事项
殡葬服务	殡葬服务，是指收费标准由各地价格主管部门会同有关部门核定，或者实行政府指导价管理的遗体接运（含抬尸、消毒）、遗体整容、遗体防腐、存放（含冷藏）、火化、骨灰寄存、吊唁设施设备租赁、墓穴租赁及管理等服务	殡葬服务收入		按规定标准收取的殡葬服务收费享受免税	
医疗机构	医疗机构，是指依据国务院《医疗机构管理条例》（国务院令第149号）及卫生部《医疗机构管理条例实施细则》（卫生部令第35号）的规定，经登记取得《医疗机构执业许可证》的机构，以及军队、武警部队各级各类医疗机构。具体包括：各级各类医院、门诊部（所）、社区卫生服务中心（站）、急救中心（站）、卫生院、疗养院、护理院（所）、各级政府及有关部门举办的卫生防疫站（疾病控制中心）、各种专科疾病防治所（站）、各级政府举办的妇幼保健所（站）、母婴保健机构、儿童保健机构，各级政府举办的血站（血液中心）等医疗机构	医疗服务收入：医疗服务，是指医疗机构按照不高于地（市）级以上价格主管部门会同同级卫生主管部门及有关部门制定的医疗服务指导价格（包括政府指导价和按照规定由供需双方协商确定的价格等）为就医者提供《全国医疗服务价格项目规范》所列的各项服务，以及医疗机构向社会提供卫生防疫、卫生检疫的服务	《关于全面推开营业税改征增值税试点的通知》	只有依据国务院《医疗管理条例》及《医疗管理条例实施细则》的规定，以及军队、武警部队各级各类医疗机构，经登记取得《医疗机构执业许可证》的机构，按照各地医疗服务指导价格为就医者提供《全国医疗服务价格项目规范》所列的各项服务、卫生防疫、卫生检疫服务，才能适用免税的医疗服务	

续表

机构类型	定义	业务内容	政策依据	税收政策	注意事项
艺术馆、美术馆、博物馆等		1. 公益衍生品销售收入包括社会服务机构生产产品、如书籍、文创产品等的销售收入，成为社会服务机构的重要收入来源之一，也有些是公益衍生品，如特殊人群服务机构的公益画销售等。 2. 政府向社会力量购买公共文化服务的主体是承担提供公共文化与体育服务的各级行政机关。纳入行政编制管理且经费由财政担保的文化与体育群团组织，也可根据实际购买公共文化服务方式接受政府向社会力量购买公共文化服务。承接购买公共文化服务的主体为具备提供公共文化服务能力，且依法在登记管理部门批准免予登记的社会组织和符合条件的事业单位，以及依法在工商部门登记成立的企业、机构等社会力量	《关于促进民办博物馆的意见》（2010年）《财政部、国家税务总局关于全面开营业税改增值税试点的通知》附件3	1. 社会服务机构收取的政府向社会力量购买的公共文化服务收入，应依法缴纳增值税和企业所得税。 2. 民办博物馆在接受捐赠、门票收入、非营利性收入等方面，可按照现行税法规定享受有关优惠政策	纪念馆、博物馆、文化馆、文物保护单位管理机构、美术馆、展览馆、书画院、图书馆在自己的场所提供文化体育服务取得的第一道门票收入免征增值税

— 专栏九 —

境外非政府组织在华代表机构税收操作解读

一、境外非政府组织的定义

根据《中华人民共和国境外非政府组织境内活动管理法》（以下简称《管理法》）第二条第一款①和第三条②的规定，境外非政府组织，是指在境外合法成立的基金会、社会团体、智库机构等非营利、非政府的社会组织。上述境外非政府组织，包括国外的非政府组织和中国港澳台地区的非政府组织，可以依照相关法律规定在中国境内开展经济、教育、科技、文化、卫生、体育、环保等领域和济困、救灾等方面有利于公益事业发展的活动。

随着中国对外开放以及加强国际交流合作步伐的加快，境外非政府组织以其国际化、专业化、规模化的特点在全球和中国地区慈善领域扮演了越来越重要的示范和协调作用。根据"境外非政府组织办事服务平台"的官方统计，截至 2020 年 10 月，已有超过 560 个境外非政府组织在中国依法登记设立代表机构，办理临时活动备案数量超过 2900 项。③ 其业务活动涵盖国际交流教育、医药健康卫生、扶贫扶弱、灾难预防救助、环境生态保护、社会组织发展建设等诸多领域。2020 年初新冠肺炎疫情突发期间，境外非政府组织在公共卫生、疫苗研发、医疗防护用品供应、国际捐赠等方面的优势和贡献尤为显著。

2016 年，全国人民代表大会常务委员会通过并公布了《管理法》，并于 2017 年 1 月 1 日正式生效，作为我国第一部针对境外非政府组织在中国境内开展活动的法律，填补了该领域的法律规范的缺失和管理制度的空白。随后，公安部相继发布了《境外非政府组织驻华代表机构登记和临时活动备案办事指南》（以下简称《办事指南》）和《境外非政府组织在中国境内活动领域和项目目录业务主管单位名录（2019）》（以下简称《业务主管单位名录（2019）》）等配套规定，从登记和备案、活动规范、便利措施、监督管理、法律责任等方面构建全面系统的境外非政府组织管理体系。

境外非政府组织在华代表机构的特点：

1. 非政府性

非政府性体现在该非政府组织不是根据政府间协议建立的国际组织。因此，政府间国际组织（如世界银行、联合国开发计划署、世界粮食署、世界卫生组织、联合国儿童基金组织等）则不适用《管理法》的规定。

2. 非营利性、非政治性和非宗教性

《管理法》明确规定境外非政府组织在中国境内不得从事或者资助营利性活动、政治活动，不得非法

---

① 参见《中华人民共和国境外非政府组织境内活动管理法（2017 修正）》第二条第一款："本法所称境外非政府组织，是指在境外合法成立的基金会、社会团体、智库机构等非营利、非政府的社会组织。"
② 参见《中华人民共和国境外非政府组织境内活动管理法（2017 修正）》第三条："境外非政府组织依照本法可以在经济、教育、科技、文化、卫生、体育、环保等领域和济困、救灾等方面开展有利于公益事业发展的活动。"
③ 资料来源于境外非政府组织办事服务平台。

从事或者资助宗教活动①。

此外，我国法律对境外非政府组织在华代表机构的资金来源的严格限制也体现了其对非营利性的要求，《管理法》第二十一条明确规定："境外非政府组织在中国境内活动资金包括：（一）境外合法来源的资金；（二）中国境内的银行存款利息；（三）中国境内合法取得的其他资金。境外非政府组织在中国境内活动不得取得或者使用前款规定以外的资金。境外非政府组织及其代表机构不得在中国境内进行募捐"。

二、境外非政府组织在华代表机构业务及涉税实务

《管理法》规定，境外非政府组织在华代表机构应当依法办理税务登记、纳税申报和税款缴纳等事项②，因此境外非政府组织在华代表机构、驻华代表机构是我国税收制度下的纳税主体之一。我国有关境外非政府组织在华代表机构境内活动税收相关的法律法规，目前散见于《中华人民共和国企业所得税法》《中华人民共和国个人所得税法》《中华人民共和国增值税暂行条例》《中华人民共和国印花税暂行条例》等其他适用的实体税收法律法规，以及《中华人民共和国税收征收管理法》等程序法规。《国家税务总局关于做好境外非政府组织驻华代表机构税务登记办理有关工作的通知》《外国企业常驻代表机构税收管理暂行办法》等规定中。本专栏将主要从境外非政府组织在华代表机构的收入与支出等业务，主要涉及中国所得税、增值税及附加税费等，以及税务登记、年度检查等内容进行如下概要分析。

（一）境外非政府组织的境外总部拨款收入

结合《管理法》以及近年来实践中对上述第三款"中国境内合法取得的其他资金"一般理解，境外非政府组织在华代表机构的主要资金来源合规路径主要包括：（1）境外总部拨款；（2）银行存款利息；（3）政府拨款；（4）处置资产所得（房产、财产、废旧物品等）；（5）其他经业务主管单位和公安部境外非政府组织管理办公室认可的其他不以营利为目的的特定收入。经营性收入（以营利为目的的贸易、服务等收入）、募捐筹款收入、投资收入等通常不被业务主管单位和公安部境外非政府组织管理办公室允许，从而境外非政府组织在华代表机构应当在项目设计、财务审计或法律合规审查时予以特别注意。

取得上述收入，境外非政府组织在华代表机构根据国家现行税收政策、法规所涉及的税种，在本节将实务操作过程中的常见收入场景涉税处理分析如下：

境外总部拨款是境外非政府组织在华代表机构的最重要资金来源。

（1）企业所得税：一般情况下，从事公益性活动的境外非政府组织，例如，慈善基金会、行业协会、互助会、商会等，在国际实践中通常可依法享受企业所得税优惠待遇。然而对于此类境外非政府组织在中国成立的代表机构，虽然在华不得从事经营相关的活动，但来自总部的拨款在支付相关项目和运营成本费用后的余额仍可能被视为境外非政府组织在华运营的利润，从而被要求申报缴纳企业所得税。除非该涉税境外非政府组织经核定准予享有免税资格的，则其境外总部拨款收入可以享受免征企业所得税的待遇。鉴于目前缺乏明确的境外非政府组织免税认定规则，一般情况下，其资金收入需要由其主管税务机关根据具体情况，上报上级税务机关经审议后，下发相关文件以参照执行。即使是享有免税资格的境外非政府组织也需定期向主管税务机关进行企业所得税零申报。

（2）增值税：境外非政府组织属于社会组织，一般在其业务开展的整个过程中不从事经营业务也不

---

① 参见《管理法》第五条规定："境外非政府组织在中国境内开展活动应当遵守中国法律，不得危害中国的国家统一、安全和民族团结，不得损害中国国家利益、社会公共利益和公民、法人以及其他组织的合法权益。境外非政府组织在中国境内不得从事或者资助营利性活动、政治活动，不得非法从事或者资助宗教活动。"

② 参见《管理法》第二十六条："境外非政府组织驻华代表机构应当依法办理税务登记、纳税申报和税款缴纳等事项。"

涉及新增价值或附加值，因此不需缴纳增值税。除非经主管税务机关同意无须做增值税纳税申报，境外非政府组织在华代表机构需要根据税法要求依法按时完成增值税纳税申报（通常为零申报）。但如果境外非政府组织从事增值税的应税行为，则仍需按照税法规定申报缴纳增值税。一般情况下，境外非政府组织可以向中国税务机关申请获得"小规模纳税人"增值税纳税身份。

《关于统一增值税小规模纳税人标准的通知》："增值税小规模纳税人标准为年应征增值税销售额500万元及以下。"

《中华人民共和国增值税暂行条例》第十一条："小规模纳税人发生应税销售行为，实行按照销售额和征收率计算应纳税额的简易办法，并不得抵扣进项税额。应纳税额计算公式：应纳税额＝销售额×征收率。小规模纳税人的标准由国务院财政、税务主管部门规定。"

《中华人民共和国增值税暂行条例》第十一条："小规模纳税人增值税征收率为3％，国务院另有规定的除外。"

（3）城市维护建设税及附加费：该三项税费是根据增值税的征收同时而加征的税费。如果前述的增值税为零申报，那么城市维护建设税及附加费用也将进行零申报。

（二）境外非政府组织的税务登记和年度检查合规要求

1. 税务登记证

《管理法》第十三条第二款规定："境外非政府组织驻华代表机构凭登记证书依法办理税务登记，刻制印章，在中国境内的银行开立银行账户，并将税务登记证件复印件、印章式样以及银行账户报登记管理机关备案。"

应注意的是，虽然国务院办公厅发布了《关于加快推进"五证合一、一照一码"登记制度改革的通知》，全面整合工商营业执照、组织机构代码证、税务登记证、社会保险登记证和统计登记证，实现"五证合一、一照一码"，但是依据《国家税务总局关于做好境外非政府组织代表机构税务登记办理有关工作的通知》①的规定以及实践中税务机关和银行对于境外非政府组织在华代表机构的管理来看，办理税务登记证的规定并未取消。因此，境外非政府组织在华代表机构仍应依法办理并取得税务登记证。

2. 年度检查

《管理法》规定，境外非政府组织在华代表机构的年度工作报告应包括经审计的财务会计报告、开展活动的情况以及人员和机构变动的情况等内容。境外非政府组织在华代表机构应于每年12月31日前将包含项目实施、资金使用等内容的下一年度活动计划报业务主管单位，业务主管单位同意后十日内报登记管理机关备案；应于每年1月31日前向业务主管单位报送上一年度工作报告，经业务主管单位出具意见后，于3月31日前报送登记管理机关，接受年度检查。年度检查环节，境外非政府组织在华代表机构须就主要税务事项在财务会计报告中依法披露。

---

① 参见《国家税务总局关于做好境外非政府组织代表机构税务登记办理有关工作的通知》第一条："对于2017年1月1日以后在公安部门登记设立的境外非政府组织机构，以18位统一社会信用代码为纳税人识别号，按照现行规定办理税务登记，发放税务登记证件。"

第四篇
捐赠方涉税政策应用

依据《中华人民共和国慈善法》《中华人民共和国公益事业捐赠法》,本篇所称"捐赠人",指基于慈善目的,依法通过社会组织或直接向受益人自愿、无偿赠与其合法财产的自然人、法人或者其他组织。在中国慈善实践中的捐赠人主体,既包括作为自然人的高收入、高净值个人及其家族,也包括作为营利法人的企业;而随着慈善文化的普及,作为自然人的普通公民,在慈善捐赠中所贡献的份额比重越来越高。本篇主要为这几类捐赠人提供慈善税收政策应用指引。

第十五章
高收入、高净值人群慈善与税收政策应用

第一节 当代中国高收入、高净值人群慈善概述

一、高收入、高净值人群慈善战略的定义

高收入、高净值人群,简称"两高"人群,是一个动态调整的概念,一般指资产净值在 1000 万元人民币资产以上的个人,他们也是金融资产和投资性房产等可投资资产较高的社会群体。[①]

得益于近年来改革开放的不断深化,我国经济转型升级持续推进,中国财富市场的规模迅速扩大。根据清华五道口全球家族企业研究中心发布的报告,截至 2017 年底,我国的私人财富总量达到 166.7 万亿元人民币,在世界排名第二,仅次于美国。高净值人群数量也同步增长,从 2008 年的 36 万人增长至 2017 年的 126 万人,年复合增长率达 15%,并于 2015 年首次突破了 100 万人。《2020 方太·胡润财富报告》显示,截至 2019 年 12 月 31 日,拥有 600 万元资产的"富裕家庭"数量已经达到 501 万户,总财富达 146 万亿元,拥有千万元资产的"高净值家庭"数量达到 202 万户,拥有亿元资产的"超高净值家庭"数量达到 13 万户。基于中国高净值人群的规模不断攀升,这部分人群的财富管理需求特别是慈善管理需求也与日俱增。

二、高收入人群慈善战略的范围

为了更好地分析高净值人群财富及慈善管理的需求与决策,准确识别高收入人群抑或是高净值人群的用户画像是至关重要的。根据清华五道口全球家族企业研究中心发布的报告,目前我国的高净值人群主要包括四类:一代创富者(占比63%)、二代继承者(占比11%)、公司高管(占比10%)、专业人士等(占比16%)(见表15-1)。

表 15-1 高净值人群构成

类型	画像	年龄特征	教育背景	核心需求
一代创富者	民营企业家	大部分年事较高	教育水平在四类人群中最低	财富保障与传承

[①] 需要注意的是所谓"高收入、高净值"的概念并非一成不变的。2014 年由胡润研究院发布的《2014 中国高净值人群心灵投资白皮书》中,将高净值人士定义为个人资产 600 万元人民币以上的人群,然而在 2015 年发布的报告中,这一标准已然上升为 1000 万元人民币,目前 1000 万元人民币的标准也基本上为各大财富研究机构所认可。

续表

类型	画像	年龄特征	教育背景	核心需求
二代继承者	传承上一代企业或财富的年轻二代继承者	在四类人群中最为年轻	教育水平高	财富的保值增值、个人成长与全面提高生活质量
公司高管	多为大型企业的职业经理人	年富力强的中年阶段	教育水平在四类人群中最高	财富的保值增值、增长型财富管理
专业人士	依靠知识与专业技术获得收入	年富力强的中年阶段	教育水平高	财富的保值增值、增长型财富管理

资料来源：《中国私人银行行业发展报告》（2018）。

（一）一代创富者

这类高净值人群主要是改革开放后成长起来的民营企业家。他们中的大部分人群年逾半百，甚至年过花甲。一代创富者的财富管理的首要需求即是注重财富的保障与传承，他们拥有的财富主体为企业股权，更加偏好稳健、保守的投资项目。而作为财富的创造者，民营企业家在拥有较为稳定的投资组合后，会追求在传承财富的过程中实现帮助他人、回报社会的价值取向，而慈善事业就成了一代创富者财富管理中较为重要的一笔。

（二）二代继承者

这类人群主要出生、成长于高净值家庭，其财富主要来源于传承上一代企业或财富。这类人群也较为年轻、教育水平较高，更关注财富的保值增值，与此同时，注重个人成长与全面提高生活质量。他们的投资理念相对保守，注重避免家族财富流失的现象，但相比于一代创富者而言，他们更偏向于追求财富的增值，以实现个人的人生目标。中国的二代继承者往往多在海外受过教育，对于价值观导向的投资比如影响力投资，以及时尚前沿的慈善活动形式例如慈善晚宴，都表现出了比第一代企业家更为浓厚的兴趣和更高的参与度。

（三）公司高管

这类人群大多为大型企业的职业经理人，处于年富力强的中年阶段，教育水平在四类人群中最高。他们的财富管理倾向于增长型的管理策略。公司高管在晋升成长的过程中，也需要更多了解和关注企业主和董事会关注的问题。企业慈善、企业社会责任以及可持续发展这些议题都是公司高管越来越关注的重要企业战略及治理话题。

（四）专业人士

这类人群主要是指依靠自身知识与专业技术获取收入的人群，他们与公司高管所处的年龄阶段较为类似，财富管理倾向与公司高管也较为相似，追求增长型的财富管理。除此之外，这类人群一般具有较为丰富的专业知识，因此他们相比前三种人群而言具有更加成熟的多元化资产配置认识。

三、高收入人群的捐赠动机

洛克菲勒家族慈善办公室运用九个关键词对捐赠者的慈善捐赠动机进行了简要概况,包括价值观、家庭、经历、认同感、承诺、信仰、分析、遗产及传统。

胡润研究院在 2018 年发布了《中国高净值人群公益行为白皮书》,认为促使中国高收入人群从事慈善活动的排前三位的主要因素是,帮助他人、回报社会与实现个人价值的升华。另外,为子女树立榜样、获得声誉、家族传承、拓展人脉,同样是促使这部分人群进行公益事业的重要原因(见图 15-1)。

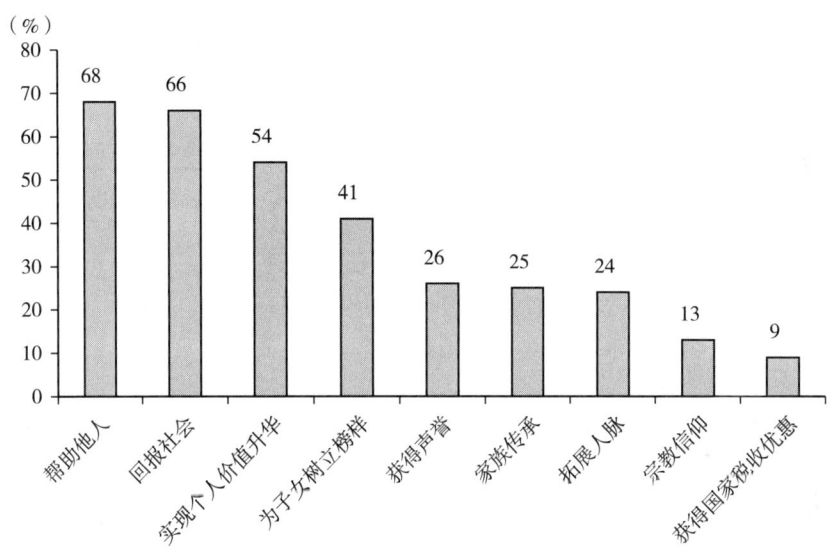

图 15-1 促使高净值人群参与公益活动的因素

资料来源:《2018 中国高净值人群公益行为白皮书》。

第二节 "双高"人群的慈善税收政策应用

本节聚焦于"双高"人群开展慈善活动的场景和税收政策指引。通过对慈善捐赠的动机、对象、工具、涉税行为及相应优惠政策的梳理,为高收入人群的慈善行为进行操作指引,以鼓励更多的人群参与慈善活动、引领中国慈善的新气象。

一、主要慈善机制

(一)捐赠给社会组织

通过捐赠给基金会、社会团体及社会服务机构等社会组织进行慈善活动,是一种常见的机制。

该种捐赠方式的最大优点在于捐赠人可以顺利享受所得税税收优惠政策。在诸多优惠政策中，均规定了公益性捐赠支出可以税前扣除所要求的捐赠方式。

这一方式的劣势是，捐赠人丧失了对于慈善资金如何安排的话语权。除此之外，所捐赠资产的投资也不再受捐赠人的影响，完全由所选择的机构进行决策（见图15–2）。

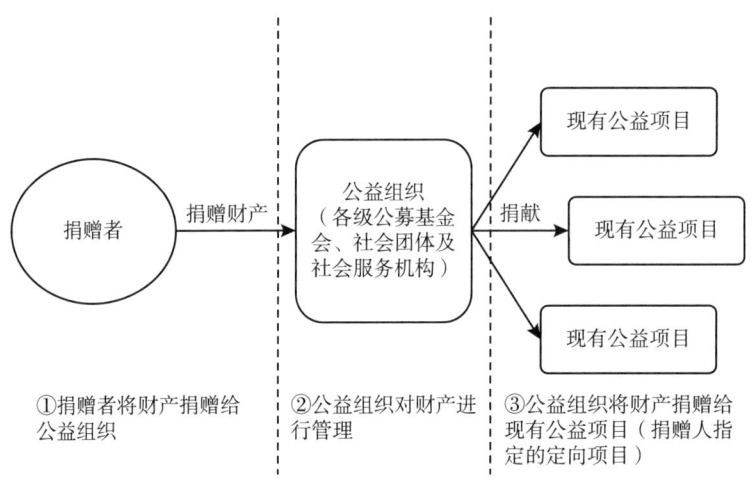

图 15–2 捐赠给公益组织的流程

（二）设立专项基金

根据各地方的专项基金管理办法规定，社会组织专项基金是指社会组织利用捐赠人的定向捐赠、社会组织自有资金设立的，专门用于资助符合其宗旨、业务范围的某一项事业的基金。

通过设立专项基金进行慈善活动，其优势主要在于专项基金的用途可以充分尊重捐赠人的意愿，如专项基金的捐赠人可以依法或者依据基金会专项基金的管理规定享有冠名权、知情权、建议权等权利；除此之外，设立专项基金的起始资金的要求通常远远低于设立基金会的注册资金要求。

（三）设立慈善信托

在《慈善法》中，慈善信托被定义为"委托人基于慈善目的，依法将其财产委托给受托人，由受托人按照委托人的意愿以受托人的名义进行管理和处分，开展慈善活动的行为"。

目前，慈善信托已经成为进行慈善活动的一种新型工具，其优势主要有以下两点：首先，其能够充分贯彻捐赠人的意愿，进行资产的捐赠与利用；其次，慈善信托没有像基金会等公益组织的年度最低支出要求，可以就慈善信托里的本金开展长期的增值保值。

但是，由于慈善信托在我国发展的时间较短，目前缺乏慈善信托税收优惠的操作细则。尽管《慈善信托管理办法》中规定："慈善信托的委托人、受托人和受益人按照国家有关规定享受税收优惠"，但是在实践中税收优惠政策仍未落地，因而委托人无法就其捐赠额或捐赠设立行为享受税前扣除。目前主要有信托公司作为受托人，基金会作为项目执行人；基金会作为委托人，信托公司作为受托人；家族慈善基金和信托公司共同作为受托人三种方式，各有优劣如图15–3所示（详见专栏十）。

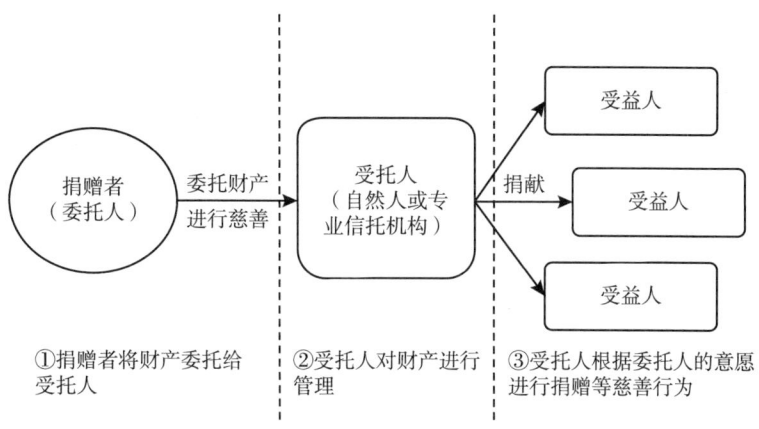

图 15-3 慈善信托的操作流程

(四) 遗嘱捐赠

根据《中华人民共和国民法典》第六篇第三章的规定,"自然人可以依照本法规定立遗嘱处分个人财产,并可以指定遗嘱执行人。自然人可以立遗嘱将个人财产赠与国家、集体或者法定继承人以外的组织、个人。自然人可以依法设立遗嘱信托"。

遗嘱捐赠方式包括两种:普通遗嘱捐赠与遗嘱信托捐赠。

1. 普通遗嘱捐赠

普通遗嘱是一种常见的、传统的继承和赠与遗产的方式。通常继承人或受赠人会在遗嘱生效时一次性获得被继承人或捐赠人的遗产。

这种方式的优点在于操作性较高、简便易行,可以使得捐赠人对其遗产进行较好的管理。但缺点在于实际的捐赠效果需在捐赠人离世之后才取得,而对于捐赠人而言,该种形式的捐赠并不能取得捐赠的税收优惠或扣除。

2. 遗嘱信托捐赠

遗嘱信托实际上是一种金融工具,它的运作主要是通过信托进行的。首先,委托人通过预先立遗嘱的方式,将财产的规划内容,包括交付信托后遗产的管理、分配、运用及给付等,详订于遗嘱中。其次,等到遗嘱生效时,再将财产转移给受托人,由受托人依据信托的内容,也就是委托人遗嘱所交办的事项,管理处分财产。而通过遗嘱信托捐赠,即是在立遗嘱时,将财产的捐赠作为财产的规划内容,使信托的实际受益人为受赠人(见图 15-4)。

通过遗嘱信托进行捐赠的方式实则有机地将"金融"与"公益"结合在一起,能够使得在捐赠人离世之后,财产仍能实现保值增值,并发挥积极的社会担当。但这种方式较为复杂,且要保证其有效性,必须在保证遗嘱本身合法有效之外,根据我国信托法的相关规定进行架构设计。这对委托人即捐赠人而言,具有较大挑战性,通常要有专业人员的帮助才能保证其效力。曾经的亚洲女首富龚如心的遗嘱就是一个遗嘱信托,龚如心的财产馈赠给华懋慈善基金有限公司,并组成一个管理机构以监管该基金继续推进项目,设立类似诺贝尔的具有世界性意义的奖金。由于当时其遗嘱中对信托人和慈善的方向用途没有做出明确清晰的安排和说明,以至于后来造成了持续的法律纠纷。

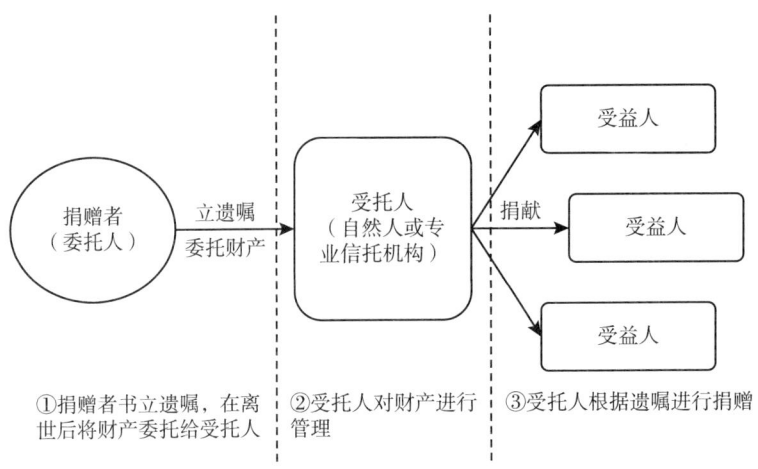

①捐赠者书立遗嘱，在离世后将财产委托给受托人　　②受托人对财产进行管理　　③受托人根据遗嘱进行捐赠

图 15-4　遗嘱信托操作流程

资料来源：本书整理。

（五）捐赠者顾问基金

捐赠者顾问基金（donor advised funds，DAF）是一类中介慈善机构，它为捐赠个人开设专门账户，在实现税收优惠的情况下，保留捐赠者对所捐赠的资产如何进行分配、处理的建议的权利。DAF 为捐赠人提供了最大幅度的节税幅度和灵活性，尤其对于中产阶级捐赠人非常有吸引力。这一慈善组织形式在美国发展迅猛，被称为"在美国增长最快的工具"。在 2016 年，富达集团（Fidelity）管理的富达捐赠者顾问基金当年的捐赠额超过了历史上获取美国最多捐赠的非营利组织联合劝募，这是美国捐赠者顾问基金发展的一个里程碑，也标志了其作为慈善捐赠工具的重要地位。在我国，该项捐赠工具发展还处于探索阶段，但作为未来极有发展潜力的慈善捐赠工具，高净值人群应对其进行相应了解（见图 15-5、图 15-6 和表 15-2）。

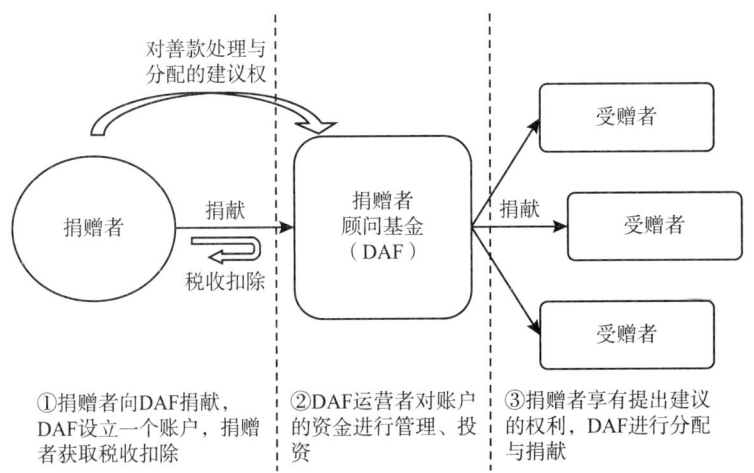

①捐赠者向DAF捐献，DAF设立一个账户，捐赠者获取税收扣除　　②DAF运营者对账户的资金进行管理、投资　　③捐赠者享有提出建议的权利，DAF进行分配与捐献

图 15-5　捐赠者顾问基金的运行方式

资料来源：Understanding DAF。

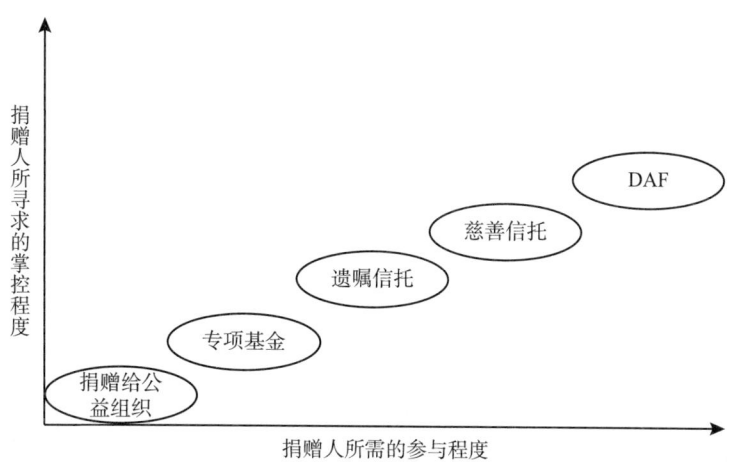

图 15-6　各类捐赠机制的选择

表 15-2　　　　　　　　　　　慈善参与机制的比较

慈善机制	优势	劣势	捐赠人税收优惠
捐赠给公益组织	(1) 便捷易行 (2) 税收优惠	捐赠人丧失对捐赠资产的实际用途的掌握	个人所得税税前扣除
设立专项基金	(1) 专项基金的用途可以充分尊重捐赠人的意愿 (2) 起始资金无门槛	专项基金不具备独立的法人资格，不得以独立组织的名义开展募捐、与其他组织和个人签订协议或开展其他活动	向专项基金依托的具有公益性捐赠税前扣除资格的基金会捐赠，可以在个人所得税中税前扣除
设立遗嘱信托	(1) 实现身后财产的有效利用与社会传承 (2) 充分实现委托人的意愿	较为复杂、对受托人选择要求较高	暂无税收优惠政策
设立慈善信托	(1) 充分贯彻捐赠人的意愿 (2) 设立门槛远低于基金会等公益组织，暂无资金门槛要求	较为复杂、涉及对信托的了解与运用、对受托人的选择要求较高	暂无落地的税收优惠政策
捐赠给 DAF	(1) 资助的领域不会受到限制 (2) 捐赠完成时捐赠者就可立刻享有捐赠的税收优惠 (3) 充分实现委托人的意愿	国内的发展较为缓慢，尚未成熟	个人所得税税前扣除

总而言之，捐赠人对于慈善活动机制的选择应当在考虑到各类机制的优缺点、税收优惠政策的同时，充分平衡个人对掌控力的需求及各类机制所需投入的时间精力及资源，选择最合适的慈善参与机制。

二、捐赠对象与税收筹划

为了使高收入人群在进行慈善活动时能够避免税收风险，充分享受到政策优惠，本章节就对具体慈善活动可能涉及的各类税种所实行的优惠政策进行梳理，并对高净值人群可能面临的常见误区进行提醒，以实现行为适用最优的政策。

根据常见的捐赠类型，例如捐赠现金、捐赠非货币性资金中的房产、艺术品等，首先罗列个人捐赠会涉及的各类税种及其优惠。

（一）个人所得税

根据第二章表2-23中的个人所得税政策，个人捐赠能在个人所得税上取得30%甚至全额的税前扣除，但其中仍存在许多税收误区与税收风险：

1. 捐赠方式的要求

以上政策文件在说明给予纳税人的优惠时，均提及必须为间接捐赠。而间接捐赠的机构为中华人民共和国境内的公益性组织、县级以上人民政府及其部门等国家机关，抑或是符合规定的各类基金会。这实际表明，除了个别例外情形，直接捐赠给受益人无法进行个税税前扣除。且其中的公益性组织是指依据国务院发布的《基金会管理条例》和《社会团体登记管理条例》的规定，经民政部门依法登记、符合有关条件的基金会、慈善组织等公益性团体。

除此之外，财政部、国家税务总局《关于向中华健康快车基金会等5家单位的捐赠所得税税前扣除问题的通知》规定了直接向中华健康快车基金会和孙冶方经济科学基金会、中华慈善总会、中国法律援助基金会和中华见义勇为基金会的捐赠可以在缴纳个人所得税前全额扣除。财政部、国家税务总局《关于支持新型冠状病毒感染的肺炎疫情防控有关捐赠税收政策的公告》中还允许个人直接向承担疫情防治任务的医院捐赠的扣除，这实际是应对新冠肺炎疫情的特殊政策优惠。

【案例15-1】捐赠方式的要求

李某在新冠肺炎疫情期间，希望能够尽一己之力向当地捐赠一批市场价格为10万元的医疗物资，有以下几种捐赠方式可供他选择：

方案一：将物资向当地市级政府进行。

方案二：直接捐赠给当地负责疫情防治任务的医院，并能取得医院开具的捐赠接收函。

方案三：直接捐赠给当地各个社区。

【分析】按照财政部、国家税务总局《关于支持新型冠状病毒感染的肺炎疫情防控有关捐赠税收政策的公告》，捐赠用于防控新冠肺炎疫情的医疗物资适用税前扣除的优惠政策，即通过公益性社会组织或者县级以上人民政府及其部门等国家机关捐赠或直接向承担疫情防治任务的医院捐赠（并需取得捐赠接收函）。因此，为使捐赠人个人利益在进行慈善行为的同时得到最大化保障，李某应当选择合适的捐赠方式。

根据分析，方案一及方案二的捐赠方式均可在个人所得税计算应纳税额时全额扣除市场价格10万元，而方案三则不适用政策优惠。

因此，李某应当选择方案一或方案二。

2. 捐赠用途的要求

以上政策文件的另一个相同点就在于都对个人捐赠的用途作出了相应的规定。需要具体说明的如表 15-3 所示。

表 15-3   捐赠用途与捐赠目的的说明

序号	捐赠用途/目的的要求	具体说明
1	公益性青少年活动场所	指专门为青少年学生提供科技、文化、德育、爱国主义教育、体育活动的青少年宫、青少年活动中心等校外活动的公益性场所
2	老年服务机构	指专门为老年人提供生活照料、文化、护理、健身等多方面服务的福利性、非营利性的机构，主要包括：老年社会福利院、敬老院（养老院）、老年服务中心、老年公寓（含老年护理院、康复中心、托老所）等
4	教育事业	
5/6/7/8/9	公益性救济	
10	教育、扶贫、济困等	
11	用于应对新型冠状病毒感染的肺炎疫情	

由此可见，针对公益性捐赠可扣除的税收优惠，通常还需满足捐赠用途或捐赠目的的规定，这实际体现了国家为了扶持某些产业或鼓励某些事业的发展所进行的政策引导。

3. 捐赠票据的要求

在进行捐赠时，捐赠人除了要对捐赠方式、捐赠用途留心外，还要确认拥有由具有捐赠税前扣除资格的受赠人开具的由财政部门统一印制的《公益事业捐赠统一收据》，才能享受相关税收优惠。

而针对新冠肺炎疫情则相对较为特殊，属于特殊规定，若为直接向医院捐赠，则捐赠人凭承担疫情防治任务的医院开具的捐赠接收函即可办理税前扣除事宜。

4. 捐赠时间的要求

在财政部、国家税务总局《关于公益慈善事业捐赠个人所得税政策的公告》中，实则对进行扣除的时间进行了限制，即要在"当期"进行扣除。对"分类所得"而言，当期扣除不完的不能向后结转，这个当期指的是"取得分类所得的当月"，但可在其他项目中扣除；对"综合所得"或"经营所得"而言，同样在当期一个所得项目扣除不完的公益捐赠支出，可以按规定在其他所得项目中继续扣除，但这个当期指的就是"取得综合所得或经营所得的当年"。

【案例 15-2】捐赠时间的要求

钱某预计 2019 年通过公益基金会捐赠给教育事业 20 万元，其仅在 2019 年 11 月取得 60 万元的财产转让收入，其余月份均无所得。钱某应如何选择捐赠时间？

【分析】此案例涉及的主要是捐赠时间的选择。根据《关于公益慈善事业捐赠个人所得税政策的公告》的规定，捐赠支出应在"当期"扣除。而针对钱某仅有财产转让收入此类分类所得而言，其应在当月扣除，则意味着若想享受优惠政策，则必须在2019年11月份进行捐赠。

5. 申报扣除的要求

由扣缴义务人进行代扣代缴的，应当告知扣缴义务人可扣除的金额，且提供捐赠票据的复印件及相应财产原值证明（捐赠股权与房产的情况）。

由个人自行办理或扣缴义务人代办的，必须要在申报时一并报送《个人所得税公益慈善事业捐赠扣除明细表》（参见第五章第二节）。

（1）捐赠款物的选择。

根据财政部、国家税务总局《关于公益慈善事业捐赠个人所得税政策的公告》，捐赠款物的标的被分为三类：货币性资产、股权与房产、其他非货币性资产。其公益捐赠支出金额的确认则根据类别而有所区分。货币性资产的捐赠以实际捐赠金额确定为捐赠支出，股权与房产以财产原值确定，而其他非货币性资产则按市场价格确定。因此，个人在进行非货币性资产捐赠时应考虑其原值、市场价值与实际可变现价值的差异，合理选择最有利的捐赠方式。

（2）捐赠身份的选择。

根据财政部、国家税务总局《关于公益慈善事业捐赠个人所得税政策的公告》，规定"个体工商户发生的公益捐赠支出，在其经营所得中扣除"。这使得拥有经营所得的捐赠人存在税收筹划的空间，捐赠人需选择以个体工商户身份进行捐赠从而在经营所得中扣除，还是以个人的身份进行捐赠而能在其余分类所得中扣除。不过需要注意的是，捐赠人的经营所得采取核定征收方式的，不得扣除公益捐赠支出。

【案例15–3】捐赠身份的选择

王某是个体工商户，其2020年由于经营不善而亏损10万元（无其余纳税调整项目），且在2020年12月的股息红利类所得为15万元，无其余收入项目。当月通过符合税收扣除的县级政府进行捐赠现金资产1万元。（不考虑除捐赠支出外的扣除项目）

方案一：以个人的身份进行捐赠。

方案二：以个体工商户的身份进行捐赠。

【分析】两种方案的差异性在于是否能在除经营所得以外的项目中扣除。

方案一：

由于以个人身份捐赠，即可在个人所得税的股息红利类所得中扣除。

扣除限额 = $15 \times 30\%$ = 4.5万元 > 1万元

应交个人所得税 = $(15 - 1) \times 20\%$ = 2.8万元

方案二：

由于以个体工商户的身份进行捐赠。经营亏损，当年不得扣除，也不能进行结转。

应交个人所得税 = $15 \times 20\%$ = 3万元

综上,由此可见,合理的选择捐赠身份是能够最大化利用税收优惠,在贡献慈善力量的同时实现个人经济利益最大化。而现实进行操作时,也需考虑到捐赠人可能希望其经营的店铺得到部分声誉,以实现后期更好的发展。因此,仍需结合实际需求全面和综合地考虑。

除此之外,《关于公益慈善事业捐赠个人所得税政策的公告》中还对个人独资企业与合伙企业发生的公益捐赠支出的扣除作出了相应规定:"其个人投资者应当按照捐赠年度合伙企业的分配比例(个人独资企业分配比例为百分之百),计算归属于每一个人投资者的公益捐赠支出,个人投资者应将其归属的个人独资企业、合伙企业公益捐赠支出和本人需要在经营所得扣除的其他公益捐赠支出合并,在其经营所得中扣除"。

(3)扣除顺序的选择。

根据财政部、国家税务总局《关于公益慈善事业捐赠个人所得税政策的公告》,规定"居民个人根据各项所得的收入、公益捐赠支出、适用税率等情况,自行决定在综合所得、分类所得、经营所得中扣除的公益捐赠支出的顺序"。由于经营所得与综合所得适用超额累进税率,而分类所得的税率为单一税率20%,因此,从一般而言,选择个人适用最高税率的项目率先进行扣除,能实现更高的节税效应。

【案例15-4】扣除顺序的选择

王某2020年的综合所得、经营所得均为200万元。2020年12月的股息红利所得为200万元。王某打算在2020年12月通过符合税收扣除的县级政府进行捐赠现金资产60万元。

那么王某应在哪笔所得中先进行扣除呢?(不考虑除捐赠支出外的扣除项目)

【分析】该案例主要的筹划点即在于股息红利所得与其余两项适用的税率不同,为单一税率。选择先在哪个项目中扣除应考虑税率的差异造成的节税效应不同。

若选择先在综合所得汇算清缴时扣除:

扣除限额 = 200 × 30% = 60 万元

应交个人所得税 = [(200 − 60) × 45% − 18.192] + [200 × 35% − 6.55] + [200 × 20%] = 148.26 万元

若选择先在经营所得汇算清缴时扣除:

扣除限额 = 200 × 30% = 60 万元

应交个人所得税 = [(200 − 60) × 35% − 6.55] + [200 × 45% − 18.192] + [200 × 20%] = 154.26 万元

若选择先在股息红利所得中扣除:

扣除限额 = 200 × 30% = 60 万元

应交个人所得税 = [200 × 45% − 18.192] + [200 × 35% − 6.55] + [(200 − 60) × 20%] = 163.26 万元

综上所得,应选择先在综合所得汇算清缴时扣除。该案例所得出的普适性的结论即为:从一般而言,选择个人适用最高税率的项目率先进行扣除,能实现更高的节税效应。

(4) 扣除时间的选择

扣除时间的选择主要指的是对于综合所得或经营所得中的扣除，涉及了在预扣预缴时扣除与汇算清缴时扣除的选择。

根据《关于公益慈善事业捐赠个人所得税政策的公告》，"居民个人取得工资薪金所得的，可以选择在预扣预缴时扣除，也可以选择在年度汇算清缴时扣除。居民个人选择在预扣预缴时扣除的，应按照累计预扣法计算扣除限额，其捐赠当月的扣除限额为截至当月累计应纳税所得额的30%（全额扣除的从其规定）。个人从两处以上取得工资薪金所得，选择其中一处扣除，选择后当年不得变更"。并且，文件中还规定了综合所得中，除了工资薪金所得以外的三项所得（劳务报酬所得、稿酬所得、特许权使用费所得），只能选择在汇算清缴时进行扣除。

（二）印花税

针对印花税的个人捐赠相关的税收优惠政策则较为简单，仅对财产捐赠的对象作出了要求，即包括政府、社会福利单位及学校。其中，社会福利单位是指抚养孤老伤残的社会福利单位。

（三）其余税种

除个人所得税与印花税以外的其余税种，由于个人捐赠资产大都不涉及，或是不属于其征税范围，而不必考虑在内。例如，房产税是针对房屋产权所有人所征收的财产税，捐赠行为不涉及房产税。而个人捐赠之后，财产的产权所有人变更，不再涉及捐赠人的纳税义务。土地增值税是对有偿转让国有土地使用权及地上建筑物和其他附着物产权所取得的增值额进行课税，而在慈善行为中，无偿捐赠不属于土地增值税的征收范围。契税则仅涉及财产受让人的纳税义务，因此捐赠方不需考虑。

—— 专栏十 ——

我国"慈善信托"模式介绍及涉税分析

慈善信托是开展慈善活动的重要形式，大部分国家对于慈善信托的认定和管理比较严格，要求慈善信托不得包含其他非慈善目的，我国也是如此。我国慈善信托起步较晚。2001年，《中华人民共和国信托法》（以下简称《信托法》）颁布实施，"公益信托"专列一章，公益信托从此有了法律基础。2016年，《慈善法》明确慈善信托属于公益信托，由民政部门管理，慈善信托进入新的发展时期。本书将从业税融合角度，就这几年慈善信托的业务操作和涉税要点进行初步的分析，仅供参考。

一、慈善信托简介

（一）定义

慈善信托是指委托人基于扶贫济困、扶老救孤、恤病助残优抚、救助灾害、促进科教文卫体发展、防治污染公害、保护改善生态等慈善目的，依法将其财产委托给受托人，由受托人按照委托人意愿以受托人名义进行管理和处置，开展慈善活动的行为。慈善信托的监管机构为民政部和银保监会；慈善信托的委托人应当是具有完全民事行为能力的自然人、法人或者依法成立的其他组织，受托人可以由委托人确定其信赖的慈善组织或者信托公司担任，受托人至少每年一次向社会公开信托事务处理和财产情况，并上报备案民政部门，但无须核准；慈善信托监察人的设置没有强制性要求。

（二）特征

当前信托公司的业务主要分为营业信托业务、商事信托业务和公益信托业务，公益信托业务包含了慈善信托业务。

慈善信托区别于商事信托、民事信托的五个特征是：一是慈善信托是基于慈善目的而设立的信托；二是慈善信托的受益人必须是不特定的；三是慈善信托的财产和收益必须全部用于慈善目的；四是慈善信托设立需报民政部门进行备案；五是慈善信托的受托人只能由慈善组织或者信托公司担任。《信托法》没有对公益信托规定任何税收优惠，《慈善法》则规定"未按照前款规定将相关文件报民政部门备案的，不享受税收优惠"。

《慈善法》与《信托法》因慈善信托而互相关联、互为补充，构成了我国慈善信托法律体系的两大支柱。依据《中华人民共和国立法法》精神，《慈善法》晚于《信托法》出台，因此对于两者规定如有不一致的，应适用《慈善法》。

（三）发展现状

据慈善中国公示数据统计，截至2021年3月31日。全国总备案慈善信托558单，财产总规模共33.6亿元[①]。

2016年9月1日，慈善信托陆续落地实施，早期设立的慈善信托产品已经转入项目执行及后续运营管理阶段。2017年、2018年，国家相继发布实施《慈善信托管理办法》《慈善组织信息公开办法》和《慈善组织保值增值投资活动管理暂行办法》，慈善信托日趋规范。

二、我国目前慈善信托的主要模式简介

慈善组织和信托公司作为慈善信托的单一受托人，即慈善组织或者信托公司可独立完成委托人委托的履行慈善事务及管理慈善财产，这两种模式相对简单，本书不再赘述。鉴于慈善组织与信托公司各有优劣，利用二者优势互补的组合方式越来越受到人们的欢迎，主要有以下六种模式：

（一）信托公司作为受托人，慈善组织仅作为慈善公益项目执行人

该模式下，信托公司作为受托人，负责慈善信托的设立、信托财产的保值增值与日常运营管理，同时发起成立慈善信托管理理事会，由理事会对作为项目执行人的慈善组织进行遴选与评估，获得通过的慈善组织将与信托公司签订合作协议，其基于过往积累的项目资源与渠道优势，依照委托人的意愿去发掘、筛选、评估潜在合适的慈善项目，待理事会对其审核、确认后，由慈善组织负责该慈善项目的落地实施和受助群体（不特定受益人）的筛选（见图专10-1）。

[①] 资料来源：全国慈善信息公示平台。

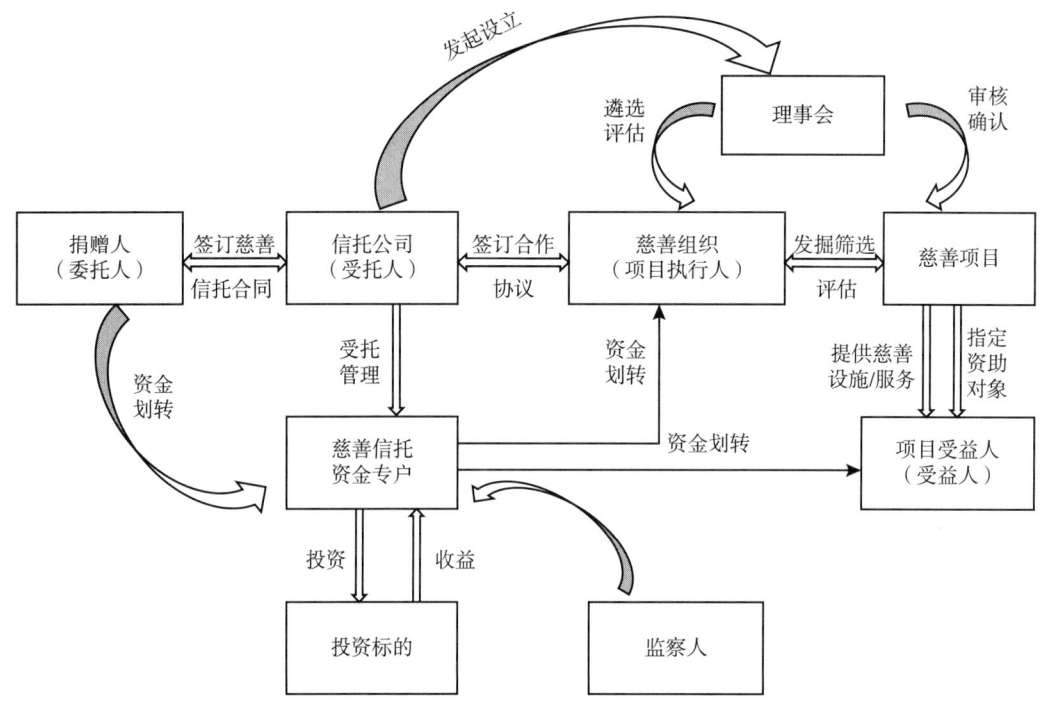

图专 10-1 信托公司作为受托人，慈善组织作为慈善公益项目执行人模式

（二）慈善组织作为委托人，信托公司作为慈善组织的受托人

该模式下，捐赠人在慈善组织的协助下设立慈善信托，然后再由慈善组织作为委托人，将资金划转到慈善信托资金专户，信托公司作为受托人开展投资，发挥信托公司资产管理优惠，双方各司其职。

捐赠人将货币、非货币资产委托给慈善组织，无论慈善组织是否涉及善款的具体花费与使用。慈善信托专户资金（包括本金与收益）均需先划转至慈善组织的法人主体账户，再由其根据慈善项目特征对资金使用进行安排。慈善资产拨付后，慈善组织作为委托人帮捐赠人甄选合适的信托公司来进行专业化资产管理运作，实现财产的保值增值，此时信托公司是受托人角色。

此种模式比较适合基金会就某个持续资助的较大的专项基金，捐赠人将财产直接捐赠给慈善组织，可直接从慈善组织一次性取得捐赠金额的公益事业捐赠统一票据，享受公益性捐赠税前扣除的税收优惠；设置专门的慈善信托实现了专项基金与基金会其他项目资金的剥离，同时交由专业的信托公司管理，也保证了理财收益。信托公司作为慈善组织的受托人，其严格的管理机制对资金的使用有效性上得到了进一步的保障（见图专 10-2）。

（三）慈善组织和信托公司共同作为受托人

这一模式也叫"双受托人"模式，由信托公司与慈善组织共同担任受托人，与委托人签订慈善信托合同，规定各自的职责、权益、义务及需要承担的风险。该模式下，捐赠者作为委托人，以其持有的财产设立慈善信托，由慈善组织和信托公司共同作为受托人，信托公司作为资金受托人主要负责资金的保值增值，包括信托财产的账户管理、资产保值增值、信息披露等相关事宜，信托本金及收益全部用于捐赠；慈善组织作为慈善事务受托人负责开展慈善项目落地，包括对慈善项目的发掘、筛选、评估等项目执行工作。该模式下，依然可以由慈善组织向捐赠者开具公益事业捐赠统一票据。

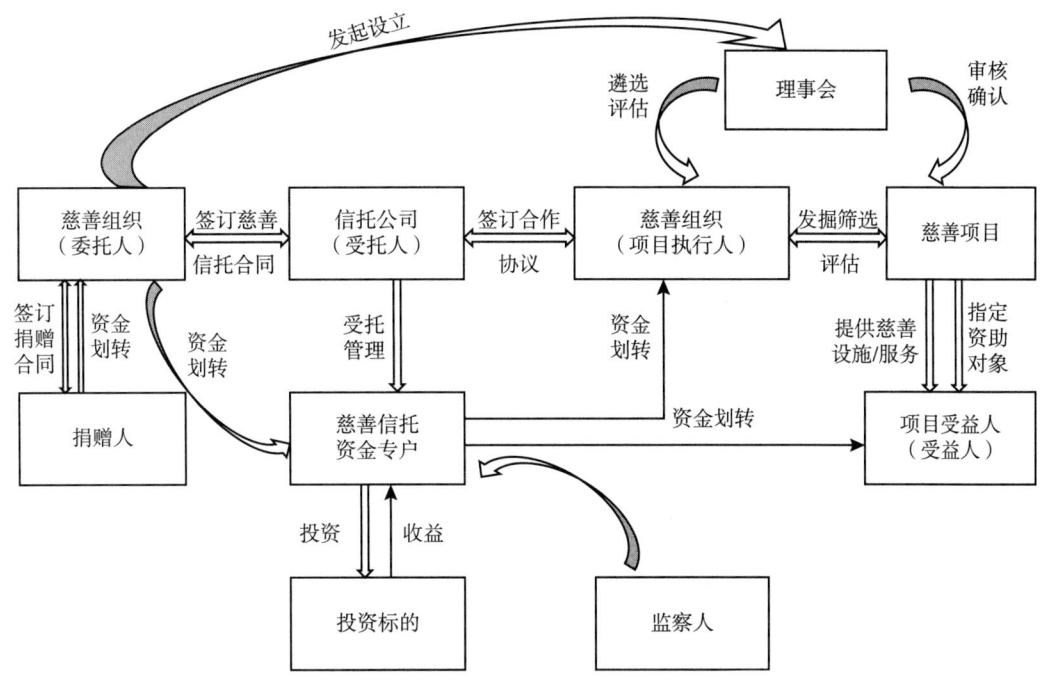

图专 10-2　慈善组织作为委托人，信托公司作为慈善组织的受托人模式

在实际操作中，尽管这一模式是双受托人共同承担连带责任，但双受托人之间还是由一方承担主要受托管理人的角色（负责在"慈善中国"等平台上的信息公开等），一般而言，如果是信托公司担任这一主要受托管理人，通常捐赠资金都是分次拨付给慈善组织，资金来源于信托资产的收益；反之，如果是慈善组织担任这一主要受托管理人，那么财产转给信托公司，通常都是一次性交付到位。因此需要两个受托人之间有基于良好的信誉建立起来的足够的信任。基于实质重于形式，真实法律关系、实质资金流向等将导致涉税处理上的不同（见图专 10-3）。

（四）"信托+基金会"双实体模式

该模式下，捐赠人对两个实体都有控制权，作为委托人将货币、非货币等资产先委托给信托公司设立慈善信托，再由信托公司作为受托人受托管理该慈善信托，而慈善组织则仅作为慈善公益项目执行人，负责开展慈善活动及公益项目的执行。该模式下，捐赠人将财产直接捐赠给慈善信托，无法从信托公司处取得合法的公益事业捐赠统一票据，但是慈善组织作为公益项目执行人，可以根据信托公司每次的资助金额向信托公司开具公益事业捐赠统一票据，从而享受公益性捐赠税前扣除的税收优惠。

比尔及梅琳达盖茨基金会（以下简称"盖茨基金会"）是最著名的"信托+基金会"双实体的模式。盖茨基金会作为全世界最大的基金会，从 2006 年开始采用了"信托+基金会"双轨模式，即盖茨基金会负责所有的慈善赠款项目，盖茨信托负责资产保值增值，两者是完全独立的两个法律实体，各自有其理事会（梅琳达与比尔·盖茨两人在两个理事会都担任了理事），互不干涉决策。盖茨基金会本身没有实质性资产，定期向盖茨信托申请拨款，用于各种慈善项目。盖茨信托由一个专业的投资团队做资本运作，所赚的钱用于慈善使命。值得注意的是，信托的投资决策战略方向由盖茨和梅琳达共同制定，但具体投资方式由投资团队选择，用更加广泛的投资渠道多样化信托的投资组合，确保有持续的资金来源使基金会完成使命。盖茨基金会信托在全球各主要市场都是活跃的机构投资者，该信托已获批成为 QFII（合格的境外机构投资者），可在中国购买债权和股权资产（见图专 10 – 4）。

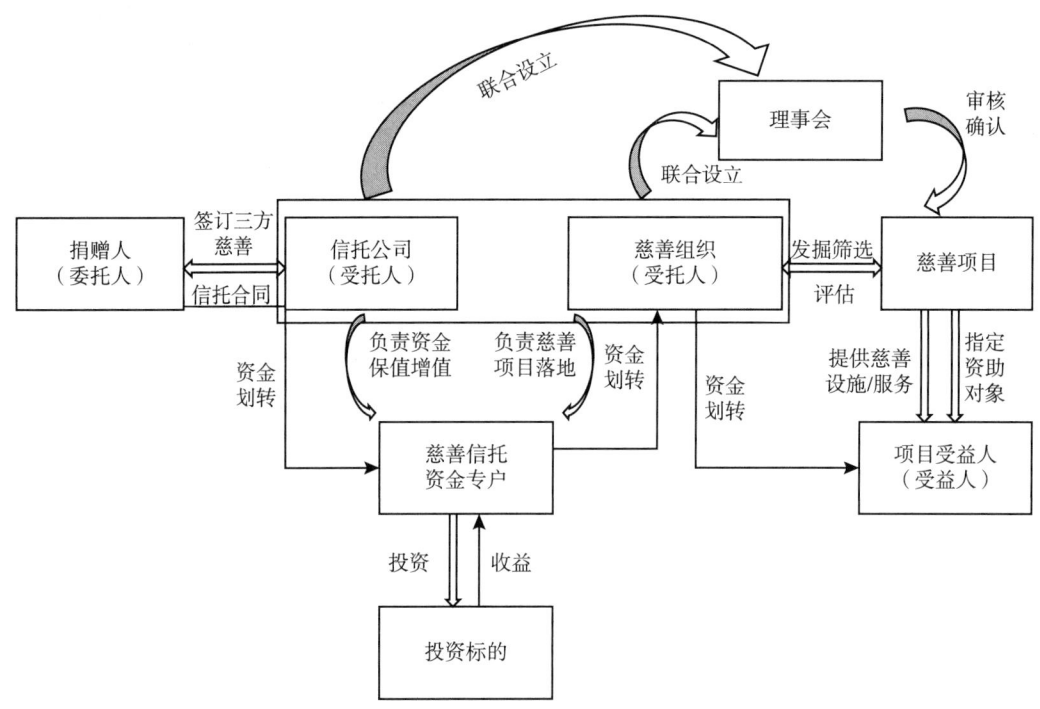

图专 10 – 3　慈善组织和信托公司共同作为受托人模式

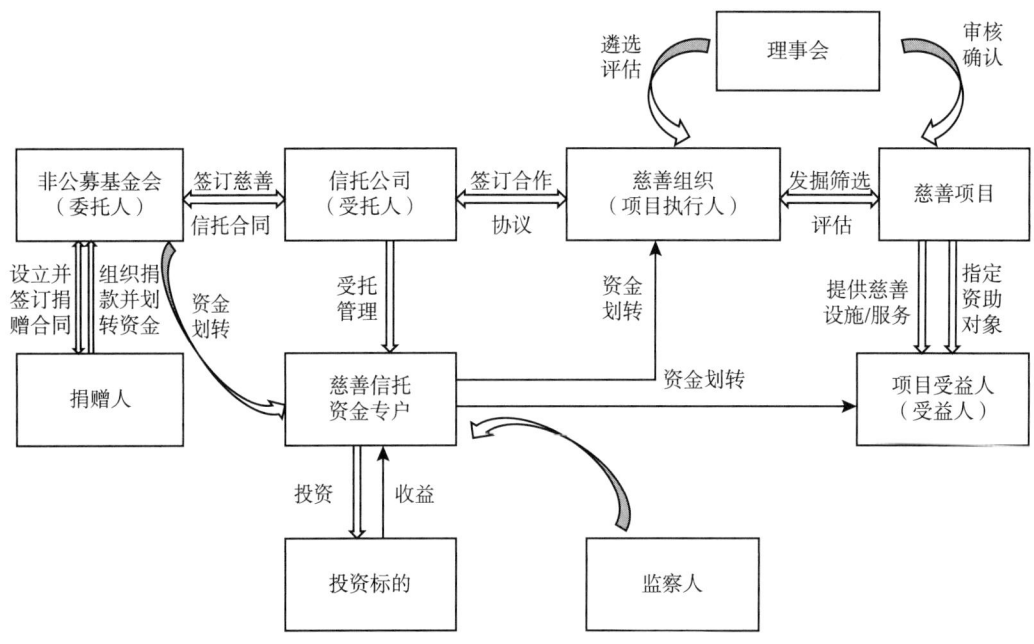

图专 10 – 4　"家族信托 + 慈善信托"双层信托模式

(五) 捐赠关系 + 信托关系

这一模式下，委托人在信托公司协助下，先将部分资金捐赠给基金会，形成捐赠的法律关系，通常这种模式下的捐赠关系会以在基金会设立不动本专项基金，委托人（捐赠人）为专项基金管理委员会主要负责人之一，对资金使用有签字权；委托人和基金会同时作为委托人设立慈善信托，形成信托关系，确保慈善资产保值增值，盈余部分用于支持基金会的公益项目，两层法律关系环环相扣（见图专 10 -5）。

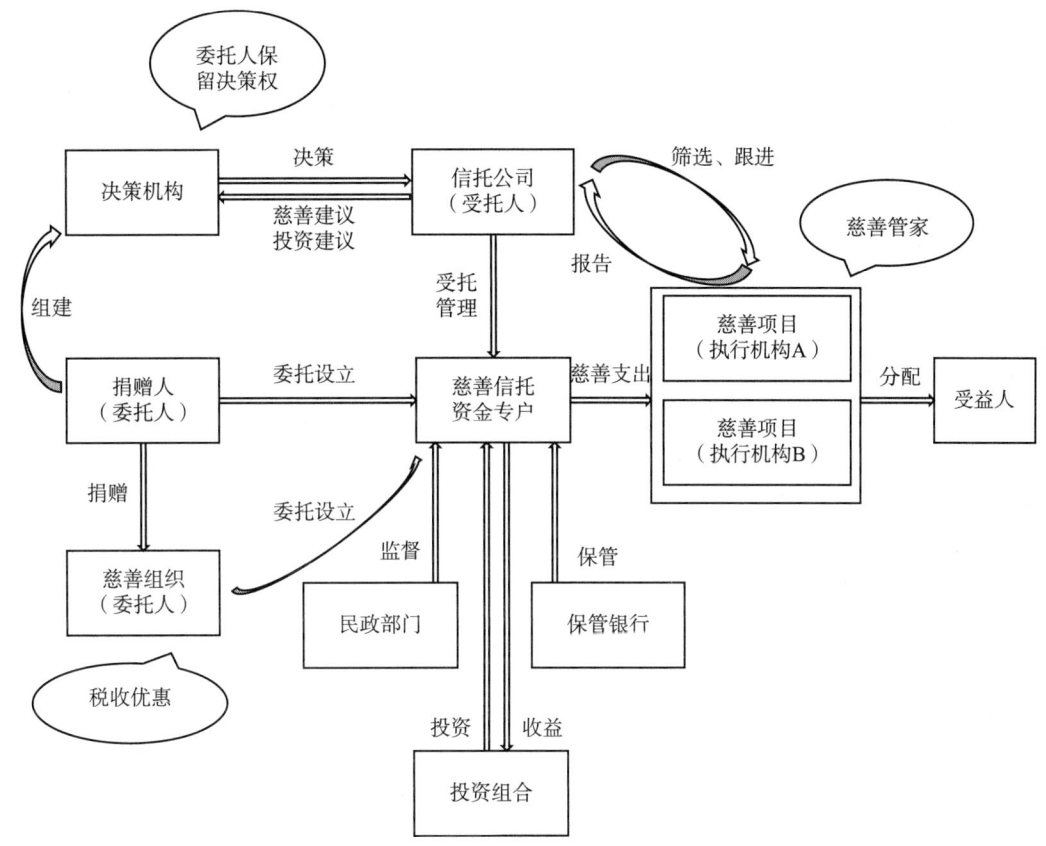

图专 10 -5　捐赠关系 + 信托关系模式

(六) "家族信托 + 慈善信托" 双层信托模式

这一模式架构的第一层信托为家族信托，主要目的是财产保值增值，将其收益全部置入第二层信托，第二层信托为慈善信托。

2017 年 9 月 1 日，某信托公司成立全国首个双层信托模式的慈善信托"幸福传承慈善信托"。"幸福传承慈善信托"的设立目的是为了促进和弘扬家族传承文化发展，某遗嘱库管委会主任倡导并首期出资 200 万元设立慈善基金。该信托基金可以接受多种形式的捐赠，除了现金形式捐赠，还可以通过在该遗嘱库订立遗嘱，或将保单受益人指定为该慈善基金的形式进行捐赠。如此，可以让第一层信托的管理人专心做投资，避免因为慈善资金偏重安全性的特点而限制投资品种和投资方向的选择，更好地提高收益率，又可以让第二层信托专注于做慈善，其资金来源由第一层信托解决，使得第二层信托的管理方免除了因投资和资金来源而产生的后顾之忧。

信托是一种工具,而非仅仅是理财产品,可以在社会生活中许多领域发挥作用。无论是传统模式还是创新模式,最终都需要通过合同进行明确,以安全持久完整地实现委托人的委托意愿。

三、慈善信托业务浅析

(一) 业务实质分析

无论是哪种模式的慈善信托都存在信托利益分配、费用提取和慈善支出等问题。

1. 信托利益分配

(1) 受托人、监察人有权依据信托合同的规定收取信托报酬。

慈善信托项下一般按年计算信托报酬率或监察费率,表示为【xx】%/年。信托报酬、监察费可按日计提,每日应计提的信托报酬金额 = 信托资金余额 × 【xx】%/365,上述费用应为含增值税的费用。在实务中,有些会直接按比例一次性收取,或者每年直接收取一定比例(定制化的收费方式就看合同具体约定)。从时间上,受托人或监察人可于每年12月20日后10个工作日内收取已计提未支付的信托报酬或监察费。受托人因依法将慈善信托事务委托他人代理而向他人支付的报酬,在其信托报酬中列支。

(2) 受益人取得信托利益。

受托人可根据慈善信托相关决定,将信托利益以资金或实物形式直接支付给受益人,或者通过慈善信托实施机构实现慈善支出。受托人仅以扣除应由信托财产承担的各项信托税费、管理费用、信托报酬及对第三人负债后的信托财产余额为限向受益人分配信托利益。

2. 费用提取

(1) 管理费用的核算及支付。

慈善信托项下所指管理费用包括但不限于下列各项:

管理信托财产过程中的公告、登记、公证、见证等费用;因管理信托财产、办理信托事务而发生的差旅费;向受益人支付信托利益的费用;信息披露费用;信托资金保管费、信托监察人费用;审计费;为解决因信托财产及信托事务发生的纠纷而发生的诉讼费、仲裁费、律师费等费用,但因受托人违背管理职责或者处理信托事务不当产生的纠纷而发生的费用除外;信托财产在管理、运用或处分过程中发生的其他费用。

上述管理费用由信托财产承担,一般由受托人于管理费用发生时按照实际发生的金额以信托财产支付。受托人对管理费用无垫付义务,若受托人以其固有财产先垫付管理费用、对第三人所负债务的,受托人对信托财产享有优先受偿权。

(2) 其他费用。

受托人以其固有财产先行支付因处理信托事务所支出的费用、对第三人所负债务的,受托人对信托财产享有优先受偿权;信托财产在管理、运用和处分过程中产生的税费,包括但不限于增值税及附加税费等,应由信托财产承担。受托人对上述税费无垫付义务,若受托人以其固有财产先行垫付的,受托人对信托财产享有优先受偿权。

3. 慈善支出

目前,我国对于慈善信托每年的慈善公益支出比例或金额暂时没有细化。一般情况下,慈善支出有两种形式:一种是受托人将慈善信托财产直接向被资助人、被自主项目实施定向信托利益的划拨;另一种是受托人将信托财产经由选定的慈善组织、县级(含)以上民政等政府部门进行信托利益的划拨。慈善组织会收取3%~20%不等的"管理费"。

四、慈善信托业务涉税要点

目前,我国现行税制是建立在"一物一权"的法理基础上的,除了表专 10-1 中列举的关于证券投资基金的特殊规定以外,信托适用一般经济活动税制,信托税制目前还有待完善。根据"实质重于形式"原则,本书从"应然"视角尝试厘清和分析我国目前慈善信托的涉税要点,仅供参考。

表专 10-1　　　　　　　　　　　慈善信托各环节涉税要点

类别		设立环节	运营环节	分配（公益支出）环节	处置（转让或清算）环节
慈善组织为受托人（包括双受托人模式中的承担主要受托管理人的角色）	委托人（同捐赠人）	增值税及附加 个人所得税或企业所得税（依法享受捐赠税前扣除相关优惠,参见本书第五章第二节）			
	慈善组织（受托人）			增值税及附加 企业所得税 印花税等（依法享有社会组织企业所得税等税收优惠,参见本书第二章和第五章第一节）	
	信托公司（履行资产管理角色的受托人）	增值税及附加 企业所得税 印花税等	增值税及附加 企业所得税 印花税等		印花税（证券交易市场转让股票、债券）等
	受益人（个人、机构）			个人所得税 企业所得税 （参见本书第五章第三节）	
信托公司为受托人（包括双受托人模式中的承担主要受托管理人的角色）	委托人	增值税及附加 个人所得税或企业所得税 印花税等			
	信托公司	增值税及附加 企业所得税 印花税等	增值税及附加 企业所得税 印花税等		印花税（证券交易市场转让股票、债券）等
	慈善组织（开展公益项目执行的执行人角色）			增值税及附加 企业所得税 印花税等（依法享有社会组织企业所得税等税收优惠,参见本书第二章和第五章第一节）	
	受益人			个人所得税 企业所得税（参见本书第五章第三节）	

慈善信托架构是可以十分灵活的，慈善领域和信托领域在慈善信托上的实务探索富有成效，涉税处理最终还是得解构业务实质，穿透多层架构，结合资产所在的各国税制来进行合规处理，才算得上是深远的安排。目前，我国税制体系不断完善，相关改革走向深入，各项立法加快进行，相关领域的税制完备可以预见并值得期待，信托税制也在完善之中，税务部门的征管能力从"信息管税"向"数据管税"上跃进，因此，建议做相关架构设计时，务必以前瞻性的眼光，客观和充分考虑税收政策的不确定性。

第十六章
企业慈善与税收政策应用

第一节　企业战略慈善概述

一、企业战略慈善的定义

企业战略慈善是通过慈善捐赠来追求社会效应和经济效益相统一，从而有效履行社会责任的一种慈善行为。哈佛商学院战略学教授迈克尔·波特将同时具有社会效益和经济效益的企业慈善支出称为战略性企业慈善。波特认为，在当今的环境下，企业的社会责任和经济目标可以兼容；战略性慈善行为将对企业的竞争环境各方面产生巨大影响，有效的企业慈善同时能够有效提升企业在市场环境中的竞争力，从而实现双赢。

二、企业社会责任的定义和范围

企业社会责任是一个广泛的概念，可以根据企业类型和不同行业有多种展现形式。通过企业社会责任项目，慈善捐赠以及员工志愿者的努力，企业可以在提升品牌的同时也使社会受益。通过履行企业社会责任（也称为"企业公民"），企业可以更全面地意识到他们对社会各个方面（包括经济、社会和环境）的影响。参与企业社会责任意味着，在日常业务过程中，企业的经营方式应该积极去改善社会和环境，而不是给社会和环境带去负面影响。在传统的企业社会责任的定义中，满足企业全方位的美誉度构建，一直被放在核心重要的位置，具体说来，无论哪一家企业，在强化自己社会责任的时候，都一定把自己在企业的各个领域的形象建设，变成企业社会责任工作的呈现，具体说来，一般包括下列六个方面：

（1）回馈社会，承担企业公民的义务；
（2）良好的经营治理；
（3）对员工和消费者负责；
（4）对行业和供应链负责；
（5）对所在社区和环境负责；
（6）实现企业的可持续增长。

捐赠现金是企业社会责任工作中最简单的一种表现，除了企业社会责任部门本身，对于企业的整体经营基本不产生影响；而上述利用企业资源回馈社会的行为则需要调动企业的整个运营系统，其复杂程度以及对企业经营上的影响，是一个涵盖全员的行为。

我们也看到越来越多的企业开始"商业向善"，并以推动人类社会的发展作为经营目标，而不仅仅是短期盈利，那么我们就可以认为它的企业社会责任的发展，已经到了一个新的境界了。

将企业社会责任的板块，从企业中的信息传播部门，转化为资源配置部门，强化这一板块有别于企业内部其他部门的职责和定位，在为企业解决问题突破瓶颈的同时，充分研究社会资源的各种组合配置以及对企业战略目标实现的影响和意义，推动企业为社会提供最有效率，也最可持续的回馈，进行实现商业文明和社会价值的同步发展，达到"义利并举"。

三、企业慈善的不同特征和形式

不同类型的企业在参与慈善的过程也展现了各种不同的特征和形式。

（一）国有企业、中央企业

在扶贫攻坚的国家慈善战略中，央企和国企是毫无疑问的主力军。设立基金会、成立扶贫公司以及与扶贫点政府结对子捐赠等，都是在执行着政府意志，践行企业社会责任。因为国有企业和中央企业在资金使用上有着严格的规定，一方面，常规的捐赠行为必须与经营费用严格分开，作为企业社会责任部门运作的权限会受到一定的限制；另一方面，很多国企尤其是上市公司，每年向证监会和投资者披露的年报中都必须有相应的回馈社会的部分，拥有合法稳定的资金来源，因此国有企业基金会经常性地与其他基金会等慈善组织建立长久的合作关系，尽可能使资金在使用上得以投入到社会公共治理急需的领域（例如扶贫、救援、文物保护、市政建设等）。

在国家的统一规划和调配下，国有企业基金会的价值得以最大限度地体现，并发挥出国有企业基金会巨大的社会价值。

（二）民营企业

民企根据企业自身愿景和围绕企业主营业务开展相关公益活动。对于一些需要受到帮助和支持的社会性问题，民企基金会的灵活性和主观能动性可确保其第一时间准确给予有针对性的方案和支持。近年来，成长起来的大批民营企业都开始致力于回馈社会，采用多种方式履行社会责任，开展公益慈善活动。

（三）互联网等高成长性企业

互联网等高成长性企业，包括很多新兴的互联网科技公司，在战略慈善上呈现出目标各异的多样化的趋势，分别为企业在不同领域定制目标和实现相应的价值。在企业的经营战略中，也都日益扮演着越来越重要的角色。他们已经不满足于国内基金会合作开展慈善投入，而是成立自己的企业基金会。这次新冠肺炎疫情的行动力凸显了企业基金会的巨大优势，逐渐成为在现代公益慈善领域较为活跃的群体。

此外，在慈善业务领域方面，互联网等高科技企业基金会也有着更为前沿、广泛的业务领域，除了教育培训、健康卫生、安全救灾、环境保护、扶贫助困等传统领域，不少新兴的互联网等高科技企业基金会也会考虑将资助、项目设计和开展与企业自身业务特点相结合，倾向于专业性强、挑战难度更高的领域，如科学研究、公共卫生、扶持创新创业等，不仅仅提供资金，也会同时开展基础理论和技术研究，组织相关培训进行人才支持等。

（四）跨国企业

跨国企业开展公益慈善活动，其捐赠支出的目的性更强且更为国际化。但如果涉及大数额跨境捐赠或资金往来，需要经过外汇管理局、业务主管单位和公安部等政府部门的特殊审批。

第二节 企业慈善的税收政策应用

一、战略慈善捐赠及其税收操作要点

随着经济社会的不断发展，企业在赚取经济利益的同时，越来越多地考虑社会责任的承担，也越来越多的企业将慈善捐赠作为一项战略活动进行策划和安排，以获取有效的战略优势与税收优势，所以，将慈善捐赠提高到战略高度去谋划。战略慈善捐赠旨在使企业捐赠和其他慈善行为与企业的使命和目标实现最佳匹配。

慈善捐赠是企业承担社会责任的一种形式，对企业提升社会形象有着较大的助益。但在战略慈善捐赠的税收筹划实务中，必须注意以下操作要点。

1. 公益事业的范围

只有符合公益事业范畴的慈善捐赠行为，才可以实现税前扣除。

2. 公益性捐赠票据

只有取得符合要求的公益性捐赠票据，才可以实现税前扣除。

3. 捐赠资产价值的确认

根据财政部、国家税务总局、民政部《关于公益性捐赠税前扣除有关事项的公告》第十三条和《关于通过公益性群众团体的公益性捐赠税前扣除有关问题的通知》第八条，公益性群众团体接受捐赠的资产价值，按以下原则确认：

（1）接受的货币性资产捐赠，以实际收到的金额确认捐赠额。

（2）接受的非货币性资产捐赠，以其公允价值确认捐赠额。捐赠方在向公益性社会组织、县级以上人民政府及其部门等国家机关捐赠时，应当提供注明捐赠非货币性资产公允价值的证明；不能提供证明的，接受捐赠方不得向其开具捐赠票据。

根据财政部、国家税务总局《关于公益股权捐赠企业所得税政策问题的通知》，企业向公益性社会团体实施的股权捐赠，应按规定视同转让股权，股权转让收入额以企业所捐赠股权取得时的历史成本确定。上述所称股权，是指企业持有的其他企业的股权、上市公司股票等。

企业实施股权捐赠后，以其股权历史成本为依据确定捐赠额，并依此按照企业所得税法有关规定在所得税前予以扣除。公益性社会团体接受股权捐赠后，应按照捐赠企业提供的股权历史成本开具捐赠票据。

4. 允许100%全额扣除的情形

除了按照12%的扣除比例税前扣除公益性捐赠外，针对特定事项的捐赠，财政部、国家税务总局出台了税收优惠政策，允许在企业所得税前全额扣除，如国家税务总局《关于企业所得税执行中若干税务处理问题的通知》和财政部、海关总署、国家税务总局《关于支持玉树地震灾后恢复重建有关税务政策问题的通知》和《关于支持舟曲灾后恢复重建有关税收政策问题的通知》中的规定。可以发现，上述政策一般针对特定的事件，且均设定了明确的截止时间。

二、公益性捐赠的税收政策应用及案例分析

为鼓励更多的企业参与公益性慈善捐赠，国家出台了一系列政策对公益性捐赠行为进行引导和规范，其中与企业最为切身相关的即为税收优惠政策。符合条件的公益性捐赠支出，在一定限额内可以在企业所得税税前扣除。此外，在捐赠过程中涉及的房产税、契税等也享受相应的税收减免政策。因此，公益性捐赠行为不仅可以给社会带来帮助，也可以在一定程度上为企业带来"收益"。下面我们从捐赠途径、捐赠项目、捐赠时间、捐赠形式多方面探讨企业如何达到最优捐赠效果，实现税收利益最大化。

（一）捐赠途径

企业进行公益性捐赠的途径主要有直接捐赠、间接捐赠、自设基金会和慈善信托等四种捐赠途径，通过不同途径捐赠享受税收政策也不同。

1. 直接捐赠

直接捐赠是指企业将捐赠物直接交予受赠单位或个人。直接捐赠便于捐赠者直接追踪捐赠物的流向。但是直接捐赠缺乏具有公信力的政府及社会机构监管，是否完成捐赠、捐赠的数量等均缺乏统一的认证。为防止逃避税款的情况出现，直接捐赠不适用企业所得税税前扣除政策。在一些特殊情况下，比如新冠肺炎疫情防治时期，为调动社会力量支持抗疫，及时有效满足医院物资需求，允许直接向承担疫情防治任务的医院捐赠抗疫物资，凭医院开具的物资接收函可办理所得税税前扣除。①

2. 间接捐赠

间接捐赠是指企业先将捐赠物交由社会组织，再由社会组织转交给受益方机构或个人。企业通过公益性社会组织或者县级（含县级）以上人民政府及其组成部门和直属机构，用于慈善活动、公益事业的捐赠支出，在年度利润总额12%以内的部分，准予在计算应纳税所得额时扣除；超过年度利润总额12%的部分，准予结转以后三年内在计算应纳税所得额时扣除。②

---

① 参见财政部、国家税务总局《关于支持新型冠状病毒感染的肺炎疫情防控有关捐赠税收政策的公告》第二条"企业和个人直接向承担疫情防治任务的医院捐赠用于应对新型冠状病毒感染的肺炎疫情的物品，允许在计算应纳税所得额时全额扣除。捐赠人凭承担疫情防治任务的医院开具的捐赠接收函办理税前扣除事宜"。

② 参见财政部、国家税务总局《关于公益性捐赠支出企业所得税税前结转扣除有关政策的通知》规定。

【案例 16-1】

为扶持贫困山区的义务教育，某电脑生产商甲企业通过当地教委向山区希望小学捐赠 15 万元，有两种捐赠方式，一是向山区希望小学直接捐赠 15 万元，用于购买书籍和生活用品；二是通过教委间接向山区希望小学捐赠 15 万元。预计甲企业当年度捐赠后的利润总额为 100 万元。

考察甲企业的捐赠行为，若直接向希望小学进行捐赠，则根据规定，企业发生的捐赠支出不能税前扣除，则企业当期的应纳税额为：（100 + 15）×25% = 28.75 万元

企业若通过教委向山区希望小学捐赠，则符合公益性捐赠的条件，属于准予税前扣除的情形，则该企业准予税前扣除的限额为：100 ×12% = 12 万元。针对此次公益性捐赠发生的 15 万元支出，12 万元准予税前扣除，则企业当期的应纳税额为：（100 + 15 - 12）×25% = 25.75 万元

企业的间接捐赠与直接捐赠相比，降低了 3 万元的企业所得税支出。

因此，从税收筹划的角度考虑，企业应尽量通过有公益性扣除资格的公益性社会团体或者县级以上人民政府及其部门进行间接捐赠，并获得符合条件的公益事业捐赠统一票据，以便顺利进行税前扣除。

3. 自设基金会

自设基金会是指企业投入财物建立自己的慈善基金会，独立运营管理，所有基金会用于公益慈善事业。与其他非营利组织一样，企业自设基金会若符合相关条件，可以向相关部门申请认定，获得免税资格。① 同时，自设基金会也可申请认定公益性捐赠税前扣除资格，经认定后，其接受的企业捐赠额可以享受企业所得税税前扣除。

4. 设立慈善信托

慈善信托是指企业基于慈善目的，签订信托合同，将财产委托给受托人，受托人根据合同约定对相关财产进行管理和处分，投入公益慈善事业。慈善信托受托人需按照相关规定向民政部门备案，未经备案的，不享受税收优惠。②

自设基金会和设立慈善信托都有一套完整的管理、认定体系，需要依照规定进行认定，方可享受税收优惠政策。需要注意的是，目前我国慈善信托尚在探索期，相关税收政策亟待完善。

（二）捐赠项目

在一般规定之外，财政部、国家税务总局出台了一系列公告，规定了部分捐赠项目可在计算企业所得税时全额据实扣除，现行适用的包括：企业、社会组织和团体赞助、捐赠北京 2022 年冬奥会、冬残奥会、测试赛的资金、物资、服务支出③；企业和个人通过公益性社会组织或者县级以上人民政府及其部门等国家机关，捐赠用于应对新型冠状病毒感染的肺炎疫情的现金

---

① 参见财政部、国家税务总局《关于非营利组织免税资格认定管理有关问题的通知》。
② 参见《中华人民共和国慈善法》第四十五条"设立慈善信托、确定受托人和监察人，应当采取书面形式。受托人应当在慈善信托文件签订之日起七日内，将相关文件向受托人所在地县级以上人民政府民政部门备案。未按照前款规定将相关文件报民政部门备案的，不享受税收优惠"。
③ 参见财政部、国家税务总局、海关总署《关于北京 2022 年冬奥会和冬残奥会税收政策的通知》，第三条第一款，"对企业、社会组织和团体赞助、捐赠北京 2022 年冬奥会、冬残奥会、测试赛的资金、物资、服务支出，在计算企业应纳税所得额时予以全额扣除"。

和物品①；企业和个人直接向承担疫情防治任务的医院捐赠用于应对新型冠状病毒感染的肺炎疫情的物品②。

此外，为支持脱贫攻坚，2019 年 4 月 2 日财政部、国家税务总局、国务院扶贫办三部门联合发布《关于调整〈关于企业扶贫捐赠所得税税前扣除政策的公告〉的通知》，规定自 2019 年 1 月 1 日至 2022 年 12 月 31 日，企业通过公益性社会组织或者县级（含县级）以上人民政府及其组成部门和直属机构，用于目标脱贫地区的扶贫捐赠支出，准予在计算企业所得税应纳税所得额时据实扣除。在政策执行期限内，目标脱贫地区实现脱贫的，可继续适用上述政策。

企业同时发生扶贫捐赠支出和其他公益性捐赠支出，在计算公益性捐赠支出年度扣除限额时，符合上述条件的扶贫捐赠支出不计算在内。这就相当于企业通过公益性捐赠用于目标地区的扶贫捐赠支出，可以据实在税前全额扣除（见表 16 – 1）。

表 16 – 1　　　　　　　适用全额税前扣除政策的公益性捐赠项目

序号	全额扣除项目	政策依据
1	企业、社会组织和团体赞助、捐赠北京 2022 年冬奥会、冬残奥会、测试赛的资金、物资、服务支出	财政部、国家税务总局、海关总署《关于北京 2022 年冬奥会和冬残奥会税收政策的通知》
2	通过公益性社会组织或者县级（含县级）以上人民政府及其组成部门和直属机构，用于目标脱贫地区的扶贫捐赠支出	财政部、国家税务总局、国务院扶贫办《关于企业扶贫捐赠所得税税前扣除政策的公告》
3	通过公益性社会组织或者县级以上人民政府及其部门等国家机关，捐赠用于应对新型冠状病毒感染的肺炎疫情的现金和物品	财政部、国家税务总局《关于支持新型冠状病毒感染的肺炎疫情防控有关捐赠税收政策的公告》
4	直接向承担疫情防控任务的医院捐赠用于应对新型冠状病毒感染的肺炎疫情的物品	财政部、国家税务总局《关于支持新型冠状病毒感染的肺炎疫情防控有关捐赠税收政策的公告》

选择不同的公益捐赠项目，其适用的扣除限额不同，可能会对企业捐赠年度的税收负担产生影响。

因此，企业在进行公益性慈善捐赠时，应合理预估当年年度利润总额，若捐赠额超出可扣除限额，应选择适用全额扣除的捐赠项目，以便在捐赠当年将所有捐赠额进行所得税税前扣除。

---

① 参见财政部、国家税务总局《关于支持新型冠状病毒感染的肺炎疫情防控有关捐赠税收政策的公告》，"企业和个人通过公益性社会组织或者县级以上人民政府及其部门等国家机关，捐赠用于应对新型冠状病毒感染的肺炎疫情的现金和物品，允许在计算应纳税所得额时全额扣除"。
② 参见财政部、国家税务总局《关于支持新型冠状病毒感染的肺炎疫情防控有关捐赠税收政策的公告》第二条，"企业和个人直接向承担疫情防治任务的医院捐赠用于应对新型冠状病毒感染的肺炎疫情的物品，允许在计算应纳税所得额时全额扣除"。

【案例 16-2】

企业 2020 年度的利润总额为 100 万元，当年度发生符合条件的扶贫方面的公益性捐赠 15 万元，发生符合条件的教育方面的公益性捐赠 12 万元。则 2019 年度该企业的公益性捐赠支出税前扣除限额为 100×12%＝12（万元），教育捐赠支出 12 万元在扣除限额内，可以全额扣除；扶贫捐赠无须考虑税前扣除限额，准予全额税前据实扣除。因此，2019 年度，该企业的公益性捐赠支出共计 27 万元，均可在税前扣除。

（三）捐赠时间

税法规定，公益性捐赠超过年度利润总额 12% 的部分，准予结转以后三年内在计算应纳税所得额时扣除。允许三年结转的捐赠扣除政策体现了国家对企业公益性捐赠的进一步政策支持。但是在单次捐赠额较大或者企业经营状况变动，后续年份年度利润总额严重下滑的情况下，一次性捐赠容易出现结转三年仍无法全部扣除的情形。因此，企业应尽量分散公益性捐赠支出，即根据每年预估的年度利润总额安排捐赠支出，以便充分利用每年的公益性捐赠扣除额，享受国家的税收优惠政策。

【案例 16-3】

某企业于 2017 年向公益慈善事业捐赠 500 万元，其当年的年度利润为 2000 万元，后受市场形势变化影响，其 2018～2020 年每年利润总额降至 500 万元，预计 2021 年市场好转，年度利润总额回升至 1000 万元。

【解析】2017 年其可享受企业所得税税前扣除额：2000×12%＝240（万元）。

2018～2020 年每年可享受企业所得税税前扣除额：500×12%＝60（万元）。

总计享受企业所得税税前扣除额为：240＋60×3＝420（万元）＜500 万元。

由于一次性捐赠额过大，且结转年度利润下滑，该企业在三年结转年度内仍未将公益性捐赠扣除完毕，则不能继续进行结转至下一年税前扣除，因此，企业所承担的税收负担会加重。

因此，应尽量避免单一年份进行超大金额的公益性捐赠，在对每一年度利润总额合理估计的基础下，分散安排公益性捐赠支出额，以便充分享受公益性捐赠的税前扣除政策。在此思维模式下，需对上述案例捐赠进行如下时间调整：

同样为 500 万元捐赠，改为在 2017 年捐赠 250 万元，2018～2020 年度每年捐赠 50 万元，2021 年捐赠 100 万元。

2017 年享受 240 万元扣除限额，超出限额的 10 万元结转到后续年度。2018 年享受 60 万元扣除限额，先扣除上一年度结转的 10 万元捐赠支出，再扣除当年发生的 50 万元捐赠支出。2019～2020 年公益捐赠额未超过扣除限额，据实扣除 50 万元，2021 年其预计公益捐赠扣除限额 120 万元，实际捐赠额未超出限额，据实扣除 100 万元。在这样捐赠金额分散安排下，企业能有效控制捐赠中的税收负担。

（四）捐赠形式

企业捐赠通常包括现金捐赠、实物捐赠、股权捐赠、劳务捐赠等多种形式。

1. 现金捐赠

现金捐赠是最常见的捐赠方式，企业发生的现金捐赠支出，在年底利润总额的12%内可进行企业所得税税前扣除，超出限额部分允许结转在此后三个年度内扣除。

机关、事业单位统一组织员工开展公益捐赠的，纳税人可以将汇总开具的捐赠票据和员工明细单扣除。因为企业财务部门应提供给员工捐赠票据的凭证号码及信息，并在个税申报时进行税前扣除，同时留存捐赠票据和员工明细单复印件等资料。

2. 实物捐赠

实物捐赠是指按照《增值税暂行条例实施细则》第四条"单位或个体经营者将自产、委托加工或购买的货物无偿赠送给他人，视同销售货物"，因此实物捐赠通常可分解为视同销售和捐赠两部分。同时在收入的确定上，存在着会计政策与税法的差异，为企业带来额外的负担。根据会计准则规定，将自产、委托加工或购买的货物无偿赠送给他人，不符合确认收入的条件，无法确认收入，应按照捐赠实物的成本确认捐赠额。但是根据税法，应该按照捐赠实物的公允价值计算收入和捐赠额，按照捐赠实物的生产成本计算成本，收入—成本差异应调增应纳税所得额。如果经过计算，捐赠支出在限额之内，能够全部扣除，则按纳税人不会额外承担纳税义务；如果捐赠支出超出限额，不能全部扣除，则企业还会额外承担税务负担。同时，实物捐赠也涉及流转税，其中的不动产捐赠还涉及土地增值税、印花税等财产行为税，国家对此也有一定的优惠政策。如捐赠给目标脱贫地区的货物免征增值税，用于新冠肺炎疫情防控的物资免征增值税、消费税、城市建设税及附加费，捐赠房产免征土地增值税等。

3. 股权捐赠

股权捐赠，视同为转让股权，按照企业取得所捐赠股权时的历史成本确定捐赠额（详见专栏《公益性股权捐赠双方涉税要点》）。

4. 劳务捐赠

在增值税方面，企业向其他单位或者个人无偿提供服务用于公益事业或者以社会公众为对象，不视同销售，不征收增值税；在企业所得税方面，根据《中华人民共和国企业所得税法实施条例》第二十五条，企业将劳务用于捐赠，应当视同提供劳务，按照公允价值确认应税收入，确认相应成本，实际捐赠额由受赠方确认。

【案例16-4】

某食品厂2020年捐赠前年度利润总额为2000万元，12月通过有公益性捐赠税前扣除资格的社会团体捐赠自产食品500箱，市场价值为150万元，生产成本为100万元。该企业为增值税一般纳税人，增值税税率为13%，企业所得税税率为25%。

【解析】实物捐赠首先要视同销售，在会计上，捐赠支出不符合收入的确认条件，按照商品成本结转"营业外支出"，并按照市场价值计算缴纳增值税，支出总计为：$100 + 150 \times 13\% = 119.5$万元。税法上，按照商品的市场价值确认商品销售收入150万元，同时结转相应成本100万元，因此产生企业所得税应纳税所得额调增50万元。其公益性捐赠税前扣除限额为：$(2000 - 119.5) \times 12\% = 225.66$万元，捐赠支出按公允价值确认为150万元，未超出限额,可以全部税前扣除,但是与会计支出相比,多确认 50 万元,应相应调减应纳税所得额 50 万元。因此,该企业应缴纳的企业所得税为:(2000 - 119.5 + 50 - 50)×25% = 470.13 万元。

上述案例中,实物捐赠模式下,尽管由于会计和税法上关于收入的认定不同,但由于视同销售增加后的捐赠额仍未超出捐赠限额,未造成不能全额列支而增加税负的情形。但是,如果超出捐赠限额,则企业在对外捐赠没有带来经济利益流入的情况下可能会额外承担相应税收负担。在企业现金流紧张、销售压力大的状况下,实物捐赠是企业进行捐赠的一个较好模式,但若不存在此种担忧,可以考虑改变捐赠模式:

(1) 向公益性社会组织捐赠与实物生产成本相当的现金。

现金捐赠的纳税处理相对简单,年度利润总额 12% 内的现金捐赠支出可在企业所得税前扣除。

(2) 先向公益性社会组织销售货物,然后将销售款捐赠给该团体。

首先,按正常销售货物处理,确认主营业务收入,结转销售成本,共产生 50 万元利润;其次,企业将含税货款捐赠给公益性机构,共计 150×(1 + 13%) = 169.5 万元。其公益性捐赠税前扣除限额为:(2000 + 50 - 169.5)×12% = 225.6 万元,捐赠支出未超出限额,可以全部税前扣除。因此,该企业应缴纳企业所得税为:(2000 + 50 - 169.5)×25% = 470.13 万元。

要注意的是,在这种模式下,公益性社会团体最终获得货物,应按照采购进行税务处理。如果按接受捐赠货物进行税务处理,但捐赠票据上显示为现金,二者不相符,难以获得税务机关的认可。

综合分析,以纯现金形式捐赠是相对简单的慈善捐赠方法。当然,实物捐赠同时也能帮助企业达到去库存的目的,并能够起到一定的节税作用,也是企业适时考虑的一种捐赠方式。

―― 专栏十一 ――

"走出去"和"一带一路"建设中有关国家与地区对捐赠的税收规定简介

为了让中国"走出去"企业及个人了解境外相关国家(地区)对捐赠的税收规定,特别是应对当地国家与地区突发自然灾害的捐赠税收优惠,如 2020 年相关各国(地区)应对新冠肺炎(COVID - 19)疫情的税收优惠政策,帮助中国"走出去"企业和个人在境外当地国家与地区积极做好公益捐赠,利安达国际专门设计了自然灾害下的税收优惠调查问卷,并得到了海外相关国家与地区成员的积极响应。根据收到的问卷反馈,以及荷兰国际财税文献局(IBFD)公开的相关资料,现将相关国家(地区)的捐赠税收优惠规定介绍如下,希望供"走出去"企业和个人能够参考并有所帮助。

(一) 中华人民共和国香港特别行政区

企业和个人可在其纳税年度的评税基期,申请依税法认可的慈善捐款费用扣除,但是捐赠费用总额最高不可以超过应评税入息或利润的35%，另外，现金捐款总额不得少于100元港币，实物捐款暂不可以在税前抵扣。经香港税务局核准，企业和个人的亏损可以无限期向后递延抵扣，企业或个人捐赠的依据为受赠机构开具的捐款收据。受赠机构是根据香港特别行政区《税务条例》第88条获豁免缴税的公共性质的慈善机构或慈善信托或政府机构。香港特别行政区暂时还没有针对某个特殊自然灾害发布过特殊的税收优惠政策。

为了应对2020年的COVID-19疫情，在2020年2月26日发表的《财政预算案》中建议：一次性宽减2019~2020课税年度百分之百的利得税、薪俸税及个人入息课税税款，每宗个案以20000元为上限。

（二）越南

个人就慈善或人道主义捐款，可获个人所得税的免税。企业和个人捐赠的货物、设备可以全额免征增值税，用于紧急救援、搜救、救灾和支援自然灾害灾民的工具、设备和货物的可申请免征进出口关税和相关费用。受赠机构收取的现金捐款必须提供越南财政部出具的收据。受赠机构为越南政府法令规定的社会和慈善基金，省级自然灾害防治基金。越南祖国阵线中央委员会，还有越南祖国阵线中央委员会允许的中央组织和单位，以及省、区级越南祖国阵线委员会允许的地方组织和单位，地方越南祖国阵线委员会和地方各级红十字会，中央和地方媒体机构。

企业可以根据自然灾害、流行病或其他不可抗力造成的实际损失的未补偿价值，申请税前抵扣。企业因灾害申请的免税额应按实际损失的不同阶梯百分比例幅度计算，但总额不得超过受损财产和货物的价值。免税及减税期自企业恢复营业之日起计算。具体免税规定是：亏损额占生产、经营用财产（或）货物价值80%以上的，免征企业所得税1年；损失额占生产、经营用财产（或）货物价值60%~80%的，可免征企业所得税6个月；损失额占生产、经营用财产（或）货物价值30%~60%的，可减半征收所得税6个月；损失额占生产、经营用财产（或）货物价值30%以下的，可减半征收所得税3个月。企业亏损可以向后结转5年。

为了应对2020年的COVID-19疫情，越南将削减餐馆、旅馆、运输和旅游公司的增值税，还将考虑将企业的增值税缴纳延迟5个月。

（三）柬埔寨

柬埔寨税法规定：一般情况下，捐赠方的捐赠费用可以在税前抵扣，但不能超过应纳所得额的5%。受赠方要将捐赠收入计入其他业务收入，需要缴纳企业所得税。受赠机构必须是具有宗教、人道、教育、科学研究等在柬埔寨财政与经济部注册的社会组织机构与柬埔寨官方政府机构。为了符合企业所得进行的税前抵扣，企业必须还有其他相关的支持文件证明，比如资金流、捐赠书等。另外，企业捐赠支出只限于捐赠当年所得税前的抵扣，不可因为企业当年亏损而结转至以后年度。

为了应对2020年的COVID-19疫情，柬埔寨政府特别发布了如下相关税务优惠政策。对暹粒省从事酒店和旅馆业将免征2020年2月至2020年5月期间的所有月度税款。包括工资税、预缴利润税（预缴利润税等于每月总销售额的1%）、增值税和预扣税。对因疫情影响的服装鞋业和手袋业务给予6个月至12个月的免税期。为柬埔寨制造业生产所需的进口原材料，海关提供绿色通道，即先清关，后审核和检验。暂停企业缴纳国家社会保障基金。

（四）马来西亚

企业和个人的捐赠支出一般可以在所得税税前抵扣，其限额在总收入的10%以内，除此之外，还有特殊限额比例5%。损失可以在以后的7年内结转。增值税是一般不可以申请减免，只有特别的情况下，可以申请免征20%的增值税。马来西亚政府为慈善捐赠专门设立了一个特别基金池，并将捐赠资金转送给相关受益人，如医院等。该基金池中的受赠人名单按要求妥善保存。

为了应对2020年的COVID-19疫情，2020年3月26日，马来西亚国税局发布了声明：符合《1967年所得税法》第44（6）条规定的，可以全额所得税前扣除的捐赠类型如下：

（1）卫生部设立的COVID-19基金的现金和实物捐助。

（2）向国家灾难管理署设立的COVID-19基金捐款。

（3）根据《1967年所得税法》第44（6）条认可的机构捐款。

对于在应对2020年的COVID-19疫情所提供的设备/物品的捐助，要求捐助者使用财政部（MOF）提供的格式获得接受者的收据，并附有由接受者发行的正式邮票。此外，要求捐助者妥善记录与捐款有关的交易，并在2020课税年度的税收申报表中列示，以便将来的审计。

2020年2月27日，马来西亚政府宣布了2020年经济刺激计划，以应对最近的爆发的新型冠状病毒疫情。其中拟定的税务优惠政策有：旅游行业的企业每月所得税预缴将从2020年4月推迟到9月。此外，将允许受疫情影响的企业相应修改2020年度应纳税额，而不征收任何罚款。从2020年3月至8月，酒店行业的企业将免征6%的服务税。对于在马来西亚国内旅行的支出，将给予每人最高1000令吉的特殊个人所得税减免。自2020年4月1日起，为期3年的进口或本地购买港口作业所用的机械和设备，将免征进口环节的关税和销售税。

（五）新加坡

现金或物品捐赠必须是有利于新加坡当地社区，指定接受捐赠的非公共组织必须得到新加坡慈善专员的批准。在新加坡接受捐赠，受赠者不需要向捐赠者提供相关凭证或票据，也不需要对捐赠实物进行价格评估。

在新加坡，在符合条件的情况下，企业未使用的资本折让和贸易损失可以无限期向以后年度结转。在2020年，为了应对CONVIN-19，新加坡特别允许企业将未使用的资本折让和贸易损失向以前三个课税年度结转，但是上限为100000美元。向以前年度的亏损结转（包括捐赠的损失）必须遵守与新加坡现行向以后年度结转的相同条件，包括《新加坡所得税法》规定的股权测试和相同的业务测试。

在新加坡，在相应的灾害期间，生产销售收入包括捐赠货物不免除销售税（GST）。如果捐赠的货物的成本低于200美元，则捐赠者可以完全免除销售税。如果捐赠货物的成本超过200美元，则捐赠者可以申请抵扣该捐赠货物的进项税金，与此同时，捐赠者还必须根据该捐赠货物的公开市场价值计算销项税金，进而最终缴纳销售税。

个人捐赠的现金或者物品没有特别的免税规定。但是，这些个人的捐赠可以作为费用在所得税前加倍列支，如可按实际费用金额的2.5倍在所得税税前列支。但是捐赠费用必须要经过新加坡的公共慈善机构或新加坡的相关的政府部门批准，方可在税前列支。

（六）印度

受赠者（包括企业和个人）要求必须保留捐赠者的记录且要向税务机关提交所有受赠物品的清单。受赠者依法必须要给捐赠者开具标准的收据以此证明收到捐赠物品，该标准收据必须注明捐赠者的单位（或个人）名称、地址、税号、注册号已经捐赠物品的数量和金额（用文字和数字分别表示）。

捐赠现金不用缴纳增值税或销售税（GST）（因增值税只对销售货物和提供服务征税，现金捐赠不在征税范围）。无偿捐赠实物（如材料和设备）捐赠者若符合一定条件的则要缴纳增值税。若要缴纳增值税（或销售税），则货物捐赠者需要提交缴税支票和完税证明。

个人若是捐赠现金,最高的个人所得税税前抵扣额是 2000 卢比(INR),若是捐赠以支票或转账形式,则可以抵扣 10% 的个人所得额。若是个人以实物捐赠(如衣物、食品等),则不能在个人所得税前做抵扣。印度税法规定:企业和个人的亏损可以向后结转 8 年。

(七)尼泊尔

根据 2002 年《尼泊尔所得税法》第 12 条,企业和个人的任何捐赠,包括现金和实物,允许以 100000 卢比的最高限额(约 885 美元)在所得税税前扣除。此外,根据 2002 年《尼泊尔所得税法》第 12b 条,对尼泊尔政府设立的总理救济基金和重建基金的任何捐款,都可以在捐款年度内,全额在所得税前扣除。税前抵扣以捐赠的现金金额为依据,实物以历史的购买价为依据。亏损可以向后 7 年结转。对于进口用于防疫的物资,可以免征进口环节的关税。受赠机构为政府机构或获国家批准的免税机构。

(八)澳大利亚

企业和个人所有捐赠的款项,都可以在所得税前全额抵扣。用人道主义的捐赠货物或者服务,可以申请全额免征销售税(GST)。接受免税捐赠的机构必须是注册的慈善组织。注册的慈善机构必须向捐赠人提供可税前抵扣的收据,该收据中要注明可税前抵扣的金额,并注明慈善机构的注册号码。现金捐赠按面值计算,现金以外的捐赠必须按其成本价值估值。

2019 年下旬,澳大利亚东南部新南威尔士州、维多利亚州、南澳大利亚州等多地发生严重山火,造成巨额损失。澳大利亚税务机关给纳税人自动设置到期付税的延期缴纳,纳税人或纳税人的代理人不需要申请相关申请延期。另外,澳大利亚税务机关还快速追踪纳税人以往拖欠的退税;根据纳税人的情况制定纳税计划,包括免息期,以及纳税人在受到灾情影响的时间内免除相关罚款或滞纳金。

澳大利亚为应对 2020 年的 COVID-19 的疫情,也宣布了如下税收优惠措施:对现金流困难的纳税人允许其申请商品及服务税(GST)的延迟缴纳和快速的抵免退税,例如,从每季度退税改为每月度退税。在很多州(如在澳大利亚首都领地、昆士兰州、维多利亚州、西澳大利亚州)都推迟了薪金税申报和缴纳时限。对收入低于 5 亿美元的企业将暂时提供加速折旧,除了当前的折旧扣除额外,还允许额外扣除 50%,但仅适用于 3 月 12 日之后购买并于 2021 年 6 月 30 日投入使用的资产。

(九)巴西

巴西应税所得的计算有两种方法,即实际利润法和推定利润法,所缴纳的所得税或增值税的减免或补偿,会因上述不同方法的具体技术标准来实施。一般来说,巴西政府没有专门对自然灾害规定特殊的税收减免。也就是说,在某些特定情况下,一般是个例特批,捐赠支出可能在所得计算中被扣除,但每一项捐赠的减免都有具体限定,这对法人实体和自然人都同样适用。企业和个人要做捐赠,其过程需要通过正式途径进行,并且要有正式文件做,并在支持,即要证明其合理性和税收用途。

巴西只有在非常特殊的情况下,地方税才可以被减免。如最近的一个自然灾害案例是:在 2019 年 1 月 25 日,在巴西东南部米纳斯吉拉斯州布鲁马迪纽市(Minas Gerais-Brumadinho)发生了溃坝事故,事故引发大规模泥石流,导致该地区村落被淹,人员死亡。该市政对该城市的 IPTU 税(每年支付的土地和建筑物税)给予了免税,这是对布鲁马迪纽市区自然灾害受害者减免地方税的一个特例。

巴西为应对 2020 年的 COVID-19 疫情,也实施紧急的税收优惠措施,其中包括纳税人可以按以下方式延期申报纳税:初步支付税款的 1%,可以分 3 个月支付(分别于 2020 年 3 月、4 月和 5 月);从 2020 年 6 月开始,以不超过 81 个月的分期付款(对于法人实体)或 97 个月的分期付款(对于个人和中小企业)支付剩余金额;社会保障税最多可分 60 个月支付。对 2020 年 9 月 30 日之前对所列医疗用品征收临时零税率进口关税,并针对这些产品采取特殊的绿色快速通关程序。

根据以上的分析，中国"走出去"或涉及"一带一路"建设的企业和个人可以体会到：境外各国（地区）相关政府对捐赠，尤其是自然灾害，都颁布有一些特殊的税收优惠政策。如为了鼓励和支持企业和个人捐赠，对相关捐赠款项或物资给予所得税前列支，免征相关流转税（增值税、销售税）和关税等税费。为了便于管理和监督相关捐赠事宜，相关国家（地区）也都规定了可以享受税收优惠的合格受赠机构及相关受赠凭据。很多"走出去"企业和个人或与当地东道国政府、公益机构，或与国际公益组织、当地中国企业协会、华侨组织一起联合携手，积极为当地社会、民众积极做一些公益捐赠。在此提示："走出去"企业和个人最好采用"间接捐赠"方式，即要提前确认当地国合法的受赠国家与地区机关或有资质受赠的公益机构，将要捐赠的款项和货物捐赠给当地东道国与地区的合格受赠机构，而不是直接捐赠给受益单位和个人，并同时及时获取合法的捐赠凭据，这样可以保障既做到了做善事，彰显了企业或个人社会责任的良好形象，也同时可以享受税收减免，还可以避免不必要的或有的法律责任（如不合格的捐赠物品的赔偿责任）。另外，境外各国（地区）相关捐赠的税务具体规定各不相同且还在不断的颁布和更新中。希望"走出去"企业和个人还要及时了解和充分掌握这些最新的具体税收规定，以便最终能更好地享受到相关捐赠的税收优惠政策。

第十七章
家族慈善与税收政策应用

第一节　家族财富传承与管理

一、家族财富传承与管理的普遍挑战

在世界各国，家族和家族企业对当地的社会经济发展都是举足轻重，然而有关家族和家族企业的研究却长期以来不被重视，甚至连对家族和家族企业的定义，到目前为止也没有达成统一（Handler，1989）。[①] 西方社会大多沿袭长子继承的传统，家族财富因而更容易得以延续和传承。华人社会中的家族财富则多由下一代子女平分，因而也更容易造成家族产业产权的拆分和纠纷。彼得森国际经济研究所（Peterson Institute for International Economics）2014 年对全球亿万富翁的研究显示，意大利最富有者中超过 1/3 的人是通过继承获得财富，通过继承获得财富的约占西欧亿万富翁的 50%，而美国的这一数字是 29%，中国则仅有 2%。

改革开放 40 多年来，随着社会财富的急剧增长，我国已经形成了一批先富起来的财富阶层。建立家族财富、家族精神和家族荣耀的代际传承，成为当前我国现代财富的必须。而家族代际传承，是一个持续优化的过程，涉及税务、法律、慈善及教育等诸多不同领域；家族传承规划既是科学更是艺术，随着中国大量创富创业一代家庭在接下来二十年面临交棒接力，这个课题也将越来越受到重视。

财富传承殊为不易。据不完全统计，70% 的家族会在第二代失去他们的财富，而 90% 的家族会在第三代失去他们的财富。家族代际传承过程中面临诸多方面的挑战，其中传承之宏观架构及综合体系的缺乏，使得家族一代在传承交班时甚至觉得无从下手。家族传承所需的宏观视角和综合技能横跨金融、法律、慈善、教育和心理各领域，其中财富的管理和传承更简单直观，可通过家族财富构架设计和专业财富管理方案来实现，而家族价值观的管理和传承则更为抽象，因而在实际操作中更具有艺术性。

家族传承的构架和设计是一门科学，而能够整合家族传承系统性架构和设计的核心主体则是家族办公室。家族办公室是整合家族财务和家庭事务的综合办公室；家族以家族办公室为中心来管理和控制家族的各类资产，同时协调处理各类有关家族成员的综合事务。在亚洲，大多数富豪家族是一代的创富家族，家族办公室仍然处于萌芽状态。而在欧美，家族办公室早已成为家族有效和有序传承过程中的重要工具。

[①] Handler W. C. (1989). Methodological Issues and Considerations in Studying Family Businesses. Family Business Review, 2, 257–276.

二、家族财富传承与管理的顶层设计

家族办公室适用于成长期、IPO 上市和多元化等不同发展阶段的创业一代企业。在中国,创业一代企业在成长期越来越关注国际化发展和跨国界的兼并收购。"一带一路"的宏伟规划,让中国企业参与国际化有了更大的舞台,尤其是聚焦于科技、人工智能和生物技术的高科技产业,面临跨国兼并收购和业务合作的广泛机会。家族办公室在创业一代的发展期可以根据创业家庭国际化发展的重点和需求,全面而系统地开展工作。一代创业者往往把大部分精力投入到企业的管理和发展等方面,而家族办公室则可以帮助一代创业者形成一个更广泛综合的视野,让他在聚焦企业发展的同时也能够不忽略其他重要方面,从而拥有更平衡的综合视角来处理企业发展、个人发展和下一代传承。在 IPO 上市阶段,创业者家族办公室可以更好地结合家族传承的需求,为创业者一代家族的财富规划和企业转型提前做好准备。在家族多元化发展阶段,创业一代家族办公室也能够发挥重要的作用,帮助家族分析和规划实现家族发展战略目标的最佳资本结构,以多元的资产抵御国际经济、社会发展和地缘政治等多重风险,也能够帮助家族聚焦最有兴趣的多元化行业并时刻关注市场上的参与机会。

一个综合的家族办公室可以兼具家族财富管理传承和价值观传承的重要作用。一个典型的复合型家族办公室结构如图 17-1 所示。每个家族办公室因所涉及的商业、税务、法务和慈善的重点和关注点不同,具体的结构也会有所不同。总体而言,欧美的家族办公室更注重延续家族传统,维系家庭团结,加强家庭核心价值观,更关注传承的治理决策,后代的接班教育,有效的投资管理以及家族慈善。亚洲的家族办公室则更偏重后代的教育和接班、家族资产和商业

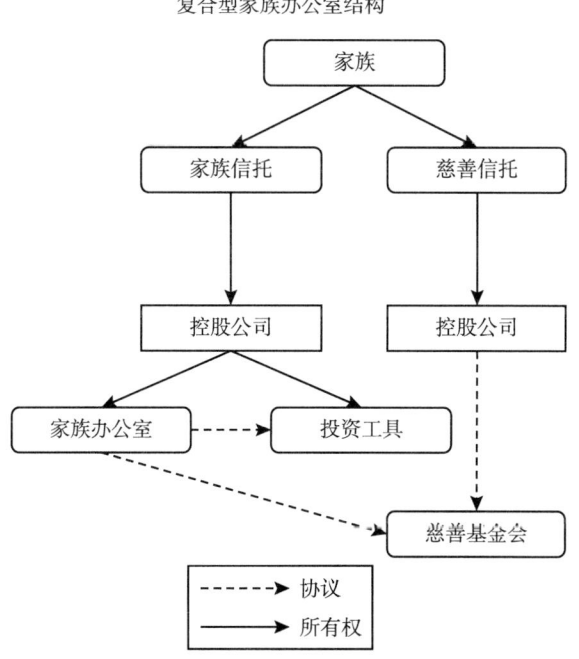

图 17-1 复合型家族办公室结构

管理、家族财富的投资和资产多元化，家族和企业的国际化交流合作、家族治理及传承规划。其中部分喜欢参考借鉴欧美成熟家族办公室的亚洲家族办公室，他们也会在家族办公室的结构中融入慈善管理和综合服务。

综合财富管理和慈善管理的家族办公室往往更有韧性和持久力，使家族的世代传承成为现实。其原因有三。第一，慈善信托锁定了创富一代利己达人的家族价值观，为家族打上了"善人"的永久烙印，激励家族后世爱护自身名誉，注重发展广泛的社会影响力。第二，慈善基金结构使得家族成员之间更能突破个人利益而凝聚在一起，家族慈善基金的治理和运营为家族成员带来各种参与机会及丰富的交流内容，减少了家族成员之间的矛盾和冲突，并让家族向善的基因得以永久传递。第三，慈善基金本身就是一种信托形式，可以理解为个人财富和资产长效回馈社会的可持续发展机制。家族基金结构不会因为家族成员的离开而消失，是家族精神真正得以世代长存的命脉。

一个成熟的家族办公室服务架构，可以具备以下综合功能：

（1）税务、合规及法务咨询：家族企业和家族成员的税务规划，合规和法律事务。

（2）投资管理：家族各类型资产的管理和投资决策流程和机制。

（3）慈善规划和管理：慈善基金和慈善信托的设立和管理，慈善战略规划和影响力投资，慈善项目和影响力投资项目的筛选、进调和决策。

（4）传承规划和交班安排：家族决策成员和接班成员的共识建立，家族各类资产所有权的交接管理，家族办公室和家族事务管理的交接机制。

（5）风险管理及保险业务：家族企业及家族资产的综合风险审核及管理，家族不同资产及家族成员的保险管理，意外事件的防范和应对机制，信息安全、财务安全和地缘政治、经济和社会风险因素的辨识管理。

（6）遗嘱和财富交接：针对所有家庭成员的遗嘱规划、起草和实施，婚前协议和财富交接分配规则制定。

（7）家族综合行政事务：家族宪章，家规，保密协议和家族对外交流沟通的行政安排事务。

（8）商务与财务顾问：满足家庭成员商务需求和财务规划需求，为家庭企业和家庭成员的创业和对外投资提供顾问支持。

（9）教育和培训：终身学习和下一代的教育，子女海外游学、升学和实习，下一代的慈善教育和公益参与。

（10）生活方式管理：家族成员不同生活方式偏好的个性化管理和预算管理，家庭成员的旅行、教育支出和安全管理。

第二节 家族慈善基金与家族传承

一、家族慈善基金的起源

美国历史最悠久的家族慈善信托是约翰·克拉克信托基金（John Clarke Trust）。约翰·克拉克（1609~1676年）是美国罗德岛纽波特当地一位有名望的医生，也是1663年罗德岛皇家宪章制定的主要参与者。他在遗嘱信托中委托三名受托人在他去世后管理他的遗产，主要是他私人拥有的一个农场，后来被命名为慈善农场。慈善农场的租金收入捐赠给慈善机构，用于支持当地的贫穷人口和受教育程度低的孩子们。当其中一位受托人去世后，其他两位受托人提名新的受托人代替，以确保信托的永续管理。到20世纪50年代，约翰·克拉克信托基金出售了慈善农场的土地，并继续对出售所得的一大笔现金资产进行投资管理，其收益持续捐赠给慈善事业，直到今日。

约翰·克拉克信托基金非常具有代表性，它说明在美国建立家族基金会并不是那么遥不可及的事情。约翰·克拉克并非富豪，他只是一名专业医生，积累了一定的财富并做好了慈善信托安排。约翰·克拉克信托基金到今日账上资产总额只有大约700万美元，但在过去300多年的时间里，它累计支出超过300万美元，支持的公益组织超过170个。

工业革命之后的美国，家族慈善基金会随着实业家个人财富的快速增长而得以蓬勃发展。1911年，安德鲁·卡内基捐款1.25亿美元成立卡内基基金会；1912年，约翰·洛克菲勒（John D. Rockefeller）聘用弗雷德里克·盖茨（Frederick T. Gates）担任慈善顾问，创下了由专业人士管理慈善事业的先例。1913年，洛克菲勒基金会由约翰·洛克菲勒捐赠3500万美元发起成立。1960年代，福特基金会（Ford Foundation）开拓了私人慈善基金会的政策倡导功能，其在六个城市开展的社区行动示范项目引领了《经济机会法》的实施。

如今，美国的家族慈善基金无论就其资产规模，还是影响力而言，都遥遥领先其他国家。据美国基金会中心网统计，截至2015年，一方面，美国排名前50的私人基金会平均资产超过50亿美元，资产总额超过2500亿美元。但是另一方面，在美国86203个私人基金会中，大部分家族基金会资产总额在50万~100万美元之间。

二、家族慈善的通常结构

私人基金会是最常见也是最重要的家族慈善捐赠工具。私人基金会可以帮助慈善家族获得最大的控制权和税收优惠，同时也是家族价值观传承的重要工具，因此备受各大家族青睐。家族基金会的资金大多来自同一个家族的成员，基金会理事中至少有一位家族成员担任。整个家族成员及亲戚在基金会的治理和管理中扮演重要角色。

全球最大的家族基金会是比尔和梅琳达·盖茨基金会，而洛克菲勒家族则是举世闻名的家族慈善国际典范。但家族基金会的门槛并非高不可攀，事实上，大多数美国私人基金会的资产不足100万美元，资产规模数亿美元的家族基金会即使在美国也是少数。

在美国，私人基金会可以以非营利公司或公益信托机构的形式成立。私人基金会最常见的形式是根据美国国家税务局IRS税法第501c3免税条款，以非营利公司形式注册成立的非营利组织。私人基金会由个人、家族或私人企业建立，以支持一项或多项慈善活动。家族成员将捐赠资产放入私人基金会，除了可以免除遗产税、赠与税和资本利得税外，还可以按照其捐赠数额获得相应个人收入以抵税。基金会通过管理受赠的各类资产（包括动产和不动产）获得收益，进而为基金会所支持的慈善事业提供可持续的资金。私人基金会每年必须至少拿出其资产的5%用于基金会所指定的慈善事业。如果基金会每年通过资产管理所获得的增值超过5%，则这个基金会的资产和每年的捐赠额都可以永续不断地增长，成为像洛克菲勒基金会那样具有广泛影响力的。家族设立和管理家族基金会的最大困难之一就是保持基金会的合规，即确保基金会的运营和资助能持续符合美国国税局制定的各类复杂规则。这些规则旨在避免家族成员在管理其基金会资产时可能出现的各类潜在利益冲突。如果对这些信息不清楚，基金会有可能使整个家族陷入麻烦。这也是为什么很多家族在建立私人基金会的时候会寻求法务、税务和慈善专业人员的指导。

美国家族慈善另外的一种常见形式是通过慈善信托形式成立私人基金会。美国的现代信托制度源于英国，继承了英国的民事信托，又进一步发展了金融信托。通过慈善信托形式成立私人基金会，是更适合于慈善金融资产保值增值管理的注册结构。同时，以慈善信托注册的私人基金会享有同等的税收优惠。委托人，也即捐赠人，享有个人所得税税收减免。捐赠不动产和有价证券可免征资本利得税，不动产还可以免征房产税和土地税。最重要的是，信托财产可免除遗产税和赠与税。通过设立慈善信托形式的私人基金会，委托人可以免除美国最高达40%税率的遗产税。正因为如此，很多美国家庭很早就开始遗产的规划，通过公益信托和捐赠的形式来规避遗产税，这极大促进了美国公益信托和私人基金会的发展。拥有沃尔玛一半股份的沃尔顿家族，正是通过设立家族信托和沃尔顿家族基金会（Walton Family Foundation），减少了近30亿美元的遗产税的支出。

综合使用慈善信托形式私人基金会和非营利公司形式私人基金会的最佳案例就是比尔和梅琳达·盖茨基金会。2006年10月，比尔·盖茨和梅琳达·盖茨同时创建了两个实体结构，以非营利公司形式成立的比尔和梅琳达·盖茨基金会负责执行慈善项目，以慈善信托形式成立的比尔和梅琳达·盖茨信托基金会则负责管理捐赠资产（包括沃伦·巴菲特的捐款），并向比尔和梅琳达·盖茨基金会提供慈善运营资金。之所以要另外设立比尔和梅琳达·盖茨信托基金会来管理捐赠资产，是因为以慈善信托形式成立的私人基金会更具有金融信托的属性和灵活度，可以有效通过海外信托控股公司结构达到最大程度的避税效应。

第三节　家族慈善税收政策应用

家族企业和家族成员运用家族财富从事慈善事业，除了完成其社会责任之外，还能加强股东对企业的控制权，凝聚、传承家族精神财富。在进行慈善活动的过程中，会产生大量税务成本，因此加强对税务政策的研究和应用非常重要。

鉴于目前我国尚无遗产税，税务政策应用应着重所得税方面。家族慈善具有经常性、链条长的特点，因此税务筹划要顾及各个环节，既要有总体设计，又要在各环节做好细节设计。

一、捐赠主体选择中的税务政策应用

家族财富以家族成员个人财产以及家族企业财产的方式广泛分布,因此捐赠的主体可以为个人,也可以是企业。企业则又可以细分为公司(包括股份有限公司和有限责任公司)、合伙企业、个人独资企业等。个人的纳税身份可以区分为境内税务居民和境外税务居民。企业的纳税身份同样可以区分为境内税务居民和境外税务居民(见图17-2)。

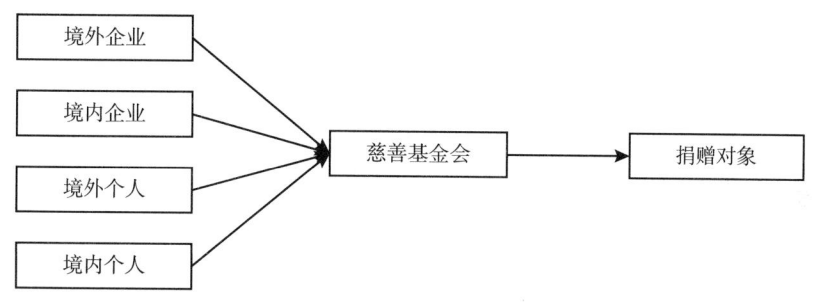

图 17-2 捐赠主体的选择

家族财富捐赠之前先要盘点各个主体的免税捐赠对象范围、捐赠扣除额度、适用税率以及盈利/亏损情况,并根据各自特点选择捐赠主体,以最大可能降低捐赠方的税负。

首先是境内境外主体的选择。一般来讲,境内个人和企业纳税人允许税前扣除境内的捐赠,境外个人和企业纳税人允许税前扣除在其纳税居民国发生的捐赠支出。因此,一般情况下,捐赠在哪个国家发生,就优先选用当地的企业或者个人作为捐赠主体。当然,有些国家或者地区的税法比较宽容,向境外捐赠允许税前扣除。如果是这样,这些国家或者地区的税务居民企业或者个人则可以成为多个地区捐赠的备选主体。但是,目前中国的企业和个人向境外基金会的捐赠,不允许在税前扣除。但是可以考虑通过境外主体进行捐赠,也可以通过捐赠给具备援外资格和富有援外经验的国内慈善基金会定向支持境外公益慈善项目,从而获得税前扣除。

其次是用足税前扣除额度。我国的企业的扣除额度上限一般是捐赠前税前利润的12%,当年扣除不完的,可以在以后三年内结转扣除,个人的扣除额度上限一般是当年应纳税所得额的30%,此外企业和个人所得税方面都有若干项目允许税前全额扣除的特殊规定。还有,要考虑到不同主体的免税扣除额度对应的税率不同,因此其税务影响也各不相同。比如说企业适用的税率可能为普通税率25%,高新企业等优惠税率15%,小微企业优惠税率10%和5%。个人方面,综合所得税率3%~45%,经营所得5%~35%,分类所得20%。税务筹划时要盘点扣除额度的数量和对应税率。一般情况下,要优先利用对应税率较高的扣除额度。

个人利用扣除额度时,要先分清所得的类型和金额,然后才能确定适用税率,再根据税率从高到低的顺序进行扣除。例如,某人有大量的股权转让,适用税率为20%,同时还有综合所得,但由于金额较小实际适用税率低于20%,此外个人兴办的个人独资和合伙企业当年亏损扣除限额为零，这种情况下就宜在股权转让所得下扣除捐赠额。反之，如果该个人当年存在经营所得且年度适用税率超过20%，可以考虑将产生经营所得的个人独资或者合伙企业作为捐赠主体，此时其税负水平大于20%，捐赠扣除额抵税的效果明显。另外，企业所得税下，当年捐赠额超过年度利润总额12%的部分，准予结转以后三年内在计算应纳税额时扣除，而个人所得税法下没有类似规定。因此，个人的扣除额度不能留抵，要优先利用。

二、股权捐赠中的税务政策应用

股权也是一种非货币资产（包括股票），以上分析对其也适用。但是，股票捐赠方面存在特殊政策，需要特别提示。

《财政部、国家税务总局关于公益股权捐赠企业所得税政策问题的通知》规定：

企业向公益性社会团体实施的股权捐赠，应按规定视同转让股权，股权转让收入额以企业所捐赠股权取得时的历史成本确定。前款所称的股权，是指企业持有的企业的股权、上市公司股票等。

企业实施股权捐赠后，以其股权历史成本为依据确定捐赠额，并依此按照《企业所得税》有关规定在所得税前予以扣除。公益性社会团体接受股权捐赠后，应按照捐赠企业提供的股权历史成本开具捐赠票据。

家族企业适用以上政策时会同时低估慈善捐赠的金额，缩小家族企业对社会的真实贡献，不利于家族获得应得的声誉，从社会影响上来说可能不是最佳选择。但是，如果接受捐赠的实体仍是家族内的实体，比如说是家族内的慈善基金会，则未来股权变现时仍可以显示真实的慈善支出，以上不利影响可以消除或者部分挽回。

根据以上政策，捐出方不确认所得，不立即产生企业所得税，而且按股权历史成本确认捐赠扣除额。但是，接受捐赠一方取得股权的计算基础仍按捐出方的历史成本确定。如果是家族基金会接受股权捐赠，未来基金会卖出该股权时，会实现资本利得（等于卖价与股权历史成本的差额），可能会被认为是营利性所得，要缴纳企业所得税。可见，该项政策一方面可以递延确认应纳税所得，将股权升值带来的资本利得从捐出企业环节后移到了社会组织未来卖出该股权的环节来确认，另一方面则可能将无税负的所得变成了有税负的所得，因此家族企业向家族基金会捐赠股权时要考虑清楚，捐赠股权在税务方面同样可能不是最佳选择。

如果家族企业捐赠股权当年捐赠扣除限额充足，即使按公允价值计算捐赠额也能够全额税前列支，则可以考虑将股权按公允价值转让给家族基金会，然后将取得的现金捐赠给家族基金会。这样家族企业不产生所得税，家族基金会未来也不需要就股权升值部分（即公允价值与股权历史成本的差额）承担所得税，总体税负为零。反之，如果直接捐赠股票，则家族基金会未来可能还要承担额外的税负。

基金会在持有股权期间如果收到股息，则可以考虑适用《企业所得税法》第二十六条第（二）款针对符合条件的居民企业之间的股息、红利等权益性投资收益免税的优惠政策。但是，需要注意，根据《企业所得税法实施条例》第八十三条，免税的权益性投资收益不包括连续持有居民企业公开发行并上市流通的股票不足 12 个月取得的投资收益。因此，如果是家族企业向基金会捐赠上市公司股票，捐赠后 12 个月内分红，则基金会可能无法享受该免税政策，需要额外承担 25% 的企业所得税。这种情况应事先纳入考虑。

三、家族捐赠股权涉税注意事项

家族捐赠股权按照捐赠主体可分为家族个人捐赠股权和家族企业捐赠股权，按照捐赠股权标的可分为捐赠非上市公司股权和上市公司股权。

（一）家族个人捐赠股权

根据财政部、国家税务总局《关于全面推开营业税改征增值税试点的通知》附件 3《营业税改征增值税试点过渡政策的规定》第一条，个人向家族慈善基金会捐赠上市公司股权，免征增值税。捐赠非上市公司股权，不属于增值税征税范围，无须缴纳增值税。目前我国《个人所得税法》中针对公益慈善捐赠暂无明确的"视同销售"概念，因此公益慈善捐赠股权无须缴纳个人所得税。

个人捐赠股权按照其持有股权的财产原值确定捐赠支出金额。

个人向家族慈善基金会进行捐赠的支出金额，未超过其申报的应纳税所得额 30% 的部分，可以在计算应纳税所得额时进行扣除。个人捐赠支出金额在当年计算应纳税所得额中扣除不完的部分，不得结转至以后年度扣除。

需要注意的是，个人在计算应纳税所得额扣除公益性捐赠支出时，应取得受赠人开具的捐赠票据；如果未能及时取得捐赠票据，可以暂时凭借公益捐赠银行支付凭证扣除，并在捐赠之日起 90 日内取得捐赠票据。未取得捐赠票据的，不得在计算应纳税所得额时扣除。捐赠人应将相关票据留存五年备查。

（二）家族企业捐赠股权

1. 企业所得税涉税注意事项

根据财政部、国家税务总局《关于公益股权捐赠企业所得税政策问题的通知》规定，企业向家族慈善基金会捐赠公司股权（包括上市公司股票和非上市公司股权），应以其取得所捐赠股权或股票的历史成本确认股权转让收入。因捐赠股权视同转让收入以历史成本确定，股权所有权发生变动时，不会产生转让溢价，无须缴纳企业所得税。

根据《企业所得税法》规定，企业向具备公益性捐赠税前扣除资格的家族慈善基金会进行捐赠股权的支出，在年度利润总额 12% 以内的部分，准予在计算应纳税所得额时扣除；超过年度利润总额 12% 的部分，准予结转以后三年内在计算应纳税所得额时扣除；超过三年仍然未扣除完的部分，不予扣除。

企业应取得家族慈善基金会开具的"公益事业捐赠统一票据"，否则无法在税前扣除股权捐赠额，股权捐赠额按照股权成本价确定。

2. 增值税涉税注意事项

根据财政部、国家税务总局《关于明确无偿转让股票等增值税政策的公告》第一条规定，纳税人无偿转让股票时，转出方以该股票的买入价为卖出价，按照"金融商品转让"计算缴纳增值税；在转入方将上述股票再转让时，以原转出方的卖出价为买入价，按照"金融商品转让"计算缴纳增值税。

企业向家族慈善基金会捐赠上市公司股票时，转出方以该股票的买入价为卖出价，因买入价与卖出价相等，不会产生增值额，无须缴纳增值税。企业在捐赠上市公司股票时，应将能够证明所捐赠股权买入价的相关证明资料留存备查。

四、家族慈善信托的应用

（一）美国家族慈善信托的运用

美国信托税制较为健全，很多家族捐赠都通过家族信托＋基金会的渠道进行。美国的家族慈善一般通过家族信托来持有财产，其财产定期通过慈善基金会进行捐赠。

美国税法下，信托是一个单独的纳税主体，原则上信托需要进行年度所得税纳税申报，报送1041表格。信托一般适用个人的所得税税率。在计算年度所得时，分配给受托人的所得或者按权责发生制应分配给受益人的所得要从信托的应纳税所得中扣除，由受益人在其层面自行申报纳税。也就是说，信托仅就其未分配给收益人的所得纳税（见图17-3）。

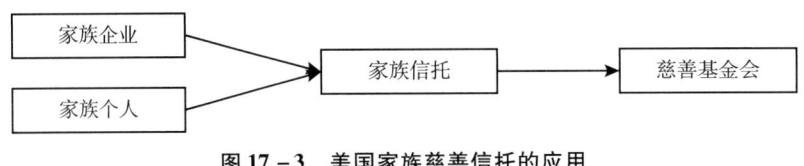

图17-3 美国家族慈善信托的应用

信托的慈善捐赠与个人或者公司的限制扣除不同，可以全部从其所得（无关的业务所得除外）中扣除。而无关业务所得也可以用来进行慈善捐赠，其税前列支比例与个人相同。在美国，遗产也是一种信托。所得税法下给予遗产一个特殊的规定：可以从总收入中永久性地预留出部分金额用于慈善的目的，这部分预留金额可以全额税前列支。因此，很多高净值家族通过信托进行慈善捐赠，享受其灵活性和扣除限额方面的好处。这也是美国会出现大量超大资产规模私人家族基金会的一个主要原因；美国的富豪家庭在遗嘱和信托中通过安排大额的慈善捐赠，可以避免缴纳接近50%的高额遗产税。

此外，由于美国税法下的慈善信托免税，很多高净值家族设立慈善信托作为积累财富和传承财富的工具。美国税法下慈善剩余权益信托（CRT）享受免税待遇。所谓慈善剩余权益信托，是指在信托文件中规定：存续期内可以向非慈善受益人（所得受益人）分配收益，最后一笔所得分配结束后，剩余权益必须转交慈善机构（见图17-4）。

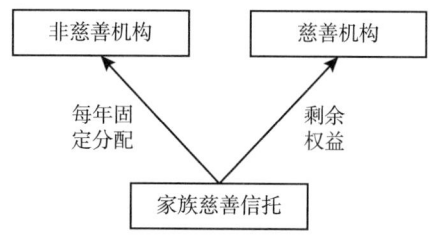

图 17-4　美国慈善剩余权益信托

常见的 CRT 有两种：一是慈善剩余年金信托（CRAT），另一种是慈善剩余单位信托（CRUT）。CRAT 的免税条件是每年支出确定或者固定金额给所得受益人，每年支付的金额不得少于初始信托金额公允价值的 5%，不得高于其 50%。CRUT 则每年必须向受益人分配相当于信托资产净市值固定比例的金额，固定比例必须在 5% ~ 50% 之间。由于以上分配规则比较复杂，美国税法允许单位信托采取一种简化的标准掌握 CRUT 的免税资格，即：CRUT 当年的慈善捐赠必须超过信托财产公允净值的 5%（如果当年所得低于信托公允净值则取当年所得的 5%）。

非慈善的所得受益人从 CRAT 及 CRUT 分配获得的所得需要纳税。这些所得保留其初始性质，即如果来自信托取得的普通所得则确定为普通所得；如果来自信托取得的资本利得则确定为资本利得；如果来自信托取得的其他所得则确定为其他所得；其余的则确定为本金分配。

这两种免税信托有三个优势：第一，为 CRT 信托提供的资金在所得税前可以部分按慈善捐赠扣除，这是基于对 CRT 终结后最终慈善捐赠受益人的剩余分配计算得出的；第二，在实现慈善目的的同时，部分所得还可以分配给家族成员（非慈善所得受益人），以满足其生活所需且避免了遗产与赠予税；第三，累积的所得免税，最终可以用于慈善目的。由于以上优势，家族慈善经常设立慈善信托来持有资产。例如，盖茨夫妇设立了比尔和梅林达·盖茨基金会信托（The Bill & Melinda Gates Foundation Trust，BMGFT）并担任其受托人①。BMGFT 持有盖茨夫妇的财产并接受巴菲特贡献的资产，管理投资资产并根据慈善需要进行捐赠。

（二）国内家族慈善信托的应用

目前国内的家族企业也在尝试通过设立慈善信托方式实现其慈善目的，比较典型的案例有以下两个。

1. 鲁冠球三农扶志基金——个人捐赠股权

2018 年 6 月 27 日，鲁伟鼎基于慈善目的设立鲁冠球三农扶志基金（慈善信托），并将其持有的万向三农集团有限公司 6 亿元出资额对应的 100% 股权全部纳入鲁冠球三农扶志基金，至此，鲁冠球三农扶志基金通过万向三农间接控制万向德农股份有限公司 48.76% 股权（见图 17-5）。

---

① 资料来源：比尔和梅琳达·盖茨基金会官网。

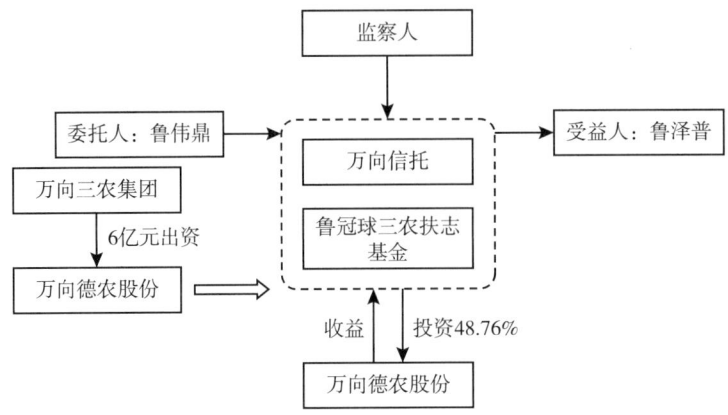

图 17-5 鲁冠球三农扶志基金运作结构

资料来源：根据上市公司批注的公告。

2. 河仁慈善基金会——企业捐赠股权

河仁慈善基金会，是由我国著名企业家、福耀玻璃工业集团股份有限公司董事局主席曹德旺先生捐资创立。2011年5月5日，在河仁慈善基金会成立大会上，曹德旺先生与其妻子陈凤英女士，正式宣布向河仁慈善基金会捐赠个人所持福耀玻璃股份有限公司3亿股股票，过户当日市值35.49亿元人民币。但实际捐赠方是曹德旺控制的三益发展有限公司和福建省耀华工业村开发有限公司。据福耀玻璃公告，三益发展、耀华工业村与河仁基金签署了《捐赠协议书》，三益发展将其持有的5991万股福耀玻璃股份捐赠给河仁基金，均为非限售流通股，占总股本的2.99%；耀华工业村则将其持有的2.4亿股福耀玻璃股份捐赠给河仁基金，均为限售流通股，占总股本的11.99%。本次权益变动后，河仁基金持有3亿股福耀玻璃股份，占总股本的14.98%（见图17-6）。

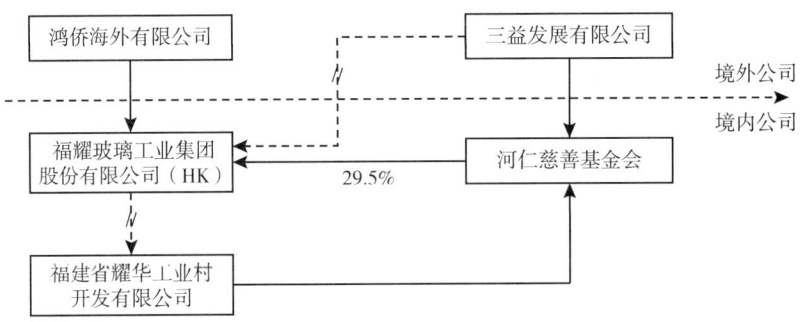

图 17-6 曹德旺捐赠股权结构

资料来源：根据上市公司批注的公告。

由于我国尚未建立信托税制，一般情况下信托相关的税务处理只能不考虑信托关系，根据财产登记等形式来确定。例如上述第1个案例中，由于万向德农股份有限公司48.76%股权纳入鲁冠球三农扶志基金（慈善信托）后，登记在信托管理人即万向信托股份公司名下，按照公益慈善捐赠对待并将支出在捐赠人方面税前扣除存在很大的难度。这一环节中如果不能按照公益慈善捐赠对待，比较可行的处理就是按照一般的股权转让对待，信托管理人万向信托股份公司未来收取股息红利或者转出股权收取价款后，视为将现金捐赠给鲁冠球三农扶志基金（慈善信托）进行税务处理并享受相关税前扣除政策。

—— 专栏十二 ——

坎普拉德（宜家创始人）慈善战略与税收规划

一、税务与慈善如影随形

2019年1月，在达沃斯世界经济论坛上，荷兰历史学家、《写实的乌托邦》一书的作者罗格·布雷格曼（Rutger Bregman）哀叹与会者未能解决在争取更大平等的斗争中的关键问题：有钱人未能缴纳公平份额的税款。他的一席话引起了很大轰动①：

"在达沃斯这样的地方，慈善事业被用来分散人们对正在发生的完全不道德事情的注意力。"

"我听到人们在谈论参与、正义、平等和透明等语言，但是几乎没有人提出避税这一真正问题，对吗？富人只是未能缴纳他们的公平份额……感觉就像我在参加消防员会议，没有人允许谈论水。"

"工业界必须停止谈论慈善事业，而开始谈论税收。"

税务与慈善如影随形，或慷慨或神秘的慈善背后通常都有税务的巨大背影。比如纽约时报中文网的文章《宜家创始人去世：宣扬节俭的超级富豪》，摘录如下②：

"坎普拉德一生践行节俭和勤奋，并形容这些特质是宜家成功的基础。他为了避开瑞典的高税收而住在瑞士、开一辆老旧的沃尔沃、只坐经济舱、住经济酒店、吃便宜的饭菜、买廉价的东西，并坚称他的家很简朴，他没有真正的财产，并且宜家是由一家慈善信托基金持有的。

宜家的确是通过荷兰的一个慈善信托基金和一系列复杂的控股公司经营的。它们均由坎普拉德家族控制，以避免宜家上市或被拆分的一切可能性。坎普拉德去世后，这种做法也提供了避税途径和一种保持公司完整的结构。"

二、宜家集团的慈善架构③

有媒体报道，宜家是全球最大的慈善机构。宜家全球的门店属于一个荷兰慈善基金会所有，如图专12-1所示：

---

① 资料来源：[英国]《卫报》。
② 资料来源：宜家官网。
③ 杨后鲁. 税务透明时代下的家族财富传承[M]. 北京：清华大学出版社，2019：151。

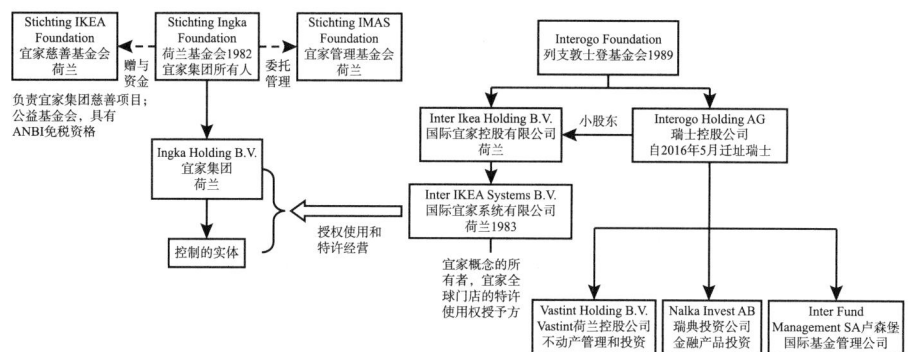

图专 12-1　宜家集团的慈善架构

资料来源：宜家官网。

宜家的创始人坎普拉德希望创建一个独立和永久的所有权结构。20 世纪 80 年代初期，宜家集团进行架构安排，业务分为国际宜家和 INGKA 集团。坎普拉德先生将零售门店转移到了 INGKA 集团，更具体地说，是转移到了荷兰 INGKA 基金会。

"宜家集团（Ingka Holding B. V. 及其控制的实体）拥有确保独立性和长远发展的所有权结构。荷兰的 Ingka 基金会是我们的所有者，其资金只能通过两种方式使用：再投资到宜家集团，也可以通过 IKEA 基金会为慈善目的的捐款[1]。"

在宜家的架构中，INGKA 基金会（Stichting Ingka Foundation）是持有宜家集团股权的基金会，是宜家集团的所有者和主基金会，于1982年设立于荷兰莱顿。其有两个关联基金[2]：宜家慈善基金会（荷兰，Stichting IKEA Foundation），是代表宜家集团对外进行慈善活动的基金会；宜家管理基金会（荷兰，Stichting IMAS Foundation）是对宜家基金会资产进行管理的基金会[3]。

自 1982 年以来，宜家集团一直由荷兰 INGKA 基金会拥有[4]。同时，与宜家业务相关的专有权——包括商标、宜家的商品名称和版权以及相关的专有技术均于 1983 年转让到设立在卢森堡的第Ⅱ控股公司，该公司由设立在列支敦士登的 Interogo 基金会控制。

因此，Stichting Ingka 基金会才是宜家集团的所有者，而宜家慈善基金会并不是。宜家慈善基金会是代表宜家集团对外进行慈善活动的基金会，也是塑造宜家慈善形象的平台。根据官方网站[5]，宜家慈善基金会目前与近 50 个国际性非营利组织都有合作，是联合国儿童基金会、联合国难民署、拯救儿童组织（Save the Children）、克林顿健康倡议等国际机构的捐赠者。宜家为何专门成立一个单独的基金会从事慈善活动，而不是由荷兰 INGKA 基金会进行？这主要是基于荷兰关于基金会从事慈善事业的免税规定[6]。

三、欧盟委员会的正式调查

（一）认定构成非法政府补贴

宜家集团的慈善架构和税务问题在媒体上已经有多年的讨论，但由于其隐秘的架构规划以及坚持不上市，外人始终难以窥其面目。

---

[1][3][4][5]　资料来源：宜家官网。
[2]　资料来源：宜家官网；两个关联基金会正式见于宜家集团的对外公告。
[6]　杨后鲁. 税务透明时代下的家族财富传承 [M]. 北京：清华大学出版社，2019 年。

开始迈出实质性步伐的是 2016 年由欧洲议会绿党/EFA 小组委托进行的一项研究报告《宜家的扁平包装避税计划》①。该报告披露，在坎普拉德家族财富架构中，特许权使用费支付起着非常核心的作用，是坎普拉德家族实现从公司财富到家族财富转化的关键。仅仅 2009～2014 年共计 61 亿欧元以特许权使用费的形式从宜家集团支付到"宜家概念"和商标的所有者荷兰国际宜家系统有限公司（Inter Ikea Systems BV），为净利润的 22.7%。

真正揭开宜家集团部分税务面纱的是欧盟委员会的调查：

2017 年 12 月 18 日，欧盟委员会通过了一项决定，针对荷兰授予荷兰国际宜家系统有限公司的税收待遇，启动正式调查程序（formal investigation procedure）②。该决定涉及荷兰税务机关与宜家集团于 2006 年和 2011 年达成的预约定价安排（advance pricing agreement）。

2020 年 4 月 30 日，欧盟委员会做出了初步认定③：2006 年和 2011 年预约定价安排适用的结果是使得荷兰国际宜家系统有限公司获得了正常税务制度以外的选择性优势，并得以大幅降低其应纳税所得额。这一优势，是通过预约定价安排单独给予的，并赋予了宜家集团不正当的竞争优势。欧盟委员会认为，荷兰税务局与荷兰国际宜家系统有限公司签署的预约定价协议构成了不合法的政府补贴。欧盟委员会要求荷兰政府在两个月内对该意见做出答复。

目前，该调查还在进行之中。

（二）特许权协议

1983 年 7 月 1 日，卢森堡第Ⅱ控股公司与荷兰国际宜家系统有限公司签订了许可协议（以下简称"许可协议"），授权后者在支付许可费用后使用知识产权来创建和开发宜家特许经营概念。宜家特许经营概念是在特许经营模式下运营宜家业务所必须的一组无形资产。然后，国际宜家系统有限公司将宜家特许经营概念授权给全球宜家门店。根据特许经营协议，特许经营者应向荷兰宜家系统公司支付门店营业额的 3% 的特许经营费，以换取使用宜家特许经营概念。

欧盟委员会认为，荷兰国际宜家系统有限公司已经事实上承担了如下职能。另外，2015 年，荷兰国际宜家系统有限公司共有 983 个全职员工，划分为：从事特许经营活动的 226 人，在代尔夫特的宜家概念中心工作的 492 人，以及在荷兰境外工作的 265 人。相比之下，卢森堡第Ⅱ控股公司除董事会三名成员外没有其他员工。因此，荷兰国际宜家系统有限公司向设立在卢森堡的第Ⅱ控股公司支付的特许权使用费不具有合理性。

荷兰国际宜家系统有限公司职能：

负责管理与加盟商之间的合同和业务关系，并发起、协调和管理其他关联方和外部服务提供商的服务，例如产品设计和范围选择、供应和分销、制造以及与门店的开业和翻新。它的主要收入来源是加盟商支付的特许经营费以及目录销售的收入。

负责管理、维护和改善与特许经营业务相关的知识产权，其中包括营销和研究活动以及产品测试和培训。

是位于荷兰代尔夫特的宜家概念中心的所有者。宜家概念中心包括测试门店，该门店除了是常规的宜家门店外，还自 1992 年以来一直作为试点门店。宜家概念中心还包括针对现有和潜在的新加盟商的培训中心（宜家商学院）。

负责向特许经营者发布和提供目录。

---

①②③ 资料来源：宜家官网。

(三) 2006 年预先定价安排

2006 年预先定价安排的标题是"预先定价安排和解协议"。该协议于 2006 年 3 月 9 日由荷兰国际宜家系统有限公司与荷兰税务局签署。其有效期为 2006 年 1 月 1 日至 2010 年 12 月 31 日，在事实未变的情形下可以自动延期五年。荷兰税务局于 2010 年 12 月 28 日批准了延期五年的申请。

2006 年预先定价安排的目的是就荷兰国际宜家系统有限公司向设立在卢森堡的第 II 控股公司支付的特许权使用费金额获得荷兰税务机关的确认、并可以抵扣荷兰的企业所得税。在另外一端，卢森堡第 II 控股公司获得的特许权使用费的支付不需要缴税，这是由于该公司适用一个控股公司的特别税制（该税制已于 2010 年底被废止）。

在该安排下，荷兰国际宜家系统有限公司只能获得特许权使用费收入的 5% 作为其收入，并被视为符合公平交易原则。超过 5% 的特许权使用费将被视为股东对其的非正式资本出资，因此无须征税。因此，留在荷兰、缴纳企业所得税的特许权使用费被大幅降低。

因此，适用 2006 年预先定价安排的结果是：荷兰国际宜家系统有限公司从世界各门店收到的 3% 特许权使用费可以减少在荷兰的应纳税所得额、同时不需要在卢森堡缴纳企业所得税，即"双重获益"。

2009 年 12 月，在特许协议下与知识产权相关的权利和义务被从卢森堡第 II 控股公司转让给阿鲁巴（Largo Brands Corporation AVV, Largo），Interogo 基金会设立在阿鲁巴的子公司。根据欧盟委员会的报告，Largo 是一个免税的慈善组织。这一转让应该与卢森堡将于 2010 年终止控股公司的特别税制有关（见图专 12-2）。

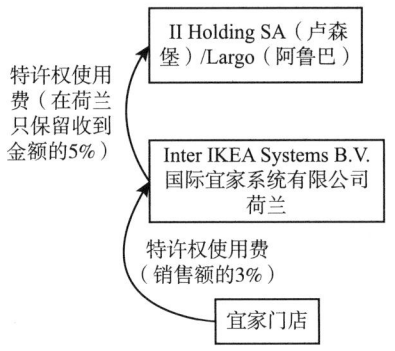

图专 12-2　根据 2006 年预约定价安排进行的交易（2011 年前）

资料来源：根据宜家官网资料绘制。

(四) 2011 年预约定价安排

2011 年 12 月 21 日，Interogo 基金会与荷兰国际宜家系统有限公司签署了《买卖协议》，前者将拥有的宜家品牌的知识产权①转让给了荷兰国际宜家系统有限公司。根据《买卖协议》，知识产权的价值为 90 亿欧元，为根据现金流量折现法估值而得。在荷兰国际宜家系统有限公司收购了知识产权之后，原许可协议被终止。

此次收购是通过两笔交易进行的：（1）Interogo 基金会将知识产权的 40% 的权益向荷兰国际宜家系

---

① 在欧盟委员会的报告中，明确写道"委员会不知道知识产权是如何以及何时从 Largo 转移到 Interogo Foundation 的，以及转移的价格"。

统有限公司出资,价格为 36 亿欧元。(2) Interogo 基金会将知识产权剩余的 60% 的权益出售给荷兰国际宜家系统有限公司,收购价格为 54 亿欧元。两项交易均于 2012 年 1 月 1 日生效。54 亿欧元的购买对价是 Interogo 基金会授予的"贷款"①。因此,荷兰国际宜家系统有限公司仍欠 Interogo 基金会 54 亿欧元的债务。该贷款的固定年利率为 6%,是根据法国巴黎银行(BNP Paribas)和荷兰国际银行(ING)的两封报价单以及国际宜家(IKEA)首席财务官的评估,按公平原则确定的。该贷款未摊销,有效期为 12 年。

2011 年预约定价安排从 2012 年 1 月 1 日起生效,有效期为 12 年(即直到 2023 年 12 月 31 日)。通过 2011 年预约定价安排,以下事项获得确认:

(1) 荷兰税务局批准了 90 亿欧元的转让价格为公允价值。

(2) Interogo 基金会为转让价格的 60% 提供的贷款公司间贷款产生的利息可以税前抵扣,因为不涉及 1969 年《荷兰企业所得税法》中的扣除限制。

(3) 由于适用价格调整机制可能导致的转让价格提高,荷兰国际宜家系统有限公司还可以每年分配一笔用于未来支付利息的准备金,该准备金也可以税前扣除。

另外,在预约定价安排有效期间,荷兰国际宜家系统有限公司对知识产权不计提折旧,知识产权的价格也不进行重新评估。这一影响是巨大的:根据欧盟委员会的调查报告,对于 54 亿欧元的 8 年期摊销贷款,要支付的利息总额约为 14 亿欧元,而荷兰国际宜家系统有限公司为该非摊销 12 年期贷款支付 39 亿欧元的利息。这一巨额利息支付根据预约定价安排是可以税前抵扣的。

欧盟委员会进行了长篇分析,认为对于知识产权的估值、贷款条件和利率不符合公平交易原则,为宜家集团增大资产的税基并利用利息支付抵扣企业所得税大开方便之门。因此,构成荷兰政府给予宜家集团的政府补贴(见图专 12-3)。

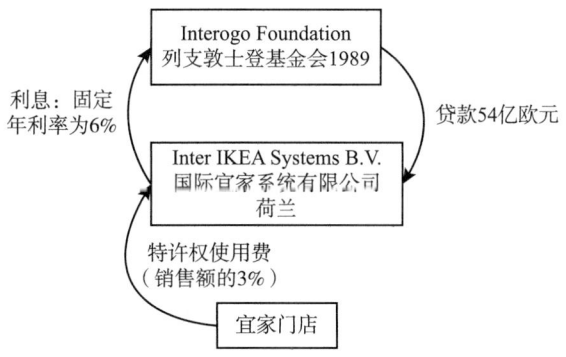

图专 12-3 根据 2011 年预约定价安排进行的交易(2012 年后)

资料来源:根据宜家官网资料绘制。

(五)调查前景

预计欧盟委员会将在正式调查结束时(没有期限要求)做出最终决定。如果最终认为荷兰的预约定价安排构成非法政府补贴,其将命令荷兰追回已经给予的补贴并加收利息。如果成员国未在适当时候遵守

---

① 根据欧盟委员会的报告,在 2016 年重组以后,卢森堡第 II 控股公司迁址到了瑞士,被重命名为 Interogo Holding AG。Interogo 基金会在贷款协议下的权利被转让给了 Interogo Holding AG。

该决定，则欧盟委员会可将其移交给欧洲法院（ECJ）。追回的目的是消除不当优势，并使市场恢复到授予上述补贴之前的状态。恢复期限为十年。

四、启　　示

慈善，通常都伴随正面的评价。省税，也许自有合理性：企业家可能认为其比政府公权力能够更为有效地运用财富，省税亦是"公义"。然而，税务规划自有法律的边界。跳出法律合理边界的税务规划，只能带来税务风险。在国际反避税的今天，激进的税务规划也被视为是不道德的。如果税务方面出现了问题，慈善活动可能面临公众的指责。

另外，再隐秘的架构、再精细的安排，如果不能处理好税务规划，反而惹火上身，保密就可能无法实现。比如，欧盟委员会已经要求荷兰政府收集并提供设立在列支敦士登的 Interogo 基金会 2006~2011 年的：（1）董事会和每个公司治理机构的组成；（2）高级执行经理，描述他们各自的职责和权力；（3）章程和任何其他内部文件，表明这些实体如何进行管理以及如何通过决策，包括每个治理机构的权限、法定人数和投票权以及程序；（4）董事会会议的会议记录；（5）该实体向荷兰国际宜家系统有限公司传达战略决策的任何文件。很显然，火已经烧到了坎普拉德家族的核心地带：Interogo 基金会。欧盟委员会的税务调查能够揭开该基金会的神秘面纱吗？拭目以待。

第十八章
社会公众慈善与税收政策应用

第一节 社会公众的慈善形式

依据我国相关法律，国家鼓励作为自然人的公民个人，基于慈善目的，通过慈善组织或直接向受益人自愿、无偿赠与其合法财产，社会公众成为我国主要的慈善捐赠人。在美国，来自公民个人的捐赠远远超过来自企业法人的捐赠，是其慈善捐赠的第一主体。在我国的慈善实践中，随着国家政策的鼓励支持、现代慈善文化深入普及、网络等科学技术助力，公民个人特别是普通社会公众开展捐赠、参与慈善事业日益普及，人人慈善的风气正在形成，以互联网捐赠为主要形式的社会公众捐赠，在我国慈善捐赠中所占的比重日益增长。社会公众成为现代公益慈善事业的主力军。

2008年汶川特大地震，激发我国全民慈善热情，社会公众或捐赠财物，或义务献血，或公益倡导，或志愿服务，最广泛地参与这场全民抗震救灾的伟大行动。其中，来自以我国社会公众为主的公民个人捐赠，首次超过企业捐赠，成为我国慈善捐赠的第一主体。这一年也被称为中国公益元年。

近年来，互联网特别是移动互联网，已经渗透到人们生活的方方面面，不仅成为经济社会发展的重要引擎，也成为推动我国公益慈善事业发展的重要力量。在过去很长一段时间，做公益都局限于"小众慈善、大众围观"的模式，而互联网时代打破了其中的界限，提升了参与公益的规模，提高了参与公益的效率。社会公众参与公益形式非常多，主要分为：参与公益捐赠、支持公益倡导，成为公益志愿者，以及部分采取行为转化捐助的公益活动，例如，行走捐、积分捐、消费捐，等等。

一、公益捐赠

20世纪以前，公益捐赠需要通过银行转账、邮局汇款才可以实现，如今，打开手机通过微信、支付宝、微博等移动App都可以实现公益捐赠。淘宝创新的将公益捐赠与消费购物相结合，推出淘宝公益宝贝，有效地促进了规模化公益捐赠。公益宝贝平均每笔捐赠额约为人民币4分6厘，聚沙成塔、集腋成裘。以2018年为例，淘宝平台上参与公益宝贝捐赠的商家超过了200万家，公益捐赠超3.64亿元，参与消费者人次更是高达4.27亿人。支付宝之后也启动了线下"消费捐"。"消费捐"是依托支付平台开展的公益形式，爱心商户通过支付App绑定的公益项目，每笔消费就可以自动捐出1分钱。而腾讯则在2020年的99公益日推出了公益消费券，当你为公益项目捐款后，可以领取到爱心企业消费券，用于消费时抵扣现金。

互联网公益是人们便于参与、乐于参与的重要形式，也是弥合地区经济差异的重要载体。借助互联网技术的蓬勃发展，中国互联网公益异军突起，仅 2019 年上半年，就有 52.6 亿人次点击、关注和参与互联网慈善，募集善款超过 18 亿元，充分体现了科技和慈善结合的力量。

在抗击新冠肺炎疫情行动中，互联网筹款信息平台成为了中国公众了解和响应参与中国公益慈善组织行动的重要窗口。据初步统计，社会各界通过各级慈善会和红十字会累计捐赠 396.27 亿元，其中通过互联网募集善款 18.67 亿元，参与人次达到 4954 万人次。在 2 月 17 日~3 月 2 日期间，在 20 家互联网募捐信息平台共计新增上线 120 个募捐项目，累计数量达到 449 个项目，累计筹款总额超 15.68 亿元，互联网公益抗疫达到一个小高潮，并且成为重要公益力量。

二、公益倡导

做公益是好事，宣传公益也是好事，公益倡导不是简单的喊口号，同样是公益项目，在当今发达的新媒体和移动互联网产品技术的帮助下，公益倡导项目可以更加精准、科学、实时的与公众开展交流与互动，并且在短时间内做到传播效果最大化，实现公益理念的传播和普及。

2019 年，住建部对全国 46 个试点城市垃圾分类，各地在开展垃圾分类公益倡导行动的时候，都采取了非常行之有效的措施，让垃圾分类落到实处，北京、上海、杭州等地在开展的关于垃圾分类的公益倡导，线上和线下开展的教育和普及。在微博上，网友通过发布"垃圾分类一起来"公益话题，记录日常生活垃圾分类全过程，使用垃圾分类贴纸，垃圾鉴别官微博可与网友互动，帮助你解决垃圾分类带来的困扰。公益倡导的作用在于影响更多人重视公益行动的意义，正把它变成生活的一部分。

三、志愿服务

在现代社会，志愿服务是公民参与公益慈善事业的最主要方式。截至 2019 年 7 月底，我国依法登记的志愿服务组织已达 1.2 万个，发布志愿服务项目超过 253 万个。1.2 亿个志愿者，意味着占我国总人口近 1/10 的人群加入了志愿服务社会的行列。尤其是在抗击新冠疫情的全面战役中，志愿者成为了政府和大众信任的主要力量，发挥了举足轻重的作用。

第二节　社会公众慈善捐赠的税收政策应用

社会公众开展公益慈善活动的方式有很多种，有捐款捐物的行为，有进行公益倡导的，有开展志愿服务的。但是，目前我国的个人所得税制体系下对通过行为进行的公益倡导和志愿服务的慈善活动方式尚未出台相关的税收优惠政策，这主要是因为，这类活动中纳税人虽然支出了时间、劳动，但难以对其价值进行量化，也就无法体现在税基上。因此，本书将主要讨论社会公众捐赠财产的慈善行为以及涉税问题。

一、个人捐赠税收优惠政策总述

根据个人所得税法相关规定，个人将其所得对教育、扶贫、济困等公益慈善事业进行捐赠，捐赠额未超过纳税人申报的应纳税所得额 30% 的部分，可以从其应纳税所得额中扣除；国务院规定对公益慈善事业捐赠实行全额税前扣除的，从其规定。

应用上述规定时，我们需要重点关注以下要点：

（一）捐赠方式的相关规定

个人的公益事业捐赠，税收优惠体现在税基的扣除上。对于个人纳税人而言，其所得项目的应纳税额 = 应纳税所得额 × 对应的税率。纳税人的捐赠额在不超过其应纳税所得额 30% 的部分可以扣除，也就是相应地减少了税基，减轻了纳税人的税负。

常见误区：不是所有的公益捐赠都可以进行扣除，个人所得税法实施条例及相关政策明确，个人只有通过我国境内的公益性社会组织、县级以上人民政府及其部门等国家机关进行的公益捐赠才可以享受税收优惠，享受相应的扣除。我国境内公益性社会组织，包括依法设立或登记并按规定条件和程序取得公益性捐赠税前扣除资格的慈善组织、其他社会组织和群众团体。每年民政部门和财税部门都会公布符合税前扣除资格的公益组织名单。因此包括互益性质的众筹平台等的直接捐赠，是不能税前扣除的。国家通过鼓励间接捐赠以扶持国内社会组织的成长和发展。

场景 1：爱心人士张先生 2019 年 5 月通过某普通网站捐赠 100 元，由于该网站上的项目发起主体并非国家认可的慈善组织，也就不可能具有税前扣除资格，因此，张先生捐赠的 100 元不能税前扣除。

场景 2：爱心人士张先生 2019 年 10 月通过韩红基金会捐款 500 元，并于当年取得捐赠票据，由于韩红基金会属于符合税前扣除资格的公益组织，因此其捐赠的 500 元，可以进行税前扣除。

（二）扣除比例的相关规定

一般规定是可以扣除应纳税所得额的 30%，但是如果另有规定的也可以在应纳税所得额的 100% 比例中进行扣除。可以 100% 扣除的捐赠项目详情见第一篇第五章。

场景 3：爱心人士张先生 2020 年 1 月中奖 10000 元，张先生通过符合条件的社会组织捐赠了 5000 元给贫困灾区。在不考虑张先生中奖之外所得的前提下，由于扣除限额为 10000 × 30% = 3000 元，因此捐赠金额不得全部扣除，应扣除 3000 元后按 20% 的税率缴纳个人所得税（10000 − 3000）× 20% = 1400 元。

场景 4：爱心人士张先生 2020 年 5 月中奖 10000 元，张先生通过符合条件的公益组织向农村义务教育捐赠 5000 元。由于农村义务教育是可以全额扣除的，因此该笔所得张先生应缴纳个人所得税（10000 − 5000）× 20% = 1000 元。

(三) 捐赠票据的相关规定

根据财政部、国家税务总局《关于公益慈善事业捐赠个人所得税政策的公告》文件规定，公益性社会组织、国家机关在接受个人捐赠时，应当按照规定开具捐赠票据；个人索取捐赠票据的，应予以开具。个人发生公益捐赠时不能及时取得捐赠票据的，可以暂时凭公益捐赠银行支付凭证扣除，并向扣缴义务人提供公益捐赠银行支付凭证复印件。个人应在捐赠之日起90日内向扣缴义务人补充提供捐赠票据，如果个人未按规定提供捐赠票据的，扣缴义务人应在30日内向主管税务机关报告。机关、企事业单位统一组织员工开展公益捐赠的，纳税人可以凭汇总开具的捐赠票据和员工明细单扣除。

这里要注意，捐赠不是仅仅凭银行的转账记录就可以税前扣除的。捐赠扣除的依据是捐赠票据，并且公益性社会组织、国家机关是有义务为捐赠人开具相关票据的。如果发生公益捐赠时由于某些原因不能及时取得捐赠票据的，应在自捐赠之日起90日内取得相关的捐赠票据。也就是说，如果捐赠者希望获取捐赠票据且能抵扣个税，需要在捐赠前先确定自己想要捐赠的社会组织是否同时拥有以下两项资格：一是获得了公益捐赠税前扣除资格；二是能开具捐赠票据。

场景5：爱心人士张先生2020年3月，参加单位组织的集体捐款活动，向本市慈善总会捐赠100元，单位获得一张开具总金额的捐赠票据，那么张先生可以凭单位取得的汇总票据和员工明细单就可以享受税前扣除。由单位在代扣代缴时依法据实扣除，一并报送由政府机关或社会组织开具的汇总接收捐赠票据、所在单位每个纳税人的捐赠总额和当期扣除的捐赠额。

因此，个人在进行捐赠时要注意捐赠方式，个人的间接捐赠才可以享受税收优惠进行扣除，且所通过的国家机关或者公益组织要符合相关的条件才可以。但这里也有例外情形，比如新冠疫情的直接捐赠就可以进行相应的扣除；在进行税扣除时要注意扣除的比例是30%还是100%；最后要关注捐赠票据的合规性，并注意及时取得捐赠票据。

二、个人捐赠如何在各项所得中扣除

《中华人民共和国个人所得税法（最新修正本）》实施后，个人所得税法各项所得共有八项，分别是：工资、薪金所得，劳务报酬所得，稿酬所得，特许权使用费所得，经营所得，利息、股息、红利所得，财产租赁所得，财产转让所得和偶然所得。居民个人取得前四项所得（工资、薪金所得，劳务报酬所得，稿酬所得，特许权使用费所得）为综合所得，按纳税年度合并计算个人所得税。经营所得也是按年度纳税。而其他四项分类所得（利息、股息、红利所得，财产租赁所得，财产转让所得，偶然所得）是按次计税。取得工资、薪金所得的在职人员一般都可通过综合所得消化捐赠额的抵扣额度，无须关注所得项目选择问题。如果是收入多元化的人群，则可以在不同所得项目中进行选择扣除次序，在当期一个所得项目扣除不完的公益捐赠支出，可以按规定在其他所得项目中继续扣除，但不能结转到下一年度。

财政部、国家税务总局《关于公益慈善事业捐赠个人所得税政策的公告》对各所得项目的扣除规则有比较详细的规定。

（一）综合所得中的扣除规则

根据《关于公益慈善事业捐赠个人所得税政策的公告》规定，居民个人取得工资薪金所得的，可以选择在预扣预缴时扣除，也可以选择在年度汇算清缴时扣除。居民个人选择在预扣预缴时扣除的，应按照累计预扣法计算扣除限额，其捐赠当月的扣除限额为截至当月累计应纳税所得额的30%（全额扣除的从其规定）。个人从两处以上取得工资薪金所得，选择其中一处扣除，选择后当年不得变更。而居民个人取得劳务报酬所得、稿酬所得、特许权使用费所得的，预扣预缴时不扣除公益捐赠支出，统一在汇算清缴时扣除。

场景6：爱心人士王先生2020年度每月工资均为9000元（不考虑其他相关扣除），2019年10月，王先生通过某高校基金会（具有税前扣除资格）向贫困地区捐赠了15000元。

如果王先生选择在预扣预缴时扣除公益捐赠，则该笔公益捐赠能在工资薪金税前扣除12000元〔（9000×10－5000×10）×30%〕，未扣完的3000元可以在下个月工资中继续扣除。

（二）经营所得的扣除规则

根据《关于公益慈善事业捐赠个人所得税政策的公告》规定，个人独资企业、合伙企业发生的公益捐赠支出，其个人投资者应当按照捐赠年度合伙企业的分配比例（个人独资企业分配比例为百分之百），计算归属于每一个人投资者的公益捐赠支出，个人投资者应将其归属的个人独资企业、合伙企业公益捐赠支出和本人需要在经营所得扣除的其他公益捐赠支出合并，在其经营所得中扣除。需要注意，经营所得采取核定征收方式的，不扣除公益捐赠支出。

场景7：纳税人李先生是某合伙企业的合伙人，其分配比例为30%。2019年度，该合伙企业发生的公益捐赠额为10万元，李先生个人发生的公益捐赠额为2万元。归属于李先生2019年度的公益捐赠额应为10×30%＋2＝5万元。

（三）分类所得中的扣除规则

根据《关于公益慈善事业捐赠个人所得税政策的公告》规定，居民个人发生的公益捐赠支出，可在捐赠当月取得的分类所得中扣除。但由于分类所得是按次计税，因为如果在该笔分类所得中扣除不完的，不能在以前或者以后月份的分类所得中进行扣除。但可以在当年的综合所得或者经营所得中扣除。如果当期纳税人没有扣除的，对于分类所得有90日的追补扣除的规定。

场景8：爱心人士李先生2019年10月取得财产租赁所得20000元。当月20日，王先生通过某基金会社会组织向贫困地区捐赠了8000元。

该笔公益捐赠可以先选择在财产租赁所得中限额①（20000×80%×30%＝4800元）扣除4800元。如果李先生没有在当期扣除，可以2020年1月20日前（自捐赠之日起90日内）向税务机关申请办理追补扣除。

另外没有扣除的3200元，李先生如果10月还有其他的分类所得，也可以在其他的分类所得中进行扣除。或者在其年度的综合所得或者经营所得中进行扣除。

---

① 财产租赁所得计算时要扣除20%费用，因此下面扣除限额计算时按收入额的80%确定应纳税所得额。

（四）取得捐助票据后的扣除主体

在取得相应收入时，捐赠人只需要现场拍照或转发电子捐赠票据出示给扣缴义务人即可，扣缴义务人在代扣代缴时应当为捐赠人办理公益捐赠税前扣除。如果取得收入没有扣缴义务人或者扣缴义务人没有代扣代缴税款的，纳税人可以在自行申报个人所得税时扣除公益捐赠额。捐赠票据应由捐赠人个人妥善保管五年，以便在税务机关后续有核查需求时予以配合。

场景9：康先生是某公司在职员工，在捐赠支持某助学项目并取得捐赠票据后，康先生即拍照发邮件给公司人事部门，人事部门收到康先生的邮件后，在制作康先生的工资单时，就将捐赠票据所示金额帮助康先生进行记录，再由财务部门负责扣缴。

场景10：高师傅是一名退休工人，因技术能力出色返聘回厂担任技术顾问，每个月领取一定的收入，但工厂财务部门没有为高老师代扣代缴税款。高老师每个月都在为自己家乡学校的孩子们捐赠支持爱心早餐项目。在年底前，高老师拿到了按照累计捐赠金额开具的捐赠票据，并将捐赠票据带到当地税务机关窗口出示，自行申报扣除公益捐赠额。

在华居住的外国人捐赠也可享受公益捐赠政策，公告明确非居民个人公益捐赠扣除办法基本是比照分类所得扣除公益捐赠的办法执行的，即捐赠额未超过其当月应纳税所得额30%的部分，可以税前扣除。如果非居民个人有经营所得，分类所得中扣除不完的捐赠额可以在经营所得中继续扣除。

受到税制因素影响，不同所得项目计税方式、捐赠扣除时点有所不同。个人在享受公益捐赠税收优惠政策时，要注意根据自己取得收入的实际情况，合理选择捐赠扣除。

附录
政策索引

一、慈善税收相关法律法规

（一）全国人民大表大会　中华人民共和国合同法　主席令第 15 号

（二）全国人民大表大会　中华人民共和国慈善法　主席令第 43 号

（三）全国人民大表大会　中华人民共和国税收征收管理法　主席令第 49 号

（四）全国人民大表大会　中华人民共和国契税法　主席令第 52 号

（五）全国人民大表大会　中华人民共和国企业所得税法　主席令第 63 号

（六）全国人民大表大会　中华人民共和国个人所得税法　主席令第 85 号

（七）国务院　中华人民共和国车辆购置税暂行条例　国务院令第 294 号

（八）国务院　中华人民共和国税收征收管理法实施细则　国务院令第 362 号

（九）国务院　中华人民共和国进出口关税条例　国务院令第 392 号

（十）国务院　中华人民共和国城镇土地使用税暂行条例　国务院第 483 号

（十一）国务院　中华人民共和国耕地占用税暂行条例　国务院令第 511 号

（十二）国务院　中华人民共和国企业所得税法实施条例　国务院令第 512 号

（十三）国务院　中华人民共和国个人所得税法实施条例　国务院令第 519 号

（十四）国务院　中华人民共和国增值税暂行条例　国务院令第 538 号

（十五）国务院　中华人民共和国房产税暂行条例（2011 年修订）　根据国务院令第 588 号文件修订

（十六）国务院　行政事业性国有资产管理条例　国务院令第 738 号

（十七）财政局　国家税务总局　中华人民共和国增值税暂行条例实施细则　财政部、国家税务总局令第 50 号

（十八）财政部　政府购买服务管理办法　财政部令第 102 号

（十九）财政部　关于修改《财政票据管理办法》的决定　财政部令第 104 号

（二十）海关总署　残疾人专用品免征进口税收暂行办法　海关总署令第 61 号

（二十一）海关总署　中华人民共和国海关关于《扶贫、慈善性捐赠物资免征进口税收暂行办法》的实施办法　海关总署令第 90 号

（二十二）海关总署　中华人民共和国海关保税核查办法　海关总署令第 173 号

（二十三）财政部　国家税务总局　关于增值税几个税收政策问题的通知　财税【1994】60 号

（二十四）国务院　国务院关于进一步完善文化经济政策的若干规定　国发【1996】37 号

（二十五）国务院　海关总署关于执行《残疾人专用品免征进口税收暂行规定实施办法》的通知　署税【1997】544 号

（二十六）财政部　国务院关税税则委员会　国家税务总局　海关总署　关于救灾捐赠物资免征进口税收的暂行办法　财税【1998】98号

（二十七）财政部　国家税务局　关于促进科技成果转化有关税收政策的通知　财税【1999】45号

（二十八）国家税务总局　事业单位　社会团体　民办非企业关于企业所得税征收管理办法　国税发【1999】65号

（二十九）国家税务总局　关于企业向联合国儿童基金捐款有关企业所得税处理问题的通知　国税发【1999】77号

（三十）财政部　国家税务总局　关于血站有关税收问题的通知　财税【1999】264号

（三十一）财政部　国家税务总局　关于贯彻落实《中共中央国务院关于加强技术创新、发展高科技、实现产业化的决定》有关税收问题的通知　财税【1999】273号

（三十二）财政部　国家税务总局　关于对青少年活动场所　电子游戏厅有关所得税和营业税政策问题的通知　财税【2000】21号

（三十三）国务院　关于支持文化事业发展若干经济政策的通知　国发【2000】41号

（三十四）财政部　国家税务总局　关于医疗卫生机构有关税收政策的通知　财税【2000】42号

（三十五）财政部　国家税务总局　关于对老年服务机构有关税收政策问题的通知　财税【2000】97号

（三十六）财政部　国家税务总局　关于非营利性科研机构税收政策的通知　财税【2001】5号

（三十七）财政部　国家税务总局　关于完善城镇社会保障体系试点中有关所得税政策问题的通知　财税【2001】9号

（三十八）财政部　关于对《残疾人专用品免征进口税收暂行规定》有关问题的通知　财税【2001】191号

（三十九）财政部　国家税务总局　外经贸部　关于外国政府和国家组织无偿提供项目在华采购物资免征增值税问题的通知　财税【2002】2号

（四十）财政部　国家税务总局　关于发行福利彩票有关税收问题的通知　财税【2002】59号

（四十一）财政部　国家税务总局　关于全国社会保障基金有关税收政策问题的通知　财税【2002】75号

（四十二）财政部　劳动保障局　国家税务总局　关于促进下岗失业人员再就业税收优惠政策及其他相关政策的补充通知　财税【2003】192号

（四十三）财政部　国家税务总局　关于教育税收政策的通知　财税【2004】39号

（四十四）财政部　国家税务总局　关于扶持城镇退役士兵自谋职业有关税收优惠政策的通知　财税【2004】93号

（四十五）财政部　国家税务总局　外经贸部　关于外国政府和国家组织无偿提供项目在

华采购物资免征增值税的补充通知 财税【2005】13号

（四十六）国家税务总局 劳动和社会保障局 关于下岗失业人员再就业有关税收政策具体实施意见的通知 国税发【2006】8号

（四十七）财政部 国家税务总局 关于下岗失业人员再就业有关税收政策问题的通知 财税【2006】186号

（四十八）财政部 国家税务总局 关于公益救济性捐赠税前扣除政策及相关管理问题的通知 财税【2007】年6号

（四十九）国务院 关于实施企业所得税过渡优惠政策的通知 国发【2007】39号

（五十）国务院 关于经济特区和上海浦东新区新设立高新技术企业实行过渡性税收优惠的通知 国发【2007】40号

（五十一）国家税务总局 民政部 中国残疾人联合会 关于促进残疾人就业税收优惠政策征管办法的通知 国税发【2007】67号

（五十二）财政部 国家税务总局 关于促进残疾人就业税收优惠政策的通知 财税【2007】92号

（五十三）财政部 国家税务总局 关于企业所得税若干优惠政策的通知 财税【2008】1号

（五十四）财政部 国家税务总局 关于贯彻落实国务院关于实施企业所得税过渡优惠政策有关问题的通知 财税【2008】21号

（五十五）财政部 国家税务总局 中华人民共和国耕地占用税暂行条例实施细则 财政部国家税务总局令第49号

（五十六）财政部 国家税务总局 关于认真落实抗震救灾及灾后重建税收政策问题的通知 财税【2008】62号

（五十七）财政部 海关总署 国家税务总局 关于支持汶川地震灾后恢复重建有关税收政策问题的通知 财税【2008】104号

（五十八）财政部 国家税务总局 关于汶川地震受灾严重地区扩大增值税抵扣范围暂行办法 财税【2008】108号

（五十九）财政部 国家税务总局 关于财政性资金、行政事业性收费、政府性基金有关企业所得税政策问题的通知 财税【2008】151号

（六十）财政部 民政部办公厅 关于印发基金会公益性捐赠税前扣除资格审查工作实施方案的通知 民办发【2009】10号

（六十一）财政部 国家税务总局 关于延长下岗失业工人再就业有关税收政策的通知 财税【2009】23号

（六十二）财政部 海关总署 国家税务总局 关于支持文化企业发展若干税收问题的通知 财税【2009】31号

（六十三）财政部 国家税务总局 关于文化体制改革中经营性文化事业单位转制为企业的若干税收优惠政策问题的通知 财税【2009】34号

（六十四）国家税务总局　关于安置残疾人员就业有关企业所得税优惠政策问题的通知　财税【2009】70号

（六十五）财政部　国家税务总局　民政部　关于公布2008年度2009年度第一批获得公益性捐赠税前扣除资格的公益性社会团体名单的通知　财税【2009】85号

（六十六）财政部　国家税务总局　关于专项用途财政性资金有关企业所得税处理问题的通知　财税【2009】87号

（六十七）财政部　海关总署　国家税务总局　关于第16届亚洲运动会等三项国际运动会税收政策的通知　财税【2009】94号

（六十八）民政部　关于印发《社会团体公益性捐赠税前扣除资格认定工作指引》的通知　民发【2009】100号

（六十九）财政部　国家税务总局　关于非营利组织企业所得税免税收入问题的通知　财税【2009】122号

（七十）财政部　关于企业公益性捐赠股权有关财务问题的通知　财企【2009】213号

（七十一）财政部　国家税务总局　关于通过公益性群众团体的公益性捐赠税前扣除有关问题的通知　财税【2009】124号

（七十二）财政部　国家税务总局　关于继续实行宣传文化增值税和营业税优惠政策通知　财税【2009】147号

（七十三）财政部　国家税务总局　民政部　关于公益性捐赠税前扣除有关问题的补充通知　财税【2010】45号

（七十四）财政部　国家税务总局　关于曹德旺夫妇控股企业向河仁慈善基金会捐赠股票有关企业所得税问题的通知　财税【2010】86号

（七十五）财政部　国家税务总局　关于安置残疾人就业单位城镇土地使用税等政策的通知　财税【2010】121号

（七十六）财政部　民政部　关于印发《中央财政支持社会组织参与社会服务项目资金使用管理办法》的通知　财社【2012】138号

（七十七）国务院办公厅　关于政府向社会力量购买服务的指导意见　国办发【2013】96号

（七十八）财政部　关于做好政府购买服务工作有关问题的通知　财综【2013】111号

（七十九）财政部　民政部　关于支持和规范社会组织承接政府购买服务的通知　财综【2014】87号

（八十）财政部　关于做好行业协会商会承接政府购买服务工作有关问题的通知（试行）财综【2015】73号

（八十一）财政部　海关总署　国家税务总局　慈善捐赠物资免征进口税收暂行办法　财政部公告【2015】102号

（八十二）财政部　国家税务总局　民政部　关于公益性捐赠税前扣除资格确认审批有关调整事项的通知　财税【2015】141号

（八十三）财政部　民政部　关于进一步明确公益性社会组织申领公益事业捐赠票据有关问题的通知　财综【2016】7号

（八十四）财政部　国家税务总局　关于公益股权捐赠企业所得税政策问题的通知　财税【2016】45号

（八十五）财政部　民政部　关于通过政府购买服务支持社会组织培育发展的指导意见　财综【2016】54号

（八十六）中国人民银行　民政部　关于规范全国性社会组织开立临时存款账户有关事项的通知　银发【2016】99号

（八十七）国家税务总局　关于明确社会组织等纳税人使用统一社会信用代码及办理税务登记有关问题的通知　税总函【2016】121号

（八十八）民政部　财政部　国家税务总局　关于印发《关于慈善组织开展慈善活动年度支出和管理费用的规定》的通知　民发【2016】189号

（八十九）国家税务总局　关于做好境外非政府组织代表机构税务登记办理有关工作的通知　税总函【2017】34号

（九十）财政部　卫生计生委　关于进一步明确非营利性医疗机构申领医疗收费票据有关问题的通知　财综【2017】67号

（九十一）财政部　国家税务总局　关于非营利组织免税资格认定管理有关问题的通知　财税【2018】13号

（九十二）财政部　国家税务总局　关于公益性捐赠支出企业所得税税前结转扣除有关政策的通知　财税【2018】15号

（九十三）财政部　国家税务总局　民政部关于公益性捐赠税前扣除资格有关问题的补充通知　财税【2018】110号

（九十四）财政部　国家税务总局　关于公益慈善事业捐赠个人所得税政策的公告　财税【2019】99号

（九十五）财政部　国家税务总局　关于境外所得有关个人所得税政策的公告　财税【2020】3号

（九十六）财政部　国家税务总局　关于支持新型冠状病毒感染的肺炎疫情防控有关税收政策的公告　财税【2020】8号

（九十七）财政部　国家税务总局　关于支持新型冠状病毒感染的肺炎疫情防控有关捐赠税收政策的公告　财税【2020】9号

（九十八）财政部　国家税务总局　关于支持新型冠状病毒感染的肺炎疫情防控有关个人所得税政策的公告　财税【2020】10号

（九十九）财政部　关于印发《〈民间非营利组织会计制度〉若干问题的解释》的通知　财会【2020】9号

（一百）财政部　国家税务总局　关于支持个体工商户复工复业增值税政策的公告　财税【2020】13号

（一百〇一）财政部　国家税务总局　民政部关于公益性捐赠税前扣除有关事项的公告　财政部　国家税务总局　民政部公告【2020】27号

（一百〇二）北京市财政局　关于印发行政事业单位及民间非营利组织捐赠事项有关会计核算及内控管理指南的通知　京财会【2020】629号

（一百〇三）财政部　国家税务总局　民政部　关于公益性捐赠税前扣除资格确认有关衔接事项的公告　财政部　税务总局　民政部公告【2021】3号

（一百〇四）国家税务总局　关于小规模纳税人免征增值税征管问题的公告　国家税务总局【2021】5号

（一百〇五）国家税务总局　关于发布《税务行政处罚"首违不罚"事项清单》的公告　国家税务总局【2021】6号

（一百〇六）财政部　国家税务总局　关于延续实施应对疫情部分税费优惠政策的公告　财税【2021】7号

（一百〇七）国家税务总局　关于落实支持小型微利企业和个体工商户发展所得税优惠政策有关事项的公告　国家税务总局【2021】8号

（一百〇八）国家税务总局　关于简并税费申报有关事项的公告　国家税务总局【2021】9号

（一百〇九）国家税务总局　关于明确先进制造业增值税期末留抵退税征管问题的公告　国家税务总局【2021】10号

（一百一十）财政部　国家税务总局　关于明确增值税小规模纳税人免征增值税政策的公告　财税【2021】11号

（一百一十一）财政部　国家税务总局　关于实施小微企业和个体工商户所得税优惠政策的公告　财税【2021】12号

（一百一十二）财政部　国家税务总局　关于明确先进制造业增值税期末留抵退税政策的公告　财税【2021】15号

（一百一十三）财政部　国家税务总局　人力资源社会保障部　国家乡村振兴局　关于延长部分扶贫税收优惠政策执行期限的公告　财政部　税务总局　人力资源社会保障部　国家乡村振兴局公告【2021】18号

（一百一十四）民政部　社会组织局　关于进一步加强全国性社会团体分支机构、代表机构规范管理的通知　民社管函【2021】81号

二、慈善相关法律法规

（一）全国人民代表大会　中华人民共和国红十字会法　主席令第 14 号

（二）全国人民代表大会　中华人民共和国公益事业捐赠法　主席令第 19 号

（三）全国人民代表大会　中华人民共和国境外非政府组织境内活动管理法　主席令第 44 号

（四）全国人民代表大会　中华人民共和国信托法　主席令第 50 号

（五）全国人民代表大会　中华人民共和国民法总则　主席令第 66 号

（六）全国人民代表大会　中华人民共和国民办教育促进法　主席令第 80 号

（七）全国人民代表大会　中华人民共和国境外非政府组织境内活动管理法　主席令第 81 号

（八）国务院　外国商会管理暂行规定　国务院令第 36 号

（九）国务院　志愿服务条例　国务院令第 685 号

（十）国务院　民办教育促进法实施条例　国务院令第 741 号

（十一）国务院　行政事业性国有资产管理条例　国务院令第 738 号

（十二）国务院　社会组织登记管理条例（立法中）

（十三）民政部　社会福利性募捐义演管理暂行办法　民政部令第 2 号

（十四）民政部　民办非企业单位登记暂行办法　民政部令第 18 号

（十五）民政部　取缔非法民间组织暂行办法　民政部令第 21 号

（十六）民政部　民办非企业单位年度检查办法　民政部令第 27 号

（十七）民政部　基金会年度检查办法　民政部令第 30 号

（十八）民政部　基金会信息公布办法　民政部令第 31 号

（十九）民政部　救灾捐赠管理办法　民政部令第 35 号

（二十）民政部　社会组织评估管理办法　民政部令第 39 号

（二十一）民政部　社会组织登记管理机关行政处罚程序规定　民政部令第 44 号

（二十二）民政部　慈善组织认定办法　民政部令第 58 号

（二十三）民政部　慈善组织公开募捐管理办法　民政部令第 59 号

（二十四）民政部　社会组织信用信息管理办法　民政部令第 60 号

（二十五）民政部　慈善组织信息公开办法　民政部令第 61 号

（二十六）民政部　慈善组织保值增值投资活动管理暂行办法　民政部令第 62 号

（二十七）民政部　志愿服务记录与证明出具办法（试行）　民政部令第 67 号

（二十八）国家体育总局　民政部　体育类民办非企业单位登记审查与管理暂行办法　国家体育总局民政部令第 5 号

（二十九）财政部　政府购买服务管理办法　财政部令第 102 号

（三十）中国银行业监督管理委员会　民政部　慈善信托管理办法　银监发【2017】37号

（三十一）国务院办公厅　关于部门领导同志不兼任社会团体领导职务问题的通知　民社函【1994】127号

（三十二）国务院办公厅　转发民政部关于清理整顿社会团体意见的通知　国办发【1997】11号

（三十三）国务院　关于国家行政机关和企业事业单位社会团体印章管理的规定　国发【1999】25号

（三十四）民政部　民办非企业单位名称管理暂行规定　民发【1999】129号

（三十五）文化部　民政部　关于印发《文化类民办非企业单位登记审查管理暂行办法》的通知　文人发【2000】60号

（三十六）民政部　卫生部　关于城镇非营利性医疗机构进行民办非企业单位登记有关问题的通知　民发【2000】253号

（三十七）国务院台湾办公室　民政部　台湾同胞投资企业协会管理暂行办法　国台发【2003】1号

（三十八）民政部　关于对中外合作办学机构登记有关问题的通知　民函【2003】263号

（三十九）民政部　关于现职国家工作人员不得兼任基金会负责人有关问题的通知　民函【2004】270号

（四十）民政部　民政部对河北省民政厅《基金会管理条例》第二十三条有关问题请示的答复　民函【2005】178号

（四十一）民政部　关于基金会业务主管单位职能委托有关问题的通知　民函【2005】638号

（四十二）民政部　关于促进慈善类民间组织发展的通知　民函【2005】679号

（四十三）国务院办公厅　关于加快推进行业协会商会改革和发展的若干意见　国办发【2007】36号

（四十四）民政部、国家发展改革委、监察部、财政部、国家税务总局、国务院纠风办　关于规范社会团体收费行为有关问题的通知　民发【2007】167号

（四十五）民政部　关于社会团体登记管理有关问题的通知　民函【2007】263号

（四十六）民政部　关于进一步做好民办高校登记管理工作的通知　民函【2007】328号

（四十七）中国银监会办公厅　关于鼓励信托公司开展公益信托业务支持灾后重建工作的通知　银监发【2008】93号

（四十八）民政部　关于基金会等社会组织不得提供公益捐赠回扣有关问题的通知　民发【2009】54号

（四十九）民政部　关于进一步加强社会捐助信息公示工作的指导意见　民函【2009】307号

（五十）国家文物局　民政部　财政部　国土资源部　住房和城乡建设部　文化部　国家税务总局　关于促进民办博物馆的意见　文物博发【2010】11号

（五十一）民政部办公厅　关于地方工商联作为社会团体业务主管单位有关问题的补充通

知 民办函【2011】143 号

（五十二）财政部 民政部 关于加强和完善基金会注册会计师审计制度的通知 2011 年 12 月 26 日发布

（五十三）民政部 关于印发《关于规范基金会行为的若干规定（试行）》的通知 民发【2012】124 号

（五十四）民政部 关于印发《关于规范社会团体开展合作活动若干问题的规定》的通知 民发【2012】166 号

（五十五）民政部 关于印发《志愿服务记录办法》的通知 民函【2012】340 号

（五十六）民政部 关于开展民办非企业单位塑造品牌与服务社会活动的通知 民函【2013】107 号

（五十七）民政部 关于贯彻落实国务院取消全国性社会团体分支机构、代表机构登记行政审批项目的决定有关问题的通知 民发【2014】38 号

（五十八）国务院 关于促进慈善事业健康发展的指导意见 国发【2014】61 号

（五十九）民政部 关于进一步加强和改进社会服务机构登记管理工作的实施意见 民发【2014】80 号

（六十）民政部 财政部 关于取消社会团体会费标准备案规范会费管理的通知 民发【2014】166 号

（六十一）民政部等部委 关于推进行业协会商会诚信自律建设工作的意见 民发【2014】225 号

（六十二）民政部 关于进一步加强基金会专项基金管理工作的通知 民发【2015】241 号

（六十三）民政部 关于鼓励实施慈善款物募用分离充分发挥不同类型慈善组织积极作用的指导意见 民发【2015】193 号

（六十四）教育部 人力资源社会保障部 民政部 中央编办 工商总局 关于印发《民办学校分类登记实施细则》的通知 教发【2016】19 号

（六十五）教育部 人力资源社会保障部 工商总局 关于印发《营利性民办学校监督管理实施细则》的通知 教发【2016】20 号

（六十六）民政部 关于印发《社会组织登记管理机关行政执法约谈工作规定（试行）》的通知 民发【2016】39 号

（六十七）国务院 关于鼓励社会力量兴办教育促进民办教育健康发展的若干意见 国发【2016】81 号

（六十八）财政部办公厅 关于进一步规范社会团体会费票据使用管理的通知 财综办【2016】99 号

（六十九）民政部 关于印发《社会组织登记管理机关受理投诉举报办法（试行）》的通知 民发【2016】139 号

（七十）民政部 中国银行业监督管理委员会 关于做好慈善信托备案有关工作的通知

民发【2016】151 号

（七十一）民政部　工业和信息化部　国家新闻出版广电总局　国家互联网信息办公室关于印发《公开募捐平台服务管理办法》的通知　民发【2016】157 号

（七十二）民政部　财政部　国家税务总局　关于慈善组织开展慈善活动年度支出和管理费用的规定　民发【2016】189 号

（七十三）民政部　关于慈善组织登记等有关问题的通知　民函【2016】240 号

（七十四）国家发展和改革委员会　民政部　财政部　行业协会商会综合监管办法（试行）　发改经体【2016】2657 号

（七十五）中共中央办公厅　国务院办公厅　关于改革社会组织管理制度促进社会组织健康有序发展的意见　2016 年 8 月 21 日颁布

（七十六）国家发展改革委　《行业协会价格行为指南》　发改委【2017】6 号

（七十七）民政部　关于印发《社会组织抽查暂行办法》的通知　民发【2017】45 号

（七十八）工业和信息化部办公厅　关于规范行业协会商会和部直属单位合规性审查工作的通知　工信厅【2017】83 号

（七十九）财政部　民政部　关于印发《脱钩后行业协会商会资产管理暂行办法》的通知　财资【2017】86 号

（八十）民政部　关于进一步规范社会团体涉企收费等行为切实减轻企业负担的通知　民发【2017】139 号

（八十一）国家发展改革委办公厅　关于组织开展行业协会商会收费信息集中公示的通知　发改办经体【2017】1424 号

（八十二）民政部办公厅　关于做好志愿服务组织身份标识工作的通知　民办函【2018】50 号

（八十三）民政部　中央军委政治工作部　关于加强非军队主管的社会团体涉军事项管理的通知　民发【2018】78 号

（八十四）民政部　市场监管总局　国家发展改革委　财政部　国务院国资委　关于检查行业协会商会收费情况的通知　民发【2018】141 号

（八十五）民政部　公开募捐违法案件管辖规定（试行）　民发【2018】142 号

（八十六）民政部办公厅　关于加强慈善医疗救助活动监管的通知　民办函【2018】148 号

（八十七）民政局　关于做好全面推开全国性行业协会商会与行政机关脱钩改革工作的通知　联组办【2019】2 号

（八十八）民政局　关于做好全面推开地方行业协会商会与行政机关脱钩改革工作的通知　联办组【2019】3 号

（八十九）民政部　中央军委政治工作部　关于加强非军队主管的社会团体涉军事项管理几个具体问题的通知　民发【2018】78 号

（九十）民政部社会组织管理局　关于印发《民政部部管社会组织专家咨询费、讲课费发放和领取管理暂行规定》的通知　民社管涵【2020】50 号

三、附表

附表一：

社会组织业务情形一览表（收入）

来源	收入形式	常见的收入形式	书中章节
捐赠收入	货币捐赠	个人资金捐赠（国内）	第七章第二节
		机构资金捐赠（国内）	第十二章第二节
		机构统一组织员工捐赠	第十章第二节
		海外个人资金捐赠	第七章第二节
		海外法人资金捐赠	第七章第二节
		境外总部捐赠	专栏九
	虚拟货币捐赠	积分捐赠、代币捐赠	第七章第二节
	物资捐赠	国内物资捐赠	第十章第二节
		海外物资捐赠	专栏七
	不动产捐赠	个人房产产权捐赠	专栏五
		机构房产产权捐赠	第七章第二节
	动产捐赠	艺术品捐赠	第九章第二节 第十四章第二节
		车辆捐赠	第七章第二节
		设备仪器等捐赠	第七章第二节
		资产使用权捐赠	第七章第二节
	无形资产捐赠	知识产权等无形资产捐赠	第十章第二节
		场地使用权捐赠	第十章第二节
		媒体资源捐赠	第七章第二节
	股权类捐赠	个人股权捐赠	专栏二
		企业股权捐赠	
		个人期权捐赠	第八章第二节
		企业期权捐赠	
	服务/劳务捐赠	志愿者服务	第十四章第二节
		捐赠演出服务等	第十一章第二节
		专业人士公益时	第七章第二节

续表

来源	收入形式	常见的收入形式	书中章节
捐赠收入	金融产品类捐赠	直接购买银行、信托、证券、基金、期货、保险资产管理机构、金融资产投资公司等金融机构发行的资产管理产品；	第七章第二节 第九章第二节
		保险产品捐赠	第十章第二节
		证券捐赠	第五章第二节
	信托类	公益信托	第七章第二节
		慈善信托	专栏十一
	其他	善因营销接受捐赠	第十三章第二节
会费收入	社会团体会费	按照省级以上民政、财政部门规定收取的会费收入	第十三章第二节
提供服务收入	慈善类服务收入	养老服务收入	专栏八
		非营利学校学费、伙食费等	
		家政服务	
		托育服务	
	经营性收入（有偿服务）	赞助	第七章第二节
		门票收入	
		培训收入	
		课题研究	
		会议收入	
		咨询服务收入	第七章第二节
		营利性养老服务	专栏八
		政府购买服务	第九章第二节 第十三章第二节
		义演服务（义展、义赛、义诊、义画等）	第十一章第二节
	经营租赁性收入	不动产（房产）租赁收入	第七章第二节
		动产（车辆等）租赁收入	
商品销售收入	公益衍生品	如爱心台历、抱枕等收入	第十四章第二节
	慈善拍卖收入	慈善拍卖收入	第七章第二节 第十一章第二节
	义卖（自己卖）	义卖（自己卖）	第十一章第二节
	以买代捐受赠方	以买代捐受赠方	第十章第二节
	产品销售收入	产品销售收入	第七章第二节
	房产转让	房产转让	专栏五

续表

来源	收入形式	常见的收入形式	书中章节
政府补助收入	政府机构给予的补助而取得的收入	稳岗补贴、就业补贴、财政资金拨款等	第十三章第二节
	行政性奖励	行政性奖励	第七章第二节
	财政专项基金	财政专项基金	
保值增值税收入	利息收入	国债利息、地方政府债券利息收入	第七章第二节 第九章第二节 专栏二
		一般银行存款利息收入，不征税收入和免税收入孳生的银行存款利息收入	
	投资收益	直接购买银行、信托、证券、基金、期货、保险资产管理机构、金融资产投资公司等金融机构发行的资产管理产品	
		通过发起设立、并购、参股等方式直接进行股权投资	
		将财产委托给受金融监督管理部门监管的机构进行投资	
其他收入	固定资产处置或无形资产处置收入	固定资产处置或无形资产处置收入	第七章第二节
	罚款	罚款	
	现金盘盈收入	现金盘盈收入	
	存货盘盈收入	存货盘盈收入	
	债务豁免收入	债务豁免收入	

附表二：

社会组织业务情形一览表（支出）

支出（费用）	支出形式	常见的支出形式	书中章节
慈善活动支出	公益项目资助支出	资助境内社会组织	第七章第二节
		资助境内个人	第九章第二节
		海外资助支出	第七章第二节
		公益创投/项目孵化	第十二章第二节
		政府补贴下发受益人群体	第十四章第二节
	公益项目执行支出	购买服务以支持受益人（如义诊、筛查等）	第七章第二节
		科研支出	第九章第二节
		购买物资	第七章第二节
		购买车辆等运输工具使用或捐赠	第七章第二节
		校园建设支出	第九章第二节
		奖助学金、奖教金支出	第九章第二节
		购买专业设备等动产使用或捐赠	第七章第二节
		为公益活动提供培训、咨询服务支出	第七章第二节
		为公益活动提供会务服务	第七章第二节
		为公益活动提供物流服务	第七章第二节
		稿酬费用	第七章第二节
	项目人力资源成本	志愿者补贴和保险	专栏六
		志愿者授课、提供咨询等劳务	
		兼职服务人员劳务报酬（灵活用工）	
		项目执行人员费用（自有人员）	
		培训专家费	
	境外公益活动支出	采购境外劳务或服务	第七章第二节
		海外物资捐赠	第七章第二节
		向海外捐赠有形动产	第七章第二节
		向海外捐赠无形资产	第七章第二节
		向海外提供服务捐赠	第七章第二节
其他活动支出	项目人力资源成本	同慈善活动支出的项目人力资源成本	同慈善活动支出的项目人力资源成本
	经营性成本支出	采购商品等	第七章第二节
		咨询服务、劳务费等	第七章第二节
		股权投资支出	第七章第二节
		场地费	第七章第二节

续表

支出（费用）	支出形式	常见的支出形式	书中章节
管理费用	机构运营费用	办公费、商业保险等	第七章第二节
		房租、水电费、物业管理费	第七章第二节
		评估费、审计费等专业服务机构（又称中介机构）费用	第七章第二节
		理事会等决策机构的工作经费	第八章第二节
		应偿还的受赠资产	第七章第二节
		物流费用	第七章第二节
		交通费	第七章第二节
		差旅费	第七章第二节
		会议费	第七章第二节
		修理费	第七章第二节
		租赁费	第七章第二节
		资产盘亏	第七章第二节
		资产的折旧摊销	第七章第二节
		购置房产	第七章第二节
	专职行政管理人员薪酬福利支出	专职人员薪酬、五险一金、奖金等	专栏六
		专职人员降温费等补贴	
		专职人员福利费	
		专职人员离职补偿金	
		职工教育经费（培训、进修等）	
		残保金	
		鼓励雇佣残疾人、退役军人和重点人群	
	稿酬费用	稿酬费用	
	项目	项目监测、评估费用	第七章第二节
	资产采购支出	采购物资自用	第七章第二节
		购置车辆自用	第八章第二节
		采购软件等无形资产自用	第七章第二节
		购置房产自用	第七章第二节
筹资费用	品牌宣传费用	印刷费用	第七章第二节
		开展活动所需物料	第七章第二节
		公益传播渠道支出	第十一章第二节
	其它筹资开支	爱心回馈小纪念品等争取捐赠资产费用	第七章第二节

续表

支出（费用）	支出形式	常见的支出形式	书中章节
资产处置损失	资产处置损失	处置不动产（如房产）	第七章第二节
		处置有形动产	
		处置无形动产	
资产减值损失	计提投资减值准备	计提投资减值准备	第七章第二节
	计提存货跌价准备	计提存货跌价准备	
其他支出	资产盘亏	资产盘亏	
	罚款支出	罚款、滞纳金支出	

附表三：

个人所得税经营所得纳税申报表（A表）

税款所属期：　　年　月　日至　　年　月　日
纳税人姓名：
纳税人识别号：□□□□□□□□□□□□□□□□□□　　　　金额单位：人民币元（列至角分）

被投资单位信息		
名称		
纳税人识别号 （统一社会信用代码）	□□□□□□□□□□□□□□□□□□	
征收方式（单选）		
□查账征收（据实预缴）　　□查账征收（按上年应纳税所得额预缴）　　□核定应税所得率征收 □核定应纳税所得额征收　　□税务机关认可的其他方式		
个人所得税计算		
项目	行次	金额/比例
一、收入总额	1	
二、成本费用	2	
三、利润总额（第3行＝第1行－第2行）	3	
四、弥补以前年度亏损	4	
五、应税所得率（％）	5	
六、合伙企业个人合伙人分配比例（％）	6	
七、允许扣除的个人费用及其他扣除（第7行＝第8行＋第9行＋第14行）	7	
（一）投资者减除费用	8	
（二）专项扣除（第9行＝第10行＋第11行＋第12行＋第13行）	9	
1. 基本养老保险费	10	
2. 基本医疗保险费	11	
3. 失业保险费	12	
4. 住房公积金	13	
（三）依法确定的其他扣除（第14行＝第15行＋第16行＋第17行）	14	
1.	15	
2.	16	
3.	17	
八、准予扣除的捐赠额（附报《个人所得税公益慈善事业捐赠扣除明细表》）	18	
九、应纳税所得额	19	
十、税率（％）	20	

续表

项目	行次	金额/比例
十一、速算扣除数	21	
十二、应纳税额（第22行=第19行×第20行−第21行）	22	
十三、减免税额（附报《个人所得税减免税事项报告表》）	23	
十四、已缴税额	24	
十五、应补/退税额（第25行=第22行−第23行−第24行）	25	

备注

谨声明：本表是根据国家税收法律法规及相关规定填报的，本人对填报内容（附带资料）的真实性、可靠性、完整性负责。

纳税人签字：　　　　　　　年　　月　　日

经办人签字： 经办人身份证件类型： 经办人身份证件号码： 代理机构签章： 代理机构统一社会信用代码：	受理人： 受理税务机关（章）： 受理日期：　　　年　　月　　日

国家税务总局监制

附表四：

扣缴个人所得税申报表（适用于生产所得预扣预缴）

捐赠年度：　　　年
纳税人姓名：
纳税人识别号：□□□□□□□□□□□□□□□□□□-□□
扣缴义务人名称：
扣缴义务人纳税人识别号：□□□□□□□□□□□□□□□□□□

金额单位：人民币元（列至角分）

序号	纳税人姓名	纳税人识别号	捐赠信息					扣除信息				备注
			受赠单位名称	受赠单位纳税人识别号（统一社会信用代码）	捐赠凭证号	捐赠日期	捐赠金额	扣除比例	扣除项目所得项目	税款所属期	扣除金额	
1	2	3	4	5	6	7	8	9	10	11	12	13

谨承诺：此表是根据国家税收法律法规及相关规定填报的，是真实的、可靠的、完整的。
纳税人或扣缴义务人负责人签字：　　　　年　月　日

经办人签字： 经办人身份证件号码： 代理机构签章： 代理机构统一社会信用代码：	受理人： 受理税务机关（章）： 受理日期：　　年　月　日

附表五：

扣缴个人所得税申报表（适用于综合所得预扣预缴）

*扣缴义务人纳税人识别号（统一社会信用代码）：		*税款所属期：	至	*填表日期：	*经办人：	应扣未扣
*扣缴义务人名称：						
是否分部门申报：	部门编号：	部门名称：	代理机构（人）：	代理机构经办人：	代理机构经办人执业证件号码：	代理申报日期：

序号	*姓名	*身份证件类型	*身份证件号码	*国籍（地区）	*所得项目	*本期收入	本期费用	本期免税收入	月减除费用	本期专项扣除					累计专项附加扣除						本期其他扣除						本期准予扣除的捐赠额	本期应纳税所得额	税率/预扣率	速算扣除数	应纳税额	本期减免税额	本期已缴税额	是否重新计算累计减除费用	备注
										基本养老保险费	基本医疗保险费	失业保险费	住房公积金	合计	子女教育	赡养老人	住房贷款利息	住房租金	继续教育	合计	企业年金/职业年金	商业健康保险	税延养老保险	允许扣除的税费	其他	合计									
1	2	3	4	5	6	7	8	9	10	11	12	13	14	15	16	17	18	19	20	21	22	23	24	25	26	27	28	29	30	31	32	33	34	35	36
合计																																			

附表六：

民间非营利组织会计报表

资产负债表

编制单位：_____　　　　　____年____月____日

会民非01表
单位：元

资产	行次	年初数	期末数	负债和净资产	行次	年初数	期末数
流动资产：				流动负债：			
货币资金	1			短期借款	61		
短期投资	2			应付款项	62		
应收款项	3			应付工资	63		
预付账款	4			应交税金	65		
存货	8			预收账款	66		
待摊费用	9			预提费用	71		
一年内到期的长期债券投资	15			预计负债	72		
其他流动资产	18			一年内到期的长期负债	74		
流动资产合计	20			其他流动负债	78		
				流动负债合计	80		
长期投资：							
长期股权投资	21			长期负债：			
长期债券投资	24			长期借款	81		
长期投资合计	30			长期应付款	84		
				其他长期负债	88		
固定资产：				长期负债合计	90		
固定资产原价	31						
减：累计折旧	32			受托代理负债：			
固定资产净值	33			受托代理负债	91		
在建工程	34						
文物文化资产	35			负债合计	100		
固定资产清理	38						
固定资产合计	40						
无形资产：							
无形资产	41			净资产：			
				非限定性净资产	101		
受托代理资产：				限定性净资产	105		
受托代理资产	51			净资产合计	110		
资产总计	60			负债和净资产总计	120		

业务活动表

会民非 02 表

编制单位：_____　　　　　____年____月　　　　　单位：元

项目	行次	本月数			本年累计数		
		非限定性	限定性	合计	非限定性	限定性	合计
一、收入							
其中：捐赠收入	1						
会费收入	2						
提供服务收入	3						
商品销售收入	4						
政府补助收入	5						
投资收益	6						
其他收入	9						
收入合计	11						
二、费用							
（一）业务活动成本	12						
其中：	13						
	14						
	15						
	16						
税金及附加							
（二）管理费用	21						
（三）筹资费用	24						
资产减值损失							
（四）其他费用	28						
所得税费用							
费用合计	35						
三、限定性净资产转为非限定性净资产	40						
四、净资产变动额（若为净资产减少额，以"－"号填列）	45						

现金流量表

编制单位：_____ ____年度

会民非 03 表
单位：元

项目	行次	金额
一、业务活动产生的现金流量：		
接受捐赠收到的现金	1	
收取会费收到的现金	2	
提供服务收到的现金	3	
销售商品收到的现金	4	
政府补助收到的现金	5	
收到的其他与业务活动有关的现金	8	
现金流入小计	13	
提供捐赠或者资助支付的现金	14	
支付给员工以及为员工支付的现金	15	
购买商品、接受服务支付的现金	16	
支付的其他与业务活动有关的现金	19	
现金流出小计	23	
业务活动产生的现金流量净额	24	
二、投资活动产生的现金流量：		
收回投资所收到的现金	25	
取得投资收益所收到的现金	26	
处置固定资产和无形资产所收回的现金	27	
收到的其他与投资活动有关的现金	30	
现金流入小计	34	
购建固定资产和无形资产所支付的现金	35	
对外投资所支付的现金	36	
支付的其他与投资活动有关的现金	39	
现金流出小计	43	
投资活动产生的现金流量净额	44	
三、筹资活动产生的现金流量：		
借款所收到的现金	45	
收到的其他与筹资活动有关的现金	48	
现金流入小计	50	
偿还借款所支付的现金	51	
偿付利息所支付的现金	52	
支付的其他与筹资活动有关的现金	55	
现金流出小计	58	
筹资活动产生的现金流量净额	59	
四、汇率变动对现金的影响额	60	
五、现金及现金等价物净增加额	61	

附表七：

社会组织公益性捐赠税前扣除资格确认财务专项信息一览表

单位（公章）： 填报时间： 年 月 日

社会组织名称	曾用名（名称变更的社会组织填写）	财务收支（单位：元）																	公益慈善事业支出占上年总收入比例（具有公开募资格社会组织填写）		公益慈善事业支出占上年末净资产的比例（不具有公开募资格社会组织填写）		管理费用占当年支出总额的比例	
		年度总收入			年末净资产			接受捐赠情况			年度总支出			公益慈善事业支出			管理费用								
		2018年	2019年	2020年	2017年	2018年	2019年	2018年	2019年	2020年	2018年	2019年	2020年	2019年	2020年	2019年	2020年	2019年	2020年	2019年	2020年	2019年	2020年

填报人： 联系电话： 审核人（监事长或监事）： 法定代表人签字：

附表八：

个人所得税公益慈善事业捐赠扣除明细表

捐赠年度：　　　年

纳税人姓名：

纳税人识别号：□□□□□□□□□□□□□□□-□□

扣缴义务人全称：

扣缴义务人纳税人识别号：□□□□□□□□□□□□□□□□□□

金额单位：人民币元（列至角分）

序号	捐赠信息							扣除信息				备注
	纳税人姓名	纳税人识别号	受赠单位名称	受赠单位纳税人识别号（统一社会信用代码）	捐赠凭证号	捐赠日期	捐赠金额	扣除比例	扣除所得项目	税款所属期	扣除金额	
1	2	3	4	5	6	7	8	9	10	11	12	13

谨承诺：此表是根据国家税收法律法规及相关规定填报的，是真实的、可靠的、完整的。

纳税人或扣缴义务人负责人签字：　　　　　　　年　月　日

经办人签字：

经办人身份证件号码：

代理机构签章：

代理机构统一社会信用代码：

受理人：
受理税务机关（章）：
受理日期：　　　年　月　日

国家税务总局监制

《个人所得税公益慈善事业捐赠扣除明细表》填表说明

一、适用范围

本表适用于个人发生符合条件的公益慈善事业捐赠，进行个人所得税税前扣除时填报。

二、报送期限

扣缴义务人办理扣缴申报、纳税人办理自行申报时一并报送。

三、本表各栏填写

（一）表头项目

1. 捐赠年度：填写个人发生公益慈善事业捐赠支出的所属年度。

2. 纳税人姓名和纳税人识别号：填写个人姓名及其纳税人识别号。有中国公民身份号码的，填写中华人民共和国居民身份证上载明的"公民身份号码"；没有中国公民身份号码的，填写税务机关赋予的纳税人识别号。

个人通过自行申报进行公益慈善事业捐赠扣除的，填写上述两项。扣缴义务人填报时，无须填写。

3. 扣缴义务人名称及扣缴义务人纳税人识别号：填写扣缴义务人的法定名称全称，以及其纳税人识别号或者统一社会信用代码。

扣缴义务人在扣缴申报时为个人办理公益慈善事业捐赠扣除的，填写本项。纳税人自行申报无须填报本项。

（二）表内各列

1. 第2列"纳税人姓名"和第3列"纳税人识别号"：扣缴单位为纳税人办理捐赠扣除时，填写本栏。个人自行申报的，无须填写本项。

2. 第4列"受赠单位名称"：填写受赠单位的法定名称全称。

3. 第5列"受赠单位纳税人识别号（统一社会信用代码）"：填写受赠单位的纳税人识别号或者统一社会信用代码。

4. 第6列"捐赠凭证号"：填写捐赠票据的凭证号。

5. 第7列"捐赠日期"：填写个人发生的公益慈善事业捐赠的具体日期。

6. 第8列"捐赠金额"：填写个人发生的公益慈善事业捐赠的具体金额。

7. 第9列"扣除比例"：填写公益慈善事业捐赠支出税前扣除比例。如：30%或者100%。

8. 第10列"扣除所得项目"：填写扣除公益慈善事业捐赠的所得项目。

9. 第11列"税款所属期"：填写"扣除所得项目"对应的税款所属期。

10. 第12列"扣除金额"：填写个人取得"扣除所得项目"对应收入办理扣缴申报或者自行申报时，实际扣除的公益慈善事业捐赠支出金额。

11. 第13列"备注"：填写个人认为需要特别说明的或者税务机关要求说明的事项。

四、其他事项说明

以纸质方式报送本表的，应当一式两份，纳税人或者扣缴义务人、税务机关各留存一份。